Eberhard Winkler

Die Leichenpredigt im deutschen Luthertum bis Spener

FORSCHUNGEN ZUR GESCHICHTE UND LEHRE DES PROTESTANTISMUS

Herausgegeben von Ernst Wolf · Zehnte Reihe, Band XXXIV

Eberhard Winkler

Die Leichenpredigt im deutschen Luthertum bis Spener

CHR. KAISER VERLAG MÜNCHEN

1967

© 1967 Chr. Kaiser Verlag München
Alle Rechte, auch die des auszugsweisen Nachdrucks, der photomechanischen Wiedergabe
und der Übersetzung, bei Chr. Kaiser Verlag, München. – Printed in Germany
Satz und Druck: Buchdruckerei Eimannsberger, München

IN MEMORIAM

Bernhard Winkler (1896–1945)

Karl Winkler (1927–1945)

Ubicumque sunt cum Deo sunt
(Augustinus)

VORWORT

Vorliegende Untersuchung wurde im Herbstsemester 1965 von der Theologischen Fakultät der Universität Rostock als Habilitationsschrift angenommen. Die Anregung dazu gab Herr Prof. D. Gottfried Holtz, dem ich für vielfache Hilfen über den Rahmen der Arbeit hinaus dankbar bin. Herrn Prof. D. Dr. h. c. Ernst Wolf danke ich für seine freundlichen Bemühungen um die Drucklegung.

Durch das Entgegenkommen von Herrn Dr. Rudolf Mohr in Wetzlar konnte ich dessen Dissertation „Protestantische Theologie und Frömmigkeit im Angesicht des Todes während des Barockzeitalters hauptsächlich auf Grund hessischer Leichenpredigten", Marburg 1964, noch berücksichtigen. Da beide Untersuchungen verschiedene Quellen verwerten und teilweise auch unterschiedliche Intentionen verfolgen, ergänzen sie einander. Während Mohrs Dissertation stärker frömmigkeits- und sittengeschichtlich orientiert ist, liegt das Interesse meiner Arbeit mehr auf predigt- und theologiegeschichtlichem Gebiet. Während des Druckes erfuhr ich, daß von Helmuth *Schmidt* in Münster 1966 eine Examensarbeit angefertigt wurde über „Die Leichenpredigt im Pietismus, dargestellt und beurteilt an ausgewählten Beispielen". Schmidt analysiert die Leichenpredigten von Spener, August Hermann Francke und Georg Kunrad Rieger. Auf diese überdurchschnittliche Examensarbeit sei hier nur hingewiesen. Eine Berücksichtigung im einzelnen war mir nicht mehr möglich.

Im Jahre 1965 wurden wir stark an die von Leichenpredigten oft bezeugte Tatsache erinnert, daß wir „mitten im Leben vom Tod umfangen" sind. Während der abschließenden Arbeiten an dieser Schrift wurde Herr Prof. Dr. Karl Brinkel nach kurzer Wirksamkeit an der Rostocker Theologischen Fakultät heimgerufen. Seiner sei an dieser Stelle ehrend gedacht. Die Widmung dieses Buches an den Vater und den Bruder ist als ein später Dank gemeint und gilt gleichzeitig allen jenen, deren Gräber uns fern sind. „Nobis non deest, quod deo non deest", zitiert Johann Heermann in einer Leichenpredigt als Wort Augustins.

Rostock, im Juli 1966   Eberhard Winkler

EINLEITUNG

1. Die Quellen

In der zweiten Hälfte des 16. Jahrhunderts blühte eine Literaturgattung auf, die sich rasch erstaunlicher Beliebtheit erfreute: die Leichenpredigt. Die Zahl der gedruckt erhaltenen Leichenpredigten aus der Zeit um 1550 bis 1700 beträgt mehr als hunderttausend[1]. Nach einer Mitteilung von *F. Wecken* fanden sich im Jahre 1919 allein in Hamburger Bibliotheken ca. 25 000, in der Stuttgarter Landesbibliothek über 20 000 und in der Fürstlichen Bibliothek zu Stolberg 20 000, nach anderen Angaben sogar die doppelte Anzahl Exemplare von Leichenpredigten[2].

Für dieses reiche Quellenmaterial interessierte sich bisher fast nur die genealogische Forschung, die sich natürlich im wesentlichen auf die Auswertung der Lebensläufe beschränkte[3]. Mediziner und Musikwissenschaftler entdeckten die Leichenpredigt als Quelle für die Geschichte ihrer Wissenschaften[4]. Von theologischer Seite wurde der Materie bisher nicht genügend Beachtung geschenkt. *Hugo Grüns* Aufsatz über „Die Leichenrede im Rahmen der kirchlichen Beerdigung im 16. Jahrhundert"[5] gründet sich nur auf die Kirchenordnungen. Verheißungsvolle Ansätze von *Alfred Schleißing* wurden durch den Tod des Autors im zweiten Weltkrieg abgebrochen[6].

Erstmalig unternahm es Rudolf Mohr in seiner Marburger Dissertation von 1964, einen Teil des bisher unüberschaubaren Gebietes zu erschließen und für die Geschichte der Frömmigkeit fruchtbar zu machen[7]. Mohr beschränkt sich auf eine verhältnismäßig kleine Anzahl

---

1. *W. Reich,* Die deutschen gedruckten Leichenpredigten des 17. Jhs. als musikalische Quelle, Diss. Leipzig 1962, rechnet mit 70 000 im Gebiet der DDR vorhandenen Einzeldrucken. Wahrscheinlich ist die Zahl noch höher, da viele kleinere Bibliotheken keine Kataloge ihrer Leichenpredigten besitzen.
2. *F. Wecken,* Übersicht über Sammlungen von Leichenpredigten in Deutschland, in: Familiengeschichtliche Blätter 1919, Sp. 121 f.; 150 f.; 241 f.
3. Besonders *F. Roth,* Restlose Auswertung von Leichenpredigten und Personalschriften für genealogische Zwecke, Selbstverlag Boppard/Rhein 1959 ff.
4. *Marianne Thiel,* Todesursachen in brandenburgischen Leichenpredigten des 17. und 18. Jhs., med. Diss. Berlin 1963; *Reich* s. Anm. 1.
5. ThStKr 96/97, 1925, S. 289–312.
6. Vgl. *Alfred Schleißing,* Die Glaubwürdigkeit der Leichenpredigten des 16. und 17. Jahrhunderts. Eine Untersuchung über den Quellenwert einer Literaturgattung, in: Mitteilungen des Roland 25, 1940, S. 49 ff.; ders; Griechische Buchstaben und Druckschriftsigel vornehmlich des 16. und 17. Jahrhunderts mit besonderer Berücksichtigung der Leichenpredigten, in: Mitteilungen des Roland, 25, 1940, S. 49 ff.
7. *Rudolf Mohr,* Protestantische Theologie und Frömmigkeit im Angesicht des Todes während des Barockzeitalters hauptsächlich auf Grund hessischer Leichenpredigten, Diss. Marburg 1964, 495 S.

von Leichenpredigten, die vorwiegend aus dem hessischen Raum stammen[8]. „Es ist einstweilen nicht möglich, eine Geschichte der protestantischen Leichenpredigt zu schreiben", erklärt er mit Recht[9]. Die hier vorliegende Arbeit möchte dazu vorbereitende Dienste leisten. Mohrs ausführliche Darlegungen über „Entstehung und Umfang der gedruckten protestantischen Leichenpredigt" werden dabei vorausgesetzt[10].

W. Reich zeigt die lokale und zeitliche Ausbreitung der gedruckten Leichenpredigten[11]. Magdeburg, Helmstedt, Eisleben, Wittenberg und Leipzig nennt er als erste Zentren, dazu Tübingen, Straßburg und später im Norden Lüneburg, Rostock und Stettin. In Süddeutschland erreichte die Verbreitung erst in der zweiten Hälfte des 17. Jahrhunderts einen Aufschwung. Nach dem Dreißigjährigen Krieg stand Nürnberg als Druckort an zweiter Stelle hinter Leipzig. Am spätesten folgte der Osten.

Die chronologische Kurve weist nach schwachen Anfängen in der zweiten Hälfte des 16. Jahrhunderts ein starkes Ansteigen zwischen 1610 und 1620 auf. Der Krieg verursachte natürlich einen beträchtlichen Rückgang. Erst in den siebziger Jahren kommt es zum absoluten Höhepunkt. Bald darauf sinkt die Kurve und erreicht in der Mitte des 18. Jahrhunderts ein Minimum.

Bahnbrechend waren die lutherischen Prediger. Im reformierten Lager führte Calvins ablehnende Haltung dazu, daß die Leichenpredigt sich erst im 17. Jahrhundert allmählich entfaltete. Noch schwächer sind katholische Leichenpredigten verbreitet. „Gedruckte katholische Leichenpredigten aus dem 16. und 17. Jahrhundert sind eine große Seltenheit", stellt *Mohr* (aaO, S. 8) fest. Er weist auf einen Vortrag von *Seyler* hin, der je eine katholische Leichenpredigt aus den Jahren 1678 und 1728 erwähnt[12]. Zweifellos hat es aber im 16. und 17. Jahrhundert weitaus mehr katholische Leichenpredigten gegeben, als bisher bekannt ist. *Georg Draudius* nennt sogar einige Sammelbände[13]. Die Titel lassen teilweise auf gegenreformatorischen Inhalt schließen, wenn es z. B. heißt: „ . . . wie man die verstorbenen Gläubigen klagen soll / und ob den verstorbenen mit Beten / Vigilien / Seelmessen und anderen Ceremonien etwas geholfen werde"[14], oder: „ . . . darinnen auch vom Fegfeuer / auch von Vorbitt der verstorbenen Heiligen gehandelt wird"[15]. Da sich leicht nachweisen läßt, daß Draudius' Bibliographie sehr fragmentarisch ist, müssen wir schon um 1625 wesentlich mehr ge-

---

8. Eine Überschneidung mit meiner Arbeit liegt daher nicht vor, zumal Mohr hauptsächlich Leichenpredigten des 17. Jahrhunderts verarbeitete.
9. *Mohr* aaO S. 16.
10. *Mohr* aaO S. 18–53.
11. *Reich* aaO S. 4 und Anhang I.
12. Der deutsche Herold, 34, Berlin 1903, S. 33.
13. Die Titel werden anhangsweise im Quellenverzeichnis genannt.
14. Martin Eisengrein, Ingolstadt 1565.
15. Jacob Feuchtius, Köln 1601.

druckte katholische Leichenpredigten vermuten. Eine Durchsicht katholischer Bibliotheken und der Universitätsbibliotheken in katholischen Gebieten dürfte wertvolles Material zutage fördern. Dadurch würde nicht nur die Geschichte der Homiletik bereichert, sondern auch der Kirchengeschichte und Konfessionskunde ließen sich interessante Quellen erschließen[16]. Da die Erforschung der Predigtgeschichte von katholischer Seite jüngst wieder in Angriff genommen wurde[17], darf man vielleicht auch auf eine Entdeckung der katholischen Leichenpredigt hoffen.

Die Leichenpredigt aller Konfessionen ist ein literarisches Phänomen. Zwar haben wir, von Ausnahmen abgesehen, den „Sitz im Leben" in der kirchlichen Bestattung zu suchen, doch müssen wir in vielen Fällen mit Überarbeitungen rechnen, die für den Druck vorgenommen wurden.

2. Methode und Plan der Arbeit

Die vorliegende Untersuchung will einen Beitrag zur Geschichte der Predigt im Luthertum leisten. Die Fülle des Stoffes zwingt dazu, auf reformierte sowie katholische Quellen der nachreformatorischen Zeit zu verzichten. Unberücksichtigt bleiben in der Regel ferner die einzelnen gedruckten Leichenpredigten. Ihre Zahl wächst im 17. Jahrhundert ins Unübersehbare. Wichtiger sind die Sammelbände, in denen einzelne Prediger ihre gesammelten Leichenpredigten vollständig oder in Auswahl herausgaben. Diese Werke dienten vorwiegend zur Erbauung der Gemeinde und zur Predigthilfe für die Pastoren. Wenn bedeutende Prediger nacheinander mehrere Bände dieser Art veröffentlichten, darf man annehmen, daß diese nicht ohne Bedeutung für die Geschichte der Predigt blieben. Ein Beweis dafür ist die Tatsache, daß Leichenpredigten von J. Mathesius, V. Herberger und H. Müller noch in der zweiten Hälfte des 19. Jahrhunderts neu aufgelegt wurden.

Die Auswahl der Quellen richtet sich danach, ob sie geeignet erscheinen, den hier behandelten Ausschnitt aus dem reichen Bild der Predigtgeschichte gleichzeitig deutlich überschaubar zu machen und doch in seinen Einzelzügen differenziert hervortreten zu lassen.

R. Mohr bezeichnet die gedruckte protestantische Leichenpredigt als

16. Mir wurden einige katholische Leichenpredigten in der Bibliothek der Franckeschen Stiftungen in Halle bekannt. Sie genügen jedoch nicht, um ein Bild der katholischen Leichenpredigten zu zeichnen.
17. Vgl. *J. B. Schneyer*, Die Erforschung der scholastischen Sermones und ihre Bedeutung für die Homiletik. Ein Hinweis auf die Bedeutung der scholastischen Sermones für die Theologie, in: Scholastik 39, 1964, S. 1–26; *ders.*, Wegweiser zu lateinischen Predigtreihen des Mittelalters, München: Verlag der Bayerischen Akademie der Wissenschaften 1965, 587 S. (Die Kasualpredigten werden hier nicht erfaßt).

ein einheitliches Phänomen (S. 6). Dieses Urteil gilt nur makroskopisch. Formal und inhaltlich durchläuft die Leichenpredigt von der Mitte des 16. bis zum Ende des 17. Jahrhunderts beträchtliche Wandlungen. Daher wurde in unserer Arbeit die historische Stoffanordnung der systematischen vorgezogen. Da im Inhalt durch die Jahrzehnte hin vieles Allgemeingut ist, besteht die Gefahr ermüdender Wiederholung. Ihr wird durch den Versuch begegnet, jeweils die charakteristischen Züge hervortreten zu lassen.

Trotz ihrer relativen Geschlossenheit ist die lutherische Leichenpredigt nicht aus der Predigtgeschichte gelöst zu verstehen. In einem ersten Teil wird daher gefragt, in welcher Weise es schon vor der Reformation eine Predigt zur Bestattung gab. Da hierfür noch keine Untersuchung vorliegt, kann im Rahmen dieser Arbeit nur Vorarbeit geleistet werden. Sie dient dazu, den Kontrast zur reformatorischen Leichenpredigt anschaulich zu machen, ohne die gemeinsamen Züge zu übersehen.

Aus der Zeit *Luthers* sind nur wenige Leichenpredigten überliefert. Der Reformator selber predigte bei den Beerdigungen zweier Kurfürsten. Für ein lutherisches Verständnis der Leichenpredigt kommt diesen Quellen programmatische Bedeutung zu. Daß zu Luthers Zeit auch sonst Leichenpredigten gehalten wurden, beweisen nicht nur einige K i r c h e n o r d n u n g e n, sondern auch die erste Sammlung lutherischer Leichenpredigten, die 1544 von *Johann Spangenberg* herausgegeben wurde. Zu Luthers unmittelbaren Schülern und den bedeutendsten Predigern der Reformationszeit gehörte *Johann Mathesius*, dessen Leichenpredigten daher wie die Spangenbergs Berücksichtigung finden.

Als Vertreter der nachreformatorischen Generation werden *Nicolaus Selnecker* und *Andreas Pancratius* gewählt. Die Bedeutung Selneckers bedarf keiner Begründung. Pancratius, ein Schüler Melanchthons und Majors, persönlich nüchtern und kraftvoll, repräsentiert den Typ der rhetorischen Prediger, die im Beschreiten oder vielmehr Überschreiten melanchthonischer Pfade das Erbe der antiken Rhetorik in die lutherische Predigtgeschichte einführen[18].

Auf diese stark durch das lehrhafte Ziel geprägten Prediger folgen in *Valerius Herberger* und *Johann Heermann* Männer, die ohne Vernachlässigung solider Lehre den Akzent auf die praktische Frömmigkeit legen. Sie verkörpern, wie bald darauf *Heinrich Müller*, den beweglichen, von warmem Glaubensleben durchpulsten Flügel der lutherischen Orthodoxie im Gefolge Johann Arndts. Formal und inhaltlich gehören die Predigten der Erstgenannten eng zusammen. Ihre Bedeutung für die Geschichte der Predigt wie der Frömmigkeit rechtfertigt jedoch deren gesonderte Untersuchung.

18. Vgl. *Uwe Schnell*, Die homiletische Theorie Philipp Melanchthons, Diss. Rostock 1965 (Maschinenschrift).

Herberger und Heermann werden überragt durch *Heinrich Müller,* dessen Bedeutung für die Geschichte der Predigt hier nur angedeutet werden kann. Die Leichenpredigt im Zeitalter der Hochorthodoxie wird anhand der Werke von *Martin Geier* und *Johann Benedict Carpzov II* geschildert. Beide Prediger werden gemeinsam dargestellt, obwohl Geier dieselben homiletischen Methoden in der Regel maßvoller und mit mehr theologischem Tiefgang als Carpzov handhabt.

Die Arbeit schließt mit einem Blick auf die pietistische Leichenpredigt. In *Speners* umfangreichem Werk zeigt sich deutlich die homiletische Verbundenheit mit der Orthodoxie. Spener ist ein Mann des 17. Jahrhunderts. Seine Predigten weisen engere Beziehungen zu denen der Reformorthodoxie auf als zu den bemerkenswerten, originellen von *Gottfried Arnold.* Arnolds Leichenpredigten wurden nicht bekannt, geschweige denn impulskräftig. Sie durchbrechen die relative Einheitlichkeit der lutherischen Leichenpredigt des Barockzeitalters. Arnold steht am Anfang des 18. Jahrhunderts, das den Verfall der Leichenpredigt bringt. Unsere Arbeit setzt daher die Zäsur vor Arnold und schließt mit Spener. In einem Exkurs soll anhangsweise veranschaulicht werden, daß die Leichenpredigt schon in den ersten Jahrzehnten ihrer Ausbreitung Gegenstand scharfer Kritik wurde.

Die Zielsetzung der Arbeit nötigt dazu, daß ihr Schwergewicht auf der eigentlichen Predigtanalyse ruht. Nur in zweiter Linie kann auf die Lebensläufe eingegangen werden. *Rolf Hartmann*[19] und *Mohr* widmen ihnen eingehende Untersuchungen.

Völlig außer acht bleiben Abdankungen, akademische Leichenprogramme und Epicedien, deren Umfang sich nach dem Stand der Verstorbenen richtet und an Seitenzahl die gewiß nicht geringe der Leichenpredigten manchmal noch übertrifft. Wie die Leichenpredigt selber nimmt auch dieser ihr Anhang im Laufe des 17. Jahrhunderts stark zu. Der theologische und literarische Wert dieser Erzeugnisse ist meist gering.

---

19. *Rolf Hartmann,* Das Autobiographische in der Basler Leichenrede, Basel 1963.

ERSTES KAPITEL

ZUR VORGESCHICHTE DER LEICHENPREDIGT

1. Leichenreden in der Alten Kirche

Unter den zahlreichen Predigten, die aus der patristischen Zeit überliefert sind, befindet sich keine Leichen p r e d i g t im strengen Sinn. Auf
die wenigen Reden, die Gregor von Nazianz, Gregor von Nyssa,
Chrysostomos und Ambrosius anläßlich von Todesfällen hielten, trifft
diese Bezeichnung nicht zu. Primärer Sinn dieser Reden war nicht die
Verkündigung des Evangeliums am Grabe[1], sondern die Ehrung der
Verstorbenen, die jedesmal in einem engen persönlichen Verhältnis
zum Redner gestanden hatten. Selbstverständlich entbehren die Leichenreden dieser Kirchenväter nicht eines genuin christlichen Gehaltes.
Dennoch ist ihr Vorbild nicht in der apostolischen Verkündigung, sondern in der heidnisch-antiken Laudatio funebris zu suchen[2]. Wie diese
trägt die altkirchliche Leichenrede betont rhetorischen Charakter[3]. Mit
überschwenglichem red_nerischen Prunk wird das Bild des Verstorbenen
glorifiziert. *Gregor von Nyssa* behauptet, der Tod der Kaiserin Plakilla
sei ein größeres Unglück als Erdbeben, Überschwemmungen und
Kriege[4]. Die ganze Welt wird aufgerufen, die Wunde zu beklagen, die
ihr dadurch geschlagen wurde, daß sie eine Frau verlor, „in der alle
Tugenden des Leibes ebenso wie der Seele sich verbanden, so daß sie
dem menschlichen Leben ein unglaubliches Wunder zeigte . . ."[5].

Etwas zurückhaltender drücken sich Gregor von Nazianz und Ambrosius aus. Auch sie betrachten jedoch das Lob des Verstorbenen als
erste Aufgabe der Leichenrede. *Gregor* weiß dafür sogar einen Schriftbeweis zu nennen: ‚Das Gedächtnis der Gerechten besteht in Lob-

---

1. Keine der altkirchlichen Leichenreden scheint bei der Bestattung selber gehalten
zu sein. Ihr Sitz im Leben ist bei Gedächtnisfeiern zu suchen. Vgl. *J. Bauer,* Die Trostreden des Gregor von Nyssa in ihrem Verhältnis zur antiken Rhetorik, Diss. Marburg 1892, S. 35.
2. Nach *Ernst Bickel,* Lehrbuch der Geschichte der römischen Literatur, 1937, gewann die Laudatio funebris wohl unter etruskischem Einfluß im 4. Jh. v. Chr. in
Rom Bedeutung. Laudationes funebres gehören zu den ältesten schriftlich überlieferten Dokumenten der römischen Literatur (S. 96, 360). Beim Staatsbegräbnis (funus
publicum) hielt ein Beamter die Ansprache. „Die Sitte ist für die älteste Republik
durch die Geschichtsschreibung bezeugt und wird in der Kaiserzeit durch eine Fülle
erhaltener Inschriften verdeutlicht" (S. 360).
3. Vgl. *L. Ruland,* Geschichte der kirchlichen Leichenfeiern, Regensburg 1901.
4. Oratio funebris de Placilla, MPG 46, 880 D.
5. AaO 881 B.

reden"[6]. In der Rede auf seinen Bruder Cäsarius nimmt er sich jedoch vor, im Loben wie im Weinen Maß zu halten und die Grenze des Geziemenden zu wahren[7].

So sehr die Laudatio im Vordergrund steht, fehlt es doch nicht an Paränese. Außer der Ehrung des Bruders setzt Gregor in der genannten Rede sich erstens zum Ziel, die Schwachheit der menschlichen Natur und die Würde der Seele zu zeigen, zweitens den Trauernden Trost zu spenden und drittens „die traurigen Gedanken abzuwenden von dem Fleisch und den zeitlichen Dingen und hinzuwenden auf die geistlichen und unsichtbaren"[8].

Den ersten Gedanken entfaltet Gregor in Anlehnung an Koheleth. Vanitas vanitatum – auf diese Formel bringt er alles, was Welt und irdisches Leben betrifft[9]. Der Trost besteht zunächst darin, daß der Tod den Schmerzen dieses Lebens ein Ende setzt[10]. Wenn Gregor nach diesen Ausführungen fragt: „Sind diese Trostgründe nicht stark und kräftig genug?"[11], so wird man kaum bejahend antworten können. Auch die „noch wirksamere Medizin", die Gregor folgen läßt, enthält mehr neuplatonische als christliche Ingredienzien: „Ich glaube den Worten der Weisen, daß jede schöne und gottgefällige Seele dann, wenn sie von der Bindung an den Leib erlöst ist ... eine wunderbare Freude empfindet, frohlockt und fröhlich aufbricht zu ihrem Herrn, nachdem sie diesem Leben wie einem bösen Gefängnis entflohen ist." Gregor tröstet sich ferner mit dem Gedanken, daß er seinen Bruder frei von allem Leid in der Herrlichkeit wiedersehen wird. Bezeichnenderweise wird in diesem Zusammenhang Christus nicht erwähnt. Erst im paränetischen Abschnitt erscheint sein Name: „Mit Christus muß ich begraben werden, mit Christus muß ich auferstehen, mit Christus zusammen erben, Sohn Gottes, ja Gott selber werden"[12]. Um dieses mystische Ziel zu erreichen, ist Askese geboten. Der mystische Gedanke schließt die Gewißheit eines kommenden Gerichtes nicht aus. Darum ist Selbsterforschung nötig und Abkehr vom Nichtigen[13]. Gregors Rede schließt mit einem kurzen Gebet, das nach der Bitte um gnädige Aufnahme des Verstorbenen und um das Seelenheil der Hinterbliebenen in eine Doxologie ausmündet.

Von *Ambrosius* sind uns außer den Trauerreden auf Valentinian II. und Theodosius I. die beiden Reden erhalten, die der Kirchenvater vor

6. Prov. 10,1 nach LXX; zit. MPG 35, 757 A.
7. AaO 756 B.
8. AaO 757 A. Zur Analyse der Rede vgl. *Ruland* aaO S. 154 ff.
9. AaO 780 A.
10. AaO c. 20, 781 A. Gregor gibt hier Gedanken der philosophischen Trostrede wieder, wie er sie z.B. dem Redner Menandros entnehmen konnte. Vgl. *J. Bauer aaO* S. 23.
11. AaO c. 21, 781 B.
12. C. 23, 785 B.
13. C. 22, 784 f.

und nach der Bestattung seines Bruders Satyrus hielt. Ambrosius gab diese Reden in erweiterter Form heraus. Von besonderer Bedeutung ist die zweite, längere Rede, die den Titel „De fide resurrectionis" trägt[14]. Sie stellt neben desselben Autors Schrift „De bono mortis" eine der wichtigsten patristischen Quellen für die Lehre von Tod und Auferstehung dar.

Ambrosius ist weniger von der antiken Rhetorik beeinflußt als die großen Kappadozier. Schon der Anfang seiner Rede zeigt mehr Verwandtschaft mit einer Predigt. Ambrosius beginnt mit Dank gegen Gott[15]. Er bringt sein persönliches Leid gleichsam Gott als Opfer dar, damit er das Volk vor den Greueln eines Einfalls der Goten bewahren möge. Wie die Kappadozier sucht auch Ambrosius im Gedanken der allgemeinen Sterblichkeit Trost. Kennzeichnend für den Unterschied ist, daß Ambrosius den Gedanken auf ein höheres, nämlich christologisches Niveau hebt:

Magnum pietatis mysterium ut mors corporis nec in Christo esset excepta; ac licet naturae dominus, carnis tamen quae susceperat legem non recusaret (1291 C).

Dankbarkeit schließt nicht das Recht zur natürlichen Trauer aus: non omnis infidelitatis aut infirmitatis est fletus[16]. Auch Jesus hat über Lazarus geweint[17]. Von dem christologischen Exkurs, zu dem Ambrosius durch diesen Gedanken geführt wird, ruft er sich selber zurück durch die Besinnung, daß er jetzt nicht die Aufgabe hat, Streitfragen zu behandeln, sondern zu trösten[18].

Ein tröstlicher Gedanke ist zunächst, daß Satyrus den drohenden Kriegsgreueln und allem Übel der Welt enthoben ist[19], sodann aber die Gewißheit, daß er im Leben und Sterben mit Gott verbunden war und folglich ihn jetzt schaut in seiner Herrlichkeit. Wenn Ambrosius trauert, so deshalb, weil er dort sein möchte, wo der Bruder ist[20]. Fleant ergo qui spem resurrectionis habere non possunt![21]

Große Teile der Rede sind dem Lob des Bruders und persönlichen Erinnerungen gewidmet. Immer wieder gibt Ambrosius seiner Sehnsucht nach Vereinigung mit dem Vorangegangenen Ausdruck. Die emotionalen Ausbrüche wirken weniger übertrieben und gekünstelt als bei Gregor von Nyssa.

In der zweiten Rede, die Ambrosius sieben Tage nach der Bestattung

14. De excessu fratris sui Satyri, MPL 16, 1289–1354.
15. AaO I n. 1, 1291 A: Itaque nihil habeo quod quaerar, et habeo in quo deo gratias agam.
16. N. 10, 1293 G.
17. AaO 1294 A. Allerdings meint Ambrosius, Jesus habe nur qua Mensch, nicht aber nach seiner göttlichen Natur geweint. Dieser Gedanke veranlaßt ihn zu einem Exkurs über die Zweinaturenlehre, der den Rahmen der Kasualrede weit hinter sich läßt.
18. N. 14, 1294 C.
19. N. 30, 1300 A.
20. Vgl. n. 62, 1301 B: desiderio magis quam amissione flebo.
21. N. 70, 1312 A.

hielt, tritt das Persönliche stark hinter das Lehrhafte zurück. Inhaltlich berührt die Rede sich oft mit den Gedanken der Schrift „De bono mortis".

Ambrosius erläutert zunächst die schon erwähnten Gründe, warum der Tod nicht zu beweinen sei. Neu ist die Unterscheidung eines dreifachen Todes, die durch Augustin aufgenommen wurde und im Mittelalter weite Verbreitung fand.

Secundum scripturas autem triplicem esse mortem accipimus. U n a est cum morimur peccato, deo vivimus ... Alia mors est vitae huius excessus ... cum anima nexu corporis liberatur. T e r t i a mors est, de qua dictum est: ‚Dimitte mortuos sepelire mortuos suos!‘ Ea morte non solum caro, sed etiam anima moritur (II n. 36, 1324 C).

„Der eine Tod ist ein geistlicher, der andere ein natürlicher, der dritte eine Strafe" (n. 37). Der natürliche Tod wird nicht als Strafe verstanden. Vielmehr hat Gott ihn den Menschen als Heilmittel gegeben. Wenn Ambrosius den Tod ein Gut nennt, meint er selbstverständlich den natürlichen Tod. Damit dieser wirklich ein Gut ist, muß der geistliche Tod geübt werden. So kommt Ambrosius wie die Kappadozier zur Forderung der Abtötung: Ergo peregrinemur a corpore, ne peregrinemur a Christo; etsi in corpore sumus, tamen quae sunt corporis non sequamur[22]. Bis hin zur Leichenpredigt in der lutherischen Orthodoxie gewannen die Argumente Einfluß, durch welche Ambrosius eine Beweisführung für Unsterblichkeit und Auferstehung versuchte. Er führt sie auf drei Motive zurück:

Tribus tamen evidentius colligitur resurrectionis fides, quibus omnia comprehenduntur: r a t i o n e, u n i v e r s i t a t i s e x e m p l o, t e s t i m o n i o r e i g e s t a e (n. 52, 1328 C).

Der rationale Beweis ist ein Trugschluß[23]. Ebenso mißlingt der Beweis aus der Natur, dem Ambrosius einen längeren Abschnitt widmet[24]. Nicht nur die Fabel vom Wundervogel Phönix, die bis hinein ins 17. Jahrhundert den Auferstehungsglauben befestigen sollte, führt Ambrosius in diesem Zusammenhang an. Nicht nur die gewöhnlichen Analogien vom Sterben und Auferstehen in der Natur erläutert er eingehend. Er wagt sogar eine physiologische Beweisführung, die dem modernen Leser haarsträubend erscheint.

Mit folgenden Argumenten wendet Ambrosius sich gegen den Einwand, eine Auferstehung des Fleisches sei nicht möglich, weil der im Blut befindliche Lebenssaft nach dem Tode vergehe: Alles Fleisch ist aus Lehm gemacht. Der Lehm aber hat Teil an der Feuchtigkeit, mit welcher die Erde die Pflanzen ernährt. Wie die Erde immer wieder neue Pflanzen entstehen läßt, so kann sie auch das Fleisch der Menschen regenerieren! (n. 57, 1330)

22. N. 41, 1326 A.
23. Ambrosius argumentiert wie folgt: 1. Unser Leben besteht in der Verbindung von Leib und Seele. 2. In der Auferstehung erfolgt Lohn oder Strafe für alle Taten. 3. Diese Taten sind von Leib (und Seele) getan. 4. Ergo müssen Leib und Seele wieder verbunden werden, um gemeinsam Lohn oder Strafe zu empfangen. Die zu beweisende Auferstehung ist im 2. Satz vorausgesetzt.
24. N. 53–65.

Wichtiger als diese merkwürdige Beweisführung ist der Schluß, den Ambrosius aus allen Beispielen zieht: die Auferstehung sei zweifellos mehr der Natur gemäß als ihr zuwider. „Ex natura enim est resurgere omnia, contra naturam est interire." Beweisende Kraft sollen drittens schließlich die biblischen Berichte von Auferweckungen besitzen (n. 66 ff). Um so angenehmer überrascht es den Leser, wenn er nach all diesen „Beweisen" liest: sed ego rationem a Christo non exigor. „Wenn ich nur durch die ratio überwunden werde, dann lehne ich den Glauben ab[25]". So geht es auch nicht darum, die Art und Weise der Auferstehung zu ergründen, sondern ihrer Frucht teilhaftig zu werden[26].

Damit sind einige Gedanken genannt, die theologiegeschichtlich bedeutsam wurden. Es ist hier nicht der Ort für eine eingehende Darstellung der altkirchlichen Lehre von den letzten Dingen. Lediglich einige Grundlinien sollten gezogen werden, die teils in der altlutherischen, teils aber auch in der katholischen Leichenpredigt ihre Fortsetzung fanden. Diese Fortsetzung war freilich nicht direkter Art. Die Leichenreden der Kappadozier und des Ambrosius machten nicht Schule. Was sich auf die spätere Zeit vererbte, waren einzelne, zum Teil wertvolle Gedanken, nicht aber das Ganze.

2. Leichenreden im Mittelalter

a) Die Quellen

Leben und Denken des mittelalterlichen, besonders des spätmittelalterlichen Menschen wurden überaus stark durch das Phänomen des Todes geprägt. Das Spätmittelalter ist „die Zeit, in der die letzte Not, der Tod, geradezu alle Lebensäußerungen beherrscht, sei es, daß man sein ganzes Leben auf ein gutes Sterben richtet, sei es, daß man in der Flucht vor dem Sterben das Leben desto stärker und wilder genießen will"[27]. Diese Beobachtung läßt vermuten, daß auch die Predigt stark unter der Thematik des Todes stand. In der Tat ist die Vorbereitung auf den Tod ein wesentlicher Inhalt mittelalterlicher Predigten. Im Vergleich zur patristischen Zeit ist auch ein stärkeres Vorkommen von Leichenreden zu verzeichnen. Aufs Ganze gesehen, ist die Ausbeute jedoch verhältnismäßig gering. Nachdem durch die Forschungen na-

---

25. N. 89, 1340 B.
26. N. 114, 1349 A.
27. *H. Appel,* Anfechtung und Trost im Spätmittelalter und bei Luther, Leipzig 1938, S. 63. Vgl. *O. Clemen,* Die Volksfrömmigkeit des ausgehenden Mittelalters, 1937, S. 45; *E. Döring-Hirsch,* Tod und Jenseits im Spätmittelalter, Berlin 1927; *J. Huizinga,* Der Herbst des Mittelalters, 7. Aufl. 1958.

mentlich von *Cruel* und *Linsenmayer*[28] die Geschichte der mittelalterlichen Predigt überschaubar geworden ist, läßt sich sagen, daß die Leichenrede weitaus seltener praktiziert wurde als seit der Reformationszeit. Im frühen Mittelalter wurde anscheinend nur ausnahmsweise bei der Bestattung hochstehender Personen ein Sermon gehalten[29]. Das Speculum ecclesiae, eine Predigtsammlung des *Honorius Augustodunensis* (erste Hälfte des 12. Jahrhunderts), enthält nur eine Leichenrede, die für das Begräbnis eines „potens defunctus" bestimmt ist[30]. Auch im 12. Jahrhundert finden sich aber bereits Leichenreden, die so kurz und einfach gehalten sind, daß sie vermutlich bei gewöhnlichen Begräbnissen Verwendung fanden[31]. Ganz deutlich zeigt die Sammlung von 98 Sermones funebres, am Anfang des 14. Jahrhunderts durch den Dominikaner *Johannes de Sancto Geminiano* verfaßt, daß Leichenreden für Verstorbene aller Stände gehalten wurden[32]. Sowenig die mittelalterliche Theologie bei aller imposanten Geschlossenheit der Unterschiede und Gegensätze entbehrt, sowenig kann ein pauschales Urteil über die Leichenrede im Mittelalter gefällt werden. Dennoch will ich versuchen, in Kürze den Eindruck zu vermitteln, den die Lektüre mittelalterlicher Leichenreden hinterläßt.

b) Altdeutsche Leichenreden

Die durch *Schönbach* edierten deutschen Leichenreden des 12. Jahrhunderts[33] fallen durch ungewöhnliche Kürze auf. In Schönbachs Ausgabe nehmen die fünf Reden zusammen nur knapp drei Seiten ein. Nur zwei der Reden stellen einen Text voran. Generalthema aller Reden ist die Vorbereitung auf Tod und Gericht. Ein düsterer Ton durchklingt diese ernsten Vermahnungen. Motive der Totentänze werden vernehmbar:

„Mine vil liebin, wir mugen tegeliche alle wol merkin wie ungewis und wie unstetich des menschen leben ist und wie jemmerlich sin ende ist, des richen als des armen" (S. 240, 34–37).

Daraus ergibt sich die Mahnung: Estote parati![34] Wenn der Tod ruft,

---

28. *G. Cruel,* Geschichte der deutschen Predigt im Mittelalter, Detmold 1879. *A. Linsenmayer,* Geschichte der Predigt in Deutschland von Karl dem Großen bis zum Ausgange des 14. Jahrhunderts, München 1886.

29. *Cruel* nennt S. 237 Beispiele von Grabreden für Bischöfe.

30. MPL 172, 1081–1086. Vgl. die Analyse der Rede unter c).

31. *Linsenmayer* S. 163. Die genannten Predigten wurden ediert durch *A. E. Schönbach,* Altdeutsche Predigten I, Graz 1888.

32. Vgl. dazu meinen Beitrag in „Kirche-Theologie-Frömmigkeit", Festgabe für Gottfried Holtz zum 65. Geburtstag, Berlin 1965, S. 177–186.

33. AaO n. 147–151, S. 239–241. Die Reden entstammen dem Leipziger Predigtwerk, das in einer HS des 14. Jhs. überliefert ist. Vgl. *Linsenmayer* aaO S. 264 ff.

34. Nr. 149, S. 240, 38; vgl. n. 147, Z. 5; n. 151, S. 242, 17.

hilft kein Besitz. Nur die guten Werke begleiten uns auf dem letzten Gang[35].

Damit soll das selige Sterben jedoch nicht allein auf die guten Werke gegründet werden. Beati mortui sind, die im rechten Glauben starben und ihren Glauben „mit guten werkin irvullet haben"[36]. Sie sind nicht eigentlich gestorben, sondern lebendig geworden zur ewigen Ruhe und Gnade[37]. Daher ist es verkehrt, den natürlichen Tod zu fürchten, dem man entfliehen kann[38]. Statt dessen ist die Sünde zu fürchten, die den ewigen Tod verschuldet. Von einer Verharmlosung des natürlichen Todes kann aber keine Rede sein. Offen spricht der Prediger aus, daß alle den Tod fürchten[39]. Freilich ist diese Furcht bei Gläubigen und Ungläubigen verschiedener Art: Erstere ziehen daraus die Konsequenz, daß sie ihre Sünden bereuen und büßen, um rein und gut von dieser Welt zu scheiden[40]. Die Sünder dagegen fürchten den Tod, weil er ihren weltlichen Freuden ein Ende setzt. Die Absurdität dieser Haltung unterstreicht der Prediger durch den Hinweis, daß jene Freuden „in diseme jemerlichen kerkere da wir alle not und angist und jamercheit inne liden"[41] gesucht werden.

Das negative Urteil über Welt und Leben wird bekräftigt durch mehrfache Zitierung von Eccl. 7,1 und 2: ‚Melior est dies mortis die nativitatis'[42] und ‚melius est ire ad domum luctus quam ad domum convivii'[43]. Im Trauerhaus soll der Mensch bedenken, woher er kommt und wohin er geht. Er geht nämlich entweder in die ewige Freude oder in die ewige Pein[44]. Auf eine Ausmalung der gegensätzlichen Zustände wird in den knappen Leipziger Reden verzichtet. Da die Seele nicht stirbt, ist es wichtiger, für sie zu sorgen als für den Leib. Dieses Sorgen besteht in guten Werken aller Art: „truwe und warheit, almusen, vasten, kirchgang und innenclich gebet ... ware ruwe der sunden und lutere bicht und wirdige buze ... waren minne zu gote und zu unserm ebenchristen"[45]. Tag und Nacht soll man darauf bedacht sein, sich einen Schatz im Himmel zu sammeln[46].

Die guten Werke genügen nicht, um die Seligkeit zu garantieren. Darum werden die Gemeindeglieder aufgerufen, Gott fürbittend für

35. N. 149, S. 241, 1–4; n. 151, S. 242, 9–12.
36. N. 148, S. 240, 20.
37. Ebd. Z. 21–23. Ganz ähnlich die von *Linsenmayer* mitgeteilte Leichenrede aus dem Benediktinerstift St. Paul in Kärnten (S. 164).
38. Z. 14–16.
39. N. 147, S. 239, 36; n. 148, S. 240, 14.
40. 239, 37–39.
41. S. 240, 1.
42. N. 148, S. 240,29; n. 150, S. 241,16.
43. N. 150, S. 241,24; Sermo de mortuis aus Weingartner Predigten, ed. *Schönbach* in Zschr. f. dt. Altertum 1884, 13.
44. N. 147, S. 240,8; n. 148, S. 240,21 ff; n. 151, S. 242,2.
45. S. 242,4–7.
46. Ebd. Z. 17.

die Seele des Verstorbenen an seine Heilstaten zu erinnern[47]. Falls der Verstorbene unrechtes Gut erworben hat, möge man das um seiner Seele willen in Ordnung bringen[48].

In einer Leichenrede aus dem 12. Jahrhundert, die ebenfalls *Linsenmayer* nennt[49], fordert der Prediger zu Opfern für die Verstorbenen auf, da diese den „valde malis" zwar nicht Erlaß, wohl aber Milderung der Pein gewähren[50].

Im Vergleich zu den altkirchlichen und altprotestantischen Leichenreden fällt auf, daß nur selten versucht wird, Trost zu spenden. Erschütternd ehrlich antwortet ein Prediger auf die Frage „Worauf haben wir Hoffnung?" mit den resignierten Worten: „Könnten wir euch Trost geben, den hätten wir selbst gar gern"[51]. Mag auch gelegentlich die Hoffnung auf Gottes Barmherzigkeit mitten in der Gesetzespredigt aufleuchten, so kommt doch das Evangelium entschieden zu kurz. Die mittelalterliche Leichenpredigt vermag keine Heilsgewißheit zu vermitteln. Ihr schwerster Mangel besteht darin, daß sie nicht Christus als d e n Trost im Leben und Sterben verkündigt. Dieser Mangel wird nicht durch den Hinweis auf die Sterbesakramente aufgehoben, obwohl dieselben von größter Bedeutung für ein seliges Ende sind:

„Dieser selige Mensch hat eine gute Urkunde seliger Hinfahrt; die englische Speise, die ist ihm geworden, das lebendige Brot des hl. Christus, der Heilsstrom seines Blutes. Er ward gefunden in rechter Reue mit lauterer Beicht; er ist Bruder aller derer, die immer bekehrt werden. Die hl. Engel können ihm ihre Hilfe nicht widersagen" (*Linsenmayer* aaO 164).

Kurz vorher sagt der Prediger jedoch im Blick auf die Seele des Verstorbenen: „Wie dem sein Ding nun stehe, das ist uns nicht gewiß; wie sie (d. h. wohl die Engel, welche die Seele in Empfang nehmen) sie empfangen, das können wir nicht erforschen; ob sie Gott genehm sei oder unlieb (unmaere), das ist uns verhehlt. Unser Recht ist, daß wir der Seele Gnade wünschen."

c) Die Leichenrede des Honorius Augustodunensis

Da der Sermo aus Honorius' Speculum ecclesiae als Muster gedacht und auch verwandt wurde[52], mag es angebracht sein, ausführlicher darauf einzugehen.

47. N. 150, S. 241, 28 ff: „nu bitten den almechtigen got der sich selbin vor unser sunde gab und durch unser aller willen leit bittern tot daz er des guten menschin sele von dem ewigen tode irlose. alle die sine vrunt hie sin, die gedencken sin, so sie beste mugen, dise drizich tage mit irme opphere, mit irn almusen, mit irme gebete und mit andern guten werkin." Ähnlich *Weingartner Predigten* S. 13 und *Linsenmayer* S. 164: „Nun helfen wir der armen Seele Gott mahnen seiner Geburt, seines Todes, seiner Auferstehung, seiner Auffahrt, daß diese Seele heute überwinde die Drohungen und Schädigungen des schwarzen Teufels etc."
48. *Schönbach* aaO S. 241,33.
49. *Linsenmayer* aaO S. 213.
50. Ähnlich bei *Honorius Augustodunensis*, s. u.
51. *Linsenmayer*, S. 165 aus Kärntener Predigt, 12 Jh.
52. Vgl. *Linsenmayer* S. 163 und 218.

Die Rede ist, wie bereits erwähnt, für die Bestattung einer hochstehenden Person bestimmt[53]. Damit ist nicht bewiesen, daß Honorius keine Leichenreden bei gewöhnlichen Begräbnissen gekannt hätte. Seine Predigt ist länger als die fünf Reden der Leipziger Sammlung zusammen. Predigten von diesem Ausmaß konnten nicht bei jeder Beerdigung gehalten werden[54].

Als Text wird Apc. 14,13 vorangestellt: ‚Beati mortui qui in Domino moriuntur.' Der Vers dient als Motto, von einer Exegese kann nicht die Rede sein. Honorius setzt mit der Unterscheidung eines dreifachen Todes ein, die er in Anlehnung an Ambrosius durchführt[55]: Tres mortes sunt: una bona et omnibus appetenda; altera mala et omnibus fugienda; tertia misera et omnibus ferenda[56].

Den ersten Tod stirbt, wer durch Askese tot ist für die Welt, lebendig aber für Gott. Er ist selig, weil er in Christus, der das ewige Leben ist, lebendig gemacht werden wird. „Qui hac morte moritur, numquam in aeternum morietur." Der körperliche Tod ist für ihn ein Schlaf, durch den ihm die ewige Ruhe zuteil wird. Der zweite Tod – Ambrosius nennt ihn an dritter Stelle – ist der Tod des Sünders, der in das Verderben führt[57]. An dritter Stelle wird der natürliche Tod genannt, der durch Adams Fall über die ganze Menschheit verhängt wurde. Er ist für jeden Menschen entsprechend seinem Verdienst entweder der Weg zur Freude oder zur Qual.

Vom natürlichen Tod kommt der Prediger zum natürlichen Leben. Wie ein hartes Joch lastet die Mühe dieses Lebens auf den Menschen. Christus will uns davon befreien, indem er uns befiehlt, sein sanftes Joch zu tragen (1082 C). Er ruft die Mühseligen und Beladenen zu sich als der lebendigen Quelle. Zu dieser gilt es unter Sündenbekenntnis und Buße zu eilen, ehe es zu spät ist. „Si enim homo tardat, mors non tardat" (ebd. D). Weil Tag und Stunde des Todes unbekannt sind, müssen wir jederzeit in guten Werken wachen, um dann der ewigen Ruhe teilhaftig zu werden. Der Todestag bringt die Lohnzahlung für den, der im Weinberg des Herrn gearbeitet hat, oder aber für den, welcher keine guten Werke hervorbrachte, das Gericht (1083 A). In origineller Weise verbindet Honorius Prädestination und Willensfreiheit im Blick auf die Länge des menschlichen Lebens:

Omnibus hominibus deus terminum vivendi constituit, quem nullus praeterire poterit. Multi autem ad praescriptum terminum non perveniunt dum spacium vivendi malis operibus perdunt.

Seinen erneuten Aufruf zur Wachsamkeit unterstreicht Honorius

---

53. MPL 172, 1081 C: Si *potens* defunctus est sepeliendus, taliter populus est admonendus.

54. Auch im 16. und 17. Jahrhundert zeichnen sich die Predigten für „Standespersonen" in zunehmendem Maße durch ihre Länge aus.

55. Vgl. ob. S. 17.

56. *Honorius* aaO 1081 C.

durch den Hinweis auf die Vergänglichkeit dieses Lebens (1038 B/C). Drastisch malt er den Hörern vor Augen, was aus ihrer sterblichen Substanz wird:

Caro namque partim in vermes vertetur, partim ab ipsis consumetur, partim in putredinem, deinde in pulverem redigitur; medulla autem in serpentes, cerebrum eius dicitur verti in bufones[58].

Im Trauerhaus wird der Mensch an dieses sein Schicksal erinnert[59]. Auch der gegenwärtige Todesfall demonstriert die Hinfälligkeit aller menschlichen Größe. Ein lebender Armer ist uns lieber als ein verwesender Reicher[60]. Merkwürdig unvermittelt geht der Prediger vom Thema der Verwesung zu der Aufforderung über, Fürbitte für den Toten zu leisten:

Hodie, carissimi, pro anima eius orate, sacrificium salutare pro eo sacrificate, ut deus omnes noxas eius relaxet et sicut eum fidelibus, ita ibi eum sanctis in gloria associet (1084 A).

Der Sinn der Bestattung besteht nach Honorius zuerst darin, daß die Gemeinde aufgerufen wird, für den Verstorbenen zu beten, sodann aber auch darin, daß die Gläubigen an ihre eigene Zukunft denken (1084 B).

Honorius erläutert sodann den Sinn einiger Beerdigungsbräuche sowie der Gedächtnistage. Letztere dienen der Fürbitte für die im Purgatorium leidenden Seelen. „Wie einer, der in der Hitze wandert und Durst leidet, erquickt wird durch die Quelle frischen Wassers, so werden die, die in die Pein geworfen sind, durch eure Gebete und Almosen erfrischt" (1084 C). Wer für Gute bittet, dem dient es selber zum Heil, weil die Seligen darum bitten, mit ihm vereinigt zu werden. Auch wer für die im Purgatorium Befindlichen bittet, hilft damit sich selber „quia qui pro alio orat se ipsum liberat" (1084 D). Für Verdammte, d. h. Heiden, Juden, Häretiker und schlechte Katholiken ist dagegen nicht zu beten, weil das eine Blasphemie bedeutete.

Wenn Lohn und Strafe mit dem Tod beginnen, erhebt sich die Frage nach dem Sinn des futurischen Endgerichts. Honorius löst sie durch eine quantitative Differenzierung: „post mortem unicuique illud iudicium irrogatur quo omne genus humanum in ultimis iudicatur. Tunc autem gloria vel poena duplicatur cum corpus animae associatur" (1084 C). Drei Möglichkeiten erwarten den Menschen im Tode:

α. Die Gerechten werden durch die Engel zur Freude des Herrn geführt.

57. 1081 D. Wie Ambrosius spielt Honorius hier auf Lk. 9,60 an: „ut mortui sepeliant mortuos suos".
58. Die Verwandlung in Schlangen wird mit Gen. 3 erklärt. Warum das Gehirn zu Kröten wird, erläutert Honorius nicht.
59. Honorius zitiert und erläutert in diesem Zusammenhang das vielgebrauchte Wort Eccl. 7,2; vgl. ob. S. 16.
60. 1084 A. Diesem Thema widmet Honorius auffallend viel Raum. U. a. erklärt er, je fetter der Verstorbene gewesen sei, um so unerträglicher werde der Gestank.

β. Die weniger in der Heiligung Fortgeschrittenen (minus emendati) kommen ins Purgatorium, dessen Qualen Honorius schildert[61]. Durch Gebete, Fasten und Almosen werden sie befreit und mit den Heiligen vereint.

γ. Die Verdammten werden zwar auch nach dem Maß ihrer Sünden unterschiedlich bestraft, aber für sie gibt es keine Hilfe.

Ohne die Hoffnung der Auferstehung wäre die Fürbitte sinnlos. Das von Christus erreichte Lebensalter, nämlich dreißig Jahre, wird Norm für die Gestalt sein, in welcher alle auferstehen werden, mögen sie am ersten Lebenstag oder im neunzigsten Lebensjahr verstorben sein:

Resurgent autem omnes mortui ea aetate et mensura qua Christus resurrexit, scilicet XXX annorum, tam infans unius noctis quam aliquis nogentorum annorum (1085 B). Diese merkwürdige Anschauung, in der das Verlangen nach konkreter Vorstellung zum Ausdruck kommt, ist wohl in Anlehnung an Eph. 4, 13 entstanden: ‚Donec occurramus omnes … in mensuram aetatis plenitudinis Christi.'

Durch drei mirakulöse Geschichten will Honorius zum Schluß die erlösende Macht der Totenmesse veranschaulichen. Zwei dieser Geschichten erzählen, wie todgeglaubte Kriegsgefangene jedesmal auf wunderbare Weise ihre Fesseln verloren, wenn ihre Angehörigen für sie Seelenmessen lesen ließen[62]. Daraus ergibt sich noch einmal die Aufforderung zu eifrigem Gebet für die Toten. Wer diese Pflicht versäumt, wird einst selber vernachlässigt werden. Noch besser ist es allerdings, wenn wir so gut leben, daß wir dann die Fürbitte nicht brauchen: Si bene vixerimus, certe oratione non indigebimus, sed cum Christo in gloria coelesti erimus. Auf dem Hintergrund dieser Leichenrede wird deutlich, wie umwälzend und belebend die Kraft der Reformation auf die Verkündigung am Grabe wirkte.

Ein höheres Niveau als der Leichenrede des Honorius ist den Sermones funebres des *Johannes de Sancto Geminiano* zuzuerkennen. Scholastische Gelehrsamkeit verbindet sich bei ihm mit Klarheit der Form. Im Blick auf die Personalia erteilt Johannes den guten Rat: „Lauda parce, vitupera parcius." Für den Fall, daß der Verstorbene kein frommes Leben führte, empfiehlt er: „Magis est doctrinae viventium quam talis defuncti laudibus insistendum"[63]. Theologisch bleibt der Dominikaner Johannes weit unter seinem Ordenslehrer Thomas. Die Bedeutung des Glaubens für die Rechtfertigung wird nur sehr schwach gewürdigt. Wie bei Honorius steht im Mittelpunkt nicht das Evangelium von der Auferstehung und der Vergebung durch den Glauben an Christus, sondern das Gesetz mit seiner Forderung der

61. 1085 A. Die geringsten Purgatoriumsqualen übersteigen die schlimmsten Schmerzen dieser Welt, erklärt Honorius. Ihre Intensität richtet sich nach dem Maß der begangenen Sünden.

62. 1086 A–C.

63. Beide Zitate entstammen der Vorrede zu Johannes' Werk, in welchem der Autor seine homiletischen Grundsätze darlegt.

Heiligung und die cura pro mortuis. Zwar kann man nicht sagen, daß statt der Gemeinde die Toten den Sinn der Leichenpredigt bildeten; in den meisten Predigten tritt bei Johannes der Tote gar nicht ins Blickfeld. Sein Lebenslauf ist völlig uninteressant. Doch wird der dadurch gesparte Raum nicht frei für die Verkündigung des Christus. Der Blick wird nicht, wie später bei Luther, auf Christi Tod und Auferstehung gelenkt, sondern immer wieder auf die eigenen Werke. Die zentrale Erkenntnis der Reformation liefert das entscheidende Kriterium für den Unterschied von scholastischer und reformatorisch-evangelischer Leichenpredigt.

ZWEITES KAPITEL

DIE LEICHENPREDIGT IM ZEITALTER DER REFORMATION

A. Luthers Leichenpredigten

I. Die Quellen

Der Versuch, Luthers Predigt am Grabe historisch zu interpretieren und homiletisch auszuwerten, begegnet erheblichen Schwierigkeiten. Nur vier Leichenpredigten sind von Luther überliefert. So viel ich sehe, besitzen wir in ihnen die ältesten gedruckten Leichenpredigten der lutherischen Kirche. Zwei dieser Predigten wurden bei der Bestattung Kurfürst Friedrichs des Weisen am 10. und 11. Mai 1525 gehalten[1], die übrigen am 18. und 22. August 1532 für dessen Bruder und Nachfolger Johann[2]. Die Predigten sind sämtlich in zwei Rezensionen überliefert, die oft sehr beträchtlich voneinander abweichen. Um schwierige textkritische Abhandlungen zu vermeiden, halte ich mich bei den Predigten von 1525 an die Fassung der ältesten, im gleichen Jahre erschienenen Drucke. Wo es sich empfiehlt, werden Abweichungen, die sich in den älteren Gesamtausgaben finden, notiert. Die Predigten aus dem Jahre 1532 zitiere ich nach den ältesten Drucken, die der Weimarer Ausgabe zu Grunde liegen. Rörers ebendort wie bei *Hirsch* (s. Anm. 2) abgedruckte Nachschrift kann durchweg unberücksichtigt bleiben, nicht nur wegen der „treuen Übereinstimmung des Drucks mit Rörers Nachschrift"[3], sondern auch, weil nicht Handschriften sondern Drucke ihre Wirkungen auf spätere Prediger ausübten. Schwieriger noch als das textkritische ist das homiletische Problem. Wer Luthers Leichenpredigten für die Kasualpraxis fruchtbar machen will, muß sich vor Augen halten, wie schmal die verfügbare Basis ist. Alle vier Predigten sind zur Bestattung von Kurfürsten gehalten, also bei außergewöhnlichen Gelegenheiten. Streng genommen, handelt es sich nur um zwei Leichenpredigten, nämlich je eine für jeden Kurfürsten. Jede dieser beiden wurde geteilt und auf verschiedene Tage gelegt. Dabei erschien jeweils die zweite Leichenpredigt als Fortsetzung der ersten, was sich darin ausdrückt, daß Luther in der Textauslegung desselben Kapitels fortfährt. Allen Predigten liegt 1. Thess. 4 zu Grunde. Selbst-

---

1. WA 17,1 S. XXXII ff (Einleitung), S. 196–227 (Text).
2. WA 36 S. XX ff u. S. 237–270, Cl VII (ed. *Hirsch*) S. 405–411.
3. WA 36 S. XX.

verständlich konnte Luther in diese Predigten nicht alles hineinlegen, was er über Tod und Ewigkeit zu sagen hatte. Eine Untersuchung, die sich zum Ziel setzt, Luthers Bedeutung für die Geschichte der Leichenpredigt im einzelnen nachzuweisen, müßte vom Gesamtwerk des Reformators ausgehen. Das kann in der vorliegenden Arbeit nicht geschehen. Die Analyse der vier Leichenpredigten soll nur gelegentlich durch Belege aus andern Lutherschriften ergänzt werden. Zwar bleibt die Untersuchung damit fragmentarisch, aber sie reicht aus, um Luthers grundlegende Bedeutung für die Entwicklung der Leichenpredigt zu verdeutlichen.

II. Die Form

Übereinstimmend heben die Kenner der Predigten Luthers seine Freiheit in Formfragen hervor[4]. „Die Form seiner Predigten hat Luther wenig Gedanken und Sorgen gemacht. Er vertritt keine der überlieferten Schulformen, pflegt aber auch keinen eigenen Stil bewußt"[5]. *Hirsch* weist darauf hin, daß Luther diese Freiheit „nicht von Anfang an selbstverständlich gewesen ist"[6]. „Er hat begonnen mit der streng thematischen Predigt im Sinne der Predigtlehre seiner Zeit"[7]. Wie er sich als Exeget vom Schema des vierfachen Schriftsinnes löste, so befreite er sich als Prediger von der Bindung an formale Prinzipien der traditionellen Homiletik[8]. Sein prophetischer Geist ließ sich nicht in enge Schemata zwängen.

Freiheit der Form bedeutet nicht Unordnung. Obwohl jedes Schema fehlt, sind die Predigten klar gegliedert. 1532 gibt Luther den beiden Predigten die gleiche Ordnung wie 1525. Er beginnt jeweils die erste Predigt mit einem Hinweis auf den Kasus[9]. Damit erhielten diese Predigten ein kurzes Exordium, das zur Textverlesung hinführt[10].

4. Vgl. z.B. *P. Althaus,* Luther auf der Kanzel, „Luther" 1921, S. 17–24; *G. Ebeling,* Evang. Evangelienauslegung, München 1942, S. 27 u. 464 ff; *E. Hirsch,* Luthers Predigtweise, „Luther" 1954, S. 1 ff.
5. *Althaus* aaO S. 17
6. AaO S. 1.
7. *Hirsch* aaO.
8. Daß damit nicht einer wirren Willkür das Wort geredet ist, zeigen nicht nur Luthers Predigten selber, sondern auch seine Bemerkungen über homiletische Probleme. Vgl. Hirschs Zusammenstellung in Cl VII S. 1–38, wo u. a. mehrfach die Notwendigkeit betont wird, das Thema (meist status genannt, etwa dem scopus entsprechend) zu ermitteln und dabeizubleiben. Vgl. u. a. 24,16 ff; 26,28; 27,19; 28,15 ff; 29,26; 36,17 ff.
9. WA 17,1 S. 196 vgl. mit 36 S. 237. Bemerkungen über Leben und Sterben der Verstorbenen faßt Luther nicht an bestimmten Stellen zu einem Nekrolog zusammen, sondern er verstreut sie über die ganze Predigt, s. u. III 2.
10. 17,1 S. 196,8 erklärt Luther, nachdem er die Textwahl durch die Notwendigkeit, Trost zu spenden, begründet hat: „Darumb wil ich den text erzelen, wie er an yhm selbs laut". Vgl. 36 S. 237,21.

Die zweite Predigt, die 1525 einen Tag, 1532 vier Tage später folgte, beginnt mit einer summarischen Repetition der vorhergegangenen[11]. Als Text verliest Luther in der 1. Leichenpredigt den Abschnitt 1. Thess. 4,13–18, legt aber nur die Verse 13 f aus, um den Rest der folgenden Predigt zuzuweisen. In der 3. Leichenpredigt beschränkt er sich auf die Verlesung der ersten zwei Verse, die er dann auch auslegt[12].

Zwischen Textverlesung und -auslegung schaltet Luther in der 1. Predigt ein zweites Exordium, das die Kombination von Themapredigt und Homilie, die für viele seiner Predigten charakteristisch ist, zeigt. Die Mahnung, daß Christen nicht trauern sollen wie die Heiden, veranlaßt ihn zu einer Abhandlung über das Recht zur Trauer[13]. Auf diese thematische Ausführung, die Luther durch mehrere Schriftbelege untermauert, folgt die homilieartige Auslegung, in der die Verse nacheinander erklärt werden.

Die zweite Leichenpredigt steuert ohne Umschweife auf die Homilie zu. Nach einer kurzen Zusammenfassung der Predigt des Vortages beginnt er die Auslegung, indem er den Skopus des folgenden Textes angibt[14]. Analog verfährt Luther in der dritten und vierten Predigt. Wie in der ersten, schickt er auch in der dritten der Homilie eine Abhandlung über Recht und Grenze der Trauer voran[15].

Diesen Passus nennt er selbst eine „vorrede und eingang" der Predigt[16].

Für die Durchführung der Auslegung gilt, was *Hirsch* im Blick auf Luthers gesamtes Predigtwerk ausspricht: „1. Luther bindet sich nicht wie die strenge Homilie daran, den Text Wort für Wort durchzubehandeln. Er bewegt sich, bei allem Augenmerk auf die Hauptsachen, im einzelnen völlig frei. 2. Luther ist wesentlich geschlossener als die Homilie meist. Man spürt es, daß die Predigt jedesmal unter einem ganz bestimmten Gesichtspunkt steht"[17]. Letzterer Gedanke darf allerdings, wie für die übrigen Predigten, nicht ausschließlich verstanden werden. Wenn auch die Bedeutung von Tod und Auferstehung Jesu deutlich im Vordergrund steht, werden dadurch andere, sogar dem Text fernliegende Gedanken nicht ausgeschlossen[18].

Wie im Eingang, verzichtet Luther auch am Schluß auf bestimmte Formen. Entweder schließt er mit einer Zusammenfassung des Gesag-

---

11. WA 17,1 S. 212 f; 36 S. 255.
12. 36 S. 237,28: „So viel wöllen wir itzt fur uns nehmen, das ich mich und euch nicht uberlade."
13. 17,1 S. 197. 202.
14. 213,5: „Nu weitter dissen trost aus zustreichen, helt er uns fur..." Vgl. WA 36 S. 255, 15–18.
15. 36 S. 237–239.
16. 36 S. 240,12.
17. AaO S. 2.
18. Vgl. z. B. 17,1 S. 210,4–212,5.

ten[19] oder mit einem Gebetswunsch[20]. Beides kann auch verbunden sein[21].

Zusammenfassend stellen wir fest, daß Luthers Leichenpredigten sich formal nicht von seinen übrigen Predigten unterscheiden. Da diese weder Themapredigten noch Homilien im strengen Sinn genannt werden können, schlug *Hirsch* die Bezeichnung „schriftauslegende Predigt" vor. Ein solches Kennzeichen befriedigt nicht, da sowohl Homilie als auch Themapredigt[22] „schriftauslegende Predigt" sein können.

Die Methode dient in dieser Hinsicht nicht als Kriterium. Es ist daher vorzuziehen, Luthers Predigt als Mischform von Homilie und Themapredigt zu bezeichnen. Dieses Urteil hat freilich nur pauschalen Wert und bedarf im einzelnen der Differenzierung[23].

In der Ausdrucksweise nimmt Luther auf die Situation der Bestattungsfeier Rücksicht. Zwar ist die Sprache auch hier „bildhaft-anschaulich, natürlich und frei von aller abstrakten Gedanklichkeit"[24], kernig bis zur Drastik[25]. Auffallend derbe Ausdrücke, wie sie sich auch in den verwandten Predigten über 1. Kor. 15 reichlich finden[26], vermeidet Luther jedoch[27].

Luthers im Leben wurzelnde Art äußert sich gern darin, daß er Dialoge – natürlich in wörtlicher Rede! – einführt, z. B. WA 36, 250 ff: „Das man aber viel mit dem Gesetz komen wil und disputiren Lieber, wer weis, ob dich Gott auch für from halten wil? Das ist der leidige teuffel ... Darumb ist unserm Fürsten recht wol geschehen, das er nicht jnn die disputation komen ist, Der teuffel solt jn sonst wol angriffen haben: Hörest du, wie hast du gelebet, wie hast du regiret? ... das man doch endlich ... sagen mus: Teuffel, sey so zornig du immer wilt, Ich rühme meine gute werck und tugent gar nicht für unserm Herr Gott ... Darumb Teuffel, fare hin, beide mit meiner gerechtigkeit und sunde, Habe ich etwas gesundigt, so fris du den mist da von ..." Vgl. S. 253,24.34; 259,27 u. ö.

19. 17,1 S. 227,7–18; 36 S. 254,6 (Rörer): „Iste est textus. quem volui ante meridiem reden ..."
20. 17,1 S. 212,4.
21. 36 S. 254,21–34; 269, 18–270,18.
22. Unter Themapredigten verstehe ich mit *W. Trillhaas*, Evangelische Predigtlehre, 1954 S. 142 „bei grundsätzlicher Voraussetzung eines Textes ... die in einer Thematisierung zur Einheit geführte Predigt". Das Thema wird aus dem Hauptskopus entwickelt (*L. Fendt*, Homiletik, 1949, S. 47). Im Gegensatz zur Themapredigt gründet sich die Mottopredigt nicht auf den Text. Sie entnimmt diesem lediglich einen Gedankenimpuls oder stellt den Text nur der fertigen Predigt voran.
23. Für die Predigten über Evangelientexte gibt *Ebeling* aaO S. 469 f Beispiele reiner Homilien, reiner Themapredigten und Mischformen an. Erste Gattung bezeichnet er als „die normale Grundform von Luthers Predigt". Alle anderen Formen seien nur Variationen oder Ausnahmen. Offenbar faßt Ebeling den Begriff „reine Homilie" weiter als Hirsch.
24. *R. Frick*, Luther als Prediger, dargestellt auf Grund der Predigten über 1. Kor. 15 (1532/33), Luther-Jahrbuch 21, 1939, S. 62.
25. Vgl. 36 S. 249,31: „Also mus man eines Christen sterben ansehen mit andern augen, denn wie ein kue ein new thor ansihet, und mit einer andern nasen da zu riechen, nicht wie ein kue zum gras reucht".
26. Vgl. *Frick* aaO S. 62 f. Für die Predigten von 1528–1532 vgl. *H. Werdermann*, Luthers Wittenberger Gemeinde, Gütersloh 1929, passim.
27. Allenfalls wäre auf 36 S. 252,17 zu verweisen (oben zitiert).

1. Der Sinn der Leichenpredigt

Die Tatsache, daß Luther nur bei zwei außergewöhnlichen Gelegenheiten Leichenpredigten hielt, läßt nicht auf ein Desinteresse an dieser Predigtgattung schließen. Die Leichenpredigt ist für Luther wie jede andere Predigt eine Gelegenheit dazu, daß Gottes Wort „ym schwang"[28] gehe. Auf Luthers Bedeutung für die Neubelebung der Predigt im allgemeinen braucht nicht hingewiesen zu werden. Nur einige Sätze aus der Schrift „Von Ordnung Gottesdiensts in der Gemeinde" (1523) mögen ihrer auch für die Leichenpredigt grundlegenden Bedeutung wegen genannt sein.

Luther bezeichnet es dort als den ersten großen Mißbrauch des Gottesdienstes, „das man gottis wort geschwygen hat / und alleyne geleßen / und gesungen ynn den kirchen"[29]. Wo Gottes Wort nicht gepredigt werde, sei es besser, weder zu singen noch zu lesen noch überhaupt zusammenzukommen[30]. „Es ist alles besser nach gelassen / denn das wort"[31].

Luthers pauschale Behauptung, man habe im Mittelalter nicht gepredigt, ist natürlich unhaltbar. Das schmälert nicht die Nachdrücklichkeit seiner Forderung, das Wort bei jeder Gelegenheit „im Schwange" gehen zu lassen. Wenn er auch in den liturgischen Reformschriften nicht expressis verbis davon sprach, so mußte die grandiose Aufwertung der Wortverkündung sich selbstverständlich auch auf die kirchliche Bestattung auswirken.

Diese Konsequenz war, wie eine Bemerkung in der dritten Leichenpredigt zeigt, ganz im Sinne Luthers. Dort begründet er seine Predigt damit, daß die traditionelle „gewonheit und weise mit den Seelmessen und Begegnissen, wenn man sie zur erden bestetiget hat, abgangen ist"[32]. Aus seiner Verwerfung der Seelenmessen zieht er nicht die Konsequenz, auf das kirchliche Begräbnis zu verzichten. Vielmehr will er den beseitigten falschen durch den wahren Gottesdienst ersetzen[33]. Der größte Gottesdienst aber ist die Predigt[34]. Damit liefert Luther die theologische Begründung und Zielsetzung der Leichenpredigt: Sie ist Gottesdienst.

28. Vgl. *V. Vajta*, Die Theologie des Gottesdienstes bei Luther, Berlin 1958, S. 118 ff.
29. Cl II 424,11; WA 12,35.
30. AaO Z. 25. Vgl. 425,27: „Denn es ist alles zuthun umb gottis wort/ das dasselb ym schwang gehe/ und die seelen ymer auffrichte und erquicke/ das sie nicht lasz werden".
31. AaO 426,32. Vgl. auch den Kontext.
32. WA 36 S. 237,15.
33. Ebd. Z. 17: „... Wollen wir dennoch diesen Gottes dienst nicht lassen nach bleiben, das wir Gottes wort predigen".
34. Ebd. Z. 29. Vgl. *Vajta* aaO S. 119 Anm. 8: WA 40,1 S. 130,16; 361,29: „... summum cultum esse audire vocem Dei et credere".

Was das für den Charakter der Leichenpredigt bedeutet, hat Luther beispielhaft gezeigt. Nicht eine Laudatio des Verstorbenen, sondern das Lob Gottes ist ihre Aufgabe[35]. Zugleich gilt für die Leichenpredigt, was Luther als das Wesen der deutschen Messe formulierte: sie ist „Eyne offentliche reytzung zum glauben und zum christentum"[36]. Daher ist ein Ziel der Leichenpredigt, daß „die leute gebessert werden"[37]. Wie Luthers Durchführung der Leichenpredigt zeigt, ist damit nicht nur moralische Besserung, sondern Wachstum im Glauben und in der Erkenntnis gemeint. Die Leichenpredigt entbehrt, wie wohl alle Predigten Luthers, nicht eines lehrhaften Charakters.

Zum Inhalt dieser Lehre gehört es, Trost aus Gottes Wort zu schöpfen. „Lehren" bedeutet bei Luther (wie im Neuen Testament) nicht nur sachliche Wissensmitteilung, sondern Weitergabe von Erkenntnissen, die den Menschen in seiner Ganzheit betreffen. Daher dient die Auslegung der „Lehre" des Paulus 1. Thess. 4 dazu, allen Betrübten Trost zu spenden[38].

Damit ist das Bild der Leichenpredigt umrissen. Es besteht im Lobpreis Gottes sowie in der Belehrung und Tröstung der Hörer.

2. Die Bedeutung der verstorbenen Personen

Die genannte Zielsetzung führt nicht dazu, daß Luther die Person des Verstorbenen ignoriert. Das mag angesichts der großen Persönlichkeiten, an deren Sarg der Prediger stand, selbstverständlich erscheinen. Es ist jedoch bemerkenswert, wie sparsam Luther mit lobenden Aussagen über die Verstorbenen ist. Zwar muß berücksichtigt werden, daß Melanchthon vor Luther das Wort ergriff, aber auch er hielt keine Laudation[39]. Abgesehen davon hätte Luther, wäre er ein „Fürstenknecht" gewesen, die Gelegenheit genutzt, seine Regenten zu verherrlichen und dem Hof zu schmeicheln. Keine Spur davon findet sich in seinen Predigten.

Dabei hatte Luther Grund, die Verstorbenen zu loben. Beiden Kurfürsten verdankte er viel für sein Werk. Beide waren, wenn auch in recht verschiedener Weise, aufrechte Christen. Friedrich und Johann regierten ihr Land gewissenhaft und verständig. Luther hatte nicht die Absicht, ihnen das verdiente ehrende Andenken zu verweigern. Seiner

---

35. S. 237,17 ff.
36. Deutsche Messe, Cl III 296,35.
37. WA 36 S. 237,18.
38. 17,1 S. 196,3: „Derhalben so hab ich myr furgenommen, das S. Paulus leret ynn solchen sachen fur zunemen und, wie er seyne verstorbene freunde getröstet hat, uns auch zu trösten." Vgl. S. 212,13; 213,5.
39. CR XI n. 9, S. 90–98. Vgl. *E. Winkler*, Melanchthons lat. Leichenrede auf Kurfürst Friedrich den Weisen, in: ZRGG XVIII, 1966, S. 33–42.

Predigt stellte er jedoch nicht das Ziel, eine solche Ehrung vorzunehmen. Das Gedenken der Verstorbenen ist den obengenannten Zielen untergeordnet. Diese Ziele aber erstehen auf einem konkreten Hintergrund, der durch Tod und Bestattung eines bestimmten Menschen gegeben ist. Daraus ergibt sich, daß die Verfolgung jener Ziele Raum läßt für die Bezugnahme auf den Verstorbenen. Wie das geschieht, hängt vom persönlichen Verhältnis des Predigers zum Verstorbenen ab. Während Friedrich der Weise aus kirchenpolitischen und psychologischen Gründen keinen engen Kontakt mit Luther pflegte, war Johann dem Reformator in herzlicher Freundschaft verbunden[40]. Dieses unterschiedliche Verhältnis spiegelt sich in den Leichenpredigten deutlich wider. Friedrich den Weisen nennt Luther im Eingang der 1. Predigt „unser heupt[41]", während er von Johann als dem „lieben Herrn und Landesfürsten" spricht[42]. Luther ist sparsam mit herzlichen und gefühlvollen Ausdrücken. Um so überraschender kommt der Grundton echter Ergriffenheit zum Ausdruck, der namentlich die an Johannes' Todestag gehaltene Predigt bestimmt. Spalatins Aussage, Luther habe geweint wie ein Kind[43], zeigt, wie tief dieser unsentimentale Mann von persönlichem Schmerz erfaßt war.

Mit Recht konnte Luther von Johann sagen, „das er ein trew from hertz gehabt hat on alle gifft und neid"[44]. Das erwähnt er jedoch nur am Rande. Er will seinen Kurfürsten „nicht zu einem lebendigen heiligen machen[45]", obwohl er „ein seer fromer, freundlicher man gewesen ist, on alles falsch, inn dem ich noch nie mein lebtag einigen stoltz, zorn noch neid gespürt hab, der alles leichtiglich tragen und vergeben kunde, und mehr denn zu viel mild gewesen ist[46]". Dieser „hohen Tugend halben" will Luther ihn nicht loben, weil Johann auch ein Sünder war wie wir alle[47]. Was Luther seinem Fürsten dankbar nachrühmt, ist die Treue, mit der er auf dem Augsburger Reichstag „Christi Tod und Auferstehung vor der ganzen Welt öffentlich bekannte[48]" und in der Nachfolge Christi den „geistlichen Tod" gestorben ist, den Luther

40. Vgl. P. Kirn, Friedrich der Weise und die Kirche, 1926, S. 173 f.
41. 17,1 S. 196,1. Die Lesart „unser lieber Landsfürst und Heubt" ist sekundär.
42. 36 S. 242,9 (Rörer). Die Drucke erweitern: „unser Landesfürst, unser lieber Herr und vater" (Z. 31). Im Eingang liest Rörer auch nur „unser heubt", während die Drucke ähnlich wie 1525 ergänzen: „unserm lieben Landesfürsten" (S. 237,24), und „unser liebes haubt" (Z. 20). Vgl. S. 248,10 und 32, wo Rörer und die Drucke übereinstimmend Johann „unsern lieben fursten" bzw. „Landesfursten" nennen.
43. 36 S. XX: „Tum Doctor Martinus insignem sermonen funebrem, doloris, quem ex tristissimo Electoris obitu ceperat, testem habuit. Neque adeo sibi temperare potuit, quominus lacrimae quasi puero caderent".
44. S. 251,31 (Rörer ebenso Z. 9).
45. S. 248,35; Rörer S. 249,1.
46. S. 245,16–19; Rörer Z. 3.
47. S. 245,12; vgl. S. 246,20; 249,12.
48. S. 246,15,22; 247,31.

„das rechte Sterben", den „rechten männlichen Tod", das „geistliche Sterben" nennt[49].

Der „liebe Landesfürst" darf daher zu denen gezählt werden, die in Christus schlafen[50]. Diese Hoffnung spricht Luther am Grabe Friedrichs des Weisen aus: „Und dieweil er ynn dem erkenntnis des Euangelii verschieden ist, von wilches wegen er disse jar viel erliden hat, so hoffen wyr, das er ynn Christo entschlafen sey"[51].

Im übrigen spricht Luther weniger von Friedrich als von dem schlimmen Verlust, den sein Tod in stürmischer Zeit für das Volk bedeutet[52]. Wie Melanchthon erinnert auch Luther an die Verdienste, die Friedrich durch seine Friedensliebe erwarb: „Bisher haben wir ein solch heupt gehabt, durch wilches uns Gott fride gegeben hat, zu wilches zeitten nie keyn blutvergiessen gewesen"[53]. Nachdem Gott den „friedsamen Mann und Regenten" hinweggenommen hat, durch welchen er „Glück, Seligkeit und alles Guts" gab, steht zu befürchten, daß der bisher durch jenen Mann aufgehaltene Zorn Gottes nun losbricht[54]. Damit führt der Tod des Kurfürsten zum Bußruf: „An dissem tode sollen wyr uns stossen, als der uns gilt, auff das wyr uns demütigen, bessern, erschrecken und das Euangelion annemen, denn das schwert ist gezückt . . ."[55].

3. Der Tod und seine Überwindung

Energisch und ausführlich begründet Luther das Recht, über den Tod eines lieben Menschen zu trauern[56]. Die Ataraxie bei Verlust eines

---

49. S. 244,31; 245,31; 246,12.30; 247,10.12.15.28. Treffend bemerkt *H. Zahrnt,* Luthers Predigt am Grabe, dargestellt an seiner Leichenpredigt für Kurfürst Johann von Sachsen 1532, in: „Luther" 29, 1958, S. 106–114, S. 112: „Darum ist das Auftreten des Kurfürsten auf dem Reichstag zu Augsburg das einzige konkrete biographische Faktum, das Luther in seiner Leichenpredigt nennt. Das ganze Leben des Kurfürsten schrumpft für ihn gleichsam auf diesen einen Punkt zusammen."
  50. S. 248,32; 252,33; vgl. 261,35; 270,10.   51. 17,1 S. 209,13; vgl. 199,19–200,2.
  52. S. 199,1–3, 15–19; 200,8; 201,14.   53. S. 199,9–11; vgl. S. 210,21.
  54. S. 201,9–13; vgl. S. 210,14–22; 36 S. 254. 23–27.
  55. S. 202,1; vgl. 210,4; 36 S. 254,21. Luthers vieldiskutierte Haltung im Bauernkrieg, die hier nicht beurteilt werden soll, findet in diesem Zusammenhang ihren Ausdruck. Ein Sturz der Monarchie durch die Revolution der Bauern hätte nach seiner Meinung zu heilloser Anarchie geführt. Die Möglichkeit einer demokratischen Staatsform lag außerhalb seiner Sichtweite. So verstehe ich die folgenden Sätze: „Denn wo die uberkeit nidder geleget würde, so würden wyr keynen fride haben, Gott der wil nicht das der gemeyne pofel regire, wie er saget Rom. 13: alle Gewalt ist von Gotte, dazu gibt er auch seyne gnade und gabe, wie man denn sicht, da eyn obermann odder heubt man, eyn furst mehr gnade und tugende hat denn eyn gemeyner man, wie wol es ettliche misbrauchen, ydoch bleyben die gabe. Wo aber die uberkeyt auffgehaben wird, so werden die ergisten buben regiren, die nicht werd sind das sie die schussel solten waschen, der teuffel wolte die ordenunge gerne auffheben, auff das er raum hette seyne büberey zuvolfuren, gelinget es yhm, so sind wyr schon verloren" (17,1 S. 211,3–12). Luther ist der Überzeugung, mit der politischen Ordnung falle auch die sittliche. Vgl. auch die Rez. S. 202,21–30.
  56. 17,1 S. 197 ff; 36 S. 237–239.

33

Angehörigen ist eine heidnische Tugend, „im grund ein gemachte tugend und ertichte stercke, die Gott nicht hat geschaffen, im auch gar nicht gefellet"[57]. Ein Herz, das nicht weich wird, zeigt, daß es nicht geliebt hat. Oder die Unerschütterlichkeit ist Heuchelei. Gottes Wort steht einer solchen Haltung entgegen[58]. Wenn Paulus die Thessalonicher belehrt, damit sie „nicht so traurig seien wie die andern, die keine Hoffnung haben" (I 4, 13), so setzt er voraus, daß diese Christen traurig sind. Seine Ausführung richtet sich nicht gegen die Trauer schlechthin, sondern gegen die hoffnungslose Traurigkeit[59]. Hoffnungslos kann aber die Traurigkeit nicht mehr sein, wenn der Trauernde an die Auferstehung glaubt[60]. „Wilcher nu ynn dissem erkenntnis bleybt, der hat eyne hoffnung"[61]. Ebenso gilt das Gegenteil: „wer den trost nicht hat, der kann sich sonsten nicht trösten noch fröhlich sein"[62]. Deshalb ist „alles darumb zu thun, das wir den Artickel (Ich gleube ein aufferstehung des Fleisches) gewis fassen und uns wol drin uben"[63].

Unsere Auferstehung ist nur zusammenzusehen mit Christi Auferstehung. Paulus „vermengt" und verknüpft beide „und macht eyn aufferstehung ... daraus"[64]. Das heißt: So gewiß wie Christus auferstanden ist, werden die Toten auferstehen[65]. Luther weiß, daß diese Botschaft der Vernunft nicht eingeht. Sie will geglaubt sein[66]. Dem Glauben ist es viel gewisser, „das Hertzog Hans von Sachsen wird widder erfür komen aus dem loch und viel schöner denn die sonn itzt ist, denn das er hie für unsern augen ligt"[67]. Christi Auferstehung ist die Ehre, mit der die Schande unseres unflätigen Begräbnisses bedeckt wird[68]. Vom Leichnam weg ist daher der Blick auf Christi Tod und Auferstehung zu richten[69]. Das fällt uns schwer, es muß gelernt werden[70]; man muß lernen, „den todten ansehen nicht im grabe

57. 36 S. 238,22.
58. Luther belegt das durch Sir. 38,16 u. biblische Berichte von Bestattungen u. Totenklagen: Gen. 23; 50; Num. 20; Deut. 34 (17,1 S. 197 f).
59. 36 S. 240,17 ff; 17,1 S. 202,11–203,12. Diese Interpretation findet sich in den Leichenpredigten des 16. u. 17. Jhs. an ungezählten Stellen.
60. Zu Luthers Predigt von der Auferstehung vgl. *B. Jordahn*, Die Auferstehung Jesu Christi von den Toten in Luthers Osterpredigten, „Luther" 1955, S. 1–19. *R. Frick* aaO.
61. 17,1 S. 209,8; vgl. 206,21.   62. 36 S. 250,24.
63. 17,1 S. 209,24; vgl. 36 S. 242,28.
64. 17,1 S. 205,3.
65. 17,1 S. 205,6.
66. 36 S. 243,29. Vgl. Pr. 17 über 1. Kor. 15, WA 36 S. 685,11: „Istum locum predigt man itzt und singt, sed nondum videmus et sentimus, sed contrarium, quod mors victa, sed quod obligt und siegt und uberwindet uns al und in die Erde scharre"; zit. b. *Frick* aaO S. 32.
67. 36 S. 250,20.
68. 17,1 S. 202,11–203,12.
69. 36 S. 243,21: „Lieber, sihe den todten Leichnam hie nicht an, du hast etwas höhers und bessers anzusehen, Nemlich Jhesus Christus tod und aufferstehung".
70. Ebd. Z. 32.

und sarck, sondern inn Christo"[71]. Von dem, was die Augen
sehen, führt Paulus das Herz hin in das, was Gott redet, hin auf Christus[72]. Diese Orientierung auf Christus, seinen Tod und seine Auferstehung, ist der Weg, die Anfechtungen im Todeskampf zu überwinden. Eine Kunst des Teufels, die Luther selber oft erlitten hat[73], besteht darin, daß er dem Menschen mit Hilfe von Schrift und Gesetz
sein Versagen vorhält und ihn damit zur Verzweiflung treiben will.
Luthers Antwort darauf heißt: „Da lauff ich denn und ergreiff den
artickel der vergebung der sunde durch Jhesum Christum, der für
meine sunde gestorben und widder aufferstanden ist"[74]. Wer in dieser
Weise allen teuflischen Gedanken den Boden entzieht, dessen physischer Tod ist, wie Luther in anstößiger Derbheit sagt, nur „ein kinder
sterben und ein vihe sterben"[75]. Der Ausdruck ist wohl nicht so zu verstehen, als wolle Luther den physischen Tod bagatellisieren und ihn
zu einem nur materiellen Vorgang stempeln. Vielmehr will er den
Kontrast unterstreichen: Im Vergleich zu den Kämpfen, die sich zwischen Teufel und Seele abspielen, ist das Erlöschen der organischen
Funktionen eine Kleinigkeit. Ein solches „Kindersterben" war der Tod
des Kurfürsten Johann, weil er „zum reich Christi durch die tauff ge-
foddert und darnach Christum frey bekennet hat und Gottes wort mit
allem vleis, von gantzem Hertzen gern gehöret"[76].

Luther weiß, daß er damit den Tod anders einschätzt, als der natürliche Mensch es tut. Der Christ aber ist eine neue Kreatur, „der anders rede, gedencke und urteile von allerley sachen, denn die wellt davon redet odder urteilet"[77]. Darum hat er eine neue Einstellung zum
Tod. Dieser ist für den Christen nicht „das aller greulichst und schrecklichste ding auff erden und das ende des lebens und aller freude"[78]. Ein
Christ weiß, daß er durch den Tod „ein new lebendig mensch werde"[79].
In dieser Gewißheit des Glaubens beginnt schon hier ein Vorspiel des
zukünftigen Lebens, in dem das Geglaubte geschaut werden wird. Damit hat der Tod alle seine Macht „an Christus verloren"[80] für diejenigen, die „das liebe bild des gestorbenen und aufferstandenen Christi
stets inn die augen fassen"[81] und sich damit gegen das alte Wesen,

---

71. 36 S. 244,3. Vgl. *H. Zahrnt* aaO S. 108: „Es kommt also alles auf die Änderung
der Blickrichtung an".
72. 36 S. 244,23.
73. 36 S. 251,20: „... des teuffels kunst, die er an mir auch offt versucht ..."
74. 36 S. 251,26. Vgl. 249,21: „Wenn wir dar auff fest stehen und nicht da von
ablassen, so ist unser gerechtigkeit so gros, das alle unsere sunde, sie heissen, wie sie
wollen, sind wie ein kleines füncklein und die gerechtigkeit wie ein grosses meer".
75. 36 S. 247,11. 19–22. 28; 248,23.
76. S. 247,31.
77. S. 255,25.
78. 36 S. 255,30.
79. S. 256,25.
80. S. 257,16.
81. S. 257,18.

Jammer, Not, Unglück, Armut und Tod rüsten. Schon in diesem Leben beginnt die Wirkung der Auferstehung Christi in der Rechtfertigung und ihren Folgen:

„Dis ist der nutz und gebrauch seyner aufferstehung, das sie nicht unfruchtbar bleibe, sondern wirke ynn uns, das wyr von sunden frey werden und heylig, wenn wyr denn heylig sind, so sind wyr auch gerecht durch seyne aufferstehung, derhalben so werden wyr auch leben, die sunde, todt, teuffel werden uns nicht hindern" (17,1 S. 205, 13–206, 1).

Durch die Rechtfertigung wird also mit der Sündenschuld auch deren Bestrafung, der „Sündensold" aufgehoben:

„... denn wilcher heilig ist, den lesst er ynn sunden und tode nicht stecken, Gott der ist gerecht, leget nicht die straffe hyn, da nicht sunde ist, wie S. Paulus sagt, das der tod eyne straffe sey der sunden und die sunde ist des todes stachel, denn wenn nicht sunde were, so were auch keyn tod nicht, derhalben so kan der dissen menschen ym tode nicht ligen odder sterben lassen, der on sunde und frum ist" (S. 206, 1–6).

Es bedarf keiner Nachweise, daß Luther dieses Heilshandeln Gottes als reines Geschenk versteht. Die Zueignung des Heils in der Taufe macht den Sola-gratia-Charakter besonders deutlich. „Heilige" und vom Tod Befreite sind nicht, wie Luther grob ausdrückt, „solche Teuffel, die von jnen selbs wollen heilig werden durch jre werck, sondern die Gott geheiligt hat on alle jre werck und zuthun, da durch, das sie jnn Christus namen getaufft sind, mit seinem Blut besprenget und rein gewaschen und mit seinem lieben wort und gaben des Heiligen geists begabt und gezieret"[82]. „Qui baptizati, schlafen in Christo"[83], das heißt: Wer dieses Heilsgeschehen im Glauben auf sich bezieht, für den ist der Tod ein Schlaf, dem das Erwachen zum ewigen Leben folgt[84].

4. Doctrina und exhortatio

Frick urteilt auf Grund seiner Untersuchungen der Predigten Luthers über 1. Kor. 15: „Seine Predigt ist ausgesprochene Lehrpredigt"[85]. Sofern man darunter didaskalia im Sinne des Neuen Testaments versteht, ist Frick beizupflichten. In Luthers Predigt ist es nicht möglich, ein genus didaskalikon säuberlich von einem genus paraenetikon o. ä. zu scheiden, wie die altprotestantische Homiletik das versuchte. Lehre, Trost und Ermahnung gehören für Luther untrennbar zusammen[86].

82. 36 S. 262,11–15. Vgl. 260,32; 261,20; 263,24; *Frick* aaO S. 41: „*Der Zusammenhang zwischen dem Sakrament der Taufe und Tod und Auferstehung Christi* liegt Luther ganz besonders am Herzen" (Im Original gesperrt). Dort mehrere Belege aus den Predigten über 1. Kor. 15.
83. 36 S. 263,12 (Rörer).
84. 17,1 S. 206,9; 204,5; 205,4; 207,15; 36 S. 240,36; 249,24.
85. AaO S. 30. Sperrung im Original.
86. Wo Luther von einer Unterscheidung der genera spricht, hat er nicht verschiedene Abschnitte der Predigt im Auge. CI VII S. 13,8 handelt es sich um eine exege-

Weder diese Tatsache noch die Furcht vor einem pädagogischen Gottesdienstverständnis darf die Augen davor verschließen, daß Luther in der Predigt immer auch das katechetische Ziel verfolgt. „Docere" ist nicht selten Synonym für „praedicare". Das Volk soll gründlich über die biblischen Wahrheiten belehrt werden, und zwar – das war leider nie selbstverständlich – so, daß es die Lehre versteht[87].

In der Leichenpredigt handelt die Lehre, wie zu erwarten, in erster Linie von den letzten Dingen. Wie es die vorgenommenen Texte verlangen, beschränkt sich Luther nicht auf die bereits umrissene Predigt über Tod und Auferstehung. Die Verse 1. Thess. 4, 13–18 sprechen ja weniger davon als vielmehr von der Parusie und dem Schicksal derer, die sie erleben. Luther kombiniert diesen Text mit 1. Kor. 15, 51 und erklärt die „Entrückung" als „Verwandlung"[88]. Anschaulich sucht er sich die damit verbundene lokale Veränderung vorzustellen: Alles wird in einem Augenblick geschehen. Die Toten erstehen aus den Gräbern, die gläubig Verstorbenen werden durch die Luft in den Himmel entrückt, während die Gottlosen auf der Erde bleiben. Gleichzeitig mit den Verstorbenen werden die lebenden Gläubigen entrückt. „Viel leichter denn die vogel und viel schöner denn die Sonne" entschweben sie, der Himmel wird voller Licht und Klarheit, „das alles liecht und klarheit der Sonnen und aller sternen nichts da gegen sein und keine Sonnen noch sternen sehen werden"[89]. Diese Vorstellung ist nicht nur dem modernen, im Rahmen des kopernikanischen Weltbildes denkenden Menschen unzugänglich[90]. Auch Luther wußte: „Das lautet nu wol lugerlich als ein susser gedancken und menschlicher trawm"[91]. Der Zweifel erledigt sich für ihn durch den einfachen Hinweis auf die Autorität des Wortes Gottes[92]. Um so mehr fällt auf, daß Luther im Blick auf die Verse 16–18 erklärt: „Das sind eitel verba Allego-

tisch-formgeschichtliche Notiz. S. 25,3–14 ist die Unterscheidung abstrahierender Art. Wenn doctrina der Dialektik, exhortatio der Rhetorik entspricht, so gehören beide im konkreten Geschehen der Predigt engstens zusammen, da diese sich gleichzeitig an Intellekt und Willen wendet. (Z. 4: Illa ad intellectum pertinet, haec ad voluntatem). Gleiches gilt S. 31,13, wo Luther ein solides Lehren im Gegensatz zu wortreichen Ermahnungen fordert. Wenn er feststellt „Es ist gar viel mehr in doctrina quam exhortatione gelegen", so wünscht er nicht, wie die orthodoxe Lehrpredigt es weithin tat, einen längeren Abschnitt doctrina, dem als Anhängsel ein paränetischer Passus folgt, sondern es geht um die richtige Akzentsetzung.

87. Zahlreiche Nachweise bei *Hirsch, Cl VII*, z. B. S. 30,10–20; 31,15; 32,32ff; 34,27.

88. 17,1 S. 213ff, 36 S. 267ff erklärt Luther denselben Text ohne Rückgriff auf 1.Kor.15, obwohl er gerade damals über dieses Kapitel Reihenpredigten hielt.

89. 36 S. 267,10–13; 17,1 S. 225.4–14.

90. Vgl. *R. Bultmann*, Neues Testament und Mythologie (Kerygma und Mythos I,1954, S. 17): „erledigt ist (scil. mit dem neutestamentlichen Weltbild) die Erwartung des mit den Wolken des Himmels kommenden ‘Menschensohnes' und des Entrafftwerdens der Gläubigen in der Luft, ihm entgegen (1.Thess.4,15ff)".

91. 36 S. 267,15.

92. Ebd. Z. 16: „Aber ich habe gesagt, das es Gottes wort ist. Wer das nicht wil glewben, der darf auch uns nicht gleuben."

rica"[93]. Er meint jedoch nicht, diesen einen völlig anderen Sinn entlocken zu müssen. Vielmehr will er sagen, daß Paulus hier eine „Lehre" so veranschaulicht, daß sie von „Kindern und Einfältigen" verstanden werden kann[94], die Wahrheit nämlich, daß Christus kommen wird, um Tote und Lebende zu sich zu holen[95]. Ganz im Sinne des Textes legt er den Ton darauf, daß Verstorbene und bei der Parusie noch Lebende gleichzeitig den Wiederkommenden sehen[96]. Von diesem Geschehen werden alle erfaßt, mögen sie längst zu Pulver geworden oder zu Asche verbrannt sein, ins Wasser geworfen[97], von Fischen gefressen oder von Wölfen zerrissen[98]. Das zu glauben, war auch für Luther keine Kleinigkeit[99]. Ebenso „deucht es die Vernunft gar wunderlich", wie es zugehen soll, „das ynn eynem augenblick die gantze wellt leben sol"[100]. Anschaulich stellt Luther sich vor, wie die Parusie, dem Blitz gleich, plötzlich hereinbricht und die Menschen trifft, „wie sie gehen und stehen und erfunden werden, disse werden ym bette ligen und schlaffen, etliche werden essen und trincken und fröhlich seyn, andere werden an yhr arbeit erfunden werden, wie denn die Sonne ym morgen lande ehe auffgehet denn zu mitternacht, hie ym auffgange, da die Sonne scheynet, ist es frue morgen, aber am niddergange ist es nacht, Also wird dieser tag alle stende und wesen erfinden und plötzlich sie verwandeln ynn unsterbliche menschen"[101]. Auf den Einwand, diese Lehre vertrüge sich nicht mit der anderen, daß jeder Mensch einmal sterben müsse (Hebr. 9, 27), erwidert Luther, jene Verwandlung sei für die bei der Parusie Lebenden gleichbedeutend mit dem Sterben[102]. Zur Begründung verweist er darauf, daß Paulus nicht sagt: „Wir werden nicht alle sterben", sondern: „Wir werden nicht alle entschlafen." Diese Exegese ist natürlich unhaltbar. Sie ist auch unnötig. Zur Beantwortung jenes Einwandes genügt die Erklärung: „Seyne zukunfft wird lebendige und todte finden und ynn der zukunfft und stym der posawnen werden die lebendigen tod seyn und die todten leben"[103].

93. 36 S. 267,38; Rörer S. 268,1.
94. S. Anm. 93.
95. S. 269,18–27.
96. Vgl. z. B. 36 S. 266,25–35: „Wir werden *alle zu gleich* mit einander daher faren, beide, die zuvor gestorben und bis zu Christus zukunfft gelebt haben und also *jnn einem augenblick* alle semptlich da her schweben und uns *zu gleich* widder sehen, Also das wir, die da noch leben werden, nicht ehe den HERRN Christum sehen werden, denn die Verstorbenen ... er wils so machen, das die todten *alle in dem augenblick mit uns* erfür kommen...". Ähnlich S. 267,28–33; 17,1 S. 214,13–20 u. ö.
97. Luther denkt hier offenbar an die Asche der Märtyrer von Lyon, die ins Wasser der Rhone gestreut wurde. Die Anspielung darauf ist in späteren Leichenpredigten oft zu finden.
98. 17,2 S. 215,16; vgl. 214,18; 36 S. 266,14.
99. S. 215,15: „Es ist eyn gros ding gleuben, das dis war sey."
100. Ebd. Z. 19.
101. 17,1 S. 216,1–7.
102. 17,1 S. 217,14ff.
103. S. 218,13; vgl. 219,3.

Parusie bedeutet nicht nur Entrückung der Gläubigen hin zu Christus, sondern auch Gericht[104]. Luther läßt sich die alte Meinung gefallen, die Stimme der Posaune bedeute das Wort: „Steht auf, ihr Toten, und kommt zum Gericht"[105]. Im übrigen lehnt er eine Deutung der einzelnen Begriffe ab, um schlicht beim Literalsinn zu bleiben:

„Hie haben sie sich bekümert, was die posawne sey, wilchs der Ertzengel und was das feldgeschrey sey, Wyr aber wöllen S. Paulo seyne wort nicht glossirn, sonder lassen stehen, wie sie stehen, denn gleich als wenn ein grosser gewaltiger könig zufeld zeugt widder seyne feynde, wenn man die trummel schlecht, die hende auff wirfft, schreyet und das feld vol geschreys machet, Also auch schreybet er die zukunfft Christi" (17,1 S. 223, 1–6).

Obwohl Luther den Text als „verba allegorica" bezeichnet, geht er im Bemühen um den Literalsinn sehr weit. Er interessiert sich für die merkwürdige Frage, in welcher Sprache die Stimme der Posaune zu hören sein wird, und er spricht die Vermutung aus, es werde die hebräische sein oder eine Stimme, von der alle Toten erwachen müssen[106].

So abwegig dem modernen Leser solche Erwägungen erscheinen, so wenig wird er leugnen, daß Luther sich um ein plastisches Verstehen des Textes müht. Er weiß sich so an den Text gebunden, daß er aus 1. Thess. 4 nicht, wie es der zeitgenössische Stand der Wissenschaft erlaubt hätte, einen vollständigen locus „De novissimis" ableitet. „Die Lehre macht aus der Predigt nicht eine dogmatische Abhandlung oder theologische Vorlesung"[107]. Grund dafür ist die oben betonte Einheit von doctrina und exhortatio (S. 36). Weil die Lehre Exegese ist, wird sie unmittelbar zum tröstenden Zuspruch und zum ethischen Anspruch. Mit Recht bemerkt daher *Frick*: „Es gibt keinen anderen Trost als die doctrina, aber sie ist auch wirklich voller Trost" (aaO.). Luther bemüht sich nicht, ein Arsenal trostreicher Gedanken zusammenzutragen, ein Potpourri antik-heidnischer und biblischer Motive, wie es die Geschichte der Leichenpredigt kennt. Er verschmäht das nicht aus Verachtung der Trostbedürftigkeit, sondern um sich ganz auf das Wesentliche zu konzentrieren, nämlich auf die „Lehre" von Tod und Auferstehung Christi. Denn „wer dissen Artickel helt und zweiffelt nicht, der hat genug trosts, ist stark und mütig, kann die andern auch trösten ym sterben, wie er sich tröstet"[108]. Der tröstende Zuspruch erreicht sein Ziel aber nur, wenn ihm Glaube entgegengebracht wird[109]. Darum ist Trost immer zugleich Ruf zum Glauben[110]. Glauben bedeutet dabei

104. 17,1 S. 207,4–13; 219,5–12; 222f.
105. 36 S. 268,26; 17,1 S. 223,9 akzeptiert Luther die Auslegung.
106. 36 S. 268,23.
107. *Frick* aaO S. 30.
108. 17,1 S. 206,21; vgl. 36 S. 242,28: „da ligt es nun an, das wir diesen artickel, das Christus gestorben und aufferstanden sey, recht fassen in der not".
109. 17,1 S. 208,5: „Aber es gehört eyn glaube dazu, denn wilcher nicht gleubt, wird nicht viel trosts hieraus haben, Nu dissen glauben mus Gott geben". Vgl. S. 219,4–6; 220,8; 221,4.
110. Vgl. 17,1 S. 226,11–227,6.

nicht nur das Akzeptieren eines Lehrsatzes im Sinne der fides historica, sondern eine Neuorientierung, ein „Herumreißen"[111] von der falschen in die richtige Blickrichtung[112]. Das trostreiche Wort will nicht nur geglaubt werden, sondern sich schon jetzt wirksam erweisen im Kampf gegen Sünde und Tod[113].

Ebenso organisch ergibt sich die Verbindung von doctrina und exhortatio von einem andern Ausgangspunkt her: der Verkündigung des Gerichts. Vom Jüngsten Gericht spricht Luther freilich bemerkenswert selten[114]. Das hat wohl seelsorgerische Gründe: Der Teufel hält vielen Sterbenden den Gedanken an das Jüngste Gericht vor, um sie zur Verzweiflung zu treiben[115]. Um so deutlicher weist Luther auf die Möglichkeit hin, daß ein i r d i s c h e s Gericht vor der Tür steht[116]. Deutschland hat das Licht des Evangeliums, das ihm nie zuvor so hell leuchtete, leichtfertig mißachtet. Gott gibt jetzt seinem Zorn Raum, indem er in der Person des Regenten den hinwegnimmt, der bisher das Gericht aufhielt[117]. Besonders in der Predigt vom 10. Mai 1525, die Luther stark unter dem Eindruck des Bauernkrieges zeigt, tritt dieser Gedanke hervor. Luther beschließt die Predigt daher mit der Aufforderung zur Fürbitte für die Obrigkeit, zur Abbitte bei Gott und zur Besserung des Lebens[118].

IV. Zusammenfassung

Luthers Leichenpredigten unterscheiden sich in formaler Hinsicht nicht vom Durchschnitt seiner übrigen Predigten. Freiheit in der Form, die nicht zu wirrer Unordnung ausartet, Anschaulichkeit, Schlichtheit und Lebendigkeit in der Ausdrucksweise sind deren Kennzeichen. Eine feierliche Kanzelsprache ist Luther fremd, doch verzichtet er fast völlig auf derbe Ausdrücke und trägt damit dem Charakter der Leichenpredigt Rechnung.

Ziel der Leichenpredigt, die Luther als Ersatz für die Seelenmesse versteht, ist, daß Gott gepriesen und die Hörer gebessert und getröstet werden. Beides geschieht durch Schriftauslegung.

111. 36 S. 242,10: „Also wil uns Sanct Paulus *herumb reissen* und jnn den tod Christi ziehen . . .“
112. 36 S. 240,35: „Das ist die rechte weise zu trösten, das man den tod, den wir leiden, aus den augen reisse, als viel es jmmer müglich ist . . . und stracks jnn den tod Christi sehe". Vgl. *Zahrnt* aaO S. 108.
113. 17,1 S. 205,13–206,1, zitiert ob. S. 36.
114. Nur andeutend 17,1 S. 207,4; 223,9; 227,6.17; deutlicher S. 219,5–12 und 221,5–15.
115. 36 S. 247,25.
116. Vgl. ob. S. 33.
117. 17,1 S. 200,15–201,5.
118. 17,1 S. 212,1–4.

Im Gegensatz zur altkirchlichen und mittelalterlichen Leichenpredigt, die im Ansatz anthropozentrisch ist – Trauer und Trost, Sünde und Besserung der Menschen, Verdienste der Verstorbenen und die cura pro mortuis sind ihre wichtigsten Themen –, kann Luthers Leichenpredigt als christozentrisch bezeichnet werden. Damit ist nicht ein Desinteresse an den menschlichen Aspekten behauptet. Im Gegenteil. Luther tritt energisch dafür ein, daß menschliches Empfinden zu seinem Recht kommt. Er geht auf die Personen der Verstorbenen ein und würdigt deren Bedeutung, ohne das Lob Gottes in Menschenruhm zu pervertieren. Er kennt die vielerlei Anfechtungen, denen der Mensch im Angesicht des Todes, sei es sein eigener Tod oder der eines lieben Menschen, ausgesetzt ist.

Das Entscheidende an Luthers Leichenpredigt ist, daß er aufruft, den Blick von allen Phänomenen menschlicher Nichtigkeit weg auf Christus, seinen Tod und seine Auferstehung, zu wenden. Die Blickrichtung auf Gottes Heilshandeln in Christus, das uns in Wort und Sakrament zugeeignet wird, überwindet den Tod.

Luther hält keine Mottopredigt über Tod und Auferstehung, sondern er bindet sich an einen Text, nämlich 1. Thess. 4, 13 ff. Er behandelt Fragen der Eschatologie, soweit sie sich aus diesem Text (und dem verwandten Vers 1. Kor. 15, 51) ergeben. Schwierigkeiten, die sich dem Denken aus so problematischen Aussagen wie der von der Entrückung stellen, weist er mit dem Hinweis auf die Autorität des Schriftwortes ab.

Die verschiedenen Genera der traditionellen Homiletik bilden bei Luther eine Einheit. Trost und Ermahnung lassen sich nicht von der „Lehre" trennen. Die Lehre von Tod und Auferstehung Christi ist immer zugleich tröstender Zuspruch und Glauben fordernder Anspruch.

Mit der Analyse von Luthers Leichenpredigten wurde kein Abriß seiner Eschatologie geboten. Dazu ist die Textbasis viel zu schmal. Mit aller Deutlichkeit kommt aber die für Luthers Theologie und Frömmigkeit grundlegende Wendung zum Ausdruck, die den verzweifelnden Menschen „herumreißt" im und zum Glauben an Christus.

1. Das ehrliche Begräbnis

Schon die Lüneburger Kirchenordnung von 1527 stellt fest: „De doden
överst e e r l y k e n tho grave tho bryngen unde an de levendigen eine
korte vormanynge tho doende mit dankseggynge, ys vor gudt ange-
seen"[2]. 1564 wird das begründet: Die Väter haben allezeit das Begräbnis ehrlich[3] gehalten, weil es eine Erinnerung der künftigen Auferstehung ist[4]. In allen Gegenden Deutschlands findet sich die Forderung, das Begräbnis ehrlich zu halten. Obgleich jeder, der im Glauben
an Christus gestorben ist, zur Zahl der Seligen gehört, heißt es in Memmingen 1569, sollen wir nichtsdestoweniger „unsere verschidnen e h r -
l i c h u n d g e b ü h r l i c h zur erden mit solichen diensten, die uns lebendigen zu christlicher erinnerung und trost dienen, bestättigen" (= bestatten)[5]. Ehrlich und gebührlich sind Synonyma[6]. Daher wird vom
„ehrlichen Läuten" gesprochen[7] und gefordert, die Leiche ehrlich mit
einem Tuch zu bedecken[8]. Ein ehrliches Begräbnis ist eine Bestattung,
wie sie sich für den Christen gehört. Die albertinisch-sächsische Kirchenordnung von 1580 bestimmt: „Alle todten sollen e h r l i c h begraben werden, den lebendigen zu einer erinnerung ihrer sterblichkeit, auf
das ein jeder sein ende und wie ungewis dasselbige sei, bedenke, und
sein leben in bussfertigkeit zurichten und sich zum tode bereit und geschickt zumachen, hierdurch vermanet werde"[9]. Damit dieser paränetische Zweck des Begräbnisses erfüllt werde, muß es ordentlich zugehen.
In Halle soll (1573?) die Bestattung zu Ehren der Auferstehung „ehrlich und solenniter" geschehen, mit „beleitung der schulen, kirchen-
diener und gesängen"[10]. Es wird also jeweils nicht nur ein ordentliches,

1. Für den ganzen Exkurs vgl. *H. Grün*, Die Leichenrede im Rahmen der kirchlichen Beerdigung im 16. Jahrhundert, ThStKr 1925, S. 289–312; *ders.*, Die kirchliche
Beerdigung im 16. Jahrhundert, ThStKr 1933, S. 138–214.
  2. Sehling VI/1 517a.
  3. *H. Maser*, Die Bestattung, Gütersloh 1964, weist S. 9 Anm. 20 darauf hin, daß
der Begriff honorifice sepelire sich schon im Hochmittelalter findet.
  4. AaO S. 563f. = Wolfenbüttel 1569, aaO S. 174. Vgl. Ostfriesische Kirchenordnung (= KO) 1535, Sehling VII/1 S. 381 b. – Das Zeugnis der Auferstehung verlangt auch, den Friedhof „ehrlich" zu halten. In Schmalkalden wird daher 1555 verboten, auf diesem Bauholz zu lagern, Kühe darauf gehen zu lassen, Spiel und Leichtfertigkeit zu treiben, „sondern solche der christen schlafkammer und ruhebettlein,
zum zeugniss der auferstehung der toden, ehrlich halten" (Sehling II 348a).
  5. Sehling XII/2 S. 265a.
  6. Vgl. die von *Maser* aaO zitierten Belege aus Grimms Wörterbuch.
  7. Osnabrück 1543, Sehling VII/1 S. 223b, vgl. S. 256b.
  8. Albertinisches Sachsen 1580, Sehling I S. 438a.
  9. Sehling I S. 438a.
  10. Sehling II S. 441b.

christliches Begräbnis gefordert, sondern auch dessen Sinn dargelegt. Dabei spielt der Verstorbene eine untergeordnete Rolle. Stets wird primär an die Lebenden gedacht. Verschiedene Kirchenordnungen berufen sich auf ein Wort Augustins, das in unzähligen Leichenpredigten zitiert wurde: curatio funeris, conditio sepulturae, pompa exsequiarum, magis sunt vivorum solatia quam subsidia mortuorum[11]. Kommen „subsidia mortuorum" nicht in Frage, so ist die Bestattung doch auch „das letzte werk der christlichen liebe" an den Verstorbenen[12]. Dieses Liebeswerk darf den Armen nicht vorenthalten werden. Offenbar hat die Kostenfrage oft dazu geführt, daß das ehrliche Begräbnis für sie in Frage stand. Die Kirchenordnungen suchen diesen Mißstand abzustellen. So wird im albertinischen Sachsen 1580 verordnet, „das die armen so wol als die reichen ehrlich zur erden bestetigt werden"[13]. Armen ist daher die Leichenpredigt gebührenfrei zu halten, während sonst eine Bezahlung üblich war. Die Gefahr einer guten Bezahlung durch Reiche wird in Marienhafen 1593 gesehen: Der Prediger darf sich nicht kaufen lassen, einen Gottlosen zu loben[14]!

Bei offensichtlicher Gottlosigkeit ist das ehrliche Begräbnis zu verweigern. In Dinkelsbühl (1573) sollen sogar alle, die trotz Ermahnung lange Zeit nicht am Abendmahl teilgenommen haben, „ohne alle ceremonien hingetragen" werden[15]. Ausführlich wird in Thorn 1575 vermerkt, wer vom christlichen Begräbnis auszuschließen ist:

„Die sich aber selbst beleidigen und erstechen, erhenken, erdrücken oder sonsten verzweifeln und in ihren sünden ohne busse sterben und verderben, werden zugleich durch geistliche und weltliche rechte von christlicher begräbnis ausgeschlossen. Also auch andere reudige schafe, die mit offentlichen ärgernissen beladen sein, als gotteslästerer, verächter des wortes und hochwürdigen sacramenten, mörder, ehebrecher, die ohne busse sterben, sind nicht werth, dass sie sollen bei frommen christen ein ehrlich begräbnis haben"[16].

In allen diesen Fällen hat keine Beteiligung seitens der Kirchen, einschließlich des Geläutes, zu erfolgen. Schwierig war es weiterhin, namentlich in Seuchenzeiten, jedem Verstorbenen eine Leichenpredigt zu halten. Daß hier und da nur vornehme Leute eine Predigt erhielten, darf nicht vorschnell sozialkritisch gerügt werden. Die Pastoren waren oft gezwungen, eine Auswahl zu treffen. Darauf gehen die Kirchenordnungen gelegentlich ein. Die Anhaltiner bestimmen 1548, daß zur

---

11. De civ. dei I c. 12, CSEL 40,1 S. 24,16–18; zitiert z. B. Memmingen 1569, Sehling XII/2 S. 265a; Thorn 1575, Sehling IV S. 243b.
12. Kurland 1570, Sehling V S. 104b.
13. Sehling I S. 438 a; vgl. *Grün* (1925) S. 299.
14. Sehling VII/1 S. 722b.
15. Sehling XII/2 S. 149a.
16. Sehling IV S. 243 b. Vgl. Rostock 1560–76, Sehling V 290 b: „Alle gotselige und gleubige menschen sollen ehrlich und christlich mit gewonlichen ceremonien zur erden bestetigt werden. Die gotlosen aber sollen mit keinen christlichen ceremonien begraben werden". Lüneburg 1564, Sehling VI/1 S. 564; Ernestinisches Sachsen 1554, Sehling I S. 224.

Entlastung der Geistlichen Leichenpredigten nur zu halten sind, wenn mindestens fünfzig Personen sie hören[17]. In Halle wird (1573?) bemerkt, daß es nicht möglich ist, allen eine Leichenpredigt zu halten. Doch soll man sie auf Begehren nicht abschlagen, „denn es sind ja kreftige und wirkliche (= wirksame) predigten, wenn uns gott heimsucht, die mehr denn andere zu herzen gehen"[18]. In Stade wird um 1620 verfügt, daß nur der Senior des geistlichen Ministeriums, der älteste Bürgermeister und auf Bewilligung des Rates auswärtige Bürger dieser Ehre teilhaftig werden[19]. Hier mag das Motiv mit darin zu finden sein, daß schon der Panegyrismus bekämpft werden mußte. Eine diesbezügliche Warnung findet sich 1582 in Henneberg[20]. In Neumarkt (Schlesien) wurde um 1540 bestimmt, nur Adelspersonen eine Leichenpredigt zu halten. Leichenpredigten für Bürger waren dort erst vor wenigen Jahren als Folge der Reformation aufgekommen und sollten wieder abgeschafft werden[21]. Ein generelles Verbot der Leichenpredigt gibt es nur ausnahmsweise[22]. In Aschersleben sollen die Leichenpredigten 1575 durch das Verlesen einer vorgeschriebenen Vermahnung ersetzt werden[23], „damit die leute zulange nicht aufgehalten und die jugend in der schuelen verseumet werde". Offensichtlich hatten die Leichenpredigten bereits eine unerträgliche Länge angenommen. Doch war die Entwicklung nicht aufzuhalten. Schon 1589 wurde verordnet, „daß alle die, so ehelich sind, leichenpredigten bekommen". Zum ehrlichen Begräbnis gehörte in der Regel eben eine Leichenpredigt. Viele Kirchenordnungen beschränken sich deshalb darauf, deren Länge auf eine viertel bis eine halbe Stunde zu begrenzen[24].

2. Der Vollzug des Begräbnisses

H. Grün schildert „die kirchliche Beerdigung im 16. Jahrhundert" auf Grund des reichen Materials, das die Kirchenordnungen bieten[25]. Der Inhalt dieser Untersuchung sei hier zusammengefaßt.

Natürlicherweise wirkte das vorreformatorische Brauchtum in weitem Umfang nach. Bräuche, die aus theologischen Gründen untragbar

17. Sehling II S. 555 b.
18. AaO S. 442 a.
19. Sehling VII/1 S. 59 b; vgl. Gardelegen 1647, Sehling III S. 218.
20. Sehling II S. 316 b.
21. Sehling III S. 417.
22. Vgl. *Grün* (1925) S. 295 mit Beleg aus der Herzog-Heinrich-Agende von 1539.
23. Sehling II S. 481 b.
24. Rostock 1560–76. Sehling V S. 290 b: ¹/₂ Std.; ebenso Ölsnitz 1582 (I S. 621 a), Henneberg 1582 (II S. 316 b). In Annaberg waren die Nachmittagsgottesdienste durch die Leichenpredigten verdrängt worden. Um erstere zu restaurieren, wurde die Dauer der Leichenpredigt auf ¹/₄ Std. beschränkt. Vgl. auch *Grün* aaO S. 308 f.
25. ThStKr 105. Jg. 1933 S. 138–214.

wurden, lebten oft in veränderter Form und Sinngebung weiter. Hatten vor der Reformation Kleriker an der Bahre im Sterbehause Vigilien und Totengebete gelesen, so übernahmen jetzt Verwandte und Nachbarn die Totenwache. Dabei kamen mannigfache Unsitten auf. Für Neubrandenburg verbieten die Visitatoren 1559 den heidnischen Brauch, daß man bei der Totenwache ein Kalb brät und allerlei abergläubische Dinge treibt[26]. Die Brandenburger Visitationsordnung von 1573 beklagt, daß große Volksmengen in die Häuser eindringen, tonnenweise Bier trinken und dann Unfug vollführen[27].

Die Zeit der Beerdigung wurde amtlich geregelt. Vielerorts wählte man dazu die Morgenstunden, weil dann am meisten Leute teilnehmen konnten. Namentlich auf die Schulen mußte Rücksicht genommen werden, da Schulkinder die Kurrende bildeten. Nach Möglichkeit wurden mehrere Beerdigungen zusammengelegt, um die Prediger zu entlasten.

Als Zeichen zum Beginn der kirchlichen Bestattung erklang ein kurzes Geläut. Es rief die Gemeinde, sich im Trauerhause zu versammeln. Dort wurde vor der Überführung der Leiche meist eine kleine Feier gehalten, die im Gesang einiger Choräle bestand. Dazu erschienen Pastor, Lehrer und Kinder im Sterbehaus. In feierlicher Prozession zog man nun zum Friedhof. Leichenwagen gab es selten. Die Leichen wurden durch Freunde oder Nachbarn auf einer Bahre getragen[28]. Allmählich entstand aus der Bahre der Sarg. 1590 bestimmt ein Visitationsabschied in Nassau-Dillenburg, „daß in einem jeden Dorf ein gemeiner Todtenkasten gemacht und in die Kapelle gestellt werden sollte, darin arme, so ihnen keine eigene Todtenlade machen lassen können oder auch andere in gemeinen Sterbensläuften keine Bretter zu bekommen eingelegt und bis zum Grabe getragen oder geführt werden mögen“[29].

Großen Wert legte die Kirche auf eine gute Beteiligung der Gemeinde am Begräbnis. Die Visitationsprotokolle des 16. Jahrhunderts verzeichnen öfter die Frage, „ob auch das volck willig und fleissig mit zu grabe gehe“[30].

Die Pfarrer sollen von der Kanzel die Gemeinde ermahnen, zahlreich an dem Begräbnis teilzunehmen. In manchen Gegenden wurde außerdem durch eine beauftragte Person, den Leichenbitter, zum Begräbnis eingeladen. Gelegentlich mußte sogar strafrechtlich nachgeholfen werden. „Die Begräbnisordnung von Sommerfeld schreibt vor:

---

26. Sehling V S. 269 b.
27. Sehling III S. 130 a.
28. Die Begräbnisordnung von Sommerfeld in der Mark Brandenburg (1589) sieht bei Verweigerung dieses Ehrendienstes vor, daß der Betreffende dafür „allewege ein fässlein bier geben soll“! (Sehling III 301 b, *Grün* S. 162).
29. *Grün* aaO S. 165.
30. *Grün* aaO S. 170 f.

‚Wenn aber auf geschehenes bitten einer oder mehrere nicht zum begrabnis gingen, soll der wirth oder die wirthin mitgehen, bei einer busse von sechs groschen'"[31]. Reiche Leute bezahlten mitunter die Trauergäste, um ein großes Gefolge zu gewinnen[32].

Die Ansteckungsgefahr bei Seuchen führte schon im Mittelalter dazu, daß viele Menschen eine Begleitung der Verstorbenen fürchtete. In Seuchenzeiten galt daher die Pflicht des Leichengefolges nicht. Teils wurde die Teilnahme freigestellt, teils sogar verboten[33].

Die Ordnung des Leichenzuges hielt sich an das Vorbild des Mittelalters. Der Leichenbahre voran ziehen Schüler, Lehrer und Geistliche. Angehörige, Verwandte und das übrige Geleit folgen ihr. „Grad der Verwandtschaft, Rang, Geschlecht und Alter sind für die Einreihung des Einzelnen in den Leichenzug von größter Bedeutung"[34].

Daß die Disziplin während des Zuges mitunter mangelhaft war, zeigt schon die Lübecker Kirchenordnung 1531: „unbillich is idt överst, dat me dar schal gan und l a c h e n   e d d e r   w a s c h e n"[35].

Eine Amtsbekleidung des Pastors wurde erst gegen Ende des 16. Jahrhunderts wieder allgemein üblich. In Coburg sollte 1554 der Chorrock weder zu Begräbnissen noch auf der Kanzel noch sonst in anderen Kirchenämtern, sondern allein zur Kommunion gebraucht werden[36]. Doch bestanden darüber regional verschiedene Ansichten[37]. In Perleberg wird 1581 verordnet, daß bei der Beerdigung „der pfarrer, caplene und kuster ... ihre chorrocke antragen, auf das sie nicht vor handwerker angesehen werden"[38].

Das Vorantragen des Kreuzes wird in der Regel beibehalten. Sehr unterschiedlich wurde das Geläut gehandhabt. Manche Kirchenordnungen erwähnen es gar nicht, andere gebieten es[39]. Ebenso besteht keine Einigkeit darüber, ob, wann und was unterwegs gesungen wird. An manchen Orten führte die Ablehnung des katholischen Prozessionsgesangs dazu, daß das Singen während des Zuges untersagt wurde[40]. Dagegen gebietet die Kurländische Kirchenordnung 1570, daß Gesänge, Trauer- und Trostpsalmen vom Trauerhause bis zum Grabe zu singen sind[41].

Während der Versenkung des Leichnams in das Grab werden nach

31. *Grün* aaO S. 173, Sehling III S. 302 a.
32. *Grün* aaO.
33. *Grün* S. 175.
34. *Grün* S. 176.
35. Sehling V S. 349 a, vgl. *Grün* S. 177 Anm. 7: Ein Visitationsbericht von Nassau-Idstein 1594 klagt darüber, daß im Leichenzug „ein solches geschwetz und gelechter als wenns auff ein Jahrmarkt wehre" herrscht.
36. *Grün* S. 178.
37. *Grün* aaO Anm. 2.
38. *Grün* S. 179, Sehling III S. 265 a.
39. *Grün* S. 183 f.
40. Tecklenburger Kirchenordnung 1588, *Grün* S. 186.
41. *Grün* S. 187.

einigen Kirchenordnungen Lieder wie „Nun laßt uns den Leib begraben" gesungen[42]. Der Erdwurf des Pfarrers wurde weithin als papistisch abgelehnt. Bräuche aus vorreformatorischer Zeit tauchen immer wieder auf. So wird aus Württemberg 1601 berichtet:

„Wenn der Sarg niedergelassen wird, fallen alle, Junge und Alte auf dem Kirchhof auf die Knie nieder, ein Weib spricht den andern den Glauben vor, bis der Leichnam verscharrt ist. Dann schreien sie zusammen: ‚Tröst Gott die Seele' und ziehen in die Kirche. Sei ein alt Herkommen, wollen es sich nicht nehmen lassen, wieviel auch die Pfarrer dagegen tun" (Grün S. 192).

In vielen Gebieten schließt sich die auf dem Friedhof gehaltene Leichenpredigt diesen Akten an. Mancherorts wird die Predigt vor dem Versenken des Sarges oder der Bahre gehalten. Wo der Friedhof in der Nähe der Kirche lag, begab sich das Trauergefolge zur Predigt meist dorthin[43]. Vielfach dienten dazu auch die Friedhofskapellen. Die Entwicklung tendierte jedoch dahin, daß die Leichenpredigt in der Kirche angehört wurde. Auf dem Friedhof hätten die stundenlangen Leichenpredigten des 17. Jahrhunderts weder gehalten noch gehört werden können.

3. Inhalt der Leichenpredigten

Schon die preußische Kirchenordnung von 1525 enthält eine „Anleitung der ermanung an die lebendigen freünde und nachfolger zum begrebniss"[44]. Sie erläutert zunächst Recht und Grenze der christlichen Trauer und wird darin ungezählten Leichenpredigten zum Vorbild. Sodann wehrt sie ein katholisches Mißverständnis der Beerdigung ab: Diese hilft den Toten nicht, sondern dient einerseits als Beweis der Liebe den Verstorbenen gegenüber, andererseits zum Trost für die Betrübten, aber auch zur Erinnerung daran, „das wir den Weg auch gehen mussen und gerne gehen sollen".

Das Ziel der Tröstung steht auch in Hadeln 1526 im Mittelpunkt: „de prediger schall bi dem grave eine vermaninge dohn, den levendigen und nicht den doden tho troste, wente wi christen schölen uns nicht bedröven, alse de heiden, de nenen höpen hebben"[45].

Im Laufe der Jahrzehnte werden die Inhaltsangaben ausgebaut. Nach der Lüneburger Kirchenordnung 1564 soll „eine kurze vermanung geschehen von sterbligkeit und schwachheit des menschlichen geschlechts, von ursachen der sünde und todes, von erlösung, so durch Christum ... geschehen, und von auferstehung der todten oder der-

---

42. *Grün* S. 191.
43. Vgl. *Grün* (1925) S. 310 f.
44. Sehling IV S. 37. Vgl. 1544, aaO S. 71 a, wo vor einer Verlängerung der Leichenpredigt und unangemessenen Zusätzen (wohl im Sinne des Panegyrischen) gewarnt wird.
45. Sehling V S. 471 a.

gleichen"[46]. Dieselbe Kirchenordnung nennt eine Reihe von Schriftworten, die den Predigten zu Grunde gelegt werden sollen. Während in Lüneburg die lehrhaften Loci dominieren, kommt in „Microns Ordinancien" (Ostfriesland 1565) auch die Paränese zur Geltung. Die kurze Vermahnung soll davon handeln, wie der Tod durch Adam gekommen, durch Christus aber hinweggenommen ist. Sie soll die Auferstehung des Fleisches und das ewige Leben predigen, aber auch die Ungewißheit unseres Lebens und das überraschende Kommen des Herrn. Daraus ergibt sich die Mahnung, zu wachen und zu beten. „Vor allen dingen wird die gemeine zur besserung des lebens vermanet"[47].

Die Kurländische Kirchenordnung von 1570 hält den „lebendigen trost von der seelen unsterblichkeit und des fleisches auferstehung" für besonders wichtig und empfiehlt als Muster die Leichenpredigten von Spangenberg und Mathesius[48].

Am ausführlichsten wird der Themenkreis in Verden 1606 beschrieben:

Wo es begehrt und die angemessene Bezahlung geboten wird, sollen die Prediger „eine christliche leichenpredigt tun und die anwesende zuhörer solcher predigt vom todt, dem zorn Gottes wieder die sünde, von vergebung der sünden und errettung vom todt durch den heyland Christum, von der ruhe, schlaff, leben und auferstehung der in Gott verstorbenen Christen, item von christlicher Vorbereytung zum tode, dessen wir alle augenblick gewarten müssen, fleissig und treulich unterrichten und zu warer buß und bekehrung zu Gott, glauben, begiert und hoffnung des ewigen lebens und unaufhörlichem gebet umb ein seliges ende vermahnen" (Sehling VII/1 S. 187).

Die biblische Fundierung soll gewährleistet werden, indem der Prediger nicht nur das Thema der Bibel entnimmt, sondern auch den Text unter Angabe von Buch und Kapitel deutlich verliest.

Schon früh wird versucht, das Leben der Verstorbenen paränetisch auszuwerten. Das Lob der Toten soll die Lebenden reizen, ihnen nachzueifern. In Frankfurt wird 1554 die commendatio defuncti zugestanden, „si quis habuerit virtutes, quarum exemplis possit Ecclesia aedificari"[49]. Immer machen die Kirchenordnungen deutlich, daß die commendatio eine untergeordnete Rolle spielt. Es klingt wie eine Konzession, wenn 1564 in Lüneburg gesagt wird: „Und kan daneben kürzlich angezeigt werden vom glauben und bekentnis oder gutem wandel des verstorbenen, damit andere leute gereizet werden, derselbigen exempel zu folgen"[50]. Noch deutlicher warnen die Nassauischen Synodalbeschlüsse 1586: „retineantur et vitentur nimiae commenda-

46. Sehling VI/1 S. 563 b.
47. Sehling VII/1 S. 667.
48. Sehling V S. 105 a.
49. Richter II S. 158 b.
50. Sehling VII/1 S. 564 b. Vgl. Microns Ordinancien 1565, Sehling VII/1 S. 667: „Seind einige grosse tugenden in der abgestorbenen gewest, die werden zu der ehren Gottes angezeigt, und die gemeine wird vermanet, denselbigen nachzufolgen".

tiones defunctorum cum superstitione"[51]. Leider wird nicht erklärt, was mit superstitio gemeint ist. Auch die Emdener Kirchenordnung von 1594 spricht die Befürchtung aus, „dat de lyckpredigen etwan mehr ut superstition und hoffart als godtlicker andacht begeret werden"[52]. Sie bestimmt daher, daß von der verstorbenen Person entweder gar nichts oder wenig geredet wird. Verband das Volk mit der laudatio funebris abergläubische Vorstellungen im Sinne einer Einwirkung auf das Schicksal der Verstorbenen im Jenseits?

Den Gefahren der Leichenpredigt, die, wie die Kirchenordnungen beweisen, früh erkannt wurden, entgeht der Pastor am leichtesten, wenn er eine agendarische Vorlage verliest. In der Kirchenordnung Augusts von Sachsen (1580) wird das als Normalfall betrachtet. Auf besonderen Wunsch darf zwar auch eine freie, „christliche, gebührliche und dem gegenwertigen handel gemesse" Leichenpredigt gehalten werden; doch dürften auch für sie die drei der Kirchenordnung beigefügten Musterpredigten als richtungweisend gegolten haben[53].

Zwei dieser agendarischen Vorlagen eignen sich allgemein für jede Beerdigung, während bei der dritten speziell an junge Leute gedacht ist. Die Predigtdauer beträgt zehn bis fünfzehn Minuten. Als Texte dienen Abschnitte aus den Geschichten von Lazarus, dem Jüngling von Nain oder der Tochter des Jairus (je nach Geschlecht der Verstorbenen) sowie 1. Thess. 4. Der Exegese liegt die Loci-Methode zu Grunde, ohne daß Themen angegeben und Gliederungen sichtbar gemacht werden. Im Mittelpunkt steht das Erlösungswerk Christi, der die Gläubigen vom Tode, dem Sold der Sünde, befreit hat. Der Zusammenhang zwischen seiner und unserer Auferstehung wird gezeigt. Am Schluß steht jeweils eine kurze Applicatio auf den Verstorbenen. Weil er getauft ist, an Jesus geglaubt hat usw., trösten wir uns in der Hoffnung, daß Gott ihn angenommen hat und auferwecken wird zu ewigem Leben. Daraus ergibt sich die Mahnung an die Lebenden, im rechten Glauben zu bleiben. Das Übergewicht der Doctrina gegenüber der Applicatio läßt namentlich die beiden ersten Muster dogmatisch-trocken erscheinen. Doch kennzeichnete diese Eigenschaft nicht nur damals agendarische Vorlagen. Der Wert dieser Lesepredigten besteht darin, daß Tod und Leben, Sünde und Erlösung konsequent von Christus her verstanden werden. Darin wurden sie für ungezählte Leichenpredigten über Jahrhunderte hinweg vorbildlich.

51. Richter II S. 476 a.
52. Sehling VII/1 S. 496 b.
53. Sehling I S. 371–375.

B. Die Leichenpredigt bei Johann Spangenberg
(1484–1550)

I. Die Quellen

Johann Spangenberg gehört zu den Persönlichkeiten der Reformationszeit, denen bisher die gebührende Würdigung versagt blieb. Die Untersuchung seiner Leichenpredigten kann dazu nur einen fragmentarischen Beitrag leisten, da sie lediglich einen Ausschnitt aus dem vielseitigen Werk des bedeutenden Theologen, Pädagogen, Historikers und Hymnologen ins Auge faßt.

Im Jahre 1545 gab Spangenberg, damals Prediger in Nordhausen, seine 15 Leichenpredigten heraus, m. W. die erste Sammlung dieser Art innerhalb des Luthertums.

Den Predigten liegen, abgesehen von einer Auslegung des „Media vita", nur alttestamentliche Texte zu Grunde. Spangenbergs Sohn Cyriacus, der treue Parteigänger des Flacius im Erbsündenstreit, edierte nach dem Tode des Vaters dessen hinterlassene Leichenpredigten über neutestamentliche Texte. Leider fügte er zahlreiche eigene Leichenpredigten hinzu, ohne jeweils den Verfasser zu nennen. Eine Analyse dieser Ausgaben läßt vermuten, daß Cyriacus die Predigten seines Vaters mindestens teilweise überarbeitet und erweitert hat. Da die 15 alttestamentlichen Predigten rein erhalten sind, bietet sich die Möglichkeit, formale und inhaltliche Kriterien für eine literarkritische Scheidung zu gewinnen. Auf diese Möglichkeit möchte ich verzichten, da sie angesichts der natürlichen Ähnlichkeit von Vater und Sohn eine sehr eindringende Beschäftigung mit den Quellen erfordert und nur im Rahmen einer längst fälligen umfassenden Spangenberg-Forschung exakt lösbar wäre. Außerdem gewähren die genannten 15 Leichenpredigten eine Quellengrundlage, die dem Ziel der vorliegenden Arbeit genügen kann.

II. Die Form

1. Textverwendung und Gliederung

Statt eines Schriftwortes liegen der „1. Leichenpredigt" die Verse des „Media vita" zu Grunde. Obwohl Spangenberg die Auslegung dieses Liedes als eine Predigt kennzeichnet, handelt es sich um drei in sich geschlossene Predigten, die jeweils einen Vers auslegen.

Eigentlich enthält die Sammlung demnach 17 Predigten. Jede der drei Leichenpredigten über das Media vita ist gleichmäßig gegliedert.

Auf den Abdruck des Verses folgt unter der Überschrift „Auslegung"
die Angabe der Disposition:

„Dieser vers zeigt uns an dreierley. Zum ersten/ Das arm elende leben hie auff
Erden ... Zum andern/ Den gnedigen Helffer und tröster ... Zum dritten/ die
mittel/ durch welche wir einen gnedigen barmhertzigen Gott uberkomen ..." (1 b).

Die Ausführung entspricht genau der Disposition. Sie schließt im 3. Teil
mit einer kurzen Gebetsformel wie „Das helffe uns Gott/Amen" (5 a)
oder einer Doxologie (8 a, 13 a). Der Auslegung des dritten Verses
folgt eine zusammenfassende Erklärung des ganzen Liedes, die auch
als gesonderte Predigt verstanden werden könnte, wodurch die Zahl
sich auf 18 erhöhen würde. Die merkwürdige Tatsache, daß vier in sich
geschlossene Teile, die jeweils den Umfang einer normalen Leichenpredigt haben, zusammen als eine Predigt gezählt werden, legt die
Vermutung nahe, daß wir es hier mit einem literarischen Produkt zu
tun haben, dessen „Sitz im Leben" am Schreibtisch statt am Sarge zu
suchen ist. Dafür spricht auch, daß sämtliche anderen Leichenpredigten Spangenbergs jeweils ein Schriftwort auslegen.

Sechs dieser Texte sind den apokryphen Büchern der Weisheit und
des Sirach entnommen, vier weitere stammen aus 2. Sam., Hiob, Ezechiel und Hosea. Die starke Verwendung apokrypher Worte ergibt sich
formaliter aus der hohen Wertung dieser Schriften, die im Altprote-
stantismus kein Schattendasein führten, materialiter aber dadurch, daß
viele apokryphe Worte als besonders für Leichenpredigten geeignet betrachtet wurden.

2. Die Sprache

Spangenbergs Predigten zeichnen sich, wie die Luthers, durch ihre
schlichte, anschauliche, packende und damit volkstümliche Sprache aus.
Das Protzen mit altsprachlichen Ausdrücken fehlt ebenso wie die später gleichfalls beliebte Häufung von Kirchenväter-Zitaten und Beispielgeschichten. Spangenberg verfügte über eine natürliche Redegabe,
die das Lesen seiner Predigten angenehm macht.

Wie bei Luther ist der Dialog eine beliebte Ausdrucksform. So kleidet Spangenberg die glaubende Siegesgewißheit gern in die Form der
triumphierenden Anrede an die feindlichen Mächte:

„da geht alsdenn an das fröliche rhümen und trotzen/ das wir mit S. Paulo werden
singen und sagen/ Tod/ wo ist nu dein stachel? Teuffel/ wo ist nu dein sieg? Lieber
seid böse und zornig/ Lieber fresset und würget uns/ wo seid jr nu jr leutfresser?
jr Weltstürmer? Last sehen/ was kund jr? Trotz euch allen miteinander/ das jr uns
ein herlein krümmet ... Lieber Teuffel/ du hast mich angefochten/ und dein mütlein
an mir gekület/ Aber kom wider und versuchs noch einmal. Du Tod hast mich er-
würget/ und ins Grab bracht/ mit füssen uber mich gelauffen/ und meinest du hettest
mich gar gefressen/ Aber kom wider/ und versuchs noch einmal ..." (55 a. b).

Bei aller Deutlichkeit im Ausdruck vermeidet Spangenberg derbe und deplacierte Redensarten ebenso wie Beispielgeschichten mit humoristischem Einschlag, die dem Charakter der Beerdigung unangemessen sind. An der Grenze liegt das Beispiel, mit dem Spangenberg den natürlichen Willen zum Leben veranschaulicht:

„wenn es bei uns stünde/ und Gott gebe uns kür und wahl/ zu erwelen eine kranckheit oder zeit zum sterben/ welche wir selbs wolten/ so würden wir doch eben wie jener thun/ davon man sagt/ Das man jm kür und wahl gab/ einen Baum zuerwehlen im Lande/ daran er hangen solt/ und er doch keinen im ganzen Lande finden mochte" (28b–29a).

Die inhaltliche Untersuchung der Leichenpredigten wird Gelegenheit bieten, weitere Proben von Spangenbergs Predigtsprache vorzuführen.

III. Der Inhalt

1. Wertung der Welt und des Lebens

Am obengenannten Beispiel wird deutlich, daß Spangenberg den natürlichen Willen zum Leben kannte. Bemerkenswert ist, daß er sich dazu bekannte, indem er die erste Person des Plurals gebrauchte. Der fleischlichen und heidnischen Ansicht, „daß der Tod besser sol sein denn das Leben" hält er entgegen, daß Gott uns geschaffen hat, damit wir leben sollen. Das Wort Pred. 7, 1 dürfen wir „nicht auff Gottes werck deuten/ als sey der Tod besser denn das Leben/ Sondern auff unsere gedancken/ nach dem wir hie auff erden/ gegen Leben und Tod gesinnet sind" (24a). Diese Gedanken fallen allerdings negativ aus: Wer sein Leben im kirchlichen, staatlichen oder privaten Dienst zugebracht hat und mit allem Fleiß nur Undank geerntet hat, der will lieber tot sein als leben (24b). Eine derart negative Lebensbilanz scheint Spangenberg für normal zu halten. Resignierende Töne klingen auf, obwohl es nicht scheint, als sei Spangenberg Pessimist gewesen:

„Aber die Welt ist Welt/ und bleibt Welt/ Und ist zu besorgen/ man werde sie nicht anders machen. Da hilfft kein Predigen noch reformiren/ Sie behelt jre weise und sitten/ So behelt Gott auch seine weise/ und wird zwar umb der tollen Welt willen/ seine ordnung auch nicht anders machen/ Da gehets denn/ das sich die Welt an Gott stößet/ das sie mit all iren Kindern zu drümmern geht/ und dennoch Gott Gott bleibet" (57a).

In der Vorrede motiviert Spangenberg seine Edition der Leichenpredigten mit der Behauptung, daß „die Welt von tag zu tag erger und böser wird", so daß die Menschen, denen ihrer Seelen Seligkeit noch lieb ist, eine Erinnerung an Tod und Ewigkeit brauchen. Spangenbergs negative Sicht der Welt kann so weit gehen, daß er diese Welt als das Reich des Teufels bezeichnet. Er vergleicht sie mit einem Gasthof, in dem der Teufel Wirt ist[1]:

1. Vgl. *Luther* WA 20, 443.

„Wir sind hie in dieser Welt in des Teuffels Reich/ in einen solchem Gasthofe/ da der Wirt ein Schalck/ ein Dieb/ ein Reuber und Mörder ist/ Und weil wir in solchem Wirtshause essen/ trincken/ ruhen und schlaffen/ so müssen wir auch entlich bezalen. Dieser Wirt aber gibt kein ander speise/ denn Pestilenz/ Fieber und ander Kranckheit/ Schenckt auch kein ander getrencke/ denn eitel gifft und Tod" (22a).

Ein langes Leben ist daher nicht wünschenswert, zumal es ständig den Anfechtungen durch die Sünde und den Neid der Welt ausgesetzt ist:

„Wenn wir schon lang leben/ so wird es doch hie nicht besser/ Der anfechtungen/ anreitzung und böser Exempel sind zu viel ... Der Teuffel stehet jm (scil. dem Christen) nach Leib und Seel/ die Welt gibt jm bös Exempel und Ergernis/ Böse Leute gönnen jm nicht ein bissen Brots/ Ist er in wirden und ehren/ so feiret die Welt nicht/ sie habe jn denn zu nicht gemacht/ Hat er ein gesunden Leib/ ein from Weib/ gehorsame Kinder/ und treu Gesinde/ so hat er viel Hesser/ Liebt er denn auch Gottes wort/ und stehet der warheit bey/ so hat er allererst den Teuffel mit alle seinem Anhang auff dem Halse ..." (2a).

„Diss zeitliche leben ist vol mühe und arbeit/ vol sorgen und bekümernis/ vol angst und not. Wir Christen haben zwar hier auff Erden/ ein arm elend wesen/ sind des Teuffels spot/ der Welt fusstuch/ der Tyrannen fluch .. Und zwar ist dis leben nicht anders/ denn ein steticher kampff und teglicher streit mit dem Teufel/ Welt und unserm eigen fleisch/ Eitel anfechtung/ Widerwertigkeit/ verfolgung/ trübsal/ kranckheit/ hunger/ durst/ hitz/ frost/ unvolkomen freude/ unbestendige lust und kurtzweil" (43b—44a).

Dem Menschenherzen ergeht es in dieser Welt wie einem „schiff auff dem wilden Meer/ das die bulgen und sturmwinde/ von den vier orten der welt treiben" (21 a), es ist den Sturmwinden der Hoffart, des Geizes, der Unzucht, des Hasses etc. ausgesetzt, so lange es schlägt. Außerdem ist der Mensch von mehr als dreihundert Krankheiten bedroht. In der Aufzählung irdischer Widerwärtigkeiten entfaltet Spangenberg einen Pleonasmus, der seiner sonst knappen und konzentrierten Predigtweise nicht angemessen ist.

2. Der Tod und seine Überwindung

„Alle Menschen halten den Todt für ein grewlich erschrecklich ding" (22b). Spangenberg denkt nicht daran, die Not der Agonie zu verharmlosen. Die leiblichen Schmerzen des Todeskampfes, die zur Trennung von Leib und Seele führen, „sind also grewlich und gros/ Das beide Gleubige und Ungleubige darüber schreien" (9a).

„Der Tod ist ein bitter kraut/ er schwecht Leib und Leben/ fleisch und blut/ glieder und gelencke/ marck und bein/ Und zertrennet endlich leib und Seele voneinander (13b)".

Zu den leiblichen kommen die „geistlichen und innerlichen Schmerzen der Seele", die Luther für die eigentlich furchtbaren hielt, Schmerzen, die der Teufel verursacht, indem er dem sterbenden Menschen seine Sünden und die dadurch verwirkten Strafen vor Augen stellt[2].

2. S. 9 a; 22 a.

Der Tod wird also in seiner ganzen Schwere ernstgenommen. Damit ist jedoch nur die eine Seite des Todes beschrieben. Dem Christen stellt sich der Tod gleichzeitig in einer ganz anderen Sicht dar: Er hat seine Endgültigkeit verloren, er ist „ein schlaff/ ein sanffte ruge/ und frölich hinfart zu Gott/ ein Ende aller angst/ und trübsal/ und ein anfang aller freude"[3]. Diese neue Sicht ist begründet im Glauben an die Auferstehung. Aller Trost im Leben und Sterben kommt aus dem Wort Gottes:

„Und wie wir uns in der anfechtunge/ widerwertigkeit/ verfolgung/ angst und trübsal sollen trösten/ leret Christus Mattei 11 Komt zu mir alle ... Im sterben gibt er uns auch einen herrlichen trost/ Johan. 8 So jemand mein Wort wird halten/ der wird den tod nicht sehen ewiglich. Denn wo wir am letzten ende Gottes wort ergreiffen/ und darauff von hinnen scheiden/ und befehlen unser Seele mit Christo dem lieben Vater in seine hende/ so sol uns weder Teuffel noch Tod/ noch Sünde/ noch Helle schaden/ sondern das Wort sol uns füren und bringen/ da Christus selbs ist/ zur rechten des Vaters im ewigen leben".[4]

Aus dem Sieg Christi ergibt sich der Trost, der den Tod überwindet (55 b). Christus hat in seiner Höllenfahrt den Teufel gefangen und die Hölle zerbrochen, so daß sie keinen Christen mehr halten kann (14 a).

Gottes Wort und das Zeugnis der Natur in ihrem Sterben und Auferstehen wollen uns lehren, daß alles Sterben nur eine Saat auf die Auferstehung hin ist (61 ff).

Auf die Leiden dieser Zeit folgen ewige Freude und Seligkeit (62 b, 44 b).

3. Die Hölle

„Wer aber im unglauben und on Gottes Wort dahin fehret/ der wird zum tod verurteilt" (34 b). Der „doppelte Ausgang" duldet keinen Mittelweg und ist endgültig. „Wenn der Mensch stirbt/ und wird verurteilt zum Leben oder zum tod/ so bleibt er daselbst/ Da wird kein besserung oder gnugthun mehr helffen". Während Spangenberg die Freuden der ewigen Seligkeit nur andeutet, malt er die Höllenqualen in grellen Farben aus:

„Die Maler bilden und malen die Helle als einen ungehewren grossen Trachen/ mit einem weiten offen Maul/ mit grausamen erschrecklichen Zeenen/ mit einem feurigen odem/ dampff und rauch/ und umb jn ein weit uneben/ unsauber Feld voller tieffer feuriger pfützen/ und schwefeliger gruben/ Das ist eine gewisse verzweifelung und verdamnis/ stinkende Flammen/ unleidliche kelde/ unsterbliche Würmer/ ein grosser hass und neid wider Gott/ ein ewige lesterung und maledeiung Göttliches namens/ ein ewig weinen/ heulen und zeenklapper im Hellischen fewr" (5b—6a).

Diese grausige Schilderung steht nicht vereinzelt da (vgl. 10 f). Sie ist nicht nur ein Beleg dafür, wie Vorstellungen mittelalterlicher Frömmigkeit auch unter den Reformatoren lebten, sondern sie zeigt auch,

3. S. 3 b; vgl. 14 a.
4. S. 23 a; vgl. 12 b; 14 u. ö.

daß selbst jene Männer, die Luthers Rechtfertigungslehre vertraten, die Angst vor der Hölle in den Dienst der Paränese stellen konnten. Zwar betont Spangenberg, daß die Höllenangst nur im Glauben überwunden werden kann, aber es ist klar, daß die Ausmalung der infernalischen Schrecken zur Buße aufrütteln soll. Bei Luther fand sich keine derartige Ausführung.

4. Der Ruf zur Buße und die Bereitung zum Sterben

Spangenbergs Leichenpredigten haben ausschließlich die Gemeinde im Auge. Auf Leben und Sterben der Verstorbenen geht er fast überhaupt nicht ein. Seine Predigten tragen deutlich einen volksmissionarischen Akzent. Spangenberg wird nicht müde, zur rechtzeitigen Buße und Besserung des Lebens aufzurufen. Eindringlich warnt er vor einem Aufschub bis ins Totenbett: „Es sind viel Menschen/ die wollen jres lebens besserung/ und gutes thun bis ins todbette/ oder bis in die ander welt sparen"[5]. Diese Leute meinen, es käme lediglich darauf an, in der letzten Stunde das Ziel zu erreichen. Sie „sagen/ Es sey mit eim Menschen/ wie mit einem Schützen/ Wenn er für dem mal (= Ziel) stehe/ und drücke wol ab/ so feile er des ziels nicht/ Also wenn ein Mensch nur im letzten wol abdrücke/ so sey er wol gestorben/ Das leben sey gewest wie es wolle" (32 a/b). Spangenberg gibt ihnen zu bedenken, daß ein Schütze, der beim Schießen zittert, das Ziel verfehlt. Wer am Lebensende das Ziel erreichen will, der „mus nicht im glauben wancken/ hin und her in mancherley opinion und meinung schlottern/ sondern seiner sach/ durch den glauben gewis sein". Wer keinen Erlöser im Leben hatte, der hat auch keinen im Sterben[6]. Daher gilt es, immer bereit zu sein, zumal wir nicht wissen, wann Gott uns fordern wird (3 a). Diese Ermahnung ist überaus nötig, weil wir immer wieder Ausflüchte suchen, um uns vor der Bereitung zum Sterben zu drücken (28b). Obwohl wir wissen, daß nichts gewisser ist als der Tod und nichts ungewisser als seine Stunde, und obwohl wir täglich Beispiele plötzlichen Todes vor Augen haben[7], leben wir unbekümmert dahin, „mit der wilden Gans in die wette". Eine der wichtigsten Aufgaben, die

---

5. 32 a. Vgl. 33 b, 40 a, 57 b, 58 a–59 a, 36 b: „der meiste hauff sparet seine besserung bis ins alter/ Jedermann meinet/ er wolle seiner jungen Tage brauchen/ und seine jugent in freuden zu bringen/ Habe zeit gnug from zu werden/ und ein erbar leben anzufahen/ wenn nu die Sünde von jn selber ablassen".

6. Vgl. 33 a: „Hastu mich nicht für einen Heiland erkand am leben/ so bleibe nu on mein hülffe am tode/ Einem guten leben folget gemeiniglich ein guter Tod. Einem bösen leben/ ein böser Tod."

7. 56 b: „Einer stürzt den hals/ Der ander ertrinckt im wasser/ Der dritte verfelt im schacht/ in der gruben/ Den vierten schlecht das Wetter ... das alles Exempel und fürbilde sind, die uns Gott zur warnung für die augen stellet". Die Beispiele zeigen übrigens, daß Spangenberg eine Bergmannsgemeinde vor sich hat.

Spangenberg sich in den Leichenpredigten stellt, ist die Überwindung dieser falschen Sicherheit und Sorglosigkeit.

Wie aber sieht die Vorbereitung auf den Tod positiv aus? Was ist die Voraussetzung für ein seliges Sterben? Spangenberg antwortet: „Der stirbet aber seliglich/ der gern stirbt und wol stirbt. Gern sterben bringt der Glaube/ Wolsterben bringen die früchte des Glaubens" (46a). „Gern" und „wohl" sterben gehört zusammen wie der Glaube und seine Früchte. Spangenberg ruft energisch zu guten Werken auf. Ohne Furcht vor Mißverständnissen weist er darauf hin, daß Gott denen im Gericht gnädig und barmherzig sein wird, die gemäß Matth. 25 die Früchte des Glaubens und Werke der Liebe und Barmherzigkeit geübt haben (19a). Die Gottlosen werden allein deshalb verdammt werden, weil sie ungütig und unbarmherzig gewesen sind. Den Frommen aber wird Gott ihre Werke mit ewiger Freude und Seligkeit belohnen (19b). Nicht erst im Endgericht, sondern schon in der Todesstunde wird das christliche Leben belohnt, denn „einem Christlichen leben folget ein seliger Tod" (46a). Das alles empfindet Spangenberg nicht als Gegensatz zur lutherischen Rechtfertigungslehre.

5. Die Rechtfertigung

„Die mittel/ durch welche Gott versünet wird/ sind/ Ein gleubig und zerschlagen hertz/ und ein newes leben/ Das ist der glaub an Christum/ Rew und Leid/ angst und schmertzen für Gottes Zorn/ uber die Sünde/ und ein Christlich leben/ als ein frucht der Busse" (4a).

Der Satz klingt synergistisch. Glauben an Christus, Buße und neues Leben als deren Frucht scheinen gleichberechtigt nebeneinander zu stehen. Dieser Eindruck ändert sich, wenn wir sehen, was Spangenberg, ganz im Sinne Luthers, unter Glauben versteht:

„Der glaube ist uber aus ein reicher schatz/ er zeiget uns an/ was wir von Gott gewarten und empfahen müssen/ Nemlich allerley güter und gaben/ zeitlich und ewig/ und entlich die kindschaft Gottes/ und das wir miterben werden des ewigen Lebens/ Wir erlangen auch durch den Glauben/ fried/ und freude im gewissen/ und ein unerschrocken hertze/ das mit gedult hindurch dringt/ durch alle anfechtung/ Denn der glaube ist wie ein Palmbaum/ je mehr unglück und unfall über yn felt/ damit zu unterdrucken je mehr er uber sichgeht/ stercker und krefftiger wird/ In summa/ Der Glaub ist unser schild/ mit welchem wir können auff fahen alle fewrige pfeile des Bösewichts/ Und wer den Glauben hat/ dem ist kein ding unmüglich/ E r m a c h t n e w e M e n s c h e n a u s u n s/ d a s w i r f u r G o t t f r o m u n d a n g e n e m s e i n/ Uberkomen vergebung der Sünden/ und das ewige Leben" (15a–b).

Damit ist der Synergismus ausgeschaltet. Die Gerechtigkeit, die im Angesicht des Todes gilt, kommt allein aus dem Glauben an Jesus:

„Wer nu in den lieben Son Jhesum Christum/ mit hertzen gleubt/ und mit dem munde bekennt/ der ist für Gott gerecht. Und wo er in solcher gerechtigkeit stirbet/ er sterb jung oder alt/ zeitlich oder unzeitlich/ plötzlich oder langsam/ so kan er nicht ubel sterben/ sondern ist selig/ und ruget in Gott" (42a).

Bereitung zum Sterben heißt also letztlich Glauben an Jesus. Der mit Worten sparsame Spangenberg häuft die Epitheta, um zu zeigen, was Jesus für uns ist: Heiland und Seligmacher, König und Hoherpriester, Schlangentreter und Todwürger, Höllenstürmer und Gnadenstuhl, Versühner, Mittler und Fürsprecher, Schutzherr und Beschirmer, Trost, Zuflucht, Hoffnung und Zuversicht[8].

Er ist die selige Arznei gegen „die Teufflische gifft und pestilentz" (55 a). Alle Heiligkeit der Menschen kann nicht einen Funken des Höllenfeuers löschen. Vor Christus aber fliehen die Teufel, vergeht der Höllenbrand (14 b). Sein Opfer bezahlt unsere Schuld und befreit uns von Sünde, Tod und Hölle (53 b–54 a).

IV. Zusammenfassung

Spangenbergs Leichenpredigten zeichnen sich hinsichtlich der Form durch ihre Beschränkung im Umfang, ihre klare Gliederung und ihre anschauliche, flüssige und einfache Sprache aus. Inhaltlich treten, im Vergleich zu Luther evident, Kennzeichen der mittelalterlichen Predigt hervor. Großes Gewicht liegt auf der Paränese. Rechtzeitige Buße ist eins der Hauptthemen. Drastisch malt Spangenberg die leiblichen und seelischen Höllenqualen aus. Heiligung wird zwar als Frucht der Buße und des Glaubens verstanden, gleichzeitig jedoch unproblematisch durch den Lohngedanken motiviert. Wer christlich gelebt hat, wird selig sterben; wer Barmherzigkeit geübt hat, wird im Gericht Barmherzigkeit empfangen. Die Rechtfertigung sola fide wird dadurch nicht aufgehoben, weil der Glaube das neue Leben schafft. Der Glaube an Gottes Barmherzigkeit in Jesus Christus ist Bedingung für das christliche Leben, das selige Sterben und die Erlangung des ewigen Heils.

Spangenberg vermeidet schwierige theologische Probleme wie die Prädestinationslehre. Seine Aussagen zur Eschatologie sind, abgesehen von der Schilderung der Hölle, sparsam und zurückhaltend. Auf Polemik gegen theologische Gegner verzichtet er, im Gegensatz zu seinem Sohn Cyriacus. Ebenso fehlen nekrologartige Ausführungen fast völlig. Eine Tröstung der trauernden Hinterbliebenen wird nicht expressis verbis entfaltet. Diese Tatsache berechtigt nicht zu der Annahme, es handle sich bei den Predigten nur um literarische Produkte.

Spangenbergs Leichenpredigten gehören, namentlich ihrer formalen Vorzüge wegen, zu den besten dieser Gattung. Es war daher ein glücklicher Vorschlag, wenn sie in der kurländischen Kirchenordnung von 1570 als Muster empfohlen wurden[9].

8. 11 b–12 a; vgl. 50 b, 53 b.
9. Sehling V S. 105: „darzu den die leichenpredigten M. Spangenbergii und des herrn Matthesii den pfarhern sehr dienstlich".

C. Die Leichenpredigt bei Johann Mathesius
(1504–1565)

I. Die Quellen

Die Leichenpredigten des Johann Mathesius sind ein Opus sui generis. Nur einen Teil von ihnen hielt der Autor bei einer Beerdigung. Dazu gehört sicher nicht der ganze dritte Teil, der die fünf Leichenpredigten enthält, welche Mathesius „daheym seinen Kindern gethan" hat[1]. In den recht umfangreichen Predigten erteilt der Vater seinen Kindern eine Unterweisung im christlichen Glauben. Daß diese „Christenlehrestunden" in die Sammlung der Leichenpredigten aufgenommen wurden, erklärt sich aus der Entstehung: Der dritte Teil der Leichenpredigten entstand aus Tischreden, die Mathesius seinen Kindern nach dem Tod der von ihm innig geliebten Frau gehalten hat[2]. Da hier keine Predigten im strengen Sinn vorliegen, können diese Abhandlungen nicht als Quelle für die Predigtweise Mathesius' herangezogen werden, wohl aber für seine Theologie und besonders seine Eschatologie. Die Gliederung der Unterweisung trägt einen predigtähnlichen Charakter, der aber wohl redaktionelles Produkt ist.

Fraglich ist auch, ob alle der zehn Predigten über 1.Kor. 15, die den ersten Teil bilden, am Grab gehalten worden sind. Loesche, der statt eines Abdrucks leider nur eine Analyse dieser Predigten bietet[3], scheint das ebenfalls zu bezweifeln. Einige dieser Predigten erreichen eine Länge, die um die Mitte des 16. Jahrhunderts noch höchst ungewöhnlich erscheint[4].

Am wenigsten trägt die dritte Predigt des zweiten Teils den Charakter einer Leichenpredigt. Mathesius widmete sie seinen Bergleuten als Neujahrs- und Weihnachtsgabe[5]. Diese merkwürdige Predigt, auf die noch einzugehen sein wird, fand Aufnahme in die Sammlung, weil die Bereitung zum Sterben eins ihrer Themen ist. Mit gleichem Recht hätte Mathesius seine „Trostpredigten" über Joh. 11 und Lk. 7 in die Sammlung der Leichenpredigten aufnehmen können. Wir werden diese inhaltlich sehr verwandten Predigten gelegentlich berücksichtigen.

---

1. Leichenreden, hg. v. *Georg Loesche*=Bibliothek Deutscher Schriftsteller aus Böhmen, Bd. IV, Prag 1908[2] (künftig zitiert: L), S.73 ff.
2. L 75,29 ff: „Damit aber jr alle/ und sonderlich die kleinen sich des erinnern können/ was ich offt mit euch uber und nach Tische geredt/ habe ich die selbigen *gesprech* wöllen zusammen schreiben/ unnd einem jeden ein gedrucktes Büchlein zurichten lassen".
3. *G. Loesche*, Johannes Mathesius, Bd. 1 (zitiert: L I), Gotha 1895, S. 575–583; L. XXX–XXXIV.
4. Nach L I S. 578 ff umfaßt Pr. VI 52 S., Pr. VII 51 S., Pr. IX 55 S.
5. L 43, 10 ff.

II. Form und Methode

1. Gliederung und Textverwendung

Im Aufbau seiner Predigten ist Mathesius jedem Schematismus abhold. Der Disposition widmet er wenig Aufmerksamkeit. Mit den Leichenpredigten seines älteren Zeitgenossen Spangenberg sowie des jüngeren Pancratius verbindet ihn in dieser Hinsicht gar nichts. Wenn die Kurländische Kirchenordnung neben den Leichenpredigten des Erstgenannten auch die des Mathesius als Muster empfiehlt, so beruht das auf dem Ansehen, welches dieser Prediger genoß, sowie auf dem Mangel an geeigneten Sammlungen. Als homiletische Vorbilder sind seine Leichenpredigten schlecht geeignet[6]. Besonders gilt das für den dritten Teil, der als Fundgrube für dogmatische und ethische Belehrungen, nicht aber für fertige Leichenpredigten zu gebrauchen war. Den ersten beiden dieser Predigten lag nicht einmal ein spezieller Schrifttext zu Grunde.

Alle übrigen Leichenpredigten bei Mathesius weisen eine recht unterschiedliche Textverwendung auf. Während einige mit der Verlesung beginnen[7], schieben andere eine Einleitung vor[8]. Die Form der Homilie mit Einleitung wird konsequent in den Trostpredigten gewahrt. Die Leichenpredigten stellen Mischformen von Homilie und Themapredigt dar. So beginnt die erste Predigt des zweiten Teils als Homilie, leitet aber über zu dem Thema „Der Sinn des Begräbnisses und seiner Sitten". Der Text Gen. 50 verlangt, daß die Form der Homilie aufgegeben wird, da eine bloße Erklärung des Textes keine Grundlage für eine christliche Leichenpredigt gäbe. Die Kinderpredigten (3. Teil) sind als Themapredigten zu bezeichnen. Während Mathesius in der ersten über das vierte Gebot handelt, spricht er in der zweiten über die Frucht des Grabes Christi und dessen Bedeutung für unsere Gräber im Blick auf das Grab seiner eigenen Frau. Predigt 3–5 stehen unter dem Text 1. Joh. 2, 1 f. Daraus ergibt sich für Pr. 3 folgendes Thema:

„was Sanct Johannes sünde nennet/ und das die glaubigen auch noch sünde haben/ unnd das sie wider auß der gnade und seligkeyt fallen können/ Und was fur zeytliche unnd ewige straff unnd schaden drauß erfolget/ wenn sich die kinder vom bösen verleyten lassen/ und beharren nicht bestendig im glauben/ gutem gewissen und heyligem leben biß an ir ende" (L 128, 20–26).

Auf die Lehre von der Sünde folgt in der nächsten Predigt die von der Bekehrung, während man über die letzte Kinderpredigt „De nova oboedientia" schreiben könnte. Als Themapredigt ist auch die merk-

---

6. Dazu sind die meisten von ihnen auch viel zu sehr situationsgebunden, im Gegensatz zu denen von Spangenberg (und später N. Selnecker, A. Pancratius u. a.).
7. L 42. Die Trostpredigten drucken zuerst den Text ab, worauf die Einleitung in die Homilie folgt.
8. L 21 sowie Kinderpredigten 3–5.

würdige Auslegung von Gen. 28 zu bezeichnen, die Mathesius seinen Bergleuten als Neujahrsgabe widmete:

„Auß disem text habt jr erstlich die historie von Jacob des Ertzvaters reise und gesichte zu lernen. Darnach was diese wunderliche und hohe fart bedeute. Zum letzten wie jr Christliche berckleut euch dise fart zum Christentumb und seliger heimfart sollet nutz machen" (44, 27–31).

Dieses dreifache Thema wird mit Hilfe der allegorischen Methode entfaltet.

2. Die Allegorese

Mathesius bewegt sich in den Bahnen der altkirchlichen und scholastischen Tradition, indem er zunächst den historischen Sinn von Gen. 28 paraphrasierend erklärt. Dann folgt eine „Auslegung", die den phantasievollen Allegoresen jener Tradition nichts schuldig bleibt. Der Übergang vom sensus historicus zum allegoricus wird typisch traditionell ausgeführt:

„Dises ist die Historia von Jacobs fart. Nu lasset euch ferner dienen/ unnd höret mit fleyß/ was der son Gottes/ der Jacob warhafftig erschienen/ unnd jn freundtlich getröstet/ und erquicket hat/ mit disem bilde oder gesichte hat meinen wöllen" (46, 19–22).

Traditionell ist auch die christologische Auslegung der „fart", d. h. der Leiter. Die einzelnen Eigenschaften der Leiter geben Aufschluß über Person, Amt und Werk Christi (47, 23 ff). Ebenso unbekümmert wie seine mittelalterlichen Vorgänger legt Mathesius die Christologie des Chalcedonense in die Geschichte von Jacobs Traum hinein. Interessant wird die Auslegung erst, sobald sie in die Situation der Bergleute hineinspricht:

„Dise fart mit jrer außlegung/ schenck ich euch Bergkleuten zum seligen neuen Jahr/ die last euch befohlen sein/ und wer gern heim oder auß disem elenden unnd dürfftigen leben außfaren/ und eine ewige schicht/ oder ruhetage haben wolte/ der ergreiffe diese fahrt/ unnd halte sich an jre sprossen/ unnd fasse die gnedige verheissung/ darinn Christus warhafftig uns ergreifft . . . und lasse jm kein ander fahrt oder treppen machen".[9]

3. Lehrpredigt und Volkstümlichkeit

Wie die genannte Predigt „Von Jacobs farth/ unnd der rechten Himmels pforten/ Für sterbende Bergkleute" widmete Mathesius auch die berühmte Sarepta oder Bergpostille seinen Bergleuten als „Angebinde zum Neujahrsfest"[10]. In diesem Werk, das eine weite Verbreitung er-

---

9. Vgl. 50,13–17; „Wenn uns Gott diese fart nicht herunter in unsern sumpff und tieffe gehencket/ so hetten wir ewiglich in der finsternuß und blindheyt/ unnd in dem schatten des todes sitzen/ unnd in des Teuffels schwaden/ unter dem Berckmenlein (=Dämon) sterben und verderben müssen".

10. Vgl. L I S. 490 ff.

fuhr, unternahm Mathesius den interessanten Versuch, „wie ein Bergmann bei Bergleuten"[11] zu reden. Er studierte die Terminologie der Bergbautechnik und wandte viel Scharfsinn und Phantasie daran, Bibelstellen zu finden, die auf den Bergbau Bezug nehmen[12]. Aus diesem Werk spricht die Liebe zur Gemeinde und das Streben nach einer Verkündigung, die verstanden werden kann. Daneben ist freilich nicht zu leugnen, daß auch Freude an der Ausbreitung eigener Gelehrsamkeit mit im Spiele ist. Dieses Motiv, das die Predigt aller Zeiten gefährdet, widerstreitet der Volkstümlichkeit. Freilich hat die Beliebtheit der Bergpostille durch ihre dozierenden Abschnitte wenig Einbuße erlitten. Naturwissenschaftliche Einlagen, zumal wenn sie mit Hilfe der Allegorie geistlich ausgewertet wurden, fanden durchaus die Zustimmung der Leser.

Wer an die Leichenpredigten mit der Erwartung herangeht, hier den Stil und die Methode der Bergpostille wiederzufinden, wird eines anderen belehrt. Nur gelegentlich finden sich Anklänge. Außer der Predigt „Von Jacobs farth" wären hier besonders die Predigten VI und VII über 1. Kor. 15 zu nennen[13]. Das Stichwort „irdische Körper" (V 40) gibt Anlaß zu einem Exkurs über geologische Fragen. Spricht der Text davon, daß wir verwandelt werden sollen (V. 51), so flicht der Prediger eine Abhandlung über die chemische Verwandlung der Metalle ein[14].

Die zahlreichen bergbautechnischen und geologischen Erörterungen der Sarepta stehen keineswegs immer direkt oder indirekt im Dienst der Verkündigung. Auch in dieser Hinsicht steht Mathesius im Strom einer alten Tradition. Belehrungen über Einzelerscheinungen der Natur empfand man in der evangelischen Predigt des 16. Jahrhunderts ebensowenig deplaciert wie in der altkirchlichen und mittelalterlichen Predigt. Mathesius hielt es für durchaus angebracht, daß seine Hörer in der Predigt auch etwas aus Natur und Technik lernen[15].

Daß die sareptanische Methode in den Leichenpredigten stark zurücktritt, ergibt sich aus deren besonderer Eigenart. Angesichts des Todes kommt keine Fastnachtsstimmung auf. Außerdem stehen die Leichenpredigten im Schatten der großen Traurigkeit, die den Prediger seit dem Tod seiner Frau erfüllt. Die lehrhafte Neigung, die den alten Schulmeister Mathesius zweifellos beherrschte, äußert sich deshalb auf dogmatischem Gebiet mit dem praktischen Ziel, die ars moriendi zu lehren und zu lernen.

11. Zitiert L I S. 494.
12. L I S. 493.
13. L I S. 578 ff.
14. L I S. 581.
15. Vgl. L I S. 494: „indessen sie (scil. die technischen Abhandlungen) frommen den Alten, sofern sie andere Bergwerke betreffen, den Ausheimischen, die Interesse für Mineralien haben".

Weil Mathesius ein Mann des Volkes war, konnte er es sich leisten, oft einen dozierenden Ton anzuschlagen, ohne deshalb allzu langweilig und schulmeisterhaft zu wirken. *Loesche* hat auf den Schatz von Sprichwörtern hingewiesen, über den Mathesius verfügt[16].

In einer Leichenpredigt finden sich kurz hintereinander zwei Sprichwörter, die charakteristisch für Mathesius' Stellung zur Volkssitte sind: „Lendtlich/ sittlich" und „Thu wie andere leut/ sprechen die Weysen/ und man laß es bey alten löchern bleyben/ so narret man deste minder"[17]. Die Leichenpredigt, in der diese Worte zitiert sind, singt fast ausschließlich das Lob der guten christlichen Sitte, im besonderen der Begräbnissitte. Joseph, der seinen toten Vater einbalsamieren läßt, wird gelobt, daß er darin nach der Sitte des Landes verfährt (25,13). Daß er die ägyptischen Klagezeremonien durchführt, wird als Vorbild hingestellt (28,3). In den „Mitteldingen" soll die Kirche sich „wie Joseph/ nach landes sitten und gewonheit/ willig und gerne richten" (35,3), wenn es nicht gegen die Schrift steht[18]. Die Liebe zur Volkssitte, die sich auch darin ausdrückt, daß Mathesius gern auf die Festtagsbräuche eingeht, dürfte stark zu seiner Volkstümlichkeit beigetragen haben.

III. Der Inhalt

1. Die Rechtfertigung

Den dogmatischen Gehalt der Predigten hat *Loesche* in seiner grundlegenden Arbeit expliziert[19]. Ich beschränke mich darauf, die für die Leichenpredigt wichtigsten Gesichtspunkte aus der „doctrina" des Mathesius hervorzuheben. Bei einem Schüler Luthers verwundert es nicht, daß wir dabei vor allem auf die Rechtfertigungslehre stoßen:

„Denn der Artickel ist war/ und wirt war bleyben: Wir haben vergebung der sünden/ und die versönung bey Gott/ umb sonst und auß lauter gnaden/ alleine durch den glauben an die gnedige verheissung/ umb des einigen mitlers Blut unnd opffer/ der uns beim vater vertrit/ und mit im in seinem Blute außsönet/ und uns seine gerechtigkeyt schencket und zurechnet/ unnd gibt uns den heyligen Geyst unnd das ewige leben" (163, 1–7).

Wie hier ist der Glaube immer konsequent auf Christus, den „einigen Mittler" bezogen. Nur wer an ihn glaubt, kann selig sterben und wird des ewigen Lebens teilhaftig.

„Wer im namen des Herrn/ das ist in warer bekentnuß des einigen Mittlers/ und seines eynigen und volkomenen opffers stirbt/ unnd befilhet sein Seelichen/ wie Sanct

16. L II S. 178 f.
17. L 25, 17,26–28.
18. Mathesius steht in der adiaphoristischen Frage also näher bei Melanchthon als bei Flacius, was seinem irenischen Charakter entspricht.
19. AaO I S. 331–639; II S. 3–187. Vgl. L XX–XXXVII.

Stephan/inn die hende Jesu Christi/ der gehet durch den Todt in das Leben/ und ist selig . . ."[20]

Im Angesicht des Todes ist es besonders wichtig, den Blick von aller eigenen Leistung abzuwenden und ihn hinzulenken auf das alleinige Verdienst Jesu Christi, der uns „ein krefftige und völlige gnugthuung anrichtet/ und die selbe uns im worte schenckte/ und durch den glauben auff sein verdienst zur gerechtigkeyt zurechnet"[21].

„Denn allein der lebendige glaube/ an das ewige blut des ewigen Hohenpriesters erhelt den sieg/ wider todt/ Teuffel/ sünde und welt"[22]. Osianders Lehre von der „wesentlichen Gerechtigkeit" lehnt Mathesius ab, weil sie den Menschen als Träger dieser Gerechtigkeit in den Vordergrund rückt und die alleinige Wirkung des Mittlers verdrängt[23]. Er vertritt eindeutig die Lehre von der imputativen Rechtfertigung[24].

Neben den Glauben an das Opfer Christi stellt Mathesius die Taufe als Heilsmittel:

„Denn wer da glaubet durchs wort der verheissung an Jesum Christum/ und tröstet sich seines eynigen und volkomenen opffers/ unnd wirt nach dem befelch Christi in der heyligen Tauffe besprenget mit seinem Blute/ der ist selig/ das ist/ er hat vergebung aller pein und schuld/ die zugerechnete gerechtigkeit/ ist mit Got versönet".[25]

Es wird nicht deutlich, ob Mathesius die Taufe absolut für heilsnotwendig erklären will. Die Annahme liegt nahe, wenn er ungetauft verstorbene Kinder für verloren erklärt[26]. Offenbar hat Mathesius dieser Frage keinen besonderen Wert beigemessen. Er spricht in den Leichenpredigten relativ selten von der Taufe. Die Berufung auf das „Baptizatus sum", die doch in den Anfechtungen des Todes von Bedeutung sein kann, tritt, wie bei Spangenberg, kaum hervor. Wenn Mathesius die Allegorie des Bonaventura übernimmt, nach der unter den Sprossen der Jacobsleiter die Sakramente zu verstehen sind, „darauff man in Himel feret" (56,29), so macht er sich damit nicht die Lehre vom opus operatum zu eigen. Zueignung des Heils in der Taufe und Glaubensgerechtigkeit konkurrieren nicht miteinander. Auch in der Taufe wird das Heil ja nur geschenkt und nur im Glauben festgehalten:

„Da jr nun getaufft seyt/ da hat euch Gott angenommen/ und mit seines Sones blut besprenget/ unnd mit seinem Geiste versiegelt/ und newgeboren/ und hat euch zu seinen Kindern und Brüdern/ Gliedmassen/ Miterben seines Sones erwehlet und beruffen/ unnd diß alles auß lauter genaden/ nicht umb der werck willen der gerechtigkeyt . . . umb des ewigen Mitlers fürbitt und verdienst willen. Also seyt jhr von Gott angenommen/ und ergriffen/ und in der hoffnung selig . . . so fern jr inn disem seligen bunde des guten gewissens/ bestendig im glauben und bekendtnuß des Herrn Christi/ und gutem gewissen und fürhaben verharret" (219, 1–15).

20. 35,11–15; vgl. 94–31; 173,24–31; 175,2; 191,3–9.
21. 163,25–27.
22. 237,15–17.
23. 136,4–6; vgl. L II S. 84.
24. L 93,9; 134,5; 136,30; 163,6 u.ö.
25. L 136,1–6; vgl. 95,1–9.
26. Nach L II S. 53. In den Leichenpredigten steht das Problem nicht zur Debatte.

2. Der neue Gehorsam

Wie der Konditionalsatz in obengenanntem Zitat zeigt, ist der Ruf zur
Heiligung bei Mathesius wie bei Luther engstens mit der Rechtfertigung verbunden. Dabei nähert Mathesius sich allerdings den Formulierungen seines Freundes Major[27], indem er erklärt, „das der neue gehorsam nötig ist/ unnd wir glaubigen schuldig sein inn ein neues leben
zutretten/ wöllen wir anders nicht die empfangene Gnadenschetze
wider verlieren/ und im tode ewigklich bleiben. Denn wer nicht liebet/
der bleibet im tode" (204,29). Mathesius drückt das evangelische Anliegen Majors und Melanchthons aus, wenn er sagt:

„Denn weyl der glaub an Christum nicht ohne reu und leyd/ und vil folgender guter
werck unnd verneuerung im hertzen sein kan/ so fassen die Patriarchen und Propheten die drey stück der bekerung zusammen/ damit man sehe/ ob schon die wirdigkeit/ rhum und verdienst unser werck nicht da ist/ darumb wir vergebung der sünden
empfahen/ das dennoch der neue gehorsam nötig sey/ so anders der glaube an Christum/ welcher allein uns für Got gerecht/ angenem und selig macht/ lebendig und
rechtschaffen ist" (190, 15–23).

Damit ist die paulinisch-lutherische Rechtfertigungslehre unverfälscht
erhalten, ohne daß das praktisch-paränetische Ziel der Predigt zu kurz
käme[28]. Der dritte Teil der Leichenpredigten kreist fast nur um dieses
Problem. Besonders ist hier die fünfte Predigt zu nennen, die wir mit
CA VI „De nova oboedientia" überschreiben können. Energisch wendet Mathesius sich gegen die Antinomisten, die „das Gesetz Gottes auß
der Kirchen auffs Rathauß" verweisen und Majors Lehre von der Notwendigkeit der guten Werke anfechten (198, 1–8). Es erübrigt sich,
seine Lehre vom neuen Gehorsam zu entfalten, da sie mit dem, was in
den lutherischen Bekenntschriften gesagt ist, übereinstimmt. Von
Luther hat Mathesius nicht nur gelernt, daß der neue Gehorsam eine
notwendige Frucht der guten Werke ist, sondern auch, daß er aus einem
freien, fröhlichen und kindlichen Herzen kommt[29]. Mathesius unterscheidet einen gläubigen und einen neuen Gehorsam. Während ersterer
die Heilsgüter glaubend ergreift, bringt der neue Gehorsam Gott die
Dankopfer der guten Werke dar. Ersterer ist passiv empfangend, letzterer aktiv wirkend[30]. Mathesius kann ersteren auch als Glauben

---

27. Zu Mathesius' Freundschaft mit Major vgl. L I S. 193,197; II S. 77. Melanchthons und Majors Aussagen über die Notwendigkeit der guten Werke zitiert Kawerau in RE, 3. Auflage, XII S. 88, 17. 37. 52.

28. Vgl. L 95,1–7.

29. L 212,31: „Der liebe gehorsam gibt Gott auß einem kindlichen hertzen ehre/
preiß/ und dem nechsten zinßgut". Vgl. auch Z. 29–31.

30. 213,1 ff: „Der *glaubige* gehorsam/ ergreiffet in der gnedigen zusage/ das versön
opffer Jhesu Christi/ sampt dem heyligen geyst/ so neben dem wort auff uns außgossen wirt. Der *neue* gehorsam opffert und zalet unserm versönten Gott dankopffer:
betet/ und lobet Gott/ dienet jedermann/ hilfft/ reth/ gibt/ ... und thut was jhm
müglich ist. Summa der *glaubige* gehorsam ist nur von nemens wegen da ... Die
Liebe streuet und teilet wider umb sonst auß in schuldigem gehorsam ..." Vgl. auch
212,29–33.

schlechthin, letzteren als Liebe bezeichnen[31]. Diese Trennung ist jedoch nur in der Abstraktion vollziehbar. Konkret gehören beide Seiten eng zusammen. Liebe und neuer Gehorsam sind für Mathesius ebenso Synonyma, wie gläubiger und neuer Gehorsam nur die beiden Seiten einer Medaille darstellen. Überwindung des Todes und ewiges Leben kann uns „allein umb des einigen opffers und vorbit unsers einigen Mitlers und fürbitters" willen geschenkt werden. Dieses Geschenk aber ergreift nur der Glaube, der immer empfangender u n d wirkender Glaube ist[32].

3. Polemik

In der Leichenpredigt zeigt sich besonders deutlich, welche wichtige Rolle der lutherischen Lehre von Rechtfertigung und Heiligung zukommt. Kann einerseits nur die klare Verkündigung von der Gnade Gottes, die in Christus den glaubenden Sünder gerechtspricht, durch die Anfechtungen des Todes tragen, so muß der Prediger andererseits darauf bedacht sein, diese Rede vor jedem libertinischen Mißverständnis zu schützen. Die doppelte Frontstellung gegen Werkgerechtigkeit und Antinomismus wurde damit auch Mathesius aufgenötigt. Der Prediger von Joachimsthal war, wie viele Philippisten, kein Polemiker aus Leidenschaft[33]. Die Polemik innerhalb der Leichenpredigten konzentriert sich daher vorwiegend auf die Rechtfertigungslehre.

Daß Mathesius Osianders Lehre verwarf, wurde bereits gesagt (S. 63). Noch mehr Wert legte er auf die Bekämpfung des Antinomismus und Libertinismus. Dabei scheute er, wie es in der Polemik üblich war und ist, vor Überteibungen nicht zurück. Daß man in der römischen Kirche die Menschen nur zum Klostergehorsam und zu Werken, die Menschen erdichtet haben[34], getrieben hätte, läßt sich ebensowenig halten wie die Behauptung:

„Etliche gaben unverschemet für/ es könte einer an Christum glauben/ und den heyligen Geist behalten/ da er schon sich in sünden unnd schanden weltzet wider sein gewissen" (197, 32–34).

Wenn Amsdorf sich polemisch zu der Behauptung verstieg, gute Werke seien schädlich für die Seligkeit, so meinte er doch keineswegs, was Mathesius anscheinend als seine Lehre – freilich ohne Namensnennung – unterstellt:

„das es ohne not sey/ das einer sein missethat berewe/ bekenne/ ein guten vorsatz habe/ unnd inn ein neu leben tratte/ unnd reych an vil guten wercken werde/ das heyst die leute ... frey/ rochloß/ reuloß und sicher machen/ und sie alles trostes und

---

31. 213,12: „Der *glaube* hebet außbeut auß der eröffneten seiten/ Jhesu Christi/ die *liebe* gibet dem nechsten zubusse".
32. Vgl. 92,29–93,16; 140,11–23; 190,15–23; 204,29–33.
33. Vgl. L II S. 64 ff.
34. L 197,24.

seligkeit berauben/ welche die so Göttlich traurig sein/ inn irer reu zu gewarten haben" (161, 28–34).

Männer wie Amsdorf wollten gewiß nicht den Libertinismus fördern, sondern Trost und Seligkeit bekräftigen, indem sie in articulo iustificationis jedes Reden von guten Werken streng ausschlossen. Dagegen ist das Reflektieren auf die Reue nicht dazu geeignet, in der Anfechtung Trost zu vermitteln. Natürlich versteht Mathesius die Reue nicht als Menschenwerk, das Trost verleihen könnte[35].

Auch unser Glaube läßt uns, sofern er als Menschenwerk betrachtet wird, nicht vor Gott bestehen[36]. Mit jeder Form von Synergismus geht Mathesius scharf ins Gericht:

„Etliche wöllens halbiren/ Christus mach uns zum theil selig/ das ander theyl verdienen wir mit guten wercken/ das ist/ glaub und lieb zusammen gefasset/ das sey die gerechtigkeyt oder bezalung für unsere sünde".[37]

Die von der römischen Kirche errichtete „schöne Tugentleyter"[38] schwankt und reicht nicht zum Himmel. „Die auff disen fahrten (= Leitern) inn Himel klettern wöllen/ stürzen und brechen den halß/ wie Simon der Zauberer"[39].

Die Leiter Roms reicht aber auch nicht in die Hölle oder das Fegefeuer. Schon der Vater des Mathesius hatte einem Kaplan, der ihn fragte, „warumb er seiner Freunde Seelen nichts guts nach thun liesse" gesagt: „Es gehet zu vil auffs boten lohn"[40]. Der Sohn verwirft die Totenmesse aus tieferen Gründen:

„Daß muß traun dem Sone Gottes und seinem theuren Blut und volkommenen opffer zu grossen unehren gereychen/ wenn man einen glaubigen Menschen erst mit Menschlichen wercken und opffern wil von sünde unnd pein erlösen ... Darumb wer ander Mitler/ Lößgelt/ opffer und fürbit erdencket/ der raubet dem Herrn Christo seine Göttliche ehre".[41]

4. Trost

a) Notwendigkeit

Mathesius weiß, daß die Leichenpredigt Trost spenden soll (21, 25). Dieses Ziel ist natürlicherweise mehr oder weniger den Leichenreden aller Zeiten gemeinsam. Die Hinterbliebenen sollen in der Trauer um den Verlust, der sie betroffen hat, getröstet werden. Als Mathesius

---

35. Vgl. 161,20: „Die werckheyligen beschmeyssen und verunreinigen mit irer falschen lehr/ die reu/ leyd/ beycht/ vorsatz/ in dem/ das sie ein verdienst oder gnugthuung für die sünde darauß machen/ und leren eytel ungewiß ding/ dieweyl sie die leut darauff trauen heyssen".

36. 226,20–22: „Derhalben sollet ir kinderlein wol behalten/ das auch unser glaub nicht diß ist/ darauff wir trauen/ oder darum wir für Gott bestehen können".

37. 166,24–28. Vgl. 165,17–30; 224,31–33; 176,15–25.

38. L 59,33.

39. L 60,17.

40. 94,15–18.

41. 94,24 ff; vgl. 34,13 ff.

seine Leichenpredigt drucken ließ, litt er selber schwer unter dem Verlust seiner Frau. Die Vorrede von 1559 und die Predigten des 3. Teils legen davon ein ergreifendes Zeugnis ab[42]. Der vom Schmerz Bedrückte sucht daher in seinen Leichenpredigten auch Trost für sich selber:

„Damit ich aber in diesem meinem trübnuß mich trösten unnd auffrichten köndte/ habe ich mich zum wort des trostes/ und zu dem der das leben und aufferstehung ist/ fleyssig gehalten/ und gerne von dem Artickel von der aufferstehung des fleysches und ewigem leben gedacht/ gelesen/ geredt" (6, 7–11).

Trostbedürftig ist der Mensch jedoch nicht nur beim Verlust lieber Angehöriger. Trost braucht er auch in den Anfechtungen, die der Kampf gegen die Sünde mit sich bringt. Der Trost des erschreckten Gewissens, eins der Hauptthemen reformatorischer Verkündigung, findet auch in der Leichenpredigt seinen Platz. Nach dem, was über die Rechtfertigung ausgeführt wurde, braucht dazu nichts mehr gesagt zu werden. Welchen Trost aber weiß Mathesius denen zu spenden, die trauernd am Grabe stehen?

b) Christus und die Auferstehung

„Christus/ sein Blut/ todt/ grab/ und sieg/ kan allein mitten im todte und unglück/ leben und freude geben" (120, 14). Der schlechthin einzige Trost beim Verlust der Lieben wie im eigenen Sterben besteht darin, Christus als den Herrn des Todes und Herzog des Lebens zu erkennen[43]. Er hat „den todt sein spieß genommen/ und die Helle zubrochen/ und zurstört"[44]. In ihm allein haben wir „dise selige hoffnung/ und gewissen trost", daß der Tod schon verschlungen ist. Ob wir noch „in diesem jammerthal" leben oder „im friden inn unser ruhebetlein" fahren – es erwartet uns die Auferstehung und ein neues Leben[45].

Weil Mathesius weiß, daß es ohne die Hoffnung der Auferstehung keinen wahren Trost im Tode gibt, kann er sich nicht denken, daß die Erzväter ohne sie gelebt hätten und gestorben wären. Abraham und Joseph sollen „die rechte Religion vom ewigen Messia/ und aufferstehung der todten" (23, 18) nach Ägypten gebracht und dadurch den Brauch der Einbalsamierung veranlaßt haben. Mit den in der Genesis berichteten Begräbniszeremonien haben die Erzväter „den Artickel von der aufferstehung der Todten bekennen und bezeugen wöllen" (36, 20). In seinem unbekümmerten Anachronismus erklärt Mathesius, Joseph habe „auß Gottes wort" gewußt, daß sein Vater „schon im verborgenen leben mit Christo" lebte, „biß der leyb wider erwecket wirdt" (37, 5 ff).

---

42. Vgl. z.B. 88,18 ff; 91,22 ff; 95,10 ff; 101,24 ff. u. ö.
43. Trostpredigten (Abk.: TP) IV, L 8 b.
44. TP IV M 5 b.
45. TP IV M 7.

Wichtig ist die Ansicht, Joseph habe „aus Gottes Wort" von der Auferstehung gewußt[46]. Der Auferstehungsglaube ist kein Produkt menschlicher Gedanken. Er muß vielmehr gegen alle menschliche Vernunft geglaubt werden[47]. Der Schluß des Paulus von der Auferstehung Christi auf die der Menschen entspricht nicht menschlicher Logik[48]. Hinter der Argumentation des Paulus steht die Dialektik des heiligen Geistes. Nur im Glauben läßt sich die Bitterkeit des Todes überwinden: „Der todt lesset sich nit weg schelten oder fluchen/ Mit forcht und schrecken entlaufft man ihm auch nicht/ unnd wenn einer biß zum finstern flöhe. So lest er sich auch nicht weglachen/ oder mit gespöt unnd verachtung vertreiben ... A b e r w e g k a n m a n d e n t o d t g l a u b e n/ das man seiner bitterkeit nicht gewar wirdt/ oder doch nur ein wenig kostet und versuchet/ wenn man des Herrn wort höret/ glaubet/ unnd bewaret" (TP IV R 6a).

c) Der Tod als Übergang in ein besseres Leben

Wie das letztgenannte Zitat zeigt, setzt Mathesius sich nicht über die Bitterkeit des Todes hinweg. Er relativiert sie jedoch nicht nur durch den Glauben, sondern auch durch den Hinweis auf die Mühsal des Lebens, die durch den Tod beendet wird. Er bringt Ruhe nach allen Mühen dieses Lebens:
„Auff erden ist nichts denn tegliche mühe und arbeyt/ zu mal inn diesen letzten unnd argen zeyten/ Im grab wird ruhe und gemach sein/ da uns kein Teuffel/ Todt/ Sünd/ unglück/ schwermer/ Ketzer/ böse gesellschaft mehr schaden wirdt".[49]

Der Gedanke vom Tod als Friedensbringer läßt sich bei Mathesius nicht isolieren von der Hoffnung auf die Auferstehung und das ewige Leben:
„darauff wirdt unser offenbartes leben inn ewiger wonne unnd herrlichkeit folgen/ da wir inn völliger weißheyt/ gerechtigkeit/ ehren unnd unsterblichkeit/ bey Gott in alle ewigkeyt sein und bleyben werden" (s. Anm. 49).

Der Christ kann den Tod nicht nur negativ als Beendigung des irdischen Leids verstehen, noch weniger nur als Abschluß, der Vernichtung bedeutet. Das meint Mathesius, wenn er den Tod mit der Tradition als Schlaf bezeichnet[50]. Gottes Barmherzigkeit schenkte uns diesen Schlaf, um uns das Leid, das wir als Strafe auferlegt erhielten, zu verkürzen und uns in Frieden die Auferstehung erwarten zu lassen[51]. Die Lehre

46. Sie gründet sich auf die merkwürdige Hypothese, Hiob sei Josephs Schwager gewesen und letzterer habe daher das Buch Hiob gekannt: 28,31 ff.
47. Vgl. L I S. 578 Anm. 11.
48. Vgl. L I S. 577.
49. L 122,2–5. Vgl. TP IV Nr. 7 r: „mein sterbestündlein ist ein ende alles unglücks/ und ein anfang aller rhu".
50. Z. B. 119,23: „Der todt ist unser schlaff/ der Gotsacker unser schlaffkammer/ das grab unser gebettes bettlein/ darumb die lieben Engelein stehn/ und hüten unser Beinlein und eschlein". Vgl. 85,1–4; 93,19. TP IV N 7 a.
51. TP VI Q a: Gott hat „auch in der leiblichen und zeitlichen straff barmherzigkeit mitlauffen lassen/ und dir und deinen erben das leben verkürzen ... unnd auß dem elenden unnd sündlichen leibe erretten/ damit du inn deinem grabe und ruhe-

vom Zwischenzustand spielt bei Mathesius keine Rolle. Schön ist der Gedanke, daß Christus auch im Grabe bei uns ist und unser verborgenes, also menschlicher Wahrnehmung entzogenes Leben aufbewahrt, bis er uns in der Auferstehung ein völlig neues Leben schenken wird[52].

Die Vorstellung vom Schlaf schließt nicht aus, daß der Tote schon in der Gemeinschaft mit Christus lebt:

„Darumb solt ihr diß gantz unnd gar gewiß sein/ euer liebe unnd begrabne mutter liget in irem ruhebetlein/ und schleft iren sanfften schlaff/ und ist schon bey Christo/ ob sie schon auffgelöset ist.
Was sie aber in irem heimlichen und verborgenen Leben mache und fürhabe/ hat uns Got noch zur zeyt nicht offenbaret" (85, 1–8).

Durch das Gleichnis vom armen Lazarus glaubt Mathesius berechtigt zu sein, die im letzten Satz ausgesprochene Erkenntnis einzuschränken. Er meint, dort „klar und hell" zu finden, daß der Verstorbene für seine lebenden Brüder sorgt. Daraus zieht er den Schluß, daß auch seine verstorbene Frau betend für die Familie eintritt:

„One zweiffel lesset sie jetzt von grundt ihres hertzens manchen tiefen seufftzer faren/ O lieber Got/ erhalt mein lieben mann und Kinder/ und bring uns bald in allen freuden für deinem angesicht zusammen" (85, 14–17).

d) Die Hoffnung auf das Wiedersehen

In den zitierten Sätzen spricht das Herz des Mannes, für den der Tod kein Ende der Liebe bedeutet. Diese Liebe lebt über den Tod hinaus von der Sehnsucht nach dem Wiedersehen, einer Sehnsucht, die von gläubiger Hoffnung getragen wird. Immer wieder tröstet Mathesius sich selber, seine Kinder und seine Gemeinde mit dieser Hoffnung. Eine der Trostpredigten ist ganz dem Thema gewidmet, „das die seligen einander im ewigen leben sehen und kennen werden" (TP V). Dabei treibt die liebende Sehnsucht den Prediger zu gewagten Aussagen: Christus wird jeder seligen Mutter ihr gläubiges Kind, jedem Ehemann seine Hausfrau wieder zuführen und sie zu einem ewigen gemeinsamen Leben vereinen (O 3 a). Wie stark der Wunsch hier Vater eines biblisch nicht begründbaren Gedankens ist, zeigt sich, wenn Mathesius sagt:

„Solchen schmertzen/ trübnuß unnd hertzleid/ kan alleine lindern/ unnd etlicher massen heilen/ die erkenntnuß des gnedigen willens Gottes/ unnd die hoffnung des künfftigen lebens/ da lieb zu liebe/ freunde zu freunde/ Mann zu

---

bettlein zufrieden ligest/ und erwartest/ wie inn einem sanfften schlaff/ der auferstehung meines einigen Sones".
52. 119,27–32: „Ja der Son Gottes ist mit und bey uns im grabe/ und bewaret unser verborgen leben in seinen henden/ biß das er inn wolcken wider erscheinen/ und auß unsern vermoderten steublein unnd äschlein ein span newes leben gibet/ wenn er uns durch seine letzte stimm ... auffwecken wirt". Vgl. TP VI O 8 b: „Unser Gott hat diß heimliche und verborgene leben/ das wir in seiner hand/ oder inn Christi schoß leben/ im natürlichen schlaff uns wöllen fürbilden".

Weib/ Weib zu Mann/ Elter zu iren Kindern wider kommen werden".[53]

Der Tod ist eine selige Reise, die den verlassenen Witwer zu seiner „aller liebsten" führen soll, die er „auff alte lieb und Freundschafft ansprechen wil"[54]. Mathesius weiß natürlich, daß die Geschlechtlichkeit in der Ewigkeit ein Ende hat[55], aber es ist doch unverkennbar, daß hinter seinen Gedanken der Wunsch steht, in der Ewigkeit das im irdischen Leben jäh abgebrochene Glück fortsetzen zu dürfen. So sehr diese Gedanken den betrübten Witwer und seine Hörer getröstet haben mögen, so wenig dürfen sie Inhalt der Verkündigung am Grab werden. Menschliche Wunschvorstellungen, so edlen Gefühlen sie auch entspringen, dürfen nicht mit göttlichen Verheißungen verwechselt werden.

5. Der Verstorbene im Urteil der Predigt

Wenn der Prediger dem Verstorbenen in inniger Liebe zugetan war, wird das in der Predigt spürbar. Der Prediger neigt dann dazu, die Pesönlichkeit des Verstorbenen in ein besonders freundliches Licht zu rücken. Luthers Predigt am Sarge seines Kurfürsten Johann zeigte, wie es der Reformator verstand, dem geliebten Regenten ein ehrendes Denkmal zu errichten, ohne unwürdigem Rühmen zu verfallen. Ähnliches gilt für Mathesius. Die christlichen und menschlichen Tugenden seiner Frau, an denen nicht zu zweifeln ist, rühmt er mit Maßen. Für die Leichenpredigten des dritten Teils muß außerdem gesagt werden, daß der Prediger hier über eine größere Freiheit verfügte, da es sich bei ihnen um Unterweisungen im engen Familienkreis handelt. Allerdings fällt auf, daß Mathesius seine Kinder nie darauf hinweist, daß ihre Mutter trotz aller Tugenden auch ein sündiger Mensch war. Im Rahmen seiner lehrhaften Unterweisungen hätte er das ohne jede Pietätlosigkeit zur Geltung bringen können. Daß er es nicht tat, hat, wie die Leichenpredigt für Frau Margaretha vom Hassenstein zeigt, prinzipielle Gründe. Dort zitiert Mathesius den klassischen Satz „De mortuis nil nisi bonum"[56]. Er nimmt einen weiten Anlauf, um die

---

53. TP V O 5 b. Die unterstrichenen Worte wurden im Exemplar der Rostocker UB (Fl 3443) von einem Glossator unterstrichen.

54. Vgl. 103,13; 124,12; TP IV M 8 a; V O 3 a; 6 a.

55. TP V O 4 b: „ob wol die natürliche beywonung/ darzu der mensch in animam viventem unnd leibes leben geschaffen ist/ ire endschaft haben wird ... So wird gleichwol lieb und freundschaft in dem neuen und geistlichen leben nicht auffgehaben werden".

56. 29,32. In seiner Phänomenologie der Religion, Tübingen 1956², S. 140 zeigt G. van der Leeuw den religionsgeschichtlichen Hintergrund des Wortes: Man lobt die Toten, um nicht ihre böse Macht zu provozieren. Leeuw zitiert aus E. Rohde, Psyche. Seelenkult und Unsterblichkeitsglaube der Griechen I, 1925, S. 231 f.: εἰώθεσαν οἱ παλαιοὶ ἐν τοῖς περιδείπνοις τὸν τετελετηκότα ἐπαινεῖν, καὶ εἰ φαῦλος ἦν.

Gültigkeit dieses Satzes für die christliche Leichenpredigt zu begründen. In seinem bereits erwähnten Hang zu Anachronismen behauptet er, die Erzväter hätten nicht nur bei ihren Altären allezeit vom Sohne Gottes gepredigt, sondern auch bei ihren Begräbnissen vom Herzog des Lebens gepredigt, gelesen und gesungen. Dabei hätten sie „der verstorbenen tugend/ ihnen und dem gantzen Geschlecht zu ehren/ und den andern zum Exempel/ gepreyset"[57]. Mathesius projiziert also Methode und Inhalt seiner Predigt in die Zeit der Erzväter und gebraucht das so gewonnene Bild dazu, seine Praxis zu rechtfertigen.

Mehr Beachtung als diese pseudohistorische verdient die christologische Begründung:

„Decket doch der Son Gottes der rechte gnadenthron/ alle unsere sünde und missethat zu/ unnd wil derselben in argen nimmermehr gedencken/ solte denn die Christliche und kindliche lieb nit auch uberweyste mißhandlung/ ausser amptes zudecken/ unnd vergraben helffen" (29, 27–31).

Weil Christus unsere Sünden zudeckt, ist der Prediger berechtigt, daß er die Gebrechen der Verstorbenen „mit dem Grabstein bedecke/ und das gute rhüme und nachsage/ zumal in solchen leuten/ die vil gutes außgericht/ unnd seliglich abkommen/ und ir leben in bekentnuß irer missethat/ unnd warer anrüffung des einigen Mitlers/ und gutem fürsatz beschliessen"[58].

Wenn Mathesius die Tugenden der Verstorbenen rühmt, tut er es also in christlicher Liebe. Es ist jedoch unverkennbar, daß das von ihm bejahte Prinzip „De mortuis nil nisi bene" die Gefahr unchristlicher Menschenverherrlichung in sich birgt. Mathesius läuft Gefahr, die Rechtfertigungslehre, die in seinen lehrhaften Ausführungen so breiten Raum einnimmt, in dieser praktischen Konsequenz nicht durchzuhalten. Die durch Luther wieder zur Geltung gebrachte paulinische Rechtfertigungslehre schließt menschlichen Ruhm vor Gott aus (Röm. 3, 17). Da die Leichenpredigt wie jede Predigt ein Gottesdienst ist, hat der Ruhm des Verstorbenen, theologisch gesehen, keinen Raum in ihr. Wenn anthropologische Motive wie die pädagogische Wirkung des guten Vorbilds oder das Verlangen nach ehrendem Gedächtnis der Verstorbenen dennoch dem menschlichen Rühmen ein gewisses Recht einräumen, so muß dieses Rühmen wie bei Paulus theologisch relativiert und korrigiert werden.

IV. Zusammenfassung

In formaler Hinsicht eignen sich die Leichenpredigten des Johann Mathesius schlecht als Musterbeispiele. Im Gegensatz zu Spangenbergs

---

57. Als Beleg führt Mathesius das Klagelied Davids aus 2. Sam. 1 an, offenbar in der Meinung, es handle sich dabei um eine Leichenpredigt!
58. 29, 22–26.

Predigten lassen sie weithin Knappheit und klare Gliederung vermissen. Hinsichtlich des Inhalts verbietet der betont persönliche Zuschnitt eine naive Verwendung als Predigthilfe. Mathesius wendet sich jeweils an eine bestimmte Hörerschar, die er in ihrer konkreten Situation anzusprechen sucht. Was er diesen Hörern sagt, besitzt freilich zum großen Teil universale Bedeutung, weil es Belehrung über Grundwahrheiten christlicher Existenz ist. Weiten Raum nehmen die Lehren von Rechtfertigung und Heiligung ein, die Mathesius als Schüler Luthers und Melanchthons darlegt. Vom Zentrum der Reformation her gewinnt die Eschatologie ihren Tiefgang. Die Überwindung des Todes geschieht im Glauben an Christus. Aller Inhalt eschatologischer Hoffnung ist begründet in seinem Tod und seiner Auferstehung.

Neben das christologische Motiv tritt deutlich das anthropologische, ohne daß beide in das rechte Verhältnis zueinander gesetzt werden. Die sympathische Offenheit des Mathesius für menschliches Empfinden, Leiden und Sehnen läuft Gefahr, Wunschbilder in die Bibel und in den Himmel zu projizieren und damit anthropozentrische Illusionen zu fördern. Das „Herumreißen" der Blickrichtung vom Menschen auf Christus ist nicht in der nötigen Konsequenz durchgehalten. Der Trost, um den Mathesius sich immer wieder bemüht, basiert daher nur teilweise auf der biblischen Verheißung.

Bei aller positiven Würdigung, die den trotz ihrer Lehrhaftigkeit lange Zeit volkstümlich gebliebenen Predigten des Mathesius gebührt, läßt sich nicht verkennen, daß sie Keime der negativen Entwicklung, welche die Leichenpredigt im 17. Jahrhundert nahm, enthalten.

DRITTES KAPITEL

LEICHENPREDIGTEN IN DER ZWEITEN HÄLFTE DES 16. JAHRHUNDERTS

A. Andreas Pancratius

I. Die Quellen

Andreas Pancratius wurde 1529 oder 1531 zu Wunsiedel im Vogtland geboren und starb 1576 als Superintendet von Hof[1]. Als Schüler Melanchthons und Majors gehörte er zwar nicht zu den extremen Lutheranern, tat sich aber doch als Kämpfer gegen die Einführung des Calvinismus in der Pfalz hervor. Während seiner Tätigkeit in Amberg führte er die lutherische Opposition und wurde deshalb durch Friedrich III. Ende 1566 vertrieben[2]. Es folgte ein Jahrzehnt segensreicher Tätigkeit in Hof.

In die Geschichte der Homiletik ging Pancratius durch seine „Methodus concionandi" ein[3]. Dieses nach Form und Inhalt unoriginelle Lehrbüchlein der Predigtlehre basiert völlig auf Melanchthons rhetorischen Frühschriften und bindet die Predigt unter das Joch der antiken Rhetorik.

Die vier Teile der Leichenpredigten stammen sämtlich aus der Hofer Wirksamkeit. Sie wurden posthum durch Pancratius' Schwager Salomo Codomann herausgegeben. Georg *Draudius* erwähnt in seinem „Verzeichnis aller und jeder Bücher", die bis 1625 in deutscher Sprache erschienen sind, eine Ausgabe der Leichenpredigten des Pancratius, die Draudius „mit anderer gelehrter Leut Leichenpredigten mehr als zum halben theil gemehret" 1635 in Frankfurt erscheinen ließ. Da der Charakter dieser Predigtgattung sich in den Jahrzehnten von Pancratius bis zu Draudius gewandelt hatte, darf die Neuausgabe als Beleg dafür gewertet werden, daß das Werk des Pancratius auch in einer veränderten homiletischen Situation als vorbildhaft betrachtet wurde.

Unserer Untersuchung liegt die vierteilige Ausgabe von Codomann zu Grunde[4]. Sie umfaßt eine Sammlung von 377 Leichenpredigten. Davon handeln 130 über Texte aus den alttestamentlichen Geschichtsbüchern (Teil I), 137 über Lehr- und prophetische Bücher (Teil II), sowie 84 über neutestamentliche Texte (Teil III). Der vierte Teil enthält 15 Predigten über die Pestilenz, also nicht eigentlich Leichenpredigten.

---

1. G. *Wilke*, Beiträge zur Lebensgeschichte des A. Pancratius, Hof o. J. (1913) S. 5.
2. Vgl. *Wilke* aaO S. 37 ff.   3. Den vollständigen Titel s. im Quellenverzeichnis.
4. Einzelne Titel s. im Quellenverzeichnis.

Sie unterscheiden sich von letzteren durch größeren Umfang und stärker lehrhaften Charakter. Da sie offensichtlich nicht bei Bestattungen gehalten wurden, finden sie nur gelegentlich zum Zweck des Vergleichs Berücksichtigung. Der Herausgeber Codomann fügte drei kasuistische Leichenpredigten hinzu, deren Themen hier genannt seien[5]. Die erste Predigt wurde beim Begräbnis eines Fischers gehalten, der während der Pest wahnsinnig wurde und in den Rhein ging. Der Prediger erörterte die Frage, ob ein solcher Mensch selig werden könne. In vorsichtiger Zurückhaltung läßt er eine positive Antwort offen[6]. Thema der zweiten Predigt ist das Schicksal eines totgeborenen Kindes. In Auseinandersetzung mit der römischen Taufpraxis wird nachgewiesen, daß totgeborene Kinder nicht verlorengehen. Die dritte Leichenpredigt hielt Codomann bei der Bestattung eines hingerichteten Adligen.

Dem vierten Teil folgt ein Anhang, „Darinnen sieben Anfechtunge/ welche über dem Absterben der Kinder die Eltern am meisten zu betrüben pflegen/ kürtzlich erkläret/ und wie jnen zu begegnen/ auß Gottes Wort Christlich erwiesen und angezeigt wird", gedruckt 1592 durch Johann Spieß in Frankfurt. Diese Predigten stammen aus den letzten Lebensjahren des Pancratius, nämlich 1575–1576. Sie fügen den älteren Leichenpredigten, in welchen die gleiche Thematik oft begegnet, nichts wesentlich Neues hinzu. Unsere Untersuchung erstreckt sich daher vorwiegend auf die Teile I bis III.

II. Form und Methode

1. Die rhetorische Gliederung

In den Titeln der einzelnen Teile ist vermerkt, daß die folgenden Predigten „nach rhetorischer Disposition" verfaßt sind. Die meisten Leichenpredigten lassen in der Tat deutlich das in der „Methodus concionandi" entwickelte Verfahren erkennen. Vom zweiten Teil ab werden die rhetorischen Termini am Rande notiert, was wohl auf den Herausgeber zurückgeht. Die noch in den sechziger Jahren, also vor Erscheinen des Methodus, gehaltenen Leichenpredigten zeigen das rhetorische Schema weniger deutlich als spätere. In der reinsten Form findet der Methodus seine Verwirklichung in den Pestpredigten von 1575. Der Regel entsprechend teilt Pancratius die Predigten in vier Teile: Exordium, doctrina, applicatio und conclusio. Dabei füllt die doctrina in der Regel mehr Raum als die anderen Teile zusammen. Die conclusio stellt eine verkümmerte Appendix dar und besteht nur aus kurzen Floskeln. Der applicatio wird zwar mehr Raum gelassen, aber ihr Ver-

5. *R. Mohr* analysiert die Predigten aaO S. 375 ff.
6. Der Verstorbene erhält zwar einen Platz auf dem Friedhof, aber kein Geläut.

74

hältnis zur doctrina ist qualitativ und quantitativ unbefriedigend gelöst. Um so besser dient das Exordium seiner Aufgabe, mit wenigen Sätzen auf Text und Thema hinzuführen.

Ganz ähnlich stellt sich die Gliederung der Leichenpredigten dar. Pancratius hält strikt die Regel ein, daß Leichenpredigten nicht lang sein sollen[7]. Namentlich im 2. Teil (doctrina) werden sie daher stark gerafft. Trotzdem erscheinen auch in ihnen die meisten Glieder der rhetorischen Disposition.

Das Exordium soll laut „Methodus" mit der captatio benevolentiae beginnen. Drei Möglichkeiten bieten sich dazu an: 1. Textskopus und Themengliederung werden kurz berührt. 2. Bei Reihenpredigten erfolgt die Verknüpfung mit der vorhergehenden Predigt. 3. Falls ein ungewöhnlicher Stoff behandelt wird, kann das begründet werden.

Am häufigsten gebraucht Pancratius die zweite Möglichkeit, da er gern kursorisch vorgeht. Den dritten Weg schlägt er ein, wenn der Text ungeeignet erscheint und seine Wahl eine Begründung fordert.

Der captatio schließt sich die docilitas an, in welcher das Thema der Predigt formuliert wird[8].

Weniger regelmäßig folgt die attentio: der Prediger weist auf die Heilsnotwendigkeit oder die besondere Problematik der zu behandelnden Materie hin[9].

Den Hauptteil der Predigt, die doctrina, leitet die Antithesis ein[10]. Ihre Aufgabe besteht einerseits darin, die Sache besser zu erklären[11], andererseits aber, Irrlehren und verderbliche Vulgärmeinungen zu entkräften[12]. Pancratius bedient sich der Polemik mit einer Milde, die den Einfluß des maßvollen Melanchthon verrät. Sein Bemühen, dem Gegner gerecht zu werden, findet rhetorisch in der concessio

7. Vgl. z. B. I 153; 231; 400; II 82 u. ö. Die Leichenpredigten dauerten durchschnittlich ca. 20 Minuten.
8. Vgl. Methodus B 7 b: Cum perspicue ostenditur, qua de re simus dicturi. Wenn die Textworte klar sind (perspicua), wird gleich zur Sache gegangen.
9. Vgl. Methodus B 8 a: Quomodo redduntur auditores attenti? Cum proposita materia a necessitate et difficultate commendatur. Dazu als Beispiel II 35: die docilitas besteht in der Behauptung, daß man „von den krancken Kindlein saget/ es sey jhnen niergendt besser/ denn under der Erden". Darauf folgt die Attentio: „Denn weil solches ein gemeine Rede ist/ aber gleichwol mißlich ... so wil es die Notturfft seyn/ daß man auch hiervon die Einfeltigen recht unterrichte/ sonderlich weil der Mißverstandt so gemein ist". Es liegt also eine attentio a difficultate vor.
10. Vgl. Methodus C 3 a: Cum exordii attentione haec secunda pars ita connectenda est, ut ab Antithesi inferatur.
11. Vgl. Methodus C 3 b: ut res ipsa etiam magis declaretur. Duo enim contraria iuxta se posita magis illucescunt.
12. Merkwürdigerweise sollen in der Antithesis nur die Ketzereien der Vergangenheit berücksichtigt werden, während die modernen in der Applicatio zur Sprache kommen sollen. Was verspricht der Prediger sich von der Widerlegung alter Irrlehren? Immerhin sieht er ein, daß deren Ausbreitung vor dem Volk gefährlich ist: Cum enim plerique ex auditoribus attentius soleant observare obiectiones quam earundem confutationes, facile hac enumeratione possent offendi (aaO D 1 a).

Niederschlag[13]. Dadurch enthält die folgende c o n f u t a t i o um so stärkeres Gewicht. Diese Aufgabe bezeichnet Pancratius als „äußerst schwierig", da die Irrlehrer oft mit Schriftworten argumentieren. Deshalb sind klare Schriftbelege und dialektische Beweisführung nötig, um sie zu überwinden, letztere jedoch nur, soweit sie dem Fassungsvermögen der Hörer angemessen sind. Diesen Regeln ist Pancratius in seinen Leichenpredigten durchweg gerecht geworden.

Auf diese unter negativem Vorzeichen stehenden Ausführungen folgt in der p r o p o s i t i o die positive Lehre. Sie ist in c o n f i r m a t i o und d e c l a r a t i o mit Hilfe von Schriftbeweisen, rationalen Argumenten und der Loci-Methode zu erhärten und zu entfalten. In der c o n clusio doctrinae folgt die Zusammenfassung des Hauptteils.

Die a p p l i c a t i o bringt in der Regel keinen neuen Gedanken. Auf eine Einleitungsformel wie „Welches wir fleißig merken sollen" o. ä. folgen Ermahnungen, das Gesagte zu beherzigen und zu praktizieren. Mitunter wird die applicatio, auch adhortatio genannt, untergliedert. Die Ermahnung a b h o n e s t o will mit Hilfe von Schriftworten den Eifer zum Gehorsam erwecken. Die Heilsnotwendigkeit des Gehorsams wird wie die Bestrafung des Ungehorsams a n e c e s s a r i o eingeschärft. A b u t i l i argumentiert der Prediger, indem er den göttlichen Lohn für den Gehorsam vorhält, a f a c i l i aber, wenn er die Möglichkeit des Gehorsams nachweist[14].

Pancratius weiß, daß nicht jede Predigt einem solchen Schema unterworfen sein kann. Manche Glieder können gelegentlich ausfallen, andere werden vertauscht. Unwandelbar steht jedoch das Grundgerüst jeder Predigt: Exordium, doctrina, applicatio, conclusio.

2. Die Verwendung des Textes

a) Motive der Textauswahl

Mit Vorliebe hielt Pancratius Reihenpredigten, so z. B. 30 Leichenpredigten über 1. Kor. 15 im Jahre 1567. Er unterbrach die lectio continua jedoch, wenn ein besonderer Kasus das nahelegte. Bei der Beerdigung einer Mutter, die in partu gestorben war, wählt er den Text von Rahels Tod (Gen. 35) und erläutert die Textwahl wie folgt:

„Wir pflegen sonst an diesem Ort und zu solcher Zeit fürzuhaben das 15. Capitel der ersten Epistel Pauli an die Corinther/ und weil dasselbig noch nicht auff die Helffte gebracht ist/ solten wir billich darinn fortfahren. Demnach sich aber/ Geliebte in dem HERREN/ mit diesen beyden Leichen ... sonderlich klägliche Fälle zugetragen und wir billich mit der betrübten Freundtschafft ein Christlich Mitleiden tragen/ auch so

---

13. Vgl. Methodus C 3 b: Si vero in eis est tolerabile aliquid, retineatur illud, ita tamen, ut imperfectum et insufficiens esse demonstretur.
14. Vgl. E 4 a–6 a.

viel und müglich/ sie trösten ... sollen/ hab ich diesen Text fürgenommen/ der sich zu beyden Fällen nicht ubel reymet"[15].

Immer wieder gibt Pancratius sich und der Gemeinde Rechenschaft über die Textwahl, besonders, wenn sie ungewöhnlich erscheint. Der scheinbar „weit geholte Text" vom bitteren Wasser zu Mara (Ex. 15), dessen Verwendung zur Leichenpredigt Verwunderung auslösen könnte, ist doch brauchbar, weil Geschichten für junge und einfältige Leute anschaulicher und einprägsamer sind als kurze Sprüche[16].

Natürlicherweise wählt Pancratius gern Texte, die auf Lebens- oder Todesschicksale der Verstorbenen deutbar sind, ohne daß dabei eine Laudatio angestimmt wird oder die Vergangenheit der Entschlafenen in den Mittelpunkt tritt. Bei tödlichen Unfällen bevorzugt er Lk. 13, 1ff[17], am Grabe einer betagten Witwe predigt er über die alte Witwe Hanna[18]. Die Perikope vom Kindermord in Bethlehem hält der Prediger für geeignet, erstens, weil sie dem Evangelium des Vortages sich anschließt, und zweitens, weil sie Eltern beim Verlust ihrer Kinder Trost schenkt[19]. Taktlos ist es für unser Empfinden, daß für die Bestattung einer Geisteskranken Dan. 4, 13 gewählt wird[20]. Hier war das lehrhafte Ziel maßgebend: Die Gemeinde soll lernen, was man von der Geisteskrankheit zu halten hat.

Grundsätzlich muß gesagt werden, daß Pancratius sein selbstgestecktes Prinzip beachtet: Zu Leichenpredigten sollen Texte genommen werden, die in uns die Hoffnung des ewigen Lebens stärken, zur Besserung des Lebens dienen und zur Vorbereitung auf das selige Sterben helfen (II 36).

b) Allegorese und Literalexegese

Zu Beginn der Leichenpredigten über Leviticus erklärt Pancratius:
„Wir haben bißher die ersten zwey Bücher Mosi kürtzlich uberlauffen/ und allein die Text fürgehabt/ die sich zu Leichenpredigten am besten gereymet haben. Ebner Massen wöllen wir nun auch mit diesem dritten Buch handeln. Und weil es fürnemblich damit umbgehet/ daß es den Gottes Dienst ordnet und bestellet/ wirdt es auch desto weniger Leichpredigten geben" (I 226).

15. I 96 f. Vgl. III 353, wo Pancratius die Reihe aus 1. Sam. unterbricht, um 2. Kor. 12,9 bei der Bestattung einer in geistiger Umnachtung Gestorbenen zu wählen.
16. I 195. Vgl. I 584, wo Pancratius Esra 10 auslegt und zugibt, es „möchte sich jemand nicht unbillig verwunddern/ warumb wir sie zur Leich Predigten gebrauchen/ so sie doch das Ansehen hat: als ob sie zu nichten weniger denn zur Leichenpredigten dienen köndte".
17. III 93, 101, 105.
18. Lk. 2,36 ff; III 75.
19. III 1, Leichenpredigt für ein Kind.
20. „Und das menschliche Herz soll von ihm genommen und ein viehisches Herz soll ihm gegeben werden, bis daß sieben Zeiten über ihm um sind". Die Predigt selber zeigt verhältnismäßig viel Verständnis für die Geisteskranken.

Der Prediger ist sich also im wesentlichen über den Literalsinn klar. Dennoch folgt eine Kette allegorischer Auslegungen. Luthers und Melanchthons Zurückhaltung gegenüber der allegorischen Methode teilt Pancratius nicht. Die zwei zur Reinheitserklärung des Aussätzigen nötigen Vögel weisen nach seiner Auslegung auf die beiden Naturen Christi hin. Alle Opfergesetze dienen der Christologie und Soteriologie. Ohne freimütige Anwendung der Allegorese wären zahlreiche alttestamentliche Texte nicht für Leichenpredigten verwendbar gewesen. Ein Beispiel möge für viele stehen: Die Bundeslade ist aus Holz. So sind auch wir aus Holz, nämlich verweslicher Natur. Wie die Lade mit Gold überzogen wurde, so wurden unsere Leiber in der Taufe übergossen und mit dem Golde der Gerechtigkeit Christi überzogen. Darum „sollen sie im Todt nicht bleiben/ sondern wie ein ubergüldtes Holtz wehrhafft ist/ und nicht leichtlich verfaulet/ also sollen unsere Leiber leben/ ob sie gleich stürben/ und an jenem Tag widerumb aufferstehen" (I 205). Unklar ist das Tertium comparationis, wenn Pancratius erklärt: „sollen wir nicht allein zum Grab getragen/ sondern an jenem Tag auch widerumb darauß aufferstehen und erwecket werden" (ebd). Der goldene Kranz um die Lade bedeutet, daß der Sohn Gottes uns an jenem Tag mit unaussprechlicher Ehre und Herrlichkeit begaben will.

Ähnlich werden die Gesetzestafeln, die Ruten Aarons und das Manna sowie die Cheruben allegorisiert. Die in der Auslegungsgeschichte so stark strapazierte Himmelsleiter (Gen. 28) bietet Anlaß zur Erörterung der Rechtfertigungslehre und des Amtes Christi. Zahlreiche Allegoresen sind der Tradition entnommen. So die typologische Deutung Simsons auf Christus[21], ohne welche der Text für die Leichenpredigt unbrauchbar wäre. Ohne Bedenken deutet Pancratius sowohl Simson selber als auch den durch ihn getöteten Löwen auf Christus. Weite Partien der Auslegung bewegen sich methodisch auf dem Niveau altkirchlicher und frühmittelalterlicher Exegese.

Die Geltung des Literalsinnes wird durch allegorische Auslegungen nicht in Frage gestellt. Auch wenn ersterer so anstößig ist wie die Geschichte von Jephthahs Tochter (Ri 11), bleibt er gültig. Pancratius flieht nicht in die Allegorese. Seine Auslegungen zeigen oft ein intensives Bemühen um den Literalsinn. Dabei ist er wie Spangenberg frei von der später grassierenden Sucht, mit altsprachlichen Kenntnissen und klassischen Zitaten zu glänzen. Wo er auf den Urtext zurückgreift, dient es dem Verständnis.

---

21. Vgl. z. B. *Isidor,* Allegoriae quaedam scripturae sacrae, MPL 83, 99 ff n. 80.

3. Ausdrucksmittel

Pancratius gehört zum schlichten 16. Jahrhundert. Wie Mathesius und Spangenberg, besonders letzterem ähnlich, spricht er einfach und anschaulich, ohne Bilder und Metaphern zu häufen. In der Verwendung von Sprichwörtern erinnert er an Luther. Grob drastische Sätze finden sich nicht. Wo Pancratius Gelegenheit hat, den Adel anzusprechen, nimmt er kein Blatt vor den Mund. So rügt er Leute dieses Standes, die nichts anderes gelernt haben „denn Becher und Kandel außlehren/ viel tausendt Sacrament fluchen/ sawer sehen und schnarcken/ jedermann neben sich verachten/ Bürger und Bawren plagen/ und in Summa allen Mutwillen uben und treiben" (III 371). *Zezschwitz* nannte Pancratius einen „dialektischen Formkünstler ohne rechte Weihe und Kraft"[22]. Damit wurde er ihm kaum gerecht. Trotz der Überfremdung durch das rhetorische Schema wirken Pancratius' Leichenpredigten weder langweilig noch flach. Zwar finden sich schon gelegentlich unübersetzte lateinische Floskeln – eine Erscheinung, die später verheerend um sich griff –, aber damit machte Pancratius nicht den Anfang. Mathesius und andere lutherische Prediger gingen ihm darin voran.

III. Der Inhalt

1. Der Sinn der Leichenpredigt

Pancratius legt Wert darauf, der Gemeinde den Unterschied zwischen heidnischer und christlicher Bestattung klarzumachen. Während es den Heiden darum ging, den Verstorbenen Ehren und Dienste zu erweisen, sollen die christlichen Begräbnisse den Lebenden zu Lehre, Trost, Ermahnung und Warnung dienen[23]. Der pädagogische Aspekt tritt stark hervor: „Darumb denn auch billich alle Leichpredigten dahin sollen gerichtet werden/ daß die/ so bey den Begräbnussen versamelt sind/ etwas nützliches und heylsames darauß lernen und mit sich zu Hauß tragen mögen"[24].

Ziele der Belehrung sind vorwiegend Tröstung der Hinterbliebenen und Zurüstung der Gemeinde auf ein gutes Ende. Dadurch wird ein ehrendes und dankbares Gedenken der Verstorbenen nicht ausgeschlossen:

„Es höret euwer Liebe offt/ daß/ wenn wir bey unserer Verstorbenen Begräbnuß zusammen kommen/ solches ja wol zum Theil ihrenthalben/ allermeist aber umb unser Ubrigen willen geschehe. Ihnen/ den Verstorbenen/ können wir mit diesem

---

22. Zit. nach *Wilke* aaO S. 16.　　23. II 36; III 50; 368 u. ö.
24. II 131; vgl. 560; III 51; 88.

unserem Gang nicht mehr dienen/ denn daß (wenn sie rechte alte Christen gewesen sind) wir ihnen ires Glaubens und Wandels hiermit öffentlich Zeugnuß geben/ und darnach auch zugleich uns mercken und vernemmen lassen/ daß sie uns hertzlich lieb gewesen sind".[25]

Wie der Prediger weiter ausführt, erinnern die Leichenpredigten an unser Elend und rufen uns zur Buße. Sie lenken unsere Blicke auf das Ewige und lehren uns fragen, „wie wir gerecht und selig werden/ oder also hie zeitlich leben mögen/ daß wir dermaleins auch selig sterben können". Pancratius wird nicht müde, der Gemeinde diese Grundsätze einzuschärfen.

Da nicht der Verstorbene im Mittelpunkt steht, kann die Leichenpredigt auch in zweifelhaften Fällen gehalten werden[26].

Nach dem allen bedarf es kaum einer Betonung, daß Pancratius sich dagegen verwahrt, die Leichenpredigten dem Lob der Verstorbenen zu widmen. Das wurde aber von ihm verlangt! Viele Leute, so klagt er, begehren „für sich und die jhren solche Leichpredigten/ die lauter Lobsprüche sind/ gleich als ob der Predigtstuhl darzu verordnet were/ daß wir einem jeden seines gefallens das Wappen visiern sollen. Wer nun zu solchem lust hat/ der mags thun. In deß HERRN Christi/ der H. Propheten und Aposteln/ Leichpredigten (!) aber finden wir dergleichen nicht/ darumb es denn mißlich ist/ den Menschen zugefallen/ eine neue sonderliche Form zugebrauchen"[27]. Den panegyrischen Stil hält Pancratius demnach für eine verwerfliche Neuerung!

2. Die Wertung der Welt und des Lebens

Negative Aussagen über das irdische Leben finden sich bei Pancratius relativ selten. Zwar kann er diese Welt wie Spangenberg als Gasthof des Teufels bezeichnen[28] und eindringlich Kürze und Beschwerlichkeit des Lebens, das wie ein Dampf vergeht, beklagen[29]. Aber schon die Tatsache, daß er über die Kürze des Lebens klagt, beweist dessen positive Einschätzung. Daher reflektiert der Prediger des öfteren darüber, ob man um langes Leben bitten dürfe und beantwortet die Frage grundsätzlich bejahend:

„Daß umb ein langes Leben zu bitten/ an jhm selbsten nicht gar unrecht sey/ kan man

25. I 344; vgl. II 206; 439; 479; III 9 u. ö
26. Einen solchen Fall sieht Pancratius gegeben, als ein Mann beerdigt wird, der am 17. 7. 1568 während der Predigtzeit in der Saale ertrunken war. Die Einleitung widmet sich der Frage, warum eine solche Person „mit gewöhnlichen Ceremonien zur Erde bestattet" wird.
27. II 479; vgl. III 369: „Wenn es aber nur umb die eytelen Ehre zuthun gewest/ und man mit uberigem Lob noch heutigs Tags den Weltkindern hofieren/ und die Ohren kraulen wil/ taug es zunichte/ und kan weder Gott noch verständigen Leuten wolgefallen."
28. III 327.
29. I 136 ff; 539; II 229 f; III 276 f; 422 u. ö.

auß Gottes Wort leichtlich beweisen/ sintemal solches auch in der vierden Bitte des heyligen Vatter unsers mit eyngeschlossen wirdt".[30]

In der Antithesis weist Pancratius auf die vielen Krankheiten und Schmerzen hin, „die uns das Leben manchmal so sawr machen/ daß wir hertzlich zusterben begehren" (III 358). Das Leben steht von der Geburt an im Zeichen des Todes. Torheit wäre es, das mühselige irdische Leben für wertvoller als das himmlische zu halten, in dem Gerechtigkeit, Freude, Gesundheit und Unvergänglichkeit herrschen. Wer beides recht einzuschätzen weiß, hätte allen Grund, sich nach der Ewigkeit zu sehnen und den Tod zu erhoffen. Aber wie Paulus der Gemeinden wegen sich für das Leben entschied, so hat jeder Christ Aufgaben zu erfüllen, die ihn berechtigen, um Gesundheit und langes Leben zu bitten. Herr unseres Leibes und Lebens ist ja nicht der Tod, sondern Gott (I 559). Darum leben wir zwar in ständiger Bereitschaft auf den Tod, aber nicht in Geringschätzung des Lebens.

Aufs Ganze gesehen, atmen die Leichenpredigten des Pancratius Lebenswillen und Kraft. Leidvolle Erfahrungen wie Verbannung, Pest und Todesfälle in der eigenen Familie führten den Prediger nicht zu Wehleidigkeit und Lebensverachtung.

3. Das Verständnis des Todes

Dem Willen zum Leben entspricht das Ernstnehmen des Todes. Energisch wehrt Pancratius die verschiedenen Formen der Verharmlosung des Todes ab. Er verwirft die heidnische Ansicht, der Tod sei lediglich ein natürliches Ereignis. Zwar müsse konzediert werden, daß die Tiere dem Apfel am Baum gleichen, der „seine Zeit hat/ in der er wachsen solle/ unnd wenn er zeitig ist/ abfallen muß" (I 27), doch gelte das nicht vom Menschen:

„Vom Menschen aber finden wir in Gottes Wort ein anders/ und so viel/ daß er nicht zum Todt/ sondern zum Leben erschaffen sey .. Und demnach nicht ein natürlich Ding mit deß Menschen Todt/ wie mit eines unvernünftigen Thiers oder anderer Creaturen Untergang/ das ist/ Gott habe den Menschen nicht dazu erschaffen/ daß er also jämmerlich sterben solle/ wie er jetzt muß/ sondern der Todt ist auß andern Ursachen nebeneynkommen".

Der Tod ist ein unnatürliches Geschehen, das der ursprünglichen Bestimmung des Menschen widerspricht. Seine Ursache liegt in der Sünde[31].

Daher ist auch die stoische Verharmlosung des Todes abzulehnen. Agags Versuch, die Bitterkeit des Todes durch mannhaftes Auftreten

---

30. I 507. Vgl. 559; 565 ff; II 183 ff; 532 ff; III 357 ff. Die letzte Stelle behandelt Phil. 1,22 unter der Frage, „ob auch ein Christ ohne Sünd umb langes Leben bitten könne/ und ob er recht und wol daran thue/ wenn er solches so hertzlich und sehr begeret".
31. I 27; III 48; 154 u. ö.

zu vertreiben, ist zum Scheitern verurteilt (I 434ff). „Wie alle Eisenfresser" meint Agag, alles liege daran, ob man sich dem Tod mutig oder weich und verzagt stelle. Pancratius räumt ein, es sei „wol an dem/ daß wer wider den Todt ein unverzagt gut Hertz fassen kan/ der stirbet freylich wol desto williger und sanffter". Agag täuschte sich jedoch, wenn er meinte, „es stehe solches in seinem Vermögen und freyen Willen ... Denn wenn es zum Treffen kömpt/ sind gemeiniglich solche Eisenfresser die aller verzagsten/ denn jr Gewissen wacht auff/ und mahlet jnen die Bitterkeit deß Todes viel anders und schärpfer für/ denn sie zuvor gemeynet oder gegläubet haben."

Dagegen können fromme Menschen wirklich „dem Todt frölich und getrost unter die Augen gehen", selbst wenn sie plötzlich hinweggenommen werden[32]. Um so schrecklicher ist der jähe Tod des Gottlosen, der „als Graß auff dem Dach ins Feuwer geworffen/ und mit blutigem Kopff zur Hellen gestossen" wird (I 278). Paränetische Tendenzen verführen den Prediger gelegentlich zur Schwarzweißmalerei: Während plötzliches Sterben der Frommen nur Bewahrung vor größerem Übel ist, gilt jäher Tod der Gottlosen als Ausdruck göttlichen Zorns[33].

Der Gläubige entzieht sich zwar keineswegs dem schrecklichen Eindruck des Todes, aber er sieht ihn nicht „nur mit deß alten Adams unnd der blinden Vernunfft Augen" an[34]. Ihm ist der Tod nicht in erster Linie Verlust „aller zeitlichen Ehr/ Freud/ unnd Wollust", sondern ein süßer Schlaf, aus dem Christus ihn einst erwecken wird zu neuem Leben[35]. Wie alle Reformatoren und altprotestantischen Theologen versteht Pancratius den Tod als Trennung von Leib und Seele und lehrt die Unsterblichkeit der Seele:

„Denn was den edlen und besten Theil des Menschen/ als sein Seel und Geist/ anlanget der davon/ seine alte Herberge lassen/ und derselben nicht mehr wie zuvor leben/ Freud und Kurtzweil machen ... Der Leib aber ligt als denn nicht allein todt und unbeweglich/ wie ein Stein oder Holtz ... sondern muß den Würmern und anderm Ungezieffer zu theil/ und endlich gar zu Erden werden".[36]

4. Trost

Ungewöhnlich oft betont Pancratius, daß die Leichenpredigt Trost spenden soll. Dabei ist das seelsorgerliche Anliegen eng mit dem Ziel der Belehrung verbunden. Die formale Trennung von doctrina und

---

32. I 276 ff; vgl. II 368 ff; 536 ff; III 106; 118.
33. I 276 f; vgl. III 118 ff.
34. III 356; vgl. 316.
35. I 11; 502 ff; III 48; 148 u. ö.
36. II 307 f. In der Auseinandersetzung zwischen *P. Althaus* (Unsterblichkeit u. ewiges Leben b. Luther, 1930) und *C. Stange* (Das Ende aller Dinge, 1930) spricht der Quellenbefund m. E. für Althaus: Auch Luther teilt die traditionelle Anschauung von der Unsterblichkeit der Seele.

applicatio hindert nicht, daß die Lehre im Dienst der Tröstung steht und umgekehrt es keinen Trost gibt ohne Unterweisung in den Glaubenssätzen. Es ist daher nicht möglich, die tröstenden Gedanken im einzelnen darzulegen. Das käme einer Entfaltung der gesamten Theologie des Pancratius gleich, die ihre Wurzeln vorwiegend bei Melanchthon hat. Das reformatorische Erbe erweist sich in der zentralen Bedeutung, die Tod und Auferstehung Jesu einnehmen, und in der Lehre von der imputativen Rechtfertigung. Wer auf gute Werke baut, dessen Trost wird zu Wasser (III 332), allein in Christus ist Trost gegen die Schrecken von Tod, Teufel und Hölle zu finden[37]. Das sind Kernaussagen, die in allen altprotestantischen Leichenpredigten einen hervorragenden Raum einnehmen. Pancratius bemüht sich, den Trost in erster Linie aus der Bibel zu schöpfen. Er grenzt sich daher gegenüber heidnischen Trostgedanken ab. Als deren „fürnembste" bezeichnet er erstens den Hinweis auf die allgemeine Vergänglichkeit und zweitens – sofern es um den Tod von Kindern geht – die Erwägung, daß viele Kinder mißraten und es daher besser sei, wenn sie jung sterben[38]. Gedanken dieser Art stehen wie das Ideal der Ataraxia unter dem Urteil: „Mit solchem allem ist dem trawrigen Hertzen noch nicht gerathen gewest/ sonder wol deß jammers nur mehr gemachet worden. Darumb wir Christen Gott hoch zu dancken haben/ daß er uns in seinem wort ein bessern und solchen trost gewiesen hat/ der das Leid ringern und das Hertz erquicken und frölich machen kan"[39].

Mehr am Rande erscheint auch die Hoffnung auf ein Wiedersehen im Himmel als Trost. Pancratius verzichtet völlig darauf, diese Vorstellung auszumalen[40].

Wer trösten will, wird gedrängt, nach dem Sinn des Leides zu fragen. Bei der Beerdigung einer jungen Witwe, die kleine Kinder hinterläßt, stellt Pancratius sich und der Gemeinde die Frage, „warumb es doch Gott thue und geschehen lasse/ daß offt in kurtzer Zeit Vatter und Mutter dahin sterben/ und nichts denn kleine Kinder/ arme elende Waisen hinder sich lassen"[41]. Er antwortet: Wenn es keine Witwen und Waisen gäbe, nähme man alles selbstverständlich hin und vergäße, daß Gott Erschaffer und Ernährer ist. An den Armen und Verlassenen beweist Gott besonders seine Macht und Güte. Man kann sich nicht dem Eindruck entziehen, daß die Rechnung des Seelsorgers angesichts bitterer Not oft etwas zu glatt aufgeht. So, wenn er bei der Bestattung einer Geisteskranken behauptet:

37. III 332; I 197; 216; 293; II 159; 554 ff.
38. III 26. Zur Tröstung beim Tod von Kindern vgl. den ganzen vierten Teil der Leichenpredigten.
39. III 157. Es folgt eine Auslegung von Röm. 6,3 f: In der Taufe wird uns die Auferstehung geschenkt.
40. Z. B. III 225. Vgl. dagegen *Mathesius*, ob. S. 69 f.
41. II 90; vgl. 49 f; 265; 396.

„Warumb aber Gott solche arme Leuthe je bißweilen lasse geboren werden/ oder auch wol witzige verständige Leuthe in solche Unrichtigkeit fallen/ das kan man auß den Worten des jetztverlesenen Textes l e i c h t h i n abnehmen".

Solche Fälle geschehen nämlich Gott zur Ehre und den Menschen zur Buße und Besserung (II 578).

Selbstverständlich dient auch die Hoffnung der ewigen Seligkeit zum Trost. Pancratius übernimmt die altprotestantische Eschatologie, ohne sie systematisch zu entfalten oder für die Predigt farbenreich auszumalen. Auffällig ist, daß Pancratius die eschatologischen Lehren oft gegen zweifelnde Einwände verteidigen muß. Zum Trösten gehören daher auch rationale Hilfen, die das Festhalten an der biblischen Botschaft erleichtern sollen.

5. Auseinandersetzungen mit Zweifeln und Irrlehren

Eine beliebte Bekräftigung der Auferstehungshoffnung war seit Jahrhunderten der Blick auf die Analogie von Sterben und Auferstehen in der Natur[42]. So erklärt auch Pancratius:

„Zum Trost sollen wir uns dienen lassen das schöne gleichnuß vom ausgeseeten Korn/ unnd wie ein Bawrsmann frölich ist/ wenn er seine Saat verrichtet hat/ und hoffet/ er wölle das außgeseete mit großem wucher und gewinn wider eynfangen/ also sollen wir uns auch unserer entschlafenen Brüder und Schwester halben frewen/ weil wir wissen/ daß sie auff den seligen Lentzen deß Jüngsten Tags mit freuden wieder herfür kommen werden" (III 243).

Felder und Gärten sollen wir uns „ein Postill oder außlegung" des Auferstehungsglaubens sein lassen. Ebenso ist der Wechsel von Tag und Nacht Vorbild der Auferstehung. Natürlich fehlt auch der berühmte Phoenix nicht in der Zeugenreihe (III 246). Für noch überzeugender hält Pancratius die Behauptung, daß die Schwalben sich haufenweis in hohlen Bäumen verstecken und sterben, sowie im Wasser und Sumpf tot gefunden werden, im Frühling aber, wenn die Sonne kräftiger wird, ihr Leben wiedererlangen (ebd). Auch daß die Insekten, die im Winter tot in den Wandritzen steckten, im Frühling und Sommer „wieder lebendig" werden, dient als „Figur, Bild und Deutung" unserer Auferstehung von den Toten (247). Noch kurioser ist die dem Physiologus entlehnte Vorstellung, daß die Löwen ihre Jungen tot werfen und dann mit mächtigem Gebrüll zum Leben erwecken, womit Gott „sonders zweyffels anzeigen lesset/ daß Christus der Löwe auß Juda am Jüngsten tage durch sein wort unnd stimme uns seine Jünger auch aufferwecken werde. Solche Vorbilder schuf Gott, damit wir ja nicht zweifeln, daß der Mensch als edelste Kreatur „seinen tot am Jüngsten tage in ein ewiges Leben wandeln und wechseln werde" (248). Die

---

42. Vgl. *Ambrosius*, ob S. 17 f.

Analogien aus der Natur besitzen nicht nur illustrierenden, sondern beweisenden Wert, betont Pancratius (ebd).

Vielleicht hält der Prediger sich solange bei der „Beweisführung" auf, weil er selber den Zweifel kennt. So ließe sich der folgende Satz interpretieren: „Darnach ist die Hoffnung vom künfftigen ewigen Leben in uns auch nicht so stark/ als sie wol seyn solte/ und zweiffeln offt daran/ ob unsere Verstorbene wider aufferstehen oder wir dort im ewigen Leben wider zusammen kommen werden" (II 289). Der Prediger weiß, daß es dem Menschen schwer wird, die herrliche Verheißung zu glauben (I 205). „Dieser Trost ist nütz und nötig/ aber fest zu fassen und zu ergreiffen/ unserm Fleisch und Blut sehr schwer. Denn weil der Artickel von der Auferstehung des Fleisches der vernunft stracks zuwider ist fallen einem Menschen/ der hiervon höret/ so bald gedancken eyn/ Ja wenns gewiß wer/ daz ich wider aufferstehen/ leben/ und zu den meinen kommen solte . . ." (III 174 f). Um so entschiedener wird der Spott der Zweifler zurückgewiesen (179). Dabei läßt er sich auf eine Disputation mit denen ein, die behaupten, der Leib Christi sei von den Jüngern gestohlen worden. Pancratius hält der alten Behauptung entgegen: Wenn die Wächter schliefen — wie konnten sie den Diebstahl beobachten? Wenn sie aber nicht schliefen — warum hinderten sie ihn nicht? (192)

Als Polemiker ist Pancratius maßvoll und zurückhaltend. Trotz seines entschiedenen Kampfes gegen die Einführung des Calvinismus in Amberg scheint er eine irenische Natur gewesen zu sein. Er vermeidet jede Polemik gegen Theologen innerhalb des lutherischen Lagers. Sogar anticalvinistische Äußerungen finden sich fast gar nicht. Das ist um so höher zu veranschlagen, als Pancratius nicht nur selber aktiv und leidend in der Auseinandersetzung stand, sondern auch durch sein rhetorisches Schema zur Antithesis genötigt wurde. Außer seiner Friedfertigkeit wird damit auch sein homiletisches und seelsorgerisches Taktgefühl dokumentiert: Die Gemeinde soll nicht mit Fragen behelligt werden, die mehr Schaden als Erbauung bewirken. Wo eine Auseinandersetzung von der Sache her gefordert ist, enthält Pancratius sich aller heftigen Ausfälle. Sachlich bekämpft er die römische Lehre von den guten Werken[43], vom Meßopfer[44], Reliquienkult[45] und Fegfeuer[46]. Es finden sich sogar anerkennende Worte über den im Papsttum üblich gewesenen Brauch, den Sterbenden ein Kruzifix vorzuhalten (III

---

43. I 87; 287; 320; 529 ff; II 490; III 59.
44. I 294.
45. I 368 f; 560 f. Während die Papisten den Reliquienkult übertrieben, fallen die Zwinglianer ins andere Extrem. Pancratius wertet letzteres als Symptom dafür, daß viele nichts Übernatürliches mehr glauben wollen! Die Zwinglianer wollen „alles nach der Vernunfft glossiren/ und was derselbigen entgegen ist/ excludieren und verlachen". Im Sinne Melanchthons will P. „hie zwischen das rechte Mittel suchen".
46. I 413; II 373.

43). Diese Sitte sei zwar später mißbraucht, aber ursprünglich gut gemeint und von frommen Christen erdacht worden.

6. Die Sterbekunst

„Wer da begeret selig zu sterben/ der muß vor allen dingen lernen willig und gerne sterben/ welches denn die beste Kunst ist/ die ein Mensch immermehr auff dieser Erden lernen kan und mag" (III 165). Diese Kunst kann man nur aus Gottes Wort und mit Hilfe seines Geistes lernen[47]. Rechtes Sterben folgt auf ein rechtes Leben. Dieses aber ist Leben „für den Herrn" (167 nach Röm. 14, 8). Es genügt nicht, ein bürgerlich wohlanständiges Leben zu führen, in Ehren sein Brot zu essen und zu arbeiten, „daß die Haut raucht". Noch mehr gilt es, das Leben aus Gottes Hand zu empfangen in der Bereitschaft, es jederzeit wieder in seine Hände zu legen. Wer das tut, ergreift mitten im Sterben das Leben (I 144).

Die Vorbereitung auf den Tod umfaßt das ganze Leben. Darum dienen doctrina und applicatio auch dann diesem Ziel, wenn das nicht ausdrücklich hervorgehoben wird. Entscheidend ist, rechtzeitig zu erkennen, was Christus im Leben und Sterben an uns tun will (I 272ff). Im Glauben an ihn werden die Anfechtungen des Todes überwunden (285).

Viele Menschen leben frivol in den Tag hinein und denken nicht daran, aus dem Hinweis auf den Tod Konsequenzen für das Leben zu ziehen[48]. „Aber solche Leute spotten so lang/ biß ihnen dermal eins das Gelächter vergehet/ und außdem Schimpff und Schertz Ernst wird ... Darumb, wer heut oder morgen in solchen Nöten und Engsten an seinem letzten Endt bestehen und außtawren wil/ der lerne bey Zeit beydes/ erstlich was einem sterbenden Menschen pflege zu begegnen/ und wie er sich dreyn schicken solle" (ebd). Der Verzweiflung kann angesichts von Tod und Gericht nur entgehen, wer fest glaubt, „daß unser Emanuel und Friedfürst/ der liebe Sohn Gottes/ auch am letzten Endt bey uns seyn und bleiben wölle" (193).

7. Persönliches und Aktuelles

Nur selten und mit wenigen Worten geht Pancratius auf Persönlichkeit und Lebensschicksale der Verstorbenen ein. Bei ungewöhnlichen Todesfällen hält er sich nicht bei der Erörterung des Geschehens auf, sondern fragt, was die Gemeinde daraus zu lernen hat. Jede Beerdi-

47. Ebd. Vgl. III 52.
48. I 190; 157; 279.

gung ist Gelegenheit zu Trost und Ermahnung. Der Tod eines ungeratenen Sohnes gibt Anlaß, die Jugend zum Gehorsam und die Eltern zur rechten Erziehung zu mahnen (III 115). Bei der Bestattung von Adligen nimmt Pancratius jeweils die Gelegenheit wahr, kräftig die Laster des Adels zu geißeln[49].

Die rühmliche Ausnahme eines frommen Adligen stellt der Prediger an dessen Sarg als Vorbild hin (III 376). Hier findet sich sogar der Ansatz einer Laudatio.

Ein Beispiel dafür, wie Pancratius dankbare Anerkennung ohne überschwengliches Menschenlob aussprechen konnte, ist die beim Begräbnis des Bürgermeisters von Hof gehaltene Leichenpredigt[50]. Sie erinnert an Luthers Predigten am Sarge seiner Kurfürsten.

Auf den Gemeinplatz, daß der Verstorbene ein Sünder war wie alle Menschen, verzichtet Pancratius. Nur bei der Bestattung einer Adligen finden sich in diese Richtung weisende Sätze, allerdings viel konkreterer Art:

„Wir hoffen/ daß/ weil sie vor jhrem Endt jhre Sünd erkennet/ und hertzlich Gnad begeret/ auch durch Christum solche gehoffet/ und jhn biß ans Ende für jhren Heylandt erkennet hat/ Gott habe sich jhrer erbarmet und umb Christi willen die Sünd vergeben/ auch zum Erben deß ewigen Lebens/ das wir jhr denn von Hertzen wünschen/ angenommen" (III 385).

Trotz ihrer Kürze enthalten Pancratius' Leichenpredigten zahlreiche Bemerkungen, die einen Blick in das Gemeindeleben werfen lassen. Da klagt der Prediger darüber, daß so wenige zur Beerdigung einer Magd gekommen sind, die sich beim Bierbrauen am Neujahrtag verbrannt hat[51]. Namentlich die Jugend hätte kommen sollen, um aus diesem traurigen Fall zu lernen! Um so mehr werden die Hauseltern ermahnt, ihren Dienstboten zu christlichem Leben zu helfen, statt sie feiertags Bier brauen zu lassen. Auch die Obrigkeit soll sich darüber Gedanken machen.

Besonders scharf geht Pancratius mit den Fleischern ins Gericht. Ihnen wirft er vier greuliche Sünden vor:
1. falsches Schwören, Gotteslästerung und Fluchen, 2. Verachtung der

---

49. II 439ff; 483; III 369f.

50. II 457ff. Dabei erörtert er auch die Frage, ob es recht sei, daß mehr Leute an der Beerdigung hochgestellter Menschen teilnehmen als an der einfacher und armer. Er antwortet: An sich ist ein Reicher nicht besser als ein Armer. Wenn jedoch ein Mann von besonderen Verdiensten um Land und Volk, Kirche und Schule stirbt, ist es natürlich, daß er besonders stark betrauert wird.

51. III 438. Über schwindende Beteiligung an Begräbnissen klagt Pancratius auch II 400. Hof wurde im Jahre 1575 von einer Epidemie heimgesucht, worauf auch die im selben Jahr gehaltenen Pestilenz-Predigten hinweisen. In der Predigt vom 14. 10. 1575 schlägt er traurige Töne an: „zu dem/ daß wir alle Stund und Augenblick deß Todts gewarten müssen/ ... so tragen sich auch fast täglich Fälle zu/ darüber die Verwandten betrübt und trawrig werden ... Aber gleichwol sehen wir für Augen/ daß die anzal deren/ die jre Verstorbenen zu grab beleyten sollen/ sich je länger je mehr abschneidet/ und schier die Leichenpredigten ein vergebliche Arbeit werden wöllen". Auf Seuche und Teuerung weisen auch I 579ff; II 197f.

Predigt („denn wenn ander Leut nach der Kirchen gehen/ so laufen die
Metzger gemeiniglich draussen auf dem Lande umb", wohl zu Hauss-
schlachtungen und Viehaufkauf), 3. Neid und 4. Untreue gegenüber
den Armen[52]. Letzteres fällt dadurch besonders schwer ins Gewicht, daß
Teuerung im Lande herrscht.

Auch die Jugend bereitet dem Seelsorger Kummer: „Die Forcht Gottes und das fleißig zur Kirchen gehen ist bey jungen Leuten ein seltzam
ding/ und gegenüber gar gemein/ daß sie wie das Vieh in den tag
leben/ und meynen/ es kommet mit dem Betten im Alter noch wol"
(II 454).

Wer ihnen vorstellt, wie schädlich das Zechen ist, erntet nur Spott
(455). Daher sollen die jungen Gesellen sich den gegenwärtigen Todesfall eines aus blühender Gesundheit gerissenen jungen Menschen zur
Warnung dienen lassen. Der Prediger verschweigt dabei nicht, daß der
Verstorbene wenige Tage vor seinem Tode im Kreise der Zecher über-
mäßig Branntwein genossen hat.

Anlaß zur Bußpredigt ist auch, daß der Blitz einen Pfarrer erschlug
(III 114). Pancratius erblickt darin ein Zeichen dafür, daß Gott die
Rute in die Hand genommen hat „und werde man jm nit durch hertz-
liches Gebet und ware Buß drein fallen/ so wöll er in den Hauffen
schmeissen".

Die Verwurzelung der Leichenpredigten im aktuellen Gemeindeleben wird deutlich, wenn der Pastor sich darüber beklagt, daß viele
nichts für den Friedhofsbau geben wollen (I 111), oder daß „der
größte Hauff" lange vor dem Segen aus der Kirche läuft (265).

Schließlich soll nicht vergessen werden, daß Pancratius gern auch
hygienische Ratschläge erteilt. Die erschreckende Müttersterblichkeit
veranlaßt ihn, Verhaltensmaßregeln für die Schwangerschaft zu ertei-
len[53]. Dabei zollt er dem Aberglauben Tribut, indem er vor dem „Versehen" der Schwangeren warnt[54]. Er appelliert an die Vernünftigkeit
der Männer und empfiehlt den Frauen Diät (I 5). Vernünftige Ernäh-
rung wehrt auch dem Kindersterben (I 43), während unmäßiges Essen
und Trinken ins Grab bringen (I 63). Eine ganze Leichenpredigt ist
den Ursachen und Symptomen des Schlaganfalls gewidmet (II 354 ff).

Dabei werden die medizinischen Lehren moralisch verwertet. Eine Hauptursache ist
nämlich, „wenn man deß Abendts lange und uber die zeit sitzet/ starcks Getränck
heuffig zu sich nimpt/ denn je stärker das Getränck ist/ je hefftiger es den Kopff
füllet/ und da man denn die Ruhe nit hat/ so bleibt solcher Dampff uber einem
hauffen ligen so lang/ biß er die Natur uberwältiget/ das Gewälb eindrucket/ und
dem Menschen den Garauß machet".

Wer sich „füllt wie ein Schwein" und vor wahrer Buße und Bekehrung
vom Schlag getroffen wird, dessen Heil ist ernstlich in Frage gestellt.

52. II 198 f.; vgl. I 341 f.　　　　　　53. I 1ff.; 108f.
54. I 4; III 444.

IV. Zusammenfassung

Pancratius' Predigten sind in der Regel nach dem rhetorischen Schema der „Methodus concionandi" gegliedert. Da er sich an das Prinzip hält, daß Leichenpredigten kurz sein sollen, sind die einzelnen Teile knapp gehalten. Die Sprache ist einfach, klar und anschaulich. Obwohl die doctrina den meisten Raum einnimmt, wirken die Predigten nicht langweilig.

In der Struktur überwiegt die Themapredigt, doch führt das nicht zu einer Vernachlässigung der Exegese. Im Gebrauch der allegorischen Methode geht Pancratius hinter Melanchthon, von dem er sonst abhängig ist, auf die mittelalterliche Tradition zurück.

Den Sinn der Leichenpredigt erblickt Pancratius in Lehre, Trost, Ermahnung und Warnung der Gemeinde. Auf Persönlichkeit und Schicksale der Verstorbenen geht er nur ausnahmsweise ein, wenn es für die Unterweisung der Verstorbenen nützlich erscheint. In der Wertung des irdischen Lebens tritt das Positive stärker als bei Spangenberg und Mathesius hervor. Deren Tendenz zur Ausmalung eschatologischer Vorstellungen wie Seligkeit und Höllenpein teilt Pancratius nicht. Auffällig ist, daß der von Luther und anderen Reformatoren geliebte Text 1. Thess. 4 keiner Leichenpredigt zu Grunde liegt, während oft entlegene Texte gewählt werden, deren Verwendung eine Begründung erfordert. Es scheint, daß die Lehre von der Entrückung Pancratius fernliegt.

Alle Verkündigung am Grabe dient der doppelten Tröstung, die einerseits den trauernden Hinterbliebenen hilft, andererseits jeden Christen für die Anfechtung des Lebens und Sterbens ausrüstet. Kern des Trostes ist das Heilsgeschehen in Christus. Die Frage nach dem Sinn des Leidens wird häufig gestellt und für lösbar gehalten. In der Auseinandersetzung mit Zweiflern und Irrlehrern bedient Pancratius sich nicht nur biblischer, sondern auch rationaler Argumente. Der Auferstehungsglaube wird durch den Hinweis auf Analogien in der Natur bekräftigt. Polemische Abhandlungen zeichnen sich durch Sachlichkeit aus. Im Ganzen zeigen die Leichenpredigten das Bild eines ansprechenden Predigers und gewissenhaften Seelsorgers.

B. Nikolaus Selnecker

I. Der Autor[1]

In Nikolaus Selnecker begegnet uns ein Zeitgenosse des Andreas Pancratius. Beide Theologen aus der Schule Melanchthons wurden in die konfessionellen Auseinandersetzungen hineingezogen. Selneckers Lebensweg führte jedoch durch mehr Leidensstationen als der des Streiters von Amberg. Während letzterer in Hof Ruhe fand, wurde er wiederholt in die Verbannung getrieben oder amtsenthoben. Dabei war er offenbar eine weitaus zartere und empfindlichere Natur als Pancratius, sowohl in psychischer als auch in physischer Hinsicht. Die verschiedenen Temperamente und Schicksale finden in den Predigten ihren Niederschlag.

Daneben ist das Gemeinsame nicht zu übersehen. Die theologische Verwandtschaft bedingt eine weitgehende Konformität der Lehraussagen, und lehren wollen beide Prediger. In der folgenden Untersuchung soll weniger beider Gemeinsamkeit als vielmehr die Besonderheit der Leichenpredigten Selneckers nach Form und Inhalt gezeigt werden.

II. Form und Methode

1. Gliederungen

Selneckers Leichenpredigten bieten formal ein sehr unterschiedliches Bild. Sie sind frei von der Bindung an ein festes rhetorisches Schema. Zwar überwiegen die Themapredigten, doch finden sich auch Homilien[2]. Manche Predigten sind so kurz, daß sie höchstens 5 Minuten gedauert haben können, falls sie in der vorliegenden Form gehalten wurden und es sich nicht nur um Skizzen handelt[3]. Andere haben den sechs- bis zehnfachen Umfang. Im Durchschnitt predigt Selnecker noch

1. Zur Biographie vgl. RE³ 18, S. 184–191. Die wichtigsten Daten: Geboren 1530 in Hersbruck bei Nürnberg; dort Anregungen durch Link und Veit Dietrich; in Wittenberg entschließt sich der zur Jurisprudenz Bestimmte unter Melanchthons persönlichem Einfluß zur Theologie; 1554 Magister artium, Studium bei Bugenhagen, Major, Förster, P. Eber und besonders Melanchthon; 1558 Hofprediger in Dresden; 1559 Verheiratung mit der Tochter des Dresdener Superintendenten Greise, eines Streittheologen, der Selnecker ungünstig beeinflußte; nach Amtsentsetzung 1565 Professor in Jena; 1567 als Philippist dort amtsenthoben; 1568 Professor in Leipzig, Pastor an St. Thomas und Superintendent; D. theol. unter Major; Hofprediger in Wolfenbüttel; 1573 wieder Leipzig; Mitarbeit an der FC; 1589 Absetzung wegen anticalvinistischer Predigt; Flucht nach Magdeburg, Hildesheim; Mai 1592 Rückkehr nach Leipzig; 24. 5. 1592 dort gestorben.
2. Nr. 93, 110, 141.
3. Nr. 153 und 164 umfassen nur je eine Druckseite.

kürzer als Pancratius, so daß eine Predigtdauer von etwa 15 Minuten das Normale gewesen sein mag. Längere Predigten sind nicht nur bei der Bestattung höhergestellter Persönlichkeiten gehalten. Standesunterschiede wirken sich in dieser Hinsicht gering aus.

Selnecker liebt Gliederungen mit zahlreichen Dispositionspunkten. Daher wird die häufig vorhandene dreifache Einteilung gern untergliedert. Den Rekord erzielt Leichenpredigt 39. Nach einem kurzen Exordium wird der erste Teil in zweimal sechs Sätze gegliedert, während Teil 2 fünf, Teil 3 aber neun Punkte enthält. Da die Predigt nur die normale Länge von vier Seiten besitzt, wirkt sie mit ihren 26 Punkten wie ein Inhaltsverzeichnis, dessen Ausführung fehlt. Sie erweckt, ähnlich wie die sehr kurzen Predigten, den Eindruck, daß ein unausgeführter Entwurf vorliegt. Andererseits muß veranschlagt werden, daß das bei Selnecker noch kräftiger als bei Pancratius entwickelte lehrhafte Anliegen die Tendenz zur Distinktion in sich birgt.

Die Scheidung von doctrina und applicatio im Sinne des Pancratius fehlt völlig. Auf die Textverlesung folgt in der Regel ein kurzes Exordium mit einigen grundsätzlichen Gedanken über die letzten Dinge, gelegentlich unter Bezugnahme auf die Verstorbenen. Das Exordium ist nicht als solches bezeichnet, sonder trägt stets die Überschrift „Dispositio concionis". Es führt also nicht nur auf die Disposition hin, sondern schließt sie in sich. Die in den Hauptteilen gebotene Ausführung wird oft nicht von der Disposition abgegrenzt. Im letzten Teil wird die verstorbene Person erwähnt, sei es durch eine kurze und allgemeine Bemerkung oder durch eine individuelle Würdigung. Eine conclusio oder peroratio fehlt. Die Predigten schließen mit einem kurzen Votum, einer Doxologie oder einem Gebet.

2. Die Exegese

Die allegorische Methode gebraucht Selnecker sparsamer als Pancratius. Da er nicht kursorisch über alttestamentliche Texte predigte, fand er auch weniger Veranlassung, sich dieser Methode zu bedienen.

Stärker als bei Pancratius zeigt sich die Tendenz, Gelehrsamkeit in der Predigt auszubreiten. Sie liegt nicht nur in Selneckers Stellung als Professor, sondern im Trend der homiletischen Entwicklung begründet. Wenn die Unsitte auch noch längst nicht die Ausmaße späterer Generationen erlangt hat, so stellen ausführliche Erläuterungen einzelner Wörter des Urtextes doch keine Seltenheit dar.

„Zachar (gedenken) heist zu Gemüth und zu Hertzen führen/ unnd im Hertzen erwegen und behalten/ wie denn die Gelerten das Lateinische Wörtlein/ Cor, Hertz/ dauon ursprünglich mit seinem Namen führen/ inmassen auch das Griechische Wort/ kardia (daher das Lateinische recordor fleust/ ich gedenke) demselben nahe und ehnlich ist" (I 186a).

Eine geringe Anzahl von Leichenpredigten besteht fast nur aus der Zitierung von Schriftworten. Nr. 110 mit der Notiz „In funere civis Lomulleri, Anno 1585 die 16. Augusti" ist über Ps. 116 gehalten. Sie beginnt ohne Exordium: „Dieser Psalm ist ein herrliche dancksagung/ das Gott die seinen aus todts und der Hellen angst gnediglich und mit gewaltigem arm errettet". Die Verse 1–9 werden teils mit wenigen Sätzen glossiert, teils nur zitiert. Es folgen einige biblische Parallelstellen, denen sich ein dreistrophiges Lied anschließt.[4]

Wie Pancratius beweist Selnecker, daß synthetische und analytische Predigt einander nicht ausschließen. Die Hauptteile der Themapredigten enthalten mitunter sorgfältige Exegesen, bei denen der Text Wort für Wort interpretiert wird[5]. Andererseits steht, wie bei Pancratius, die Lokalmethode manchmal der Textauslegung im Wege. Stimmt der vom Prediger zum Thema erhobene Lehrsatz nicht mit dem Skopus überein, so kann die Predigt dem Text nicht gerecht werden.

3. Prosa und Poesie

Selneckers Satzbildung ist oft komplizierter als die des Pancratius. Störend wirkt sich die häufiger werdende Einmischung lateinischer und griechischer Floskeln aus. Indem Selnecker auch längere lateinische Zitate, die freilich übersetzt werden, einfügt, bereitet er die aufgeblasenen Zitatensammlungen späterer Prediger vor. Von der Schlichtheit Spangenbergs hat Selnecker sich bereits entfernt.

Eine Leichenpredigt besonderer Art bildet den Abschluß des 2. Bandes. Die eigentliche Predigt, die am 13. Mai 1589 gehalten wurde, ist nicht abgedruckt. Es wird nur auf eine über denselben Text gehaltene Leichenpredigt verwiesen. Dem Text Ps. 39,6 folgt, wie üblich, die Überschrift, „Dispositio concionis", ohne daß eine Disposition erscheint. Vielmehr folgt nur der Satz: „Das soll unser teglich Gebet sein/ auff das wir nicht sicher werden/ wie Syrach cap. 7 auch lehret." Es schließen sich zwei Gedichte, zwischen ihnen einige Schriftworte, an. Obwohl es sich nicht um wertvolle Dichtung handelt, seien die Texte wiedergegeben:

> Weil diß mein letzt Leichpredigt ist
> An diesem ort auff diese frist
> Und mir die liebe Obrigkeit/
> Mit absetzung meinen bescheid
> Gegeben hat: So dancke ich
> Herr JEsu Christ demütiglich
> Für all dein Wolthat/ und die lehr/

4. Ganz ähnlich Nr. 93 und 140.
5. Z. B. I 43b ff; 48a ff.

Die du bißher heilig und hehr
Erhalten hast in dieser stat/
Da sie noch jren fortgang hat.
Die lehr hastu gegeben rein
Durch Lutherum den Diner dein.
Von dieser Bahn laß weichen nit
Uns arme Menschen/ die dein fried
Suchen/ und ehren dich O HErr/
Den rechten Glauben in uns mehr.

Darunter steht der Vermerk: „Scrip. Lipsiae 17. Maij die dimissionis meae Anno 1589". Auf elf trostreiche Schriftworte läßt Selnecker sein Schlußgedicht folgen, das die Grundstimmung seiner Leichenpredigten spüren läßt:

Die Welt vergeht mit allem pracht/
Reichtumb/ gnad/ gwalt kunst/ gunst/ und macht.
Auff nichts man sich verlassen kan/
Heut stehts/ morgen mus flugs davon.
Ein großer Narr stolziert auffs gut/
Und hat dabey ein fleischlichen mut.
Bald leit er da mit Seel und Leib/
Mit gelt/ freuden/ Kinde/ gsind/ und weib/
Und wird zur Erden staub und Kot/
Niemand hilfft aus seiner Noth.
Wol dem/ der nicht auffs zeitlich tracht/
Sondern hat auff das Himlisch acht/
Auff ewige Gerechtigkeit/
Auffs ewig Erb und seligkeit/
Die uns Christus erworben hat/
Mit seinem Blut und bitterm tod.
Wol dem der ist des HErrn Knecht/
Der gleubt an Christtum schlecht und recht
Und uberwindet alle gfahr/
Besitzt im glauben alles gar.
Vergebung seiner sünd er hat/
Ein gnedigen und lieben Gott/
Ist gdültig/ wenn er leiden sol/
Erwart des letzten stündleins wol/
Sehnt sich beim HErrn Christ zu sein/
Und spricht/ Herr Christ erbarm dich mein
Bescher mir HErr ein selig End/
Nim meine Seel in deine Hand/
Amen/ sprecht mit mir/ wer da ist
Des HErrn Knecht on trug und list.

Die Welt Amen nicht sprechen kan/
Sie sehnt sich nicht zu Christi thron.
Christus mit gnaden komm nur bald/
Es kracht die Welt ist kal und alt.
Er führ uns hin zum gnaden thron/
Ach thus HErr Christe Gottes Sohn.

Ein ungewöhnlich langes „Kinderlied", in dem allegorisch das Warten
der Braut auf den Bräutigam besungen, aber auch Klagen über die
Ausbreitung von Irrlehren erhoben werden, findet sich im Anschluß an
Nr. 35.

Die genannten Lieder und Gedichte gehören nicht zu den Leichenpredigten selbst, sondern wurden ihnen beim Druck zugefügt. Außer
einigen kurzen Versen findet sich nur ein Lied aus drei Zwölfzeilern
innerhalb einer Leichenpredigt. Es ist bei *Wackernagel* abgedruckt[6].

Bei adligen und akademischen Begräbnissen fügt Selnecker der Leichenpredigt oft lateinische Verse an, die er gelegentlich auch in die Predigt einflicht, z. B. II 109 a:

„Vitas, non vitam, dum vivo, vive Redemptor.
Pro vitis vitam da mihi perpetuam.

Das ist/ Weil ich kein einig bestendig leben in dieser Welt habe/ son-
dern mancherley leben/ oder lebens art/ in der Jugend/ im Alter/ etc.
Jetz so/ jetzt anders/ So verleyhe du mir/ HERR Christe/ du einiger
Heyland/ ein einiges ewiges leben."

4. Anekdoten und Zitate

Weitaus häufiger als die bisher genannten Prediger bedient Selnecker
sich der Anekdoten und Autorenzitate als homiletischer Hilfsmittel.
Auch darin steht er den Predigern der Orthodoxie näher als seine Vorgänger. Da seine Leichenpredigten in der Regel kurz sind, vermeidet
er Häufungen innerhalb einer Predigt. Wenn er erzählt oder zitiert,
geschieht es zur Veranschaulichung des Predigtinhalts.

Betrübte Eltern werden z. B. darauf hingewiesen, wie Luther und
Melanchthon in der tiefen Trauer um ihre Kinder Trost fanden, als sie
die Bibel aufschlugen (I 194 a). Die Mahnung, jederzeit für den Tod
bereit zu sein, wird durch den Hinweis darauf unterstrichen, daß Fürst
Wolfgang von Anhalt stets seinen Sarg mit sich geführt habe[7]. Beispie-

---

6. *Ph. Wackernagel*, Das Deutsche Kirchenlied von der ältesten Zeit bis zu Anfang
des XVII. Jahrhunderts, Bd. IV, Leipzig 1874, S. 290.
7. I 5b. Vgl. 62a: Luther fragte einen Studenten, ob er gern sterben wolle und was
er Gott Gutes zu bringen gedächte. Der Student antwortete, er sei willig und bereit
und wolle Gott ein „cor contritum et conspersum sanguine Filii Dei" darbringen.

len seligen Sterbens werden abschreckende Exempel des Todes von Gottlosen und Ketzern gegenübergestellt[8]. Als Kind seiner Zeit erweist Selnecker sich, indem er auch abergläubische Geschichten kritiklos übernimmt. Ein Dresdener Hofmann, der „stets ein Epicurer war" und sich nicht bekehren wollte, wurde angeblich, als er 1561 auf dem Sterbebett lag, samt seinem Lager von einem schwarzen Hund emporgehoben, worauf der Hund zum Fenster hinaus verschwand[9].

Während Geschichten illustrierenden Charakter besitzen, kommt Zitaten aus anerkannten Werken autoritative Kraft zu. An erster Stelle stehen Lutherworte. Abgesehen davon, daß sie inhaltlich und formal oft besonders wertvoll sind, unterstreichen sie auch die „Rechtgläubigkeit" des im Parteienhader Hinundhergerissenen. Melanchthon dagegen, dem Selnecker theologisch und persönlich am meisten verdankte, wird nur selten zitiert, vielleicht aus kirchenpolitischen Bedenken. Ungefährlich war es, den allseitig verehrten Augustin zu zitieren, was entsprechend oft geschieht. Bernhard von Clairvaux und Hieronymus folgen in der Statistik.

Auch heidnische Schriftsteller werden herangezogen: Euripides und Homer, Plinius und Cicero, Aristoteles und Seneca, um nur einige Namen zu nennen. Meist dienen sie nur als Zeugen der Hoffnungslosigkeit und Sinnlosigkeit eines Lebens in Unglauben. Selneckers Stellung zur Weltweisheit ist reserviert. Es ist „ein wunderbarlich und erbermlich ding/ das die Welt jhre Lere und Weisheit hoch und gros helt/ und hergegen Gottes Weißheit/ und die liebe Bibel gering achtet" (II 26 a). Wer in der Schule etwas aus Pindar oder Aristoteles liest, gilt als gelehrter Mann, wer aber die Bibel auslegen kann, wird nicht hoch geachtet[10]. Für den, der nur den Trost der Aristoteliker hat, „stirbt sichs ubel/ und mus Seel und Leib verloren und verdampt werden"[11].

Darauf habe Luther gesagt: „dazu hellfe dir der Herr Jesus Christus/ denn du bringst je alles gutes/ und wirst ein angenemer wilkomener Gast sein/ und Gott hellfe uns allen das wir solchen thewren schatz auch mit uns bringen/ so können wir nimmermehr abgewiesen noch verloren werden".

8. Vgl. I 40a; 186a; 193b f.

9. I 40a. Viel schlimmer noch erging es dem angeblich so wollüstigen Epicur. Er wurde mit Honig bestrichen, auf einen Haufen Holz gelegt und dann von Wespen, Hornissen und Fliegen getötet! (ebd.) Greuelgeschichten dieser Art mögen in der mittelalterlichen Volkspredigt entstanden sein. Abschreckende Wirkung haben sie gewiß ausgeübt!

10. Ebd. Vgl. auch I 90b.

11. Selnecker fährt fort: „Wer aber Christum erkennet/ ergreifft und behelt/ der kan seliglich sterben/ nicht als ein Philosophus/ sondern als ein gleubiger Christ/ er sey sonst ein Lai/ Bawer/ Bürger/ Man/ Weib/ Alt/ Jung/ oder wer er sein mag". Vgl. 196a.

III. Der Inhalt

1. Wertung der Welt und des Lebens

Selnecker unterscheidet sich von Pancratius durch eine gedrückte Grundstimmung. Die Welt wird oft ein Jammertal genannt. Freuden sind in ihr wenig zu finden, und wo sie zu blühen scheinen, wuchert die Sünde und narrt die Illusion. Denn „Weltfrewd ist ein scheinfrewd/ oder heuchelfrewd/ die inwendig voller angst/ trawrigkeit/ und ungeziefers ist" (II 69 b). Sie ist oft ein Ursprung großen Unglücks, zumal sie sich gemeinhin aus leichtfertigen Dingen nährt (70 a). Selnecker stellt ihr die Herzensfreude der Christen gegenüber. Sie besteht „fürnemlich darin, das wir wissen/ das wir ewig leben werden/ und wenn wir gleich sterben/ doch mit rechten hertzlichen frewden wider zusam komen". Die biblische Wahrheit, daß das Leben Gottes Gabe ist, wird zwar formal beibehalten[12], aber nicht für die Paränese fruchtbar gemacht. Freude am irdischen Leben, seiner Schönheit und Kraft, erscheint als Illusion und Hingabe an das Nichtige:

„Unser leben blüet bißweilen wie ein grün/ schön/ herrlich graß und Blum auff dem Felde/ sonderlich/ wenn wir Jung/ gewaltig/ Reich/ ansehnlich/ hoch dran/ und von natur stoltz und hochtragend sind. Da mus es uns nicht feilen. Was und wie wirs wollen/ das mus fortgehen. Wir blühen/ wir grünen/ wir schlagen aus/ wir füllen Wiesen/ Feld und Hauß. Alles wird lüstig um uns/ wir sind voller Frewden/ und ist alles lebendig und fröhlich umb und bey uns. aber botz guter Jar: ei ei/ das Graß wird bald welck ... und wie jener sagte/ heut Herr/ morgen ein fauler Hering. Heut Graß unnd was/ morgen ein stinckent Aß. Da wirds denn alles dürre/ Mors und nichts/ und also gehet hinweg Tag/ Nacht/ Woche/ Muth/ Rhu/ und frewd/ und ist alles Vergenglich/ wie der gestrige Tag/ finster wie ein düstere Nacht/ lauffend wie ein Strom/ vergeblich wie ein traum/ unbestendig wie das grüne Graß/ und Helle Wetter" (I 164a).

Das sind Klänge der Totentänze. Der Ton liegt auf dem viermal wiederholten „vergänglich!" Selnecker will kaum harmlose Jugendfreuden verdammen, aber er konfrontiert sie doch so hart mit der unerbittlichen vanitas vanitatum, daß sie in ein trübes Licht gerückt werden. Die Attacke gegen Vermessenheit und Leichtfertigkeit läßt nicht erkennen, daß es auch reine Freuden in diesem Leben und an dieser Welt gibt. Dieser Zug ins Pessimistische und Negative ist nicht nur aus der Situation der Leichenpredigt zu erklären. Bittere Erfahrungen im Parteienstreit und häufige Krankheiten ließen Selnecker das Leben wenig lebenswert erscheinen. „Denn wir sind in diesem Jammerleben nur Wandersleute/ noch nicht in unserm Vaterland" (II 201 a). Darum ist für den Christen das Normale, daß er sich nach der Ewigkeit sehnt und nicht wie der Ungläubige an diesem Leben hängt (199 b).

---

12. Vgl. I 12; 184a; 193b; 194b f.

2. Das Verständnis des Todes

Der überwiegend negativen Lebensbetrachtung entspricht ein verhältnismäßig positives Verständnis des Todes. Christen „sollen den tod nicht ansehen wie die Heiden/ die nur auff die natur/ und notwendigkeit sehen/ sondern als ein *guttheter/* der uns gleichsam wie ein Thür ist/ und ein *durchgang ins ewige leben/* und ist geheiliget durch den Todt unseres Heilands Jesu Christi/ der da ist die Auferstehung und das Leben"[13]. „Der todt ist den gleubigen nur ein weg oder reiß/ exitus, transitus et introitus . . ." (I 184 b).

Damit ist nur *ein* Aspekt erfaßt. Der Tod ist auch „der Sünden Sold", „Gottes Spies/ mit dem er auff alle Sünder zurennet/ und sie durchsticht" (I 158 a). Schrecklich ist der Tod unter dem Vorzeichen des Gesetzes, tröstlich unter dem Zuspruch des Evangeliums. Einmal stellt Selnecker die beiden Gesichtspunkte synoptisch zusammen. Da hier sein Verständnis des Todes prägnant Ausdruck findet, sei der Passus wörtlich wiedergegeben[14].

Schrecklich ist der Tod

1. Denn da ist vonwegen der sünden/ der strenge zorn Gottes und der Fluch und vermaledeyung des Gesetzes.

2. Der todt ist ein vorlauff der ewigen verwerfung/ und verdamnis.

3. Der Todt reisset Leib und Seel voneinander und beraubet uns des Lebens/ aller unser Freud und güter.

4. Der Todt helt kein unterscheid unter fromen und bösen/ sie müssen alle an den reyen.

5. Der Todt kömpt gewis/ zu ungewisser zeit und stund. Niemand weis/ wen er kömpt oder auff was weis er uns uberfallen möge.

6. Der todt endet alle frewd/ und ist ein anfang alles Leids unnd immer werende trawrigkeit/ etc.

Tröstlich ist der Tod

1. Denn da ist vonwegen der gerechtigkeit unnd gnugthuung Christi/ lauter väterliche gnad/segen/vergebung aller sünden/huld und ewige gunst.

2. Der Todt ist ein vorlauff/thür und durchgang zum ewigen leben.

3. Im todt befehlen wir unser Seel in Gottes henden der Leib aber schlefft/ und ruget bis in der HErr Christus auffwecken wird. Das ist kein Riß/ Sondern ein Rais/ peregrinatio/da allererst die rechte freundschafft mit allen Engeln und seligen in Himmlischen ewigen gütern angehet und Leib und Seel mit frewden wider zusammen kommen werden/ gantz Engelrein.

4. Der Todt mus den gleubigen und frommen ein Sanffter schlaff sein/ aber den Gottlosen mus er schrecklich sein zum Gericht.

5. Der Todt kome wenn Gott wil/ zu jeder stund/so ist er wilkomen/unnd findet die gleubigen willig und bereit.

6. Der todt ist das ende alles leids und aller Trawrigkeit/ und der anfang aller Frewd unnd Herrlichkeit in Ewigkeit. 1. Johan. 3 Wir wissen/das wir vom Tode ins leben gesetzt sind. Philip. 1 CHRISTUS ist mein leben/ sterben ist mein gewin.

13. I 157b. Zur Heiligung des Todes durch den Tod Christi vgl. II 209a: Christus hat unsern Tod geheiligt „und ist der todt nicht mehr ein zorn".   14. I 158b–159a.

Diese zwei Spalten sind als zwei Schalen einer Waage vorzustellen. „Gesetze/ Natur/ Vernunfft/ Fleisch und Blut/ haben die Lincke Schale jnnen/ und beschweren sie sehr. Aber GOTTES gnad/ Christi verdienst/ des heiligen Geistes Krafft unnd Wirckung/ liegen in der rechten Schalen/ unnd überwegen weit allen schrecken"[15].

Selnecker legt das größere Gewicht auf die rechte „Schale". Besonders liebt er die Bezeichnung des Todes als Schlaf. In einer Leichenpredigt stellt er die dafür üblichen, auch bei anderen Autoren häufig gebrauchten Begründungen zusammen (Nr. 10):

1. Die spes exsuscitationis: Wie man sich schlafen legt in der Erwartung, am nächsten Morgen aufzustehen, so stirbt der Christ in der Gewißheit, daß er am Jüngsten Tag auferstehen wird zum ewigen Leben.

2. Die animae vigilantia: „Wenn gleich der Leib des Menschen schlefft/ so wacht doch seine Seele allzeit." Ebenso ruht der Leib im Grabe, während die unsterbliche Seele lebt „und hat jr frewd und ruhe in der Hand Gottes in Christo/ in Abrahams Schoß".

3. Die corporis alacritas post somnum: Wie der Mensch nach dem Schlaf „geschickter, lustiger und hurtiger zu allen Dingen" wird, so werden wir schöner, herrlicher, tätiger und verklärter sein, wenn Seele und Leib in der Auferstehung wieder vereinigt werden.

4. Die quies a labore: Das Ausruhen von Arbeit, Sorge und Mühe ist Gleichnis für die Freiheit von Sünden, Strafen und allem Übel im Todesschlaf.

5. Die facilitas exsuscitationis: So leicht wie ein Schlafender geweckt werden kann, wird das Engelswort die Toten vor den Richtstuhl Christi rufen.

Die genannten fünf Analogien weisen keinen spezifisch evangelischen Gedanken auf. Erst die sechste Begründung zeigt das Erbe Luthers:

„Die sechste ursach/ Darumb unser tod ein Schlaff heist/ ist der tod Christi. Denn Christus ist gestorben für unsere Sünde/ und hat den Tod auff sich geladen/ gefület/ ausgestanden und uberwunden/ und eigentlich erfahren/ was der grewel/ sterck/ Tyranney und Gewalt des Todes sey. Er hat sich selbs ernidriget/ und ist gehorsam gewest biß zum Tode am Creutz/ Philip. 2.
D e r w e g e n d a s W o r t/ T o d/ e i g e n t l i c h v o n d e s H E r r n C h r i s t i
s t e r b e n k a n u n d s o l g e s a g t w e r d e n. W i r a b e r/ d i e w i r a n C h r i -
s t u m u n s h a l t e n/ w i s s e n v o n k e i n e m r e c h t e n T o d/ O s e a e 13. D u r c h
C h r i s t i T o d i s t u n s e r t o d e r w ü r g e t...
Und also muß der Tod ein Euergetes, Woltheter/ und wilkomener Gast sein/ und unser schlaff werden/ und muß diese straff und Ruthe in lauter Gnad und Benedeiung verkeret werden. Das richtet uns des HErr Christi Tod aus" (I 36b).

Also weder Verharmlosung des Todes auf Grund natürlicher Analogien noch mittels der Lehre von der Unsterblichkeit der Seele, sondern

15. I 159a. Das Thema Gesetz und Evangelium ist des öfteren Inhalt lehrhafter Ausführungen. Vgl. z. B. I 44a; 73b ff; 79b; 158a ff; Nr. 60; 220; 231; II 37.

Überwindung des Todes durch den Tod Christi! Die ersten fünf Argumente hatten propädeutischen und illustrierenden Wert. In das Zentrum seiner Theologie und Eschatologie führt Selnecker erst mit dem Hinweis auf Tod und Auferstehung Christi.

3. Christologische Frömmigkeit

„Sol nu unser Tod zu einem rechten Schlaff werden/ so müssen wir den tod des HErrn Christi mit rechten Geistlichen Hertzenaugen ansehen. Darumb reisset uns S. Paulus herumb/ von unserem Tod auff Christi Tod" (I 37 a). Hier ist Selnecker bis in den Ausdruck hinein von Luthers über denselben Text gehaltener Leichenpredigt auf Kurfürst Johann abhängig[16]. Nirgends tritt innerhalb der Leichenpredigten deutlicher und schöner die von vielen seiner Zeitgenossen bestrittene Tatsache zutage, daß Selnecker im Geiste Luthers glaubte und predigte. Die christologische Predigt nimmt daher einen beachtlichen Raum ein. Alle Kunst der Christen ist darin zusammengefaßt, daß sie Christus predigen, erkennen, lehren, lernen und loben (I 51 b). Dazu gehört die gründliche Kenntnis der orthodoxen Christologie, die mitunter in Auseinandersetzung mit diversen Ketzereien dargelegt wird. Ebensowenig „gemeindegemäß" wird gelegentlich die Soteriologie entfaltet. So wird zu Röm. 10,4 ausgeführt, wie Christus das Gesetz active und passive, imputative, inchoative und consummative erfüllt hat (I 208 ff). Alle lehrhaften Abhandlungen sollen dazu beitragen, Christus in den Mittelpunkt zu rücken als das einzige Heil im Leben und Sterben. Dabei kann Selnecker so christozentrisch reden wie im folgenden Passus:
„Ohn Christo ist alle Lehr/ und Weltweisheit/ für Gott eitel narrheit und gifft.
Ohn Christo ist alle tugent aller Menschen für Gott eitel sünde/ und ungerechtigkeit. Denn was nicht aus dem Glauben ist/ das ist sünde.
Ohn Christo sind alle werck/ und alles leben/ und wesen der Menschen/ für Gott unheilig und ein grewel verwerfflich und verdamlich.
Ohn Christo bleibt der Mensch/ in sünden und im todt unter GOTTES zorn ewiglich/ im rachen und gewalt des leidigen Teufels.
Alle Lere/ alle frömigkeit oder tugent/ alles leben/ aller todt der Menschen/ die an Christum nicht glauben/ ist durchaus/ da es am aller besten ist/ ein stinckender/ nichtiger/ stoltzer/ fauler rhum des Aussetzigen elenden Menschen/ und ein verderbnis der Seelen und des Leibs".[17]

Aus dem Tod wird niemand erretten als Christus. Das ist der Christen Trost, auf den sie leben und sterben sollen (I 110 b).

Selneckers Frömmigkeit ist primär Jesusfrömmigkeit. Sofern die Leichenpredigten mit einem Gebet schließen, ist es meist an Jesus gerichtet,

16. Vgl. ob. S. 34.
17. II 25b; vgl. 41b; 90.

von Innigkeit und Sehnsucht erfüllt. An den Schluß einer recht lehr-
haft gehaltenen Leichenpredigt über den Namen Jesus fügt Selnecker
folgenden Vers:

> „Lob/ ehr und preis zu jederzeit/
> Sey dir Heyland der Christenheit/
> Hilff das der süsse Name dein/
> Am tod erquick die Seele mein" (I 131 b).

4. Die Gnadenmittel

In seinem regnum divinitatis bedarf Christus keiner Gnadenmittel.
Anders im gegenwärtigen „Reich der Gnade": „hie handelt er mit dir
und mir durchs Wort/ das wir hören/ welches ist eine krafft Gottes
selig zu machen/ alle die daran gleuben/ und handelt mit uns durch die
Heilige Tauffe und das heilige Abendmal/ und dadurch gibt er den
heiligen Geist/ derselbe ist krefftig durch das Wort so wir hören/ und
durch die heilige Sacrament. Das ist nu das Reich der gnaden/ welches
durch mittel verrichtet wird"[18].

Stärker als Pancratius hebt Selnecker die Bedeutung der Sakramente
hervor. In der Taufe erfolgt die geistliche Auferstehung, ohne die es
keine Auferstehung zum ewigen Leben gibt[19]. In einer guten Exegese
von Röm. 6 betont er, daß die Taufe mit dem Tod und der Auferstehung Jesu verbindet (II 168 b). Ebenso schafft das Abendmahl Gemeinschaft mit Christus und Anteil an seinem Heil (169). „O du seliger Brauch der heiligen Sacramente/ die in uns den Glauben versiegeln
und stercken/ und so war die wort sind/ für euch gegeben/ für euch
vergossen/ so war bezeugen sie und bestetigen unser Seligkeit. Denn
wie kann der verloren sein/ der des Leibs und Bluts Christi theilhafftig
wird an Seel und Leib?" (II 186 a).

5. Polemik

Dem Hymnus auf die Heilsgabe im Sakrament schließt sich unmittelbar ein Anathema an: „Verflucht aber sind alle ungleubige/ die mit
Mund/ Hand/ Hertz/ und mit Leib und Seel durch den unglauben/
den leib und das Blut Christi verunehren/ und jnen selbst zum gericht
empfahen/ essen und trincken". Immer wieder wird die innige Frömmigkeit des Predigers überschattet durch seine heftigen Attacken gegen
Anderslehrende. Einer alten und stets modernen Praxis gemäß werden
sie moralisch diffamiert. Von Pancratius' Bemühen, dem Gegner ge-

18. II 196b–197a; vgl. I 66a.
19. Nr. 145, II 166b ff.

recht zu werden, ist nichts zu spüren. Das „Gift des Calvinismus" bringt Selnecker in Untergangsstimmung. Seine Ausbreitung hält er für ein Zeichen kommender Katastrophen: Deutschland wird türkisch werden! (I 70 a) Es ist tausendmal besser zu sterben, als zum Greuel solcher Irrlehren verführt zu werden (I 23 a). „Besser ists/ zehenmal vertrieben werden/ denn bey guter ruhe in seinem dienst bleiben/ und den Gottlosen Schwermern und Epicurern (d. h. vor allem den Calvinisten) heucheln" (II 119 b). Selnecker hat bewiesen, daß das keine leeren Worte waren. Freilich waren es nicht die Calvinisten, denen er mehrmals weichen mußte, sondern bald die Philippisten, bald die Gnesiolutheraner.

Vor unwürdigen Verleumdungen der Gegner schreckte Selnecker nicht zurück. Die angeblich nur der Vernunft und fleischlichen Gedanken nachhängenden Sakramentsschwärmer werden „zu eitel Epicurern und Spöttern" gestempelt (I 65 b). „Manche Saw/ mancher Epicurer/ mancher Schnarrhans/ geifert/ poldert und schnarchet daher heutigs tags von Gottes Sachen/ von der Person Christi/ von seinem Abendmal/ und ist doch für der Welt ein garstiger unflat/ da er am besten ist/ und wenn er vom fressen/ sauffen/ und unzucht treiben solte reden/ so were er ein Meister" (I 226 a). Solche Wänste gehören in die Pferde- und Hundeställe, in die Trinkstuben und „leichten Weltörter".

Die Heftigkeit der Polemik, die sich fast nur gegen Calvinisten richtet, erklärt sich nicht nur aus Selneckers persönlicher Verflechtung in den Parteienhader. Er war davon überzeugt, daß sich im Calvinismus eine Auflösung der biblischen Wahrheit durch die arrogante Herrschaft der Vernunft vollziehe. Die „Klüglinge und Lästerer", welche mit rationalen Argumenten über die Person Christi und das Abendmahl disputieren, wollen „mit frecher Gottloser Künheit und Teuflischer vermessenheit/ die Schrifft mit jrer nerrischen vernunfft meistern" (I 35 a). Selnecker tröstet sich damit, daß die Verheißung Christi „unter so viel bösen Buben/ Secten/ Rotten/ Abgöttischen Gottlosen Leuten/ Tyrannen/ und Wütrichen/ abtrünnigen Mietlingen/ stummen Hunden/ und dergleichen losen Leuten/ Epicurern und Spöttern" bestehen bleibt (II 7 b). Der Gemeinde hält er abschreckende Beispiele vom schlimmen Ende der Spötter und Ketzer vor Augen[20].

6. Personalia

In vielen Leichenpredigten geht Selnecker nur mit einer kurzen und allgemein gehaltenen Floskel auf die verstorbene Person ein. Durchweg geschieht das im Schluß der Predigt, meist in der Form eines

20. Vgl. I 40a; II 186a; 188b.

Nebensatzes: „... wie du unter demselben deinem hauffen auch diese unsere Mitschwester/ der wir zu jhrem Rhuhebettlein das Christliche geleit geben/ erhalten hast/ die nu bey dir in ewigkeit lebet" (I 218 a). Öfter als Pancratius widmet Selnecker schon dem Leben und Sterben einige Sätze. Anlaß dazu bieten entweder deren besondere Verdienste und Stellungen oder paränetische Motive, die sich aus dem jeweiligen Fall ergeben. Letzteres ist akut, wenn die Verstorbenen ein Vorbild des Glaubens im Leben und Sterben darstellen[21], aber auch, wenn eine Warnung angebracht erscheint. So muß die Gemeinde ermahnt werden, den Sakramentsempfang nicht aufzuschieben, da der Verstorbene das Abendmahl nicht mehr empfangen konnte (II 96 b). Ein junger Magister wird dafür gelobt, daß er „viel grewliche jrrthume und lesterung aus den Büchern von Calvini" gesammelt und publiziert hat (II 29 a). Von ihm wird, wie von manchen andern, das „letzte Wort" mitgeteilt: „Quidquid erit tandem, mea spes est unica Christus. Huic vivo, huic morior. Caetera curo nihil". Hier geht es nicht um Laudatio, sondern um Erbauung.

Auch beim Begräbnis angesehener Persönlichkeiten stimmt Selnecker keine Lobeshymnen an. Zwar widmet er verstorbenen Geistlichen, Ratsherren und Akademikern einen Nekrolog, doch achtet er gewissenhaft darauf, unangemessenes Rühmen zu vermeiden. Von den Panegyrismen der Rektorats-Leichenprogramme, die in jener Zeit bereits blühten, hält Selnecker sich fern.

Besonders hervorgehoben wird, wie bei Pancratius, die seltene Frömmigkeit eines jungen Adligen (Nr. 95). Zwei scharfe Bußpredigten mußte Selnecker bei der Bestattung eines jungen Mannes halten, der von seinen Kumpanen im Vaterhaus ermordet wurde, sowie am Sarge eines Magisters, der dasselbe Schicksal durch einen seiner Schüler erlitt.[22] Beide Leichenpredigten, kurz nacheinander gehalten, verkünden nur das Gesetz. Die zweite dieser Predigten enthält wenig mehr als den Abscheu über die ruchlose Tat und die Forderung der Todesstrafe. Die andere Predigt atmet Resignation: „Es wil niemand mehr hören noch sich warnen lassen. Ey so laß mans gehen/ wie es gehet" (119 b). Ähnlich wie Luther wurde Selnecker durch seine bitteren Erfahrungen gelegentlich zur Erwartung einer nationalen Katastrophe getrieben: „es wird dazu kommen/ daß das gantze Teuschland/ unnd nicht allein ein schloß/ dorff/ ein Stadt/ ein Fürstenthumb/ darff uber solchem frevel und mutwillen der Welthansen und trotzigen/ stoltzen Buben zu scheittern gehen/ und in hauffen fallen/ weil es doch zum untergang ohne das gnugsam/ und uberflüssig reiff und zeitig ist" (II 121 b).

---

21. Vgl. Nr. 66; I 122ff; II 341; 177b.
22. Leichenpredigten Nr. 86 und 87.

IV. Zusammenfassung

Selneckers Leichenpredigten zeichnen sich wie die Spangenbergs und Pancratius' durch Knappheit aus. Ein konsequent durchgeführtes Schema fehlt, die Gliederung bleibt variabel. In der Verwendung von Beispielgeschichten und Zitaten, auch in lateinischer Sprache, ist eine Zunahme erkennbar.

Inhaltlich fällt eine negative Lebensstimmung auf. Sie äußert sich in der Abwertung aller Weltfreude und der verhältnismäßig positiven Stellung zum Tod als dem Durchgang zur wahren Freude und zum echten Leben. Selneckers unglückliche Stellung im konfessionellen Hader wirkt in die Leichenpredigten hinein. Seine Polemik richtet sich hauptsächlich gegen die „Calvinisten", die durchweg als gottlose Spötter bekämpft werden. Antikatholische Polemik findet sich fast gar nicht, da kaum aktuelle Anlässe dazu drängen.

Luthers Einfluß wird am deutlichsten in der Christozentrik, durch die der negative Grundton immer wieder überwunden wird.

VIERTES KAPITEL

DIE LEICHENPREDIGT ZWISCHEN ORTHODOXIE UND PIETISMUS

A. Valerius Herberger

I. Der Autor und die Quellen

Valerius Herberger wurde 1562 als Sohn eines Kürschners in Fraustadt/Polen geboren. Nach dem Studium in Frankfurt und Leipzig wurde er 1584 Lehrer, 1590 Diaconus und 1598 Pastor in seiner Heimatstadt. 1604 mußte seine Kirche im Zuge der Gegenreformation an die Katholiken abgetreten werden. Durch Ausbau zweier Wohnhäuser entstand eine neue, die Herberger „Zum Kripplein Christi" nannte. 1598 wurde die halbe Stadt durch eine Feuersbrunst eingeäschert, 1613 raffte die Pest große Teile der Bevölkerung hinweg.

Herberger gehört zu den Theologen, die um die Jahrhundertwende eine neue Epoche der Frömmigkeitsgeschichte einleiteten[1]. In ihr wurde die Krise des ausgehenden 16. Jahrhunderts vornehmlich durch die Betonung der Praxis pietatis in der Einheit von Rechtgläubigkeit und subjektiv erlebter Frömmigkeit überwunden.

Unter dem Titel „Geistliche Trauerbinden" gab Herberger in den Jahren 1612–1620 147 Leichenpredigten heraus, die er in den ersten beiden Jahrzehnten des 17. Jahrhunderts gehalten hatte. Ein großer Teil derselben entstammt dem Pestjahr 1613, in dem Herberger auch sein Valetlied schuf. Den Titel „Geistliche Trauerbinden" erläutert er in der Vorrede zum ersten Teil:

„In unsern Landen sind die schwartzen langen trawrbinden bräuchlich/ die träget ein gut freund dem andern zu ehren ... Wiewol ich aber bey meinem ampt keine langen Trawrbinden getragen/ sondern Weltleuten jre weltsitten gelassen/ so habe ich mich doch dieser geistlichen Trawrbinden meinen lieben hertzfreunden zu trost nicht geeussert/ und habe auch gespüret daß sie bey ihren Leichbegängnüssen mit mir eben so wol zu frieden gewesen/ als mit andern guten freunden/ die ihr Christliches mitleiden zu bezeugen/ ihnen zu gefallen die schwartzen Trawrbinden ubers Jahr getragen haben".

Ledderhose gab 1854 eine Auswahl von 32 Leichenpredigten heraus, die weite Verbreitung fand. Diese Predigten genügen, Herbergers „Trauerbinden" zu charakterisieren. Sie dienen der folgenden Untersuchung als Grundlage. Nach Bedarf werden die übrigen Leichenpredigten hinzugezogen.[2]

1. Vgl. *W. Zeller*, Der Protestantismus des 17. Jahrhunderts, 1962, S. XXIIIff.
2. Die Originalbände werden durch römische Ziffern bezeichnet, ihre Seiten durch arabische. Z. B. IV 210 = Geistl. Trauerbinden 4. Teil S. 210. Arabische Ziffern ohne Beifügung bedeuten die Seitenzahl bei Ledderhose, solche mit Nr. die Zahl der Predigt in derselben Ausgabe.

II. Form und Methode

1. Die Gliederung

Herbergers Leichenpredigten unterscheiden sich formal nicht von den in der „Herzpostille" überlieferten Predigten. Ihre Disposition ist variabler als bei Pancratius. Von seinen Nachfolgern hebt Herberger sich dadurch vorteilhaft ab, daß er im großen und ganzen die gebotene Kürze wahrt, wenn auch nicht so konsequent wie sein Vorgänger Pancratius. In mehreren Leichenpredigten läßt er sich durch seine Freude am Erzählen und durch eine unsachgemäße Häufung von Beispielmaterial zu einer unangemessenen Ausführlichkeit verleiten. In diesem wie manchem andern Punkt erscheint er als Vorläufer der hochorthodoxen Homiletik, die wenige Jahrzehnte später bei Männern wie Johann Benedict Carpzov sen. und jun. zu Entartungen führte.

Die Tendenz zur Ausführlichkeit zeigt sich bereits in dem groß angelegten Exordium[3], das im wesentlichen aus fünf Gliedern besteht.

(1) Der Prediger beginnt mit einem Votum, in dem das Thema der Leichenpredigt bereits deutlich anklingt. Ein beliebiges Beispiel sei herausgegriffen. Nr. 20 handelt anläßlich der Beerdigung einer Frau, „welche an einem hitzig-brennenden Fieber gestorben war", von der Heilung der Schwiegermutter des Petrus (Lk. 4, 38 f). Im Druck erhält die Predigt die Überschrift: „Jesus vertreibt alle Fieber/ Das sehen wir an Petri Schwieger/ Wer ihm vertraut, kommt auch hinüber." Dementsprechend beginnt die Predigt mit dem Votum:
„Das walt unser Leib- und Seelenarzt Jesus Christus, welcher bei seinen Liebhabern, die seien Manns- oder Weibspersonen, alle Fieber gründlich kann vertreiben und ihnen entweder zur zeitlichen, oder aber zur ewigen Gesundheit helfen..." (219).
(2) Es folgt die Hinführung zum Text. Mit wenigen Sätzen bezieht sich der Prediger auf die Person des Verstorbenen oder auch auf die Situation der versammelten Gemeinde. Im obengenannten Beispiel fällt die Beerdigung in die Zeit der Heuernte. Die Gemeinde hat anschaulich vor Augen, wie schnell „die schönsten Blumen verwelken und zu Heu werden" müssen (219). So hat auch die Verstorbene, die eine schöne Frau gewesen ist, „eine Zeitlang geblühet wie eine Blume, jetzt- und aber ist sie schnell durch ein hitzig brennendes Fieber zu Heu geworden". Damit hat der Prediger geschickt das Thema von Jes. 40, 6–8, zu dem ihn die Jahreszeit veranlaßt, mit dem Thema von Lk. 4, 38 f., das sich durch die Todesursache nahelegt, verbunden. Beendet wird dieser Teil des Exordiums mit einer Aufforderung zum Gebet um ein gutes Gelingen der Predigt[4].

---

3. Die Hypertrophie des Exordiums mußte schon *Hieronymus Weller,* De modo et ratione concionandi, 1562, bekämpfen. Beleg bei *C. G. Schmidt* S. 52.
4. Z. B. 220: „Damit aber kein Wort vergebens auf die Erde falle, sondern alles

(3) Die Verlesung des Textes gehört zu jeder Leichenpredigt[5], auch wenn die Predigt im weiteren Verlauf wenig Bezug darauf nimmt. Über die Textwahl hat Herberger, wie noch gezeigt werden soll, eingehend reflektiert.

(4) Er pflegt im Anschluß an die Verlesung darüber Rechenschaft zu geben, welche Gründe ihn zur Wahl des vorliegenden Textes veranlaßten. Mit dieser Darlegung führt er zugleich zum fünften Teil des Exordiums hin: zur Formulierung der Partitio. Herberger huldigt der Dreiteilung, ohne sie zum Prinzip zu erheben. Wir finden Leichenpredigten mit vier und mehr, aber auch mit zwei Teilen. Gelegentlich beschränkt der Autor sich auf die Angabe nur *eines* Themas, das er dann jedoch deutlich gegliedert entfaltet[6].

Den Abschluß dieses einleitenden Teils bildet, falls der Prediger nicht unmittelbar zur Explikation des Themas übergeht, ein kurzes Votum, in dem wiederum um Segen für die Predigt gebetet wird[7].

Die genannten Teile des Exordiums zeichnen sich oft durch Klarheit und Prägnanz der Formulierung aus. Nicht selten wurde Herberger jedoch schon im Exordium das Opfer seiner Lust an der Gliederung. Die Freude am Definieren und Aufzählen von Begründungen treibt üppige Blüten. Als Beispiel sei eine Predigt genannt, die der Autor „eine kurze, aber doch hurtige Kinderpredigt" nennt (230). Die „schöne Kinderhistorie" von der Segnung Ephraims und Manasses durch Jakob (Gen. 48) dient als Text. Herberger wählt diesen Text nicht nur, weil „auf ein Kinderbegräbnis billig eine Kinderhistorie gehöret", sondern weil diese „denkwürdige Kinderhistorie" folgende drei Weisheiten verdeutlicht: 1. „Daß Kinder nicht von Bäumen geschüttelt werden", sondern Gabe Gottes sind (231). Zweitens erinnert uns Jakobs Liebe zu seinen Enkeln an Jesus, der die Kinder segnete. Drittens findet Herberger im Text, daß Kinder ebenso wie Erwachsene unter dem Schutz der Engel stehen.

glücklich durch die Ohren in eure Herzen rinne, so helft mir herzlich beten". Das Gebet selber wird nicht genannt. Oft war es das Vaterunser. Daneben finden sich andere kurze freie Gebete oder Psalmworte, z. B. 191: „Damit ich nun auf was Gutes falle, so helft mir seufzen". Es folgen Worte aus Ps. 27 und 37.

5. Vgl. 319: „Weil ich aber ja muß einen Text haben . . ."

6. 247: „Wir wollen aber *dies einige Stücklein* jetzt vor uns nehmen, nämlich: Was Gott ergebene Christen alle Jahre in der Säezeit bei ihren Samenkörnlein sollen für selige Gedanken haben?" Das Thema wird in drei Hauptabschnitten entfaltet, die wiederum gegliedert sind. Teil I spricht vom Wunder und Segen der natürlichen Saat und Ernte, Teil II wird bezeichnet durch den Satz: „Von deinem Landacker wende dich hernach mit Gedanken zu deinem Herzacker" (Applicatio). Im dritten Teil dient das Samenkorn in zwölf kurzen Abschnitten als Symbol für Leben, Krankheit, Tod, Begräbnis und Auferstehung.

7. Z. B.: „Der himmlische Sämann Jesus, Luc. 8, verleihe dazu seine Gnade und reichen Segen" (aaO). *Beste* S. 82: „Herr Jesu, hilf, daß bei dieser Betrachtung alle meine Zuhörer Lust gewinnen, die gerade Straße zu ihrer gewissen Himmelfahrt inne zu halten. Amen".

Im folgenden Abschnitt will Herberger zeigen, wie sich der Text „sehr artig auf gegenwärtigen Fall" schickt. Wiederum nennt er drei Gründe, von denen die ersten beiden zwar von der Liebenswürdigkeit des Autors zeugen, aber nur sehr oberflächlich mit dem Text verbunden sind[8]. Nur der dritte Punkt dient wirklich dem Ziel der Leichenpredigt.

Herberger bedient sich dabei der Allegorese: Wie Joseph den jüngeren Sohn bevorzugt, indem er ihn zuerst segnet, so setzt Gott – geschmacklos als „der himmlische Großvater" bezeichnet – den jüngeren Sohn obenan, indem er ihn zuerst zu sich nimmt. Auf diese umfangreiche Begründung der Textwahl folgt noch eine Anekdote, ehe der Prediger ausspricht, unter welche Partitio er seine Leichenpredigt stellen will.

Die Analyse des Exordiums zeigt, daß auch Herberger die scholastische Freude am Zergliedern und Begründen kannte. Im großen und ganzen erlag er jedoch nicht der Gefahr, die Einleitung zu einem selbständigen Hauptteil der Predigt zu machen.

Der Hauptteil entfaltet die am Schluß des Exordiums genannte Partitio. Meist sind die einzelnen Teile untergliedert. So teilt sich Pars I von Nr. 24 in zwanzig kurze Abschnitte. Herbergers Fähigkeit, kurze und prägnante Sätze zu formulieren, hat ihn davor bewahrt, daß seine Predigten, bis auf wenige Ausnahmen, zu unerträglicher Länge anwuchsen. Immerhin ist es auch in einer kurzen Predigt zu viel, wenn ein Teil zwanzig Punkte enthält. Hier läßt der Prediger seiner Gedankenspielerei die Zügel schießen[9].

Nach dem Hauptteil, der die eigentliche Predigt enthält, folgt ein Abschnitt, in dem Herberger auf das persönliche Schicksal der Verstorbenen eingeht. Gegenüber Selnecker und Pancratius wird diesem Teil schon mehr Platz eingeräumt. Wir werden darauf im Abschnitt „Personalia" zurückkommen.

Mit den Predigern seiner Zeit teilt Herberger die Liebe zu Gebeten im Rahmen der Predigt. Man kann es auch umgekehrt sagen: das Gebet rahmt die Predigt ein, denn es steht regelmäßig an deren Anfang und Ende. Herberger beschließt die Leichenpredigten mit zwei Gebeten. Das erste nimmt in der Regel Bezug auf den Verstorbenen oder

8. S. 232: „1. Joseph war ein tapferer junger Wirt, er stand dazumal in seiner besten Blüte; also ist auch Herr Bartholomäus (der Vater des verstorbenen Kindes) ein ehrlicher junger Bürger. Gott lasse ihn blühen, wachsen und zunehmen wie vor Zeiten den Joseph. 2. Joseph hat nicht mehr als zwei Söhne, Manasse und Ephraim; also hat auch Herr Bartholomäus nicht mehr als zwei liebe Söhnlein, Simon und Bartholomäus. Die sind beide Gott so lieb als Manasse und Ephraim".

9. Dieses Kunststück wird übertrumpft durch Nr. 18, deren 3. Teil Herberger in 24 Abschnitte teilt. II Nr. 11 wird im 1. Teil sogar in 25 Punkte geteilt, die als 25 Rosen aus dem Hochzeitskranz der Braut Jesu Christi bezeichnet werden. Daß eine Liebe zum Zahlenspiel dabei mitwirkt, beweist die Bemerkung II 212: „Das 25. und letzte Röselin (damit das viertheil vom hundert voll sey) ist ..."

seine Familie[10]. Manchmal wird Gott gepriesen für das, was er an dem Verstorbenen getan hat[11].

Das zweite Schlußgebet trägt einen fest geprägten Charakter. Es steht regelmäßig unter der Überschrift „Valetsegen". Dieser Segen gilt der ganzen Gemeinde, in die sich der Prediger einbezieht. In meist sehr komprimierter Form faßt er die Hauptgedanken der Predigt zusammen mit der Bitte, daß sie für Leben und Sterben der Gemeindeglieder fruchtbar werden möge[12]. Man kann den Valetsegen als Paränese in Gebetsform bezeichnen[13]. Im Eingangsvotum erklang das Thema, im Valetsegen erscheint es wieder. Der Kreis ist geschlossen[14]. Welche Bedeutung bleibt dem Text?

2. Die Verwendung des Textes

a) Motive der Textwahl

„Ich habe nicht in die Bibel gegriffen wie in einen Glückstopf", versichert Herberger einmal[15], „und das Erste für das Beste erwischt, sondern ich habe mir aus besonderem Bedenken diesen Text erkoren. Wer Lust hat, höre es."

Die Motive der Textwahl lassen sich in zwei Hauptgruppen aufteilen. Entweder wird der Text durch die Kirchenjahreszeit nahegelegt oder durch besondere Eigenschaften, Schicksale oder Wünsche der Verstorbenen. Die kursorische Methode des Pancratius übte er nicht. Es scheint ihm nicht genügt zu haben, daß der Text sich allgemein „auf Leichenpredigten reimt", wie Pancratius zu sagen pflegte. Vielmehr muß er speziell dem vorliegenden Fall angemessen sein.

Diese Tendenz zeigt sich auch dann, wenn die Kirchenjahreszeit die Textwahl regiert. So wählt Herberger an einem Mittwoch nach Okuli den 25. Psalm, dessen Anfang dem Sonntag seinen Namen gab. Ebenso wichtig ist aber, daß die Verstorbene an einer Augenkrankheit litt: „Meine Frau Muhme hat bei Leben viel Collyria und Augenarznei gebraucht. Darum will ich zu ihrem Gedächtnis von König Davids

---

10. Z. B. 70: „Der Herr Jesus gebe ihren hinterlassenen Kindern ... auch diesen Sinn und den heiligen Schatz, daß sie Gott haben und allezeit sagen: Gott ist mein Hab, mein Zuversicht ...".
11. 299 steht anstelle des Gebetes nur die Doxologie: „Ehre sei Gott in der Höhe!"
12. Z. B. 264: „Jesus, das rechte Himmelbrod ... stärke mein und euer Herz in Not und Tod, daß wir ewig leben und selig werden".
13. Z. B. 274: „Jesus Christus helfe, daß wir gottesfürchtig leben wie Sarah, und daß wir auch selig sterben wie Sarah ...".
14. Meist knüpft der Valetsegen deutlich an das Eingangsvotum an.
15. 291. Vgl. ob. S. 106. 231: „Meine lieben Freunde, ihr seids gewohnt, daß ich euch von meinen Gedanken bei Leichenpredigten Rechenschaft gebe. Darum will ich euch diesen Dienst heute nicht versagen".

Augentrost reden, und sie mit einer geistlichen Augenpredigt ehren"[16].
Die Verbindung zum Kirchenjahr ist fakultativ, die Beziehung zum
Verstorbenen obligatorisch. Letztere stellt Herberger gern über den
Namen des Verstorbenen her. Bei der Beerdigung seiner Schwester
Clara wählt er 1. Kor. 15, 41 f., jenen Text, in dem Paulus die ver-
schiedene „Klarheit" (doxa) der Himmelskörper als Gleichnis für die
verschiedene Leiblichkeit gebraucht. Ohne den Skopus ernstlich ins
Auge zu fassen, greift Herberger den Begriff „Klarheit", auf den er
durch den Namen seiner Schwester gekommen war, heraus und erhebt
ihn zum Thema seiner Predigt[17]. Beispiele für dieses Verfahren, die
Namen der Verstorbenen als homiletisches Hilfsmittel zu gebrauchen,
finden sich in der barocken Leichenpredigt im Übermaß[18].
Mitunter wirkt die Motivation grotesk. In Nr. 24 wählt Herberger
Jesu Rede vom Brot des Lebens (Joh. 6), weil die Verstorbene eine
Bäckersfrau war und gegenwärtig Brotmangel herrscht.
Die später sehr häufige Bemerkung, daß der Sterbende sich einen
bestimmten Text wünschte, findet sich selten. Eine Leichenpredigt han-
delt über das „Nunc dimittis", weil der Verstorbene einst darüber eine
Predigt von Johann Spangenberg hörte, und „dieselbe Predigt des
Herrn Spangenbergs hat ihm so herzlich wohlgefallen, daß er sie sich
hat lassen abschreiben... Demnach hat sich der jetzt selige Herr
Fabian oft gewünscht, daß man ihm von nichts anderem als von dem
alten Simeon und seinem letzten Schwanengesang bei seinem Begräbnis predigen möchte" (162).

b) Allegorie und Typologie

Obwohl das Schema vom vierfachen Schriftsinn in der evangelischen
Hermeneutik längst überholt war, spielten seine Elemente in der homi-

16. 300. Vgl. 99: „Ich habe zweierlei Ursachen, daß ich diese Worte abgelesen habe.
Erstlich, das heutige Sonntags-Evangelium erfordert's... Zum andern, so erforderts
der gegenwärtige Fall". III 445ff gibt Herberger eine dreifache Begründung der Textwahl: 1. die Kirchenjahreszeit, 2. der Name des Dorfes, aus welchem der Verstorbene stammt, und 3. sein Beruf.
Vgl. auch Nr. 31: Der Text, Ps. 122, wurde am Sonntag vor der Beerdigung im Gottesdienst gesungen. Dieses Wallfahrtslied bezieht der Prediger auf den Kirchgang in
Fraustadt. Da die Verstorbene viele Jahre die treueste Kirchengängerin war, ist wieder die doppelte Begründung gegeben.
17. 21ff. Vgl. Nr. 6, wo Herberger Ps. 23,4 wählt, weil die Verstorbene den Namen „Wandrisch" trug. Die Leichenpredigt steht daher unter der Überschrift:
„Sterbender Christen nötigstes Wandergeräte, treuester Wandergesell und tröstlicher
Wanderstab". Nr. 28 S. 290ff: Der Verstorbene hieß „Wende" und bezog sich vor
seinem Tod selbst darauf, als er sagte: „Ja, ich bin ein Wende... ich wende mich zu
meinem lieben Gott...". Dieses Wortspiel hatte er zwei Jahre vorher bei der Beerdigung eines Vetters gleichen Namens gelernt, als Herberger über Jes. 45,22 predigte: „Wendet euch zu mir etc." Hier predigt Herberger über Jes. 38,2: „Da wendet
Hiskia sein Angesicht zur Wand...".
18. Vgl. besonders Carpzov, unten Kap. 5.

letischen Praxis, wie besonders an Pancratius zu zeigen war, eine große Rolle. Allegorischer, tropologischer und anagogischer Sinn finden sich in Herbergers Auslegung, natürlich ohne so benannt zu werden.

Gen. 28, ein Text, der ungezählte allegorische Deutungen erfahren hat[19], wird lediglich durch die Verwendung dieser Methode für die Leichenpredigt brauchbar. Herberger interessiert aus der Geschichte von der Himmelsleiter nur der Stein, auf dem Jakob sein Haupt bettet. Die Partition enthält zwei Sätze: „1. Wie in Jakobs steinernem Hauptpfühl oder Schlafkissen unser Herr Jesus so lustig werde gebildet ... 2. Wie wir das seliglich im Leben und Tode, vornehmlich aber alle Abende, wenn wir schlafen gehen, sollen brauchen." Anscheinend spürt der Prediger, daß hier von Exegese keine Rede sein kann, denn er zieht zahlreiche Schriftzitate heran, um seine Auslegung zu stützen.

Daß Abraham seiner Sarah eine „zweifache Höhle" als Gruft erwarb (Gen. 23), bedeutet: „So gewiß ich zu einem Loch meine Sara hinein trage und begrabe, so gewiß ist auch das andere, daß sie am jüngsten Tage zum andern Loch wird können heraus laufen ins ewige Leben" (272). Tropologisch ergibt sich daraus die Mahnung: „Wollt ihr Trost haben wider des Todes Bitterkeit, so sehet eure Gräber auch für zweifache Höhlen an, denn so gewiß der Tod ist, so gewiß ist auch die Auferstehung der Toten zu gewarten" (273). Befremdend wirkt es auf den heutigen Leser, wenn Herberger folgende „typologische" Verbindungen zwischen Abrahams Trauerfall und der gegenwärtigen Beerdigung zieht: „Wie sich nun Abraham in dieser Historie zweimal vor den Einwohnern des Landes bückt, also bückt sich Herr George Heine (der Witwer) samt seinen zwei Söhnen vor dieser löblichen Gemeine und bedankt sich für das willige Geleite zu der zwiefachen Höhle seiner lieben Mutter Anna" (274).

Der Prediger entfaltet eine beachtliche Phantasie, aber auch Scharfsinn und geistlichen Tiefblick, um den Text so vielseitig wie möglich fruchtbar zu machen. In der Leichenpredigt über das Brot des Lebens nach Joh. 6 (255 ff) zieht Herberger die traditionelle typologische Verbindungslinie zum „Himmelsbrot" der Israeliten, dem Manna. Daraus entwickelt er nicht weniger als 27 allegorische Einzelzüge, die durchweg eine tropologische Tendenz haben. Einiges davon sei hier angeführt, um zu zeigen, wie üppig die Allegorese ein Jahrhundert nach der Reformation ins Kraut schießen konnte, aber auch, welch barocke Frömmigkeit darin lebt.

„1. Sobald die Morgenröte anbrach und der Tau fiel, sobald war das Himmelsbrot da; alsobald, wenn die Morgenröte des Evangelii unsere Herzen beleuchtet und der Tau des heiligen Geistes dazu fällt, so kommen wir zur rechten Erkenntnis unseres Himmelsbrotes Jesu Christi" (257). Daraus wird die Ermahnung abgeleitet, fleißig die Frühpredigten zu hören.

19. Vgl. ob. S. 59f.; 78. *E. Winkler,* Exegetische Methoden bei Meister Eckhart, Tübingen 1965, S. 57; 64. *Ledderhose* Nr. 2.

2. Der Wohlgeschmack des Manna weist darauf hin, daß Jesus „aller Kinder Gottes liebste Speise" ist (258).

3. „Das Himmelsbrot war weiß. Niemand ist weißer und reiner als unser Herr Jesus". Daraus ergibt sich die Mahnung zur Buße.

5. Alle Israeliten hatten gleichviel Manna, mochten sie viel oder wenig gesammelt haben. Damit ist ausgedrückt, daß Stark- und Schwachgläubige in gleicher Weise das Lebensbrot genießen und Erstere den Letzteren dasselbe nicht „vor dem Maul hinwegnehmen" sollen.

6. „Das Himmelsbrot ist rund und kugelig wie Coriander. Diese Form hat weder Anfang noch Ende. Das ist ein Vorbild der göttlichen Majestät des Herrn Jesu". (259)

7. Daß das Manna klein war, weist auf die Demut Jesu und die Möglichkeit der mystischen Vereinigung mit ihm hin.

11. „Das Himmelsbrot ließ sich reiben, mahlen, stoßen, rösten, braten, kneten, wirken, backen. Das ist ein kleiner Passionsspiegel. Der Herr läßt sich so behandeln zur Zeit seines Leidens, daß wir Friede hätten, Esa. 53."

„Es ist dir mit keinem Brot gedient, wenn du es noch so lange hättest angesehen, du mußt zugreifen, anbeißen und essen. Also hilft dirs nichts, von Jesu nur viel hören und reden, du mußt zugreifen und essen" (260).

Das letzte Beispiel zeigt deutlich, wie von der Auslegung zum bloßen Vergleich fortgeschritten wird. Die Predigt über den Himmelswagen des Elia[20] enthält eine so detaillierte Allegorese, daß es als fraglich erscheinen muß, ob Herberger seine phantasiereichen Ausführungen für Auslegung hielt. Daß der Himmelswagen Christus bedeuten soll, verwundert nicht. Die weitere „Auslegung" darf als Rekord in der Allegorese bezeichnet werden: Wie der Wagen feurig ist, so gehört das Pfingstfeuer zur Gegenwart Christi. Die feurigen Rosse und Reiter sind Engel. Sie fungieren als himmlische Fuhrleute der Seelen. Das Predigtamt erfüllt die Aufgaben des Wagengeschirrs. Wer in den Himmel fahren will, darf es nicht verachten. Hinter- und Vordergestell bedeuten Altes und Neues Testament. Johannes der Täufer verbindet beide Teile als der Schloßnagel. Die Vierzahl der Räder weist hin auf die vier großen und die dreimal vier kleinen Propheten des Alten sowie die vier Evangelisten und die dreimal vier Apostel des Neuen Testaments. In dieser Weise deutet der Prediger Speichen, Felgen, Rungen, Sitz, Deichsel und Waage. Sogar der Haspen, an welchem die Waage befestigt ist, hat seine Bedeutung:

„Derselbe weiset auff ein gutes hertze. Denn der Wagennagel muß fast das beste eysen haben" (II 239).

Praktischer Sinn und Volkstümlichkeit des Predigers kommen in solchen Abhandlungen zum Ausdruck. Sie stellen jedoch keine Auslegung dar, nicht einmal Allegorese im strengen Sinn. Aus dem Text werden lediglich Bilder entwickelt, die zur Veranschaulichung bestimmter Lehren und Ermahnungen dienen.

20. II 235–241.

3. Die Ausdrucksmittel

a) Reime und Wortspiele

Daß Herberger eine dichterische Ader besaß, hat er durch sein bekanntes Valetlied bewiesen. Die zahlreichen Verse, welche er in seine Predigten einstreut, besitzen freilich kein hohes dichterisches Niveau. Sie dienen der Einprägsamkeit oder entstammen lediglich der Freude des Predigers am Verseschmieden. Gern gibt Herberger seinen Predigten eine Überschrift, die in gereimter Form das Thema ausdrückt. So überschreibt er Nr. 12:

> „Die letzte Stund kommt als ein Dieb,
> drum wach, und hab dein Kleider lieb" (98),

oder Nr. 10:

> „Des Leben edle Kron
> ist treuer Christen Lohn" (82).

Dem modernen Leser erscheint mancher Reim geschmacklos, z. B. „Auf Erden geröstet, im Himmel getröstet" (IV 107). Gelegentlich verbindet Herberger den Reim mit dem Wortspiel. Der Gedächtnispredigt für seinen Vater gibt er die Überschrift:

> „Mein Herzhaus und mein Herzberg
> ist Gottes liebste H e r b e r g.
> Gut Herzgebäu ist das klügste Gebäu,
> drin h e r b e r g t Gott g'wiß ohn Scheu" (190).

Auch den Predigten selber fügt Herberger gern Verse ein. In einer Leichenpredigt über Apc. 2, 10 finden wir den Reim:

> „Die Kron des Lebens kommt von Gott,
> den krönt Gott mit vier Kronen" (125).

Das Thema von Nr. 14 wird in dem Vers zusammengefaßt:

> „Wer soll im Himmel wohnen,
> den krönt Gott mit vier Kronen" (125).

Die „Summa Summarum" der Predigt über Simeons Lobgesang lautet:

> „Glaub, leb und stirb wie Simeon,
> so fährst du g'wiß ins Himmels Thron,
> da ist dein Gott dein Lohn und Kron" (174).

Zur Beerdigung eines Verstorbenen namens Christophorus reimt der Prediger:

> „Wer Christum liebt in wahrer Buß,
> der ist ein recht'r Christophorus.
> Wer fromm wird, und dem Christus g'fällt,
> der b'steht vor Gott und aller Welt" (182).

Ähnliche Reime finden sich in den meisten Leichenpredigten. Herberger versteht es oft gut, wichtige Gedanken durch gebundene Form abzuheben. So heißt es: „Der Glaube ist aber keinmal richtig, er sei denn

durch die Liebe sichtig" (269), oder: „Denn: wer ihm will ein ander
Ziel ohn diesen Tröster stecken, den mag gar bald des Teufels Gewalt
mit seiner List erschrecken" (179). Neben dem Reim kann die rhetorische Wiederholung als homiletisches Hilfsmittel stehen. Ein Beispiel
sei zitiert, das in seinem Stil an die Makarismen der Bergpredigt erinnert:

„Der Christenname ist kein unehrlicher Schandname, sondern unser höchster Ehren-
titel auf Erden. Ihr sollt mit Ehren bestehen im Gebet, denn ihr sollt erhöret werden.
Ihr sollt mit Ehren bestehen in allem Kreuz, denn ihr sollt getröstet werden. Ihr
sollt mit Ehren bestehen in aller Anfechtung; denn der böse Geist soll an euch kein
Ritter werden, Röm. 8. Ihr sollt mit Ehren bestehen im letzten Stündlein, denn eure
Seele soll von den heiligen Engeln in den Himmel getragen werden. Ihr sollt mit
Ehren bestehen am jüngsten Tage, denn ob ihr schon in Unehren werdet auf den
Gottesacker gesäet, so werdet ihr doch sehr herrlich wiederkommen, 1. Kor. 15".[21]

b) Die Sprache des Volkes

Die Beliebtheit von Herbergers Leichenpredigten beruht nicht zuletzt
darauf, daß er es verstanden hat, die Sprache des Volkes zu treffen.
Ein Zug zum Humoristischen, mitunter bis zur Geschmacklosigkeit, ist
dabei unverkennbar. Drastisch wird das Lob der schweigsamen Frau
gesungen:

„Eine Frau, die Gott fürchtet, ist nicht gewäschig, lügenhaftig, ausschwatzend; sondern verschwiegen, sie hat eine Klinke vorm Maul, wie Rahab zu Jericho . . . sie hat
einen verschleierten Mund, sie ist keine Stadtplatze, sie denkt: Muß ich dem Maul zu
fressen geben, so muß mirs auch nicht mehr reden, als was zu verantworten ist. Sie
trägt keine Beisorge, daß sie deshalb werde einen stinkenden Atem bekommen, ob
schon viel Heimlichkeit unter ihrem Herzen verfaulet. Das ist ein edler Frauen-
schmuck".[22]

Als Vorbild der tugendhaften Frau wird auch Sara gerühmt. Die drei
Gäste (Gen. 18) treffen sie in der Hütte an, da sie nicht schwatzend an
den Straßenecken steht. „Da Abraham befiehlt, sie soll einteigen,
kneten, backen, da ist sie unverdrossen, sie brummt nicht wie die große
Glocke, da fremde Gäste kommen" (268).

Vor Übertreibungen scheut der Prediger nicht zurück, wenn er meint,
damit der Paränese zu dienen:

„Gehets dem Gottlosen wohl, so wird er stolz und geil, wie ein Mastkalb, Jer. 12,

21. 173f. Gekünstelt wirkt dagegen der rhetorische Abschnitt in Nr. 21 (233f):
„Wenn man feurig betet und wird erhört, das ist ein schöner Segen.
Wenn man im Kreuz winselt und das Herz wird von Gott getröstet, das ist ein lieb-
licher Segen.
Wenn man in schwere Anfechtung fällt und wird von Gott geschützt, daß der böse
Feind keine Macht an uns findet, das ist ein nötiger Segen.
Wenn man in seinem Beruf nicht vergebens arbeitet, das ist ein gewünschter Segen.
Wenn man in der Armut wird erhalten wie die Witwe zu Zarpath, das ist ein wun-
derbarer Segen." Es folgen sechs weitere Sätze in diesem Stil.
22. 112. Dieses Thema liegt Herberger so am Herzen, daß er es im übernächsten
Absatz in ähnlicher Form weiter behandelt.

das zum höllischen Kuttelhofe wird abgefüttert. Und wenn dem Esel wohl ist, so gehet er aufs Eis tanzen und bricht ein Bein.

Gehets dem Gottlosen übel, so macht er Übel ärger, er verzweifelt wie Kain, Judas und Saul. Alles, was er anfängt, das geht den Krebsgang; nimmt er etwas Gefährliches vor, so muß er das Maul verbrennen, wonach er ringet, darnach ihm gelinget, er muß seines eigenen Glücks Schmied sein, und mit sehenden Augen als ein geblendetes Pferd in seine Verdammnis rennen" (34).

Geschmacklos erscheint es unserm Empfinden, wenn Jesus als „die allerbeste und rüstige Bademutter" der Kinderherzen in der Taufe erscheint (7) oder als „ein beredter Wandergesell, der dem, der durch den finstern Wald des Todes wandern muß, die Zeit vertreibt" (50). Ebenso, wenn Jesus als der „beste Feuerstein" bezeichnet wird, an dem wir im Feuerzeug unsers Herzens Licht und Feuer schlagen können (53). Das Wort „Ein kluger Angeber ist besser als zehn faule Arbeiter" wird auf Jesus bezogen: Er ist „der klügste Ratgeber, Jes. 9" (197), und zwar einer, der selber kräftig arbeitet: „Er ist armer Leute auf's Jahr bestallter Stadtzimmermann; er gehet bei armen Leuten herum und siehet, wo es einträufet[23]; er stützt unsere Hütten, er setzt Schrauben unter, er zieht gespannte Rispen unter, er zieht Schindeln ein, daß wir nicht verderben." Hier demonstriert der Prediger wieder sein Interesse an technischen Einzelheiten, ohne dadurch die Predigt zu fördern. Eitle Ausbreitung von Wissen und Gelehrsamkeit gehört jedoch nicht zu Herbergers Merkmalen. In der Regel sind gerade die besonders volkstümlichen Abschnitte spezifisch paränetisch bestimmt. So mahnt Herberger bei einem plötzlichen Todesfall mit folgenden Worten zur Bereitschaft:

„Es sind mehr Fälle, die dir das Leben können nehmen, als Schindeln auf deinem Dache. Denke daran, sooft du dein Dach einsiehest. Zwischen Kelch und Mund kömmt viel Ding. Wenn du gleich den Löffel mit der Suppe vorm Maul hättest, so kannst du doch wohl neue Zeitung hören, die dir nicht gefällt, ehe du die Suppe hinunter schlingst" (56).

Auf diese eindrücklichen Sätze folgt ein Katalog von Beispielen für plötzliches Sterben. Diese „Exempel" sind in einem Ton vorgetragen, der in Leichenpredigten fehl am Platze scheint.

c) Beispiele

Herbergers Freude an „Exempeln" führte dazu, daß er mitunter weit über das Ziel hinaus schoß. Im genannten Abschnitt über den plötzlichen Tod führt er nicht weniger als einundfünfzig Beispiele an! Es ist klar, daß ein solches Übermaß nicht nur verwirrt, sondern auch vom Ziel der Predigt abführt[24]. Die Beispiele dienen nicht mehr der Ver-

23. Eine soziale Einrichtung dieser Art hat es offenbar in Fraustadt gegeben.
24. Davor warnte schon *Melanchthon*. Über den Gebrauch von Beispielen sagt er: „concionator modum teneat, das ers nicht zu viel macht, quia iuxta proverbium mo-

anschaulichung, sondern werden Selbstzweck. Der Prediger vergißt den Anlaß seiner Rede. Sonst könnte er in einer Leichenpredigt nicht Geschichten wie die folgende zum besten geben:

„Es war ein tyrannischer Wein-Herr, dem fluchte der Knecht, daß er den neuen Wein nicht sollte trinken. Was geschieht? Der Wein wird reif, der Herr läßt sich einen Becher einschenken, fordert den Knecht auf und sagt: Siehe, du Rabenstück, ich habe den Wein erlebt, ich will vor deinen schelmischen Augen trinken. Indem platzt ein anderer zur Tür hinein und sagt: Herr, kommt eilends, ein wildes Schwein tut großen Schaden im Weinberg. Harr', sagt der Herr, wir wollen zuvor einen guten Braten dazu holen. Aber das wilde Schwein verwundet den Herrn, daß er mußte den Wein ungetrunken lassen".[25]

Daß Herberger mit dem Gebrauch derartiger Geschichten kein Novum in die lutherische Predigt einführte, beweist das „Materienbuch" des Zacharias Praetorius aus dem Jahre 1574[26], eine Sammlung von Musterpredigten, darunter 45 Leichenpredigten. Dieses Buch dokumentiert den theologischen Tiefstand, der die lutherische Predigt in der zweiten Hälfte des 16. Jahrhunderts weitgehend charakterisiert. Bezeichnend ist die Applicatio einer laut Randnotiz 1567 „in Academia Tubing." gehaltenen Leichenpredigt:

„Wir sollen uns befleissen nur Christen zu sein/ sonderlich Lehrer und Prediger/ wo uns Gott dazu berufft/ und unser Kinder zur Schule halten/ nicht allein Deutsch schreiben und lesen zu lernen/ das sie der Welt dienen/ sondern auch Lateinisch/ damit sie der Kirche dienen" (S. 5b–6).

In diesem Opus findet sich folgende Beispielgeschichte: „Agesilaus der König reitet auff stecken mit seinem Son/ ob er wol darumb gestraffet ward von einem/ so antwort er doch/ Wenn du auch ein Vater wirst/ so sag mirs wider. Summa/ es ist war/ das man sagt/ die Kinder machen ein Vater zum Guckuck/ ja sie machen ihn zum Kinde/ zur Kinder Magd/ zu allem ihren willen. Das tut Menschen liebe/ was solt nicht Gottes liebe thun"(5a).

Herberger, der mitunter an die grotesken Kalauer eines Jobst Sackmann erinnert, behält im allgemeinen das paränetische Ziel im Auge. Seinen enormen Schatz an Beispielmaterial – der freilich zum großen Teil entsprechenden Sammlungen entnommen ist – verwendet er meist dazu, das selige oder unselige Sterben zu schildern.[27]

Dem Ziel, die ars moriendi zu lernen, dienen auch Zitate aus Kir-

dus pulcherrima virtus. Unum atque alterum exemplum in concione adducat aut tria ad summum, ne obruat auditorum animos" („Quomodo concionator novitius concionem suam informare debeat", 1531–1536, in: Supplementa Melanchthoniana, ed P. Drews u. F. Cohrs, V/2, Leipzig 1929, S. 20,24–27). Vgl. auch seine Warnung vor maßlosem Gebrauch von Gleichnissen in der Predigt: „Sunt enim quidam inepti concionatores, qui inde eruditionis laudem aucupantur, quod multas et varias similitudines possunt afferre. Hi magis rem obscurant quam explanant similitudinibus" (S. 21,10–12).
25. 56f. Oft werden Geschichten (z. B. in Nr. 13) so vergnügt erzählt, daß man sie eher in Hochzeits- als in Leichenpredigten erwartet.
26. *M. Zacharias Praetorius*, Sylva Pastorum, Das ist Materienbuch aller handt predigten für einen Christlichen Pfarher unnd Seelsorger, Magdeburg 1574.
27. 12 Beispiele für seliges Sterben enthält Nr. 15,8 Beispiele Nr. 5.

chenvätern und Philosophen. Wie Pancratius zitiert Herberger verhältnismäßig selten. Besonders fällt auf, daß Luther kaum zitiert wird. An erster Stelle steht Augustin, dem Ambrosius, Bernhard von Clairvaux, Bonaventura und andere patristische und scholastische Autoren folgen. Die Zitationsweise ist frei. Herberger versucht nicht, durch Häufungen klassischer Zitate mit Gelehrsamkeit zu protzen.

III. Der Inhalt

1. Der Sinn der Leichenpredigt

Wenn Herberger auch nicht zu den extremen Vertretern der Lehrpredigt gehört, so ist ein pädagogisches Interesse doch auch in den Leichenpredigten unverkennbar. Die Teilnahme am Begräbnis vergleicht er mit einem Schulgang[28], „denn bei solchen Leichgängen lernen wir, daß wir alle sterblich sind ... Bei solchen Trauergängen lernen wir, daß wir Sünder seien, denn der Tod ist der Sünden Sold, Röm. 6, 23, und demnach werden wir der Sünde gram und fangen an, uns herzlich zu Gott zu bekehren ... Bei solchen Trauergängen werden wir erinnert, daß wir des Herrn Jesu ohne Verlust zeitlichen und ewigen Lebens nicht können entraten" (11f).

Selbstverständlich hat die Leichenpredigt auch Trost zu wirken: „Überdies, so werden alle Leichenpredigten vornehmlich zu dem Ende gehalten, daß wir süßen Trost wider des Todes Bitterkeit einsammeln"[29].

Diese Sätze können als programmatisch für Herbergers Verkündigung am Grabe bezeichnet werden. Das Gedächtnis der Verstorbenen spielt den genannten Motiven gegenüber eine sekundäre Rolle.

2. Wertung des Lebens und Sterbens

„Valet will ich dir geben, du arge, falsche Welt", sang Herberger während einer Pestepidemie im Jahre 1613. Etwa ein Drittel der Gemeindeglieder wurde vom schwarzen Tod dahingerafft. Das Miterleben eines solchen Massensterbens kann zu frivoler Verachtung des Todes

---

28. Nr. 2 S. 11; vgl. Nr. 26 S. 276: „Leichgänge sind unsere besten Schulgänge. Da lernen wir, was wir zuvor nicht wissen ..."
29. Nr. 23, S. 247. Vgl. S. 276: „Zum andern sammeln wir bei christlichen Leichgängen grundfesten Trost, damit wir das zeitliche Elend glücklich durchsüßen und unsern Willen brechen und dem unwandelbaren Beschluß Gottes nicht widersprechen". S. 52: „So soll man die Leichpredigten hören, daß man im letzten Stündlein Troststecken (nach Ps. 23,4) daraus mache".

oder doch zu einer gewissen Abstumpfung führen. Wenn wir an die derb-humoristischen Einlagen in manchen Leichenpredigten denken, kann die Vermutung aufsteigen, Herberger habe die bittere Wirklichkeit des Todes nicht allzu ernst genommen. Von einer Verachtung des Todes ist er jedoch ebensoweit entfernt, wie von einer Geringschätzung des Lebens. Als er drei Opfer der Pest beerdigt, zitiert er „ein altes Sprichwort: Das Leben ist edel, der Tod ist bitter" (71) und stellt fest, daß gerade „in jetzigen kläglichen Sterbensläuften" der Tod den Menschen sehr bitter wird. Herberger hat Verständnis für die menschliche Scheu vor der Begegnung mit Leichen: „vor eines Menschen Leiche gehen jedermann die Haare zu Berge" (253). Er zeigt auch Sinn für körperliche Schönheit[30] und gibt hygienische Ratschläge[31]. Den Wert des Lebens weiß er zu schätzen. Der Tod ist nicht nur die letzte, sondern auch die größte Not (213).

Zugleich ist der Tod aber für die Glaubenden Erlösung aus dem Elend dieser Welt: „Gott erlöset die Seinen durch ein seliges Stündlein" (244). Daß auf diesem Aspekt der Schwerpunkt liegt, kann bei einem Mann, der außer grauenhaften Epidemien die Stürme der Gegenreformation und des Dreißigjährigen Krieges erleben mußte, nicht verwundern. Die negative Stellung zur Welt, wie sie sich im Valetlied findet, begegnet uns in den Leichenpredigten nicht selten:

„da der 84. Psalm die Welt will recht beschreiben, da nennt er sie nicht ein Rosental, nicht ein Freudental, sondern ein Jammertal, ein kläglich Tränental. Er hats sehr wohl getroffen (279). Unser Leben ist lauter Kreuz und Marterwoche (281). (Die Welt) ist kein fürstlich Lusthaus, sondern ein großer Korb voll Unglück, ein großer Krug voll Jammer, ein großes Land voll Elend" (283).

In einer Leichenpredigt aus dem Jahre 1620 skizziert Herberger einen „kurzen Abriß unseres Elends unter der Sonne" (282). Dieser Passus ist in seiner drastischen Anschaulichkeit ein beredtes Zeugnis dafür, daß Herberger, der von Natur sicher kein Pessimist war, durch die Erfahrung vielfachen Leides zu einer Wertung der Welt und des Lebens kam, in der das Negative überwog. Da der Abschnitt zugleich als Beispiel für Herbergers Volkstümlichkeit dienen kann, möge er hier zitiert werden:

„Sobald ein Kindlein wird geboren, so fängts an zu schreien; es fühlets schon, daß es nicht in eine gute Herberge kommt, es ist sein eigener Prophet. Sitzt mit Gedanken neben der Wiege; wie viel Schreiens und Weinens ist da, besonders bei den Zähnen, bei den Masern, Blattern, bei den Röteln; wie oft rühret sie die schwere Krankheit: den Eltern möchte das Herz platzen. Kommt der Mensch gleich auf die Beine, so muß er das Haupt zerbrechen, soll was Tüchtiges aus ihm

---

30. Nr. 13, S. 115: „Lieblich und schön war sie von Gesicht; zart und subtil, geschmeidig und geschickt war sie von Gliedmaßen des Leibes. Gott hat fürwahr nichts an ihr vergessen". Vgl. 22f.; 108f; 210.
31. Z. B. Nr. 20 S. 225: „Bei solchen hitzigen Fiebern hütet euch vor Wein! Ich habe viele Personen gekannt, die des dritten Tags hernach sind des Todes gewesen. Ein guter Freund warnt". 202: „Reinlichkeit ist halbe Gesundheit". S. 306f. rühmt Herberger einige Augenheilmittel

werden, wie viel Ruten gehören dazu! Kommt das Kind ans Handwerk, besonders ists ein Waiselein, so wird fremder Leute Kind oft gehalten wie ein Hund, ja wohl ärger. Kommts auf die Wanderschaft, da hängt oft sein Leben am seidenen Fädlein. Laßts wohl geraten, der Mensch kommt in Ehestand: ach, Ehestand, Wehestand, Ehestand, Schlehestand. Besonders ihr schwachen Werkzeuge, ihr ehrlichen Matronen seid ja lebendige Qualhölzer, ihr seid wie unrichtige Uhrwerke, ihr habt allezeit Junges und Altes beisammen. Segnet euch Gott mit Kindern: wie viel Wachens, Sorgens und Weinens ist da! Wie wenige Stunden seid ihr recht gesund! Der alte Sauertopf, der grobe Hauswirt, verstehts nicht allezeit, er glaubets nicht die Hälfte. Ach, das ist Elend ... Ach, wie viel Klage ist in der Wirtschaft über böse Nachbarn, untreues Gesinde etc. Bald kommt Krieg, Feuer, Pestilenz, Teurung; da wird alle Freude vergällt und versalzen. Wird man alt und kalt, so wird man der Kinder Spott und sich selber gram und feind; da gehets an ein Klüstern, Keuchen, Siechen. Der Tod zerrt so lange, bis er uns ins Grab bringt" (282).

Natürlich ist diese Sicht des Lebens einseitig. Gewiß konnte Herberger das Leben auch von einer andern Seite aus betrachten. Im Rahmen der Leichenpredigt ist ein derart negatives Urteil jedoch deshalb verständlich, weil der Hinweis auf das Elend dieses Lebens im Angesicht des Todes einen Trost in sich birgt. Die Hinterbliebenen werden dadurch getröstet, daß sie ihre Heimgegangenen allem Leid der Welt entnommen wissen. Zugleich werden sie an die Relativität aller irdischen Werte erinnert und damit aufgerufen, nach den himmlischen zu streben. Beides liegt im Interesse der Leichenpredigt.

Der immanent bestimmte Lebensoptimismus der Renaissance ist bei Herberger nicht mehr zu spüren. Er zerbrach in Katastrophen. Darum ist es nur konsequent, wenn Herberger wie schon die mittelalterlichen Prediger mit Eccl. 7, 1 dem Todestag den Vorzug vor dem Geburtstag gibt, denn „hinter diesem Tränental ist der ewige Freudensaal" (285). Nicht der Gedanke an das „Donnerwort" der Ewigkeit steht für Herberger im Vordergrund, sondern die Sehnsucht nach Befreiung von allem Leid: „Wir sollen dadurch (scil. durch das Leid) der Welt lernen gram werden und ein sehnlich Verlangen nach dem Himmel tragen"[32] (243).

3. Heiligung als Bereitung zum Sterben

Daß wir der Sünde gram werden und anfangen, uns herzlich zu Gott zu bekehren, hatte Herberger als Sinn der „Trauergänge" bezeichnet (vgl. S. 116). Dementsprechend ruft er immer wieder zur Heiligung auf:

„Wer sich nun will zu einem seligen Stündlein bereiten, der muß sich reinlich kleiden von innen, durch wahren Glauben an Jesum Christum ... und demnach auch von außen, in reinliche Kleider der Ehrbarkeit, Frömmigkeit, Andacht und Aufrichtigkeit, zehnfach mit geistlicher Tugendseide nach Erheischung der h. zehn Gebote gesteppt" (102).

32. Vgl. hierzu besonders aus dem Valetlied EKG 318 V. 1–2; Nr. 12 S. 103 u.

Wer selig werden will, muß fromm sein wie der alte Simeon (164ff), der in fünfzehnfacher Hinsicht besonders den alten Leuten als Vorbild vor Augen gestellt wird. Menschen, die danach leben, sind jederzeit bereit zum Sterben:

„Sie haben ihres Herzens Wanderkalb oder Felleisen allzeit fertig und können fröhlich wandern zur Freiheit der Kinder Gottes ... Und sie fahren mit Simeon in Frieden. Ihr Herz, Mut und Sinn ist getrost, sie singen mit Luther: Mit Fried und Freud ich fahr dahin ..." (171).

Kaiser Maximilian, der angeblich jahrelang einen Sarg mit sich herumführte, soll als Beispiel für ein Leben in ständiger Bereitschaft auf den Tod dienen:

„Denket allezeit: wie wäre es, wenn mich Gott heute abforderte?[33]".

Die Mahnung des Gewissens muß daher sofort befolgt werden. „Kommt alsdann dein Stündlein schnell, so heißts wie der Kaiser Julius sagte: Ein schneller Tod ist dir ein schneller Sprung zu Gott ... Gehlig, aber selig"[34].

4. Jesusfrömmigkeit

„Es wäre eine greuliche Sünde, es wäre mir eine ewige Schande, ja, gut deutsch die Wahrheit zu sagen, es wäre ein Bubenstück, wenn ich heute was anders sollte denken und reden als von Christo" (179). Herbergers Frömmigkeit ist christozentrisch geprägt. Allein die Eingangsvoten der Leichenpredigten enthalten eine ganze Christologie. Sie ist am besten zusammengefaßt in dem Wort „Heiland", das wir als Herbergers christologischen Lieblingsbegriff bezeichnen können. Es entspricht dem Sinn der Leichenpredigt, daß der soteriologische Aspekt eindeutig im Vordergrund steht, wenn von Jesus gesprochen wird. Jesus ist „der köstliche bewährte Grundstein unsers Heils" (11 u. ö.), „welcher sich vom Himmel zu uns armen Erdklößlein hat in Gnaden gewendet und unser lieber Blutsfreund ist geworden" (290). Typisch ist für Herbergers Verkündigung, daß Jesus nicht als der Weltenrichter gepredigt wird, sondern als der Freund der Seinen[35]. Immer wieder wird dessen Treue gerühmt[36]. Mitunter trägt diese Frömmigkeit einen süßlichen Charakter:

„Das walt unser honigsüßer Tröster Jesus, der holdselige Chrysostomus und golden Mund in der rechtgläubigen Christenheit, welcher mit seinem allerheiligsten Zucker-

---

33. 59. Vgl. die Anekdote, die S. 286 von Maximilian erzählt wird. Die „Wechseljahre" (d. h. jedes siebente) hielt man für sehr gefährlich. Als Maximilian das 63. überlebt hatte, erhielt er einen Glückwunsch, für den er sich mit den Worten bedankte: „Ich traue keinem Jahr. Ich halte alle Jahre für Wechseljahre".

34. 60. Diesen Reim zitiert Herberger mit Vorliebe, z. B. S. 61, 104, 170.

35. 54, 150 u. ö.

36. Z. B. der „treue Heiland": 82, 90 u. ö.; der „treueste Wandergeselle": 44; der „treue Herz- und Seelenbräutigam": 105.

munde und mehr als nußsüßen Worten die Bitterkeit des Todes in unsern Gedanken viel besser kann vertreiben als alle Honig und Honigseim auf Erden ...".[37]

So fremd uns diese Ausdrucksweise anmutet, entspringt sie doch einer echten, innigen Frömmigkeit. Die Innigkeit kommt nicht zuletzt darin zum Ausdruck, daß Herberger die „Herzlichkeit" im Verhältnis zu Jesus betont. Jesus ist „unser treuer Herz- und Seelenbräutigam" (105), „alter und junger Leute werte, teure Herzkrone" (160), „unser Herzfreund" (54), „unser willkommener Herzgast" (179). Das Haus unseres Herzens ist seine heilige Herberge (190).

Wenn Herberger von den Heilstatsachen spricht, so geschieht es immer in einer doppelten applicatio: Der Prediger bezieht die Heilsfakten auf die Gemeinde, in welche oft auch die verstorbene Person einbezogen wird, und auf sich selber[38]. Charakteristisch ist dafür, daß er selten in der zweiten Person, meist aber in der ersten Person des Plurals spricht. Jesus ist u n s e r treuer Heiland, „der uns so treu gewesen, daß er alle seine Blutstropfen an uns gewandt hat"[39]. Er speist und stärkt uns in Not und Tod als das rechte Himmelsbrot (255).

Christologische Aussagen macht Herberger wie Luther nur, indem er vom „Christus pro nobis" spricht. Er ist unser Friedensfürst (198), unser Leib- und Seelenarzt (219), unsere Gerechtigkeit (245), unser gnädiger Osterkönig (311). „Er ist unser bester Schutzherr wider alle Pforten der Hölle ... Er ist der beste Sühnehändler, Fürbitter, Beichtvater und Fürsprecher, 1. Joh. 2, 2" (16). Darum ist er das Liebste, was der Mensch haben kann (138). „Wenn ich Jesum habe, so mangelt mir nichts, denn alle Schätze sind in ihm verborgen" (139)[40].

5. Trost

Nach dem Vorhergegangenen versteht es sich von selbst, daß Herberger die wichtigste Quelle des Trostes in Christus findet. Auf ihn soll der Christ blicken in allen Anfechtungen, die er im Leben und Sterben zu erdulden hat:

37. 71. Vgl. 10: „der uns ... mit seiner Unschuld, gesteppt mit seiner roten Blutseide, gekleidet hat ...".

38. Vgl. 129f: „Seine allerheiligste Empfängnis soll unsere sündhafte Empfängnis von Grund aus kräftig weihen und heiligen ... Durch seine allerheiligste Geburt sollen wir alle neugeborene Kinder Gottes und Himmelserben werden. Durch sein bitteres Leiden sollen wir die ewige Ruhe gewiß und unbetrüglich erlangen. Durch sein schmähliches Kreuz sollen wir des Fluchs und aller Schmach los, dagegen aber des himmlischen Segens gewiß werden ... Durch sein Begräbnis sollen alle unsere Sünden verscharret und tief vergraben sein ... Durch seine Höllenfahrt soll uns allen zu gut die Hölle gestürmt und zerbrochen bleiben" usw.

39. 90. Vgl. 315: „Jesus, der sein Blut auch für unsere Kinderlein hat vergossen". 10: „der uns gebadet und gewaschen hat von unserm sündhaften Geblüte, der uns mit dem hl. Geiste balsamiert und mit seiner Unschuld gekleidet hat".

40. Zitiert als ein Wort des *Ambrosius*. Vgl. IV 35: Jesus omnia est nobis, spricht Ambrosius.

„In Anfechtung seht hinauf zu Christi Kreuz. Darin wirst du siegen, ward dem Kaiser Constantin neben einem goldenen Kreuz am Himmel gezeigt ... Sehet nicht allzeit unterwärts auf euer bitteres Hauskreuz, sehet auch in die Höhe nach Christi Kreuz ... so wird euch besser werden" (306).

Wenn Jesus „Haus- und Herzgast" der Trauernden ist, wird ihnen „gewiß geraten und geholfen" (179). Gegenüber Pancratius legt Herberger weniger Wert darauf, die Hinterbliebenen zu trösten, obwohl er selbstverständlich auch das für seine Aufgabe hält[41]. Wichtiger ist ihm, daß die Gemeindeglieder lernen, wie sie sich „Troststecken" machen können für die Stunde, in der sie selber durch das Todestal wandern müssen (52).

Es ist klar, daß dieser Trost nicht im Vertrauen auf eigene Leistungen zu finden ist: „Willst du nun nicht verflucht bleiben, so kriech zum Kreuz herzu; im Gesetz ist weder Rast noch Ruh" (235). „Der seligste Trost", „der uns in Todesnöten kann stärken", erschließt sich uns, wenn wir bedenken, was Jesus für uns getan hat „durch sein ganz Leben und Leiden" (272). Aller Trost ist zusammengefaßt in dem Wort Gnade, „denn im Wörtlein Gnade steckt alles, was wir bedürfen. Wo Gnade und Vergebung der Sünden ist, da ist eitel Leben und Seligkeit"[42]. Der „edle, selige Trost" der Kinder Gottes ist, daß sie „an seiner Gnade kleben bis an ihr Ende" (95). In seiner Christophorus-Predigt singt Herberger das Hohelied der Gnade:

„Denn habt ihr Gottes Gnade, so höret euch Gott wie ein Vater seine lieben Kinder, Ps. 103 ... Seid ihr in Gottes Gnaden, so ist der Herr Jesus in allem **Kreuz mit euch,** laut seiner Zusage Joh. 14 ... Ist die Gnade Gottes mit euch, so ist nichts Verdammliches an euch, Röm. 8 ... Die Gnade Gottes verschlinget alle eure Sünde; ist euch Gott gnädig, so werdet ihr gewißlich selig. Denn die Gnade ist viel mächtiger als alle eure Sünde, Röm. 5,20. Seid ihr bei Gott in Gnaden, so kann nicht ein Stäublein, nicht ein Knöchlein von euch verloren werden, Ps. 34" (108).

Zu beachten ist, daß hier dreimal in Konditionalsätzen von der Gnade gesprochen wird. Herberger kennt kein Verschleudern der billigen Gnade. Er trägt kein Bedenken, die Gnade als Lohn zu bezeichnen, die demjenigen zuteil wird, der als ein Christophorus „Christum auf den Armen seines Glaubens" trägt (181. 184). „Niemand kann selig werden, er sei denn ein Christophorus oder werde es. Niemand kann in den Himmel kommen, er trage denn Christum in seinem Herzen, Munde und ganzem Leben" (181). Die Krone des Lebens ist zwar ein Geschenk der Gnade, aber sie wird denen zuteil, die „treu bleiben bis in den Tod"[43]. Herberger vertröstet also nicht nur auf ein „besseres Jenseits". Aber er erinnert die Gemeinde an den Trost, der in der Hoffnung auf die ewige Freude liegt:

41. Vgl. ob. S. 116. *Ledderhose* S. 92, 277: „Deswegen wäre ich nicht rechter Sinnen, wenn ich nicht auf notwendigen Trost bedacht wäre".
42. 39. Der hier erweiterte Satz aus Luthers Kl. Kat. wird S. 41,241 u. ö. in der ursprünglichen Form zitiert.
43. 82 nach Apc. 2,10.

„Deswegen freut euch von Herzen auf solche Seligkeit (wie sie Apc. 21,4 verheißen ist). Hinter diesem Tränental ist der ewige Freudensaal. Haltet euch an diesen seligen Trost in allem Kreuz und Elend, und saget: Im Himmel wird mir alles reichlich ersetzt werden, Matth. am 5. cap. ‚Das Leiden dieser Zeit ist nicht wert der Herrlichkeit, die an uns soll offenbaret werden, Röm. 8" (285).

6. Die Personalia

Das Schema des Lebenslaufes, wie es sich im 17. Jahrhundert allmählich durchsetzte, kennt Herberger noch nicht. Bemerkungen über Leben und Sterben der betreffenden Personen finden sich in sehr unterschiedlicher Form. Oft beschränkt der Prediger sich auf eine kurze Bemerkung, durch die der Verstorbene in Beziehung zur Predigt gesetzt wird, z. B. III 41:

„Weil nu der edle Ehrnveste Herr Friedrich von Litwitz diesen waren Herren auch hat gekant/ bekant/ geehret/ und sich jhm allein befohlen/ so schließen wir fest/ daß er jetzt auch liege und schlaffe gantz mit frieden und mit dem Seelichen so gewiß schon sicher im Himmel wohne/ als wir seine Knochen im Sarge jetzt für Augen sehen".

Ähnliche Sätze enthielten schon die Leichenpredigten von Selnecker und Pancratius. Biographische Einzelheiten fehlen in ihnen. Erwähnt wird nur das Entscheidende: der Verstorbene lebte und starb als Christ, darum ist er der Seligkeit teilhaftig. Bei Herberger läßt sich noch deutlich beobachten, daß die Biographie nur interessiert, sofern sie der Predigt dient. Wenn auch zahlreiche Predigten mit einer „Applicatio" auf den Verstorbenen enden[44], so tritt dieser dadurch nicht in den Vordergrund. Die meisten Predigten weisen einen ähnlichen Schlußteil auf, ohne daß diese Überschrift erscheint. Gelegentlich findet sich auch die Bezeichnung „Personalia"[45]. In jedem Fall konzentriert sich das Interesse auf den exemplarischen Wert des Lebens und Sterbens. Ein Beispiel von vielen möge das veranschaulichen.

Die Applicatio auf ein Mädchen beginnt mit der Feststellung, dieses habe von seinen Eltern gelernt, was in der vorhergegangenen Predigt gesagt wurde (III 305). Daher wird es „in schöner Herrlichkeit dem lieben Vater und der lieben Mutter gegeben werden". Daraus ergibt sich die Mahnung an Kinder und Eltern: „Macht es nu alle also ihr lieben Kinderlein/ jhr Eltern selber könnets nicht besser treffen". Der Prediger zählt nun die Gebete auf, welche das vierjährige Kind allein beten konnte und erzählt:

„Ich schenckte jhr zur zeit ein klein Passionalichen mit lauter Illuminierten Figuren/ da kondte das liebe Kind alles sagen was ein jeders bedeutet/ darüber sich denn viel alter Leute verwundert haben. Wo bleibet jhr alten Dremmel/ die jhr in diesen Sachen weder wisset zu gachzen/ noch Eye zu legen?"

44. I 362–364; III 66–70; 203–207; 251–253; 305f; 441; IV 121–124; 172ff; 202–208; 242–244; 567–578; V 201–203.
45. III 98; *Ledderhose* 286.

Natürlich ist aus dem Leben eines vierjährigen Kindes wenig Biographisches zu erheben. In späteren Leichenpredigten würden jedoch weder ein Stammbaum noch Geburts- und Taufnamen fehlen. Selbst diese Angaben vermissen wir in vielen Predigten auf Erwachsene, sogar solche adligen Standes. Wo die Personalia ausführlicher werden, tritt das rein Biographische in den Hintergrund. In der Leichenpredigt auf Caspar Rodewald beginnt die Applicatio (ohne Überschrift) mit der Verbindung zur Predigt: „Also befinden wir auch bey unserem lieben Mit-Christen C. R./ beyde stück richtig/ den Glauben und das Leben" (III 515). Das wird im folgenden dargelegt: Er wankte nicht im Glauben und ließ sich nicht durch Ketzer blenden. Der Prediger zitiert ein Echo Rodewalds auf seine Predigten. Er rühmt die fleißige Teilnahme am Gottesdienst und Abendmahl[46]. Dem Lob des Glaubens folgt das des Lebens: „Der gute Mann hat sieben und dreißig Jahr ein schweres Creutz getragen". Herberger zitiert einen Vers, an den Rodewald sich im Leiden gehalten hat. Er verweist sodann auf des Verstorbenen untadeliges Verhalten gegenüber seinen Mitmenschen und im Beruf. „Was ein Mensch ererbet oder erwirbt mit gutem Gewissen/ das kan er allzeit mit fröhlichem hertzen geniessen", soll der Verstorbene gesagt haben. Nachdem Freigebigkeit und Liebe zur Kirche wie zu den Armen gewürdigt sind, nennt der Prediger Schriftworte und Gebete, die der Verstorbene besonders schätzte. Erst danach erfahren wir Daten: das Alter des Verstorbenen, sodann die Vornamen der Eltern. Daß der Vater Benedikt hieß, wird sogleich erbaulich ausgewertet: „Heut ist der Tag Benedicti (21. März) am jüngsten Tage wird er eben also heißen/ wie sein Vater/ denn Christus wird zu jhm und allen Gleubigen sagen: Venite Benedicti, Kompt her jhr Benedicti, jhr Gesegneten meines Vaters . . ." (III 518). Nach Geburts- und Taufdatum erwähnt der Prediger kurz die Ehe und kommt dann zur Krankheits- und Sterbegeschichte. Darin heißt es zwar „Er war ein großer Sünder", doch der Schluß ist eine Seligpreisung:

„durch Christum hat er den Segen erlanget/ er ist nicht verdorret/ seine Seele lebet in Gott/ er ist nicht außgerodet/ die Wurtzel stehet noch/ der zeitliche Todt hat wol seinen Leib niedergefellet/ und in sein Schlafkämmerlein geleget/ aber jr werdet sehen/ wie er sich am jüngsten Tage wird wieder außheilen/ und auffrichten etc".[47]

Die später übliche Einteilung der Personalia nach Herkunft, bürgerlichem und christlichem Leben und Sterben kündigt sich einmal bei Her-

---

46. Dieses Lob gehört später fast stereotyp zum Lebenslauf, etwa in der Form: „Mutwillig versäumte er keinen Gottesdienst und empfing oft mit Andacht das heilige Abendmahl".

47. Man beachte, wie hier die Totalität des Todes bekämpft wird. Der Feigenbaum, von dem der Leichentext sagt, daß Jesus ihn verdorren ließ (Mt. 21), lebt in der Wurzel weiter, wenn man darunter den Verstorbenen versteht. Der Tod ist gleichsam eine reparable Krankheit, durch die der Lebensstamm darniedersank. Am jüngsten Tag wird er sich aufrichten, nachdem die Krankheit geheilt ist.

berger an. Er bezeichnet in einer Leichenpredigt folgendes als die drei Pfunde des Verstorbenen:

„1. Eine ehrliche/ Löbliche Adeliche Ankunfft von Vater und Mutter/ wie seine Wapen außweisen.

2. Er ist ein guter Wirth (d. h. Hausvater) gewesen.

3. Er ist ein Liebhaber des HErrn JEsu gewesen/ ein Christträger und Christophorus, mit Namen und auch mit der Tat" (IV 14).

Besonderen Wert besitzt eine Predigt, die Herberger bei der Beerdigung eines Mannes hielt, der sich lange Zeit okkulten Praktiken ergeben hatte[48]. Herberger betont wiederholt, daß er offen und ehrlich reden will, zumal er es nicht nötig habe, durch Heuchelei sein Brot zu verdienen[49]. Er versichert, nicht aus Vorwitz das heikle Thema anzurühren[50]. Es gewinnt seine Dringlichkeit im Blick auf den Tod: „es gehöret ja viel/ viel/ viel zum sterben/ wie mirs auch H. H. bitterlich/ mit weinenden Augen/ geklaget hat" (562). Die Explicatio handelt daher über die Buße als Bereitung zum Sterben. In der Applicatio weist der Prediger nach, daß H. H. sich wie Manasse bekehrt hat. Die Tendenz, den Verstorbenen zu entschuldigen, ohne sein früheres Tun zu verharmlosen, ist spürbar. Ein langes Gebet, das H. H. sich zu eigen gemacht hat, bezeugt seine Wandlung ebenso wie folgender Bericht:

„Da er das letzte mal zum Beichtstuhl kam/ weinete er so bitterlich daß er nicht mehr reden konte. Dadurch drehete er mir gleich das Hertz im Leibe umb. Morgens kam er in jämmerlicher zitternder Gestalt zum Tisch des HErrn. Und das ist sein letzter Kirchgang gewesen".

Als Herberger den Kranken besuchte, erklärte dieser: „Er sey von Hertzen gram dem Teuffel/ und alle seinem Geschmeisse/ fürnemlich den bösen Leuten die sich von Gott wenden/ dem Teuffel ergeben/ ihren Tauffbund brechen/ Menschen und Viehe beschedigen" (573).

„Wir Evangelischen Prediger sind nicht Hencker/ die die Leute foltern/ und hernach öffentlich beschreyen", erklärt Herberger, wohl mit versteckter Kritik an der Praxis der Hexenprozesse. Das Testament des Verstorbenen, der darin viel Gutes anordnete, wertet er als Beweis seiner Bekehrung und berichtet schließlich von dessen seligem Tod.

Das Leben des früheren Zauberers beurteilt der Prediger als „ein Exempel des unbeständigen Glücksrades". Viel Böses geht zu Lasten der Frau des Verstorbenen, deren Andenken der Prediger nicht schont: „Man weis was es für ein Kraut war. Hette sie gewust daß Herr L. H. (der Bruder und Erbe) solte dieses Guts geniessen/ sie hätte jhm die

48. IV 558–590: „Zur Zugabe/ Hertzliche Warnung an alle heimliche Byhlweisen Zäuberer und Hexen..." 1616. Text: 2. Chron. 33, die Bekehrung Manasses.

49. IV 561: „Ich wil reden als ein ehrlich Mann/ sein hinterlassener Herr Bruder ist auch ein ehrlich Mann/ er begehret von mir nicht als Warheit. Ich habe auch wol satt Brodt zu essen/ daß ich durch Heucheley meinen Bissen nicht darff erwerben". Vgl. 559.

50. IV 561. Vgl. 580: „ich habe keine Lust lange zeit in diesem Schlamm zu waten Den HErren Jesum rühmen ist mir tausent mal lieber".

Augen im Kopff ausgebrüet. Was mir begegnet mit dieser Person/ das
sey mit begraben" (578).

Der Schluß der Predigt ist Belehrung über die Zauberei. Herberger
bekennt, er verstehe umso weniger davon, je mehr er darüber lese. Er
akzeptiert nicht jede Zaubergeschichte unkritisch. Eine Hexe, die in
Fraustadt verbrannt wurde, erzählte Herberger im Gefängnis, sie sei,
obwohl angeschmiedet, zum Kamin hinausgefahren und würde dabei
klein wie eine Katze. „Aber/ das ist des Teuffels bescheisserey gewesen". H. H., dem Herberger das erzählte, sagte ganz richtig: „Da der
Narr draussen war/ warumb kam sie denn wider zurücke" (580).

Dennoch glaubt Herberger, es gäbe Hexen und Zauberer, zumal er
selbst solche examiniert habe, die in Fraustadt verbrannt wurden[51].
Gewisse Bedenken an der üblichen Praxis bewegten ihn aber. „Deest
nobis vera inquisitio", sagte ein Doktor zu ihm (584), nur Gott weiß,
wer schuldig ist. Ein anderer Doktor erklärte: „niemand weis/ was
euere Leute für Kranckheiten haben" (581). Offenbar erkannte dieser
Mann, daß viele der „Hexen" geisteskrank waren. Daher schlägt Herberger vor, alle Zauberer, die Buße tun, straffrei ausgehen zu lassen.
Er lobt das Beispiel der Grafschaft Henneberg, wo freilich nur eine
Person dem Aufruf folgte. Die Predigt schließt mit der Mahnung, allen
Versuchungen zu entfliehen:

„Habt mit verdechtigen Personen nichts zu schaffen/ sucht nicht Rath bey jhnen ...
Mahlet den Teuffel nicht an die Wand/ er kömmet wol ungemahlet ... Hütet euch
für Leuten/ die Artzney von Glocken und Kirchenkertzen/ Tauffwasser und anderm
ding außbitten. Weit davon ist gut fürm schuß" (588f).

7. Die Persönlichkeit des Predigers

Valerius Herberger war kein Kriecher, der den Leuten nach dem
Munde redete. Aus seinen Leichenpredigten spricht ein kräftiges Amts-
und Selbstbewußtsein. Die unechte, übertriebene Bescheidenheit vieler
Autoren jener Zeit ist ihm fremd. Wenn er sich einmal den „sehr geringen Valerius" nennt (210), so gleicht er das schon im nächsten Satz
aus: „Der Faulste bin ich fürwahr nie gewesen. Mein sei die Arbeit!

51. Über die furchtbaren Ausmaße des Hexenwahns im 16. und 17. Jahrhundert
unterrichtet *Soldan's* Geschichte der Hexenprozesse, neu bearbeitet von Dr. *Heinrich
Heppe*, Stuttgart 1880, Bd. 2. Ein katholischer Pfarrer schreibt Ende des 16. Jhs.:
„Kinder von drei bis vier Jahren haben ihren Buhlen (Buhlteufel). Studenten und
Edelknaben von neun, von zehn, von elf, zwölf, dreizehn, vierzehn Jahren sind hier
verbrannt" (II S. 82). Zweifel am Hexenwesen äußerte der Jesuit Adam Tanner
1626/27: „Auf die Geständnisse der Hexen sei nichts zu geben; denn deren Aussagen
ständen oft miteinander im Widerspruch, und wenn sie behaupteten, daß sie in Gestalt einer Katze, einer Maus oder eines Vogels vom Satan hinweggeführt worden
seien, so könne dieses nur als Phantasterei angesehen werden" (II S. 182). Selbst der
edle Bekämpfer der Hexenprozesse Friedrich von Spee glaubte, es gäbe Hexen und
Zauberer (aaO S. 190f). Vgl. auch *Albrecht Jobst*, Evangelische Kirche und Volkstum,
Stuttgart 1938, S. 52–59.

Meines frommen Gottes aber bleibe die Ehre!" Herberger ist sich der Gewichtigkeit seiner Worte bewußt, gelegentlich fast in einer rührend-naiven Weise:

„Diesem Unrat (scil. des Seufzens und Klagens) allem will ich zugleich mit abhelfen und sagen: Eures Herzens Freude hat noch nicht ein Ende... Meine Kronenpredigt wird alles klar machen: Ich will euch die Krone, die euch nach euren betrübten, aber unbegründeten Gedanken vom Haupt gefallen, wieder tröstlich aufsetzen" (127).

Der Prediger am „Kripplein Christi" kann aber auch ganz andere Töne anschlagen. Als ein treues Gemeindeglied hinterrücks ermordet wird, läßt er seinem Haß gegen den Mörder ungezügelten Lauf. Er fühlt sich durch diese greuliche Tat persönlich beleidigt: „Wehe denen, die mich in meinem heiligen Amte anbellen! Ich bin ja nicht bestellt, alte Sauen auf ihrem Mist zu kraulen" (324). Er ist sich bewußt, seine Pflicht als Seelsorger erfüllt zu haben: „Wäre ich bisher nicht ein wak-kerer Wächter gewesen, wie würde ich jetzt vor Gott und meinem Gewissen bestehen! Gott Lob! Ich habe mein Gewissen gerettet" (ebd). In dieser Leichenpredigt wird Herberger so stark von seinen menschlichen Gefühlen hingerissen, daß für die Verkündigung des Evangeliums kein Raum bleibt. Zwar ist formal das homiletische Schema gewahrt, inhaltlich jedoch von evangelischer Verkündigung kaum eine Spur.

Wie diese Leichenpredigt über „Abels Beule, Kains Keule" (316 ff), in der sich glühender Haß gegen den Mörder mit warmer Sympathie für den Ermordeten und dessen Angehörige verbindet, bieten auch die übrigen Predigten viele Belege für die emotionale Kraft des Pfarrers von Fraustadt. Jene drastische, oft grobe Volkstümlichkeit verbindet sich wie bei Luther mit der Innerlichkeit eines tiefen und echten Ge-fühls[52]. In der Verkündigung kommt das darin zum Ausdruck, daß Herberger auf die Herzlichkeit im Verhältnis zu Gott und den Menschen dringt:

„Dein Herz sei keine kalte Stube, sondern brünstig in der Liebe zu Gott und dem Nächsten; alles sei feurig und brennend, nicht laulich. Kalt Feuer, kalte Herzen, kalte Häuser taugen zum Christentum ebensowenig als im Winter ein kalter Ofen in der Stube. Wenn man im Hornung in eine warme Stube kommt, so sagt man: Hie wohnt Gott. Das mag man auch von christlichen Herzen sagen, die in der Liebe nicht erkaltet sind".[53]

Auf die „innerliche Herrlichkeit des Herzens und Gemütes" kommt es an (22). Daß diese Innerlichkeit kein Quietismus ist, braucht nicht mehr betont zu werden[54]. Herbergers Predigten kamen von Herzen, aus dem Herzen eines Mannes, der seine Gemeinde liebte und ihr Leben kannte. Darum gingen die Predigten auch, wie ihr Autor es erhoffte,

52. Vgl. *W. Zeller* aaO S. XXV: „In seinen auch sprachlich entzückenden ‚Herz-Postillen' hat er die protestantische Innerlichkeit durch die herzliche Innigkeit der Sprache zum Ausdruck bringen wollen".
53. 201. Vgl. ob. S. 120 sowie Nr. 18.
54. Vgl. 104: „Er gebe uns auch Lust, im Christentum wacker zu sein, nicht schläf-rig; innerlich das Herz in wahrem Glauben, äußerlich das Leben mit schönen Tugenden zu kleiden".

zu Herzen[55], nicht nur in die Herzen seiner Gemeindeglieder, sondern auch vieler Generationen nach ihm.

IV. Zusammenfassung

Herbergers Leichenpredigten weisen formal und inhaltlich beträchtliche Unterschiede im Vergleich zu denen des 16. Jahrhunderts auf. Pancratius' Grundsatz, daß Leichenpredigten kurz sein sollen, wird aufgegeben. Die homiletischen Eigenarten des 17. Jahrhunderts künden sich an: Vergleiche und Beispiele drohen den Rahmen der Predigt zu sprengen. Auf die psychologische Situation der Beerdigung wird – jedenfalls nach unsern Maßstäben – keine Rücksicht genommen. Im Zitieren klassischer Autoren hält Herberger sich noch zurück. Die Exegese bleibt in der Regel noch frei von gelehrtem Ballast und gehört somit mehr ins 16. als ins 17. Jahrhundert. Die allegorische Methode blüht in mittelalterlicher Pracht. In den Gliederungen zeigt sich barocker Überschwang. Die Disposition wird verhältnismäßig variabel praktiziert. Die Personalia sind der Predigt organisch eingegliedert. Sie besitzen noch keine feste Form. Inhaltlich zeigt sich Herberger besonders in der christozentrischen Frömmigkeit mit Selnecker verwandt. Größer ist freilich der Unterschied. Herberger gehört zu jenen Theologen, die am Anfang des 17. Jahrhunderts eine neue Epoche der Frömmigkeit einleiten. Die Nähe zu Arndt erweist sich darin, daß die glaubende Persönlichkeit stärker zur Geltung kommt. Wie bei Pancratius tritt konfessionelle Polemik nicht hervor. Die Verbundenheit des Predigers mit der Gemeinde findet deutlich ihren Niederschlag. Leben und Sterben der Beerdigten werden oft nur mit so wenigen Sätzen erwähnt, daß die wichtigsten Daten fehlen. Biographische Angaben sind wesentlich, sofern sie der Lehre, dem Trost oder der Ermahnung dienen. Das Interesse gilt daher vor allem dem seligen Sterben.

Exkurs II: Das Verhältnis von Leichenpredigt und Lebenslauf bei Matthias Hoe von Hoenegg

1. Zur Biographie des Autors[1]

Matthias Hoe von Hoenegg gehört zu den unrühmlichen Gestalten des Luthertums im Zeitalter des Dreißigjährigen Krieges. Die Tragödie

---

55. So in der Vorrede zur Herzpostille: „Gute Predigten kommen von Herzen und gehen wieder zu Herzen ... Weil ich meine Inventiones und Reden soviel als möglich allezeit aufs Herz gerichtet habe, so habe ich auch diesem Buche keinen anderen Namen geben wollen als Herzpostille“.

1. Vgl. Allgemeine deutsche Biographie, 12. Bd, Leipzig 1880, S. 541–549 (Brecher).

der innerprotestantischen Haßkampagnen wird durch sein Leben schlaglichtartig beleuchtet.

1580 wurde Hoe in Wien als Sohn eines von Rudolf II. geadelten Juristen geboren. Schon als Jugendlicher wurde er in die Auseinandersetzung zwischen seinem flacianischen Hauslehrer und einem calvinistischen Lehrer verwickelt. Der streng lutherische Vater schickte ihn 1597 nach Wittenberg, wo der begabte Sohn neben der Theologie Philosophie und Jura studierte. Seit 1601 hielt er dort Vorlesungen und Predigten. Ein Jahr später wurde er als dritter Hofprediger nach Dresden berufen. 1604 folgte er einem Ruf als Superintendent nach Plauen. Der erst vierundzwanzigjährige Superintendent gewann rasch die Zuneigung der Gemeinden. Im selben Jahr wurde er durch Leonhard Hutter zum Doktor der Theologie promoviert. 1611 ging Hoe nach Prag, wo er das Luthertum gegen den Calvinismus stärken wollte. Hier geriet er in Gegensatz zu der mehr calvinistisch gesinnten Gemeinde. Aus einer schwierigen Lage, die durch maßlose Polemik von beiden Seiten entstand, wurde er durch den Ruf zum ersten Hofprediger nach Dresden befreit. Dort steigerte er sich immer mehr in die anticalvinistischen Ausbrüche hinein. Ehrgeiz und Haß trieben ihn dazu, gemeinsam mit dem Kaiser gegen die Calvinisten vorzugehen. Seine dunklen Machenschaften, die den Verlauf des Krieges ungünstig beeinflußten, wurden 1621 durch den Titel eines kaiserlichen Pfalzgrafen honoriert. Bis zu seinem 1645 erfolgten Tode produzierte er laufend anticalvinistische Pamphlete, in denen er z. B. „bewies", daß die Calvinisten in 99 Punkten mit Arianern und Türken (man beachte die Zusammenstellung!) übereinstimmten.

Die vierzig im Jahre 1617 gedruckten Leichenpredigten entstammen fast durchweg der Plauener, z. T. auch der Prager Zeit, in der Hoe noch segensreich wirkte. Daher finden die konfessionellen Auseinandersetzungen in ihnen keinen ungewöhnlichen Niederschlag. In unserer Untersuchung sind Hoes Predigten von Interesse, weil die Stellung und Bedeutung der Lebensläufe im Stadium des Übergangs zur typisch barocken Leichenpredigt sich an ihnen aufzeigen läßt.

2. Der Sinn der Leichenpredigt

Der Sinn des Begräbnisses ist bei Hoe wie in den Kirchenordnungen mit dem der Leichenpredigt identisch. Hoe verweist des öfteren darauf, daß wir laut Sirach 7 und 38 auch an den Toten „unsere Wohltat beweisen" sollen[2]. Dazu gehört zunächst das ehrliche christliche Begräbnis schlechthin. Hoe gibt dafür eine dreifache Begründung, die ähnlich auch

2. So schon in der Vorrede.

in den Kirchenordnungen zu finden ist[3]: Das ehrliche Begräbnis ist Christenpflicht 1. propter corporum nostrorum dignitatem. Die Leiber sind Geschöpfe, ja Tempel Gottes und Wohnungen des heiligen Geistes gewesen. Daher kann man sie nicht einfach wegwerfen. Zweitens sind wir zum Begräbnis genötigt propter pristinam caritatem. Damit ist gemeint, was der säkulare Begriff der Pietät umschließt. Dazu kommt für die Christen drittens die Notwendigkeit propter futuram corporum maiestatem: „So nun Gott seiner gläubigen Cörper also ehret/ wie viel mehr ist es billich/ daß von uns jhnen eine Ehr/ nach jhrem Todt erzeiget/ und damit unsere Hoffnung/ der künfftigen Auferstehung bezeuget werde"[4]. Wie es ein Fluch ist, ein Eselsbegräbnis zu erhalten, so ein Segen, christlich und ehrlich bestattet zu werden.

Die den Toten geschuldete Wohltat besteht aber auch darin, daß ihrer „aufs beste" gedacht wird. Das hat „der unlaugbaren Warheit nach/ ohne einige fürsetzliche heucheley" zu geschehen (Vorrede). Hoe bemerkt, daß solche Heucheley „bey manchem um des geniesses willen/ nicht ungewöhnlich" sei. Dagegen soll zur Sprache kommen, was wirklich lobwürdig ist. Glauben, Leben und Sterben der Heimgegangenen sollen als Vorbild für die Lebenden öffentlich dargelegt werden. Dazu sind „von alters her/ guter meynung/ die Leichenpredigten angeordnet worden". Hoe erblickte also den traditionellen Sinn der Leichenpredigt vornehmlich in deren exemplarisch-paränetischem Charakter, der unter Bezugnahme auf die Verstorbenen zu entfalten ist. „Denn bey und in denselbigen man der entschlaffenen Wandel und Abschied anzeiget/ darmit andere in jhre Fußstapfen treten/ und ebnermassen/löblicher Tugendten/ und eines Christlichen verhaltens sich befleissigen theten."

Hier deutet sich bereits eine Verschiebung gegenüber den Intentionen der Kirchenordnungen und Leichenpredigten des 16. Jahrhunderts an. Die Bezugnahme auf Leben und Sterben der einzelnen hatte für diese an zweiter Stelle gestanden. Ihnen ging es in erster Linie um die Verkündigung der biblischen Aussagen über die letzten Dinge. Der Todesfall diente allgemein als Exempel der Sterblichkeit, Anreiz zur Buße u. dgl. Sekundär konnten diese Ausführungen durch persönliche Mitteilungen veranschaulicht werden.

Hoe kehrt diese Rangordnung in den grundsätzlichen Hinweisen der Vorrede um. Neben dem Totengedächtnis, so erklärt er, sei es auch nützlich, Schriftsprüche auszulegen. Die Durchführung der Predigten zeigt, daß diese Nebenordnung nicht als Subordination gemeint ist. Immerhin tritt die Bedeutung der Verstorbenen stärker als bisher in den Vordergrund.

Das Ziel der Schriftauslegung ist, wie in den früheren Leichenpredigten, namentlich die Vorbereitung auf den Tod. „Es gehöret aber ein

3. Vgl. ob. S. 42ff.
4. Nr. 22, S. 568.

grosser fleiß darzu/ wenn wir uns recht zur hinfart aus dieser Welt schicken wollen/ weil der Kampf und streit eines Menschen dannzumal/ wann er sterben soll/ gemeiniglich am hefftigsten zu seyn/ und die schreckenbilder jhm am meisten zuzusetzen pflegen". Aus dieser seelsorgerlichen Erfahrung ergibt sich die Aufgabe, die ars moriendi zu lehren. Ihre Themen kreisen um die Pole Gesetz und Evangelium. Der Prediger hat die Strenge Gottes, des Richters, wie unsere Unwürdigkeit und die Schrecken des Todes zu lehren. Dem hat er Trost und Hoffnung des Evangeliums entgegenzusetzen, indem er auf das Heilswerk Christi hinweist sowie die Auferstehung und das ewige Leben verkündigt. So verspricht der Prediger sich, daß „die Leich Sermonen/ ohne grossen nutz nicht abgehen/ wann sie auff vorherbeschehenes fleissiges studirn/ aus Gottes wort gehalten werden".

3. Die Form des Lebenslaufes im Rahmen der Leichenpredigt

Leichenpredigt und Lebenslauf bilden inhaltlich eine Einheit. Das beweisen schon Hoes programmatische Ausführungen in der Vorrede. Es wird bestätigt durch die Analyse der Predigten und Lebensläufe. Nach dem homiletischen Schema von Doctrina und Applicatio werden die „Personalia" als Applicatio der Predigtlehre auf die Person des Verstorbenen betrachtet. Ein großer Teil der Lebensläufe trägt die entsprechende Überschrift[5]. Wie Lehre und Anwendung in jeder Predigt zusammengehören, so auch Schriftauslegung und Lebenslauf in der Leichenpredigt. So wenig Doctrina und Applicatio sich in der Predigt streng scheiden lassen, können lehrhaft-allgemeine und persönlichkasuelle Aussagen bei Hoe bestimmten Teilen der Leichenpredigt zugewiesen werden. Es wird zu zeigen sein, daß die Schriftauslegung auch persönliche Aspekte ins Auge faßt, während die Lebensläufe auch eine seelsorgerliche Intention besitzen. Dennoch birgt die Kennzeichnung der Lebensläufe als Applicatio der Schriftauslegung eine Gefahr in sich. Die Predigt erhält den Trend, in dieser Applicatio zu kulminieren. Das „Ehrengedächtnis" dominiert dann gegenüber der biblischen Botschaft. Bei Hoe ist das noch nicht durchgeführt, doch hat er die Weichen mit dazu gestellt.

Nur einmal erscheint die Überschrift „Memoria defuncti"[6]. Sie darf nicht exklusiv verstanden werden. Das Ehrengedächtnis schließt immer den Aufruf ein, aus dem guten Beispiel des Geehrten die nötigen Konsequenzen zu ziehen. Um so mehr läßt die Überschrift „Commendatio personae" aufhorchen[7]. Natürlich ist nicht eine commendatio im Sinne

---

5. Applicatio auff den Verstorbenen: S. 323, 351, 446, 482, 561 u. ö. Applicatio auff gegenwertige Leiche: 486, 614. Ähnliches meint „Accomodatio" S. 539.
6. S. 854.
7. S. 733; 828.

der katholischen cura pro mortuis gemeint. Dennoch ist die Aufnahme des Terminus beachtlich. Sie zeigt, daß die Person des Verstorbenen wieder eine besondere Bedeutung im Rahmen der Leichenpredigt erhält. Das Schwergewicht der Applicatio beginnt, sich von der Gemeinde auf den Verstorbenen zu verschieben.

Bei Hoe steht diese Entwicklung noch ganz in den Anfängen. Zu eng sind Schriftauslegung und Personalia verbunden, als daß letztere ein Übergewicht erhalten könnten. Zu kräftig wirkt auch die seelsorgerliche Intention der Predigten einer solchen Fehlentwicklung entgegen. Die ars moriendi läßt sich nicht durch Panegyrismen lernen. Eine „Applicatio ad defunctam" schließt keineswegs aus, daß die Gemeinde dabei ermahnend angesprochen wird. Ganz klar zeigt sich das, wenn z. B. die Applicatio auf ein 16 Wochen altes Kind erfolgt[8]. Da Leben und Sterben dieses Säuglings mit wenigen Sätzen besprochen sind, stellen die fünf Seiten der Applicatio nur einen Teil der Predigt dar, der sich von der vorhergehenden Auslegung kaum unterscheidet.

Die enge Verbindung von Auslegung und Lebenslauf äußert sich mitunter darin, daß ohne Überschrift, ja sogar ohne förmlichen Schluß des Auslegungsteiles zu den Personalia übergegangen wird. Mitten in einer Auslegung bricht Hoe ab: „Genug/ Ihr Geliebte/ von diesem Sprüchlein". Die „gegenwertige Leich" hat Anleitung zur Predigt gegeben. Das wird im folgenden anhand der Personalia expliziert[9].

In der Regel endet der Auslegungteil mit einem förmlichen Predigtschluß, meist als Gebetsvotum. Die Personalia beginnen mit einer Einleitungsformel, z. B.: „Was nun die verstorbene N. N. belangen thut" o. ä. Im Aufbau der Lebensläufe zeichnet sich bereits das später allgemein übliche Schema ab. Danach besteht der Lebenslauf aus vier Hauptteilen[10]. Er beginnt mit dem Nachweis der ehrlichen, d. h. ehelichen Abstammung, der mit Hilfe einer möglichst weitreichenden Genealogie geführt wird. Es folgen die wichtigsten Daten des bürgerlichen Lebens: Berufsleben, Eheschließung, Anzahl der Kinder und besondere Ereignisse. Im dritten Teil würdigt der Prediger das christliche Leben, das viertens in einem seligen Sterben seinen Abschluß fand.

4. Der Inhalt der Lebensläufe

a) Ihr exemplarisch-paränetischer Charakter

Wie die Kirchenordnungen betont Hoe immer wieder, daß das Leben und Sterben der Entschlafenen der Gemeinde als Beispiel dienen soll.

8. Nr. 23 S. 614–629.
9. S. 414–427.
10. Vgl. *R. Mohr* aaO S. 118ff.

Es gebührt sich, des Toten „im besten/ andern zum Exempel/ zu gedencken" (S. 855). Was in der Auslegung gesagt wurde, bestärkt der Tote mit seinem Exempel (828). Das Lob eines frommen und geduldigen Christen schließt Hoe mit der Mahnung: „Daran wir uns billich spiegeln/ und der Gottseligkeit auch befleissigen sollen" (800). Eine ganze Liste vorbildlicher Tugenden hatte der Prediger seiner Gemeinde anhand dieses Lebenslaufes vor Augen gehalten. Der Verstorbene war als Ratsherr vorbildlich im Leben: „fein discret, bescheiden/ vernünfftig/ wolbedacht/ und zum Friede höchst geneiget" etc. Als guter Christ erwies er sich, indem er trotz der Gicht fast keine Predigt versäumte und öfter als etliche seiner gesunden Kollegen das Abendmahl empfing. In Geduld ertrug er seine Krankheit, die der Prediger teilnehmend schildert. Vorbildlich verhielt er sich im Todeskampf, indem er „in den größten schmertzen nur gesagt: Sey stille liebe Seele/ gib dich zu ruhe/ befihl dem HErrn deine Wege/ hoffe auf jn/ er wirts wol machen. Resurrectio Christi sustentat me, hat er diese zeit her jmmer gesagt." Ein anderer wird der Jugend als Vorbild hingestellt, weil er als junger Mensch sich eifrig dem Studium widmete (857). Ein Lebenslauf, der sich seiner Auslegung von Ps. 23 anschließt, exemplifiziert die Tugenden eines „frommen Schafes" an der Verstorbenen. „Sie ist nicht stoltz und hoffertig gewesen/ sondern wie ein Schaff demütig/ und ihre Demut mit Worten/Wercken und Geberden mercken und spüren lassen: viel gemeine Handwercks Weiber haben sie mit stoltzer Kleidung/ unmessig sehr ubertroffen" (934)

Der oben festgestellte inhaltliche Zusammenhang von Auslegung und Lebenslauf zeigt sich immer wieder, wenn letzterer die Lehren der Predigt mit dem Leben des Verstorbenen konfrontiert. Bei der Beerdigung eines Mannes namens Josua hält Hoe eine Predigt über den biblischen Träger dieses Namens. In der Applicatio führt er den Vergleich der Namensvettern, der schon die Auslegung durchzog, anhand der Personalia durch. Die Gemeinsamkeit des Verstorbenen mit dem biblischen Josua besteht 1. im gleichen Namen, 2. in der Gebrechlichkeit, d. h. Sündhaftigkeit. Allerdings verschweigt der heilige Geist diese in seiner „Leichenpredigt" auf Josua. Die Schwachheiten des Verstorbenen brauchen nicht erzählt zu werden, „weil sie albereit durch Christi Blut und Tod getilget"[11]. Drittens entstammt der Verstorbene wie sein Namensvetter einer ehelichen Geburt, er ist „ehrlich von bekandten Eltern bezeuget". Viertens standen beide im Gnadenbund, dessen der eine durch die Beschneidung, der andere durch die Taufe teilhaftig wurde. Fünftens weissagten beide Namen, wie Hoe etymologisch nachweisen möchte, daß ihre Träger einmal über Untertanen regieren würden. Der Verstorbene war Jurist. Sechstens wurden beide wohl erzogen. Hier verläßt der Prediger die Parallelisierung, indem er

11. Vgl. *Mathesius*, ob. S. 71.

von Studium, Praxis und Ehe des Verstorbenen spricht. Gemeinsam ist den Vergleichspersonen ferner ihre Gottesfurcht, schließlich aber die Tatsache ihres seligen Todes.

b) Das selige Sterben

Die Schilderung der letzten Stunden, nach Möglichkeit auch die Wiedergabe der letzten Worte, gehören zum eisernen Bestand der Lebensläufe[12]. Einerseits vermitteln sie die Gewißheit, daß der Verstorbene ein seliges Ende nahm und deshalb „der Seele nach" bereits bei Gott ist. Andererseits zeigen sie der Gemeinde, wie ein seliges Ende aussieht und ermahnen sie, sich darauf vorzubereiten. Dem Sterbebericht kommt im Rahmen des Lebenslaufes die größte theologische Bedeutung zu. „Ende gut/ alles gut". Der selige Tod ist das entscheidende Kriterium dafür, daß der Verstorbene gerettet und des ewigen Lebens teilhaftig ist. Hier liegt das Hauptmotiv für die Furcht vor dem schnellen Tod.

Am Sarge einer plötzlich verstorbenen jungen Frau dient die Applicatio vor allem dem Nachweis, daß der schnelle Tod ihre Seligkeit nicht in Frage stellt. Nach der Schilderung ihres frommen Lebens und Sterbens, das durch die letzten Gebete der Frau vergegenwärtigt wird, folgert der Prediger:

„Ob nu wol sie eines geschwinden und schnellen Todes gestorben/ so ist doch an jhrer Seligkeit nicht zu zweyfeln/ sondern die hinterlassenen sollen gewiß wissen/ diese Gottselige sey in sanffter ruhe/ und der Seelen nach/ gebracht in die ewige Frewd und Seligkeit. Dann sie ja freylich eine Christin gestorben/ hat nicht ohne Christo gelebet/ sondern denselben/ sampt dem Vater und heiligen Geist/ in sich/ biß an jhr Ende/ wohnend gehabt" (489).

Die acht Seiten lange Applicatio ist vornehmlich eine Predigt über den schnellen Tod und eine Mahnung, darauf gerüstet zu sein. Gerade angesichts des Todes hängen Doctrina und Applicatio aufs engste zusammen. Daraus ergibt sich die Schlußparänese von allein:

„Wolte Gott wir weren alle so wol bereit/ als die Fraw Doctorin gewesen ... Darumb lasset uns wachen und beten ... Lasset uns in steter bereitschafft seyn/ wenn uns Gott abfordert/ daß wir selig fahren mögen/ und nicht in Sünden wider das Gewissen/ erfunden werden/ plötzlich davon/ und in einem hui zur Hellen fahren mussen ... So wollen wir todt und lebendig Christi Jesu seyn/ und durch geschwinden oder langsamen Tod durch allen Jammer und Elend/ zu ihm hinüber dringen in die ewige Frewd und Seligkeit" (494).

c) Das Lob des Verstorbenen

Hoe ist sich der Gefahr eines unangemessenen Menschenruhmes bewußt. Er zeigt sich bemüht, die Grenzen der Wahrheit zu respektieren.

12. Vgl. z. B. S. 590f; 659f; 705f; 759f; 800; 860.

Uns fehlen die Kriterien, die Befolgung dieses Grundsatzes zu prüfen. Hoes zweifelhafter Charakter stimmt unser Urteil kritisch. Eindeutig ist jedoch, daß der barocke Überschwang, der sich später selbst bei einem so achtbaren Charakter wie Heinrich Müller störend auswirkt, bei Hoe fehlt. Zwei Belege mögen das erhärten.

Bei der Beerdigung eines ihm besonders nahestehenden Mannes erklärt Hoe, er wollte sich nicht lange dabei aufhalten, den Verlust dieses Menschen zu beklagen. Er fürchtet: „Es möchte auch wol bey etlichen und mißgünstigen das ansehen haben/ als ob dieses Mannes Lob und Preiß nur ex affectu und abundantia amoris herrühren/ unnd sich im werck selbst nicht alles also befinden thete... Dann weiln ich hie an einem heiligen Orth stehe unnd die Wahrheit predigen solle/ so darf niemand gedencken/ das ich ex affectu mehr als war ist/ reden wolle" (753). Offenbar war diese Versicherung besonders nötig, weil der Verstorbene als Bürgermeister Feinde hatte, gegen die der Prediger ihn in Schutz nehmen mußte (757). Wenn Hoe ihn sogar vom Vorwurf des Calvinismus reinwusch, so darf man der lutherischen Rechtgläubigkeit des braven Bürgermeisters gewiß sein (759 f).

Der Gefahr illegitimen Lobes begegnet Hoe auch dadurch, daß er auf die allgemeine Sündhaftigkeit hinweist, an welcher der Verstorbene anteil hatte. Natürlich verbietet die Pietät, das konkret zu explizieren. Immerhin wagt Hoe dabei mehr, als moderne Prediger riskieren könnten. So erklärt er beim Begräbnis eines schnell avancierten kaiserlichen Leibarztes: „Im ubrigen ist er ein Mensch gewesen/ durchauß wie alle andere. Ein Mensch ist er gewesen respectu peccati et iniquitatis". Daher habe er in der Krankheit sich durch Beichte und Abendmahl mit Gott versöhnt. Ein Mensch war der Verstorbene auch respectu humanae calamitatis. Leibesschwachheit belastete ihn von Jugend auf. So wurde er zum Spiegel menschlicher Nichtigkeit:
„Wo ist sein gedächtniß? sein experientz? seine kunst? seine höffliche geberde? sein tausenderley Secreta? seine ansehnlichen bestallungen/ seine trefflichen expectantzen und anwartungen: seine statlichen reisen und sprachen? weg weg ist es alles/ alles weg und mit jm alles abgestorben: das heist ja der eitelkeit unterworffen seyn."

5. Zusammenfassung

Form und Inhalt der Lebensläufe bei Hoe zeigen deutlich, daß diese integrierender Bestandteil der Leichenpredigten sind. Die Leichenpredigt als ganze will durch Auslegung des Wortes Gottes der Gemeinde dienen und das Gedächtnis der Verstorbenen in Ehren halten. Die Verbindung beider Intentionen erweist sich jedoch als problematisch. Indem Hoe die Personalia als Applicatio der Auslegung auf die Verstorbenen bezeichnet, rückt er diese auf eine Weise in den Mittelpunkt, die dem reformatorischen Ansatz fremd ist. Hoe behält bei dieser Applicatio allerdings das Verkündigungsziel im Auge. Im Lob der Verstorbenen bleibt er zurückhaltend. Kräftig hebt er den beispielhaften Wert christlichen Lebens und Sterbens hervor. Die Berichte vom seligen Sterben, das in der Regel nur einem christlichen Leben folgt, fordern auf, den guten Vorbildern zu folgen. Damit dienen die Personalia wie die Predigt der Vorbereitung auf den Tod. Ehrengedächtnis und Verkündigung sind dadurch eng verflochten. Der prinzipielle Vorrang der letzteren ist jedoch aufgegeben. Eine neue „cura pro mortuis" bahnt sich an: einige Lebensläufe werden überschrieben: „commendatio personae". Durch ihre Bindung an die biblische Botschaft bleibt die Leichenpredigt jedoch vor einer anthropozentrischen Entleerung bewahrt.

B. Die Leichenpredigt bei Johann Heermann[1]

I. Form und Methode

1. Gliederungen

Johann Heermanns Leichenpredigten zeigen sich in vieler Hinsicht verwandt mit denen seines väterlichen Freundes Valerius Herberger. Diese Verwandtschaft findet ihren Ausdruck schon im formalen Aufbau der Predigt. In allen seinen während eines Zeitraumes von nahezu dreißig Jahren entstandenen Leichenpredigten bleibt Heermann dem von Herberger entlehnten Schema treu. Deutlich zeigt sich dabei die Tendenz, den Umfang weiter auszubauen. Der Grundsatz des Pancratius, „daß Leichenpredigten kurz sein müssen", ist endgültig aufgegeben. Noch eindeutiger als bei Herberger fehlt jeder formale Unterschied zwischen Leichenpredigt und Sonntagspredigt.

Die Entwicklung zur quantitativen Erweiterung ist schon im Exordium sichtbar, das sich wie bei Herberger in fünf Teile gliedern läßt.

(1) Das einleitende Votum, das mitunter wörtliche Anklänge an Herberger aufweist, ist bei Heermann allgemeiner gehalten und nimmt weniger Bezug auf das Thema der Predigt, als es bei dem Fraustädter Prediger der Fall ist.

---

1. Zur Biographie vgl. RGG³ III 113f; RE³ VII 524f; *Beste* aaO III S. 141–147. Heermann wurde 1585 in Raudten (Niederschlesien) als Sohn eines Kürschners geboren. Die Mutter weihte den schwerkranken Jungen für den Genesungsfall dem Dienst der Kirche. 1602 wurde er Hauslehrer bei Valerius Herberger. 1608 Poeta laureatus. Es folgt ein kurzes Studium in Straßburg. 1611 Diaconus in Köben im Fürstentum Glogau, Heirat im selben Jahr. 1617 Tod der Ehefrau. Vorher Großbrand in Köben, während des Krieges viermal Plünderung der Stadt, 1631 Pest. Langjährige Krankheit nötigt H. 1634, sich durch einen Hilfsprediger vertreten zu lassen, 1638 das Amt aufzugeben. Als Emeritus in Lissa 1647 gestorben.

(2) Die Hinführung zum Text beginnt mit einer biblischen Geschichte, einer historischen Anekdote oder einem klassischen Zitat, die Gelegenheit bieten, auf den gegenwärtigen Trauerfall Bezug zu nehmen.

Die sachliche Hinführung zum Text ist mitunter gut mit der Bezugnahme auf den Kasus verbunden. Bei der Beerdigung einer Frau, die im Zuge der Gegenreformation ihre Heimat verlassen mußte, geht er aus von Phil. 1,29[2], erwähnt kurz ihr Schicksal und wählt als Text einen der Sprüche, an denen sie sich „sonderlich aufgerichtet und ergetzet" hat[3].

(3) Vor der Textverlesung, die wie bei Herberger in keiner Leichenpredigt fehlt, fordert Heermann in der Regel die Gemeinde auf, ihm bei der Erfüllung seiner Aufgabe zu helfen, indem sie mit ihm das Vaterunser betet.

(4) Es folgt die Hinführung zum Thema, die sich formal und sachlich eng mit dem zweiten Abschnitt des Exordiums berührt. Da es sich hier weithin um Wiederholungen handelt, empfindet der Leser diesen Teil als unfruchtbar retardierenden Passus.

(5) Das Thema wird in einem Satz formuliert. Wie Herberger kleidet es auch Heermann gern in Versform. Auf eine Formulierung der Partitio verzichtet Heermann. In der Gliederung des Hauptteils bedient er sich gelegentlich rhetorischer Regeln, ohne sich streng daran zu binden. In einigen Predigten übernimmt Heermann ein aus der Antike stammendes und durch den Humanismus tradiertes Schema[4], das jeweils die Frage nach Subjekt, Objekt, Ort, Zeit, Mittel und Grund hinsichtlich des behandelten Stoffes stellt.

So wird eine Predigt über Hiob 19,25 unter dem Thema „Von der gewissen Aufferstehung der Todten: Wie sie von Job nach allen Umständen beschrieben werde" folgendermaßen disponiert (I 166ff):

1. „Q u i s ? Wer der HERR sey/ der unser vermoderte Leiber wieder aufferwecken wird"? (167)
2. „Q u i d ? Was wird denn Christus aufferwecken?" (172)
3. „U b i ? Wo wird dann Christus Jesus unsere Leiber hernehmen?" (176)
4. „Q u i b u s a u x i l i i s , was wird denn Christus Jesus für Instrumenta und Mittel hierzu gebrauchen?" (180)
5. „C u r ? Warumb unnd zu was Ende sollen wir wieder aufferstehen?" (184)
6. „Q u o m o d o ? Wie wirds zugehen in der Aufferstehung der Toten?" (188)
7. „Q u a n d o ? Wann wird dieses alles geschehen?" (191)[5]

Ausnahmsweise dient auch das durch die altprotestantische Dogmatik

2. III 134: „Euch ist gegeben/ daß ihr nicht allein an Christum gläubet/ sondern auch umb seinet willen leidet".
3. Sap. 5,1: „Als denn wird der Gerechte stehen mit grosser Freudigkeit wider die/ so ihn geängstigt haben/ und seine Arbeit verworffen haben".
4. Die altprotestantische Homiletik folgt darin Melanchthon, der die „Circumstantiae" wiederholt erläutert. Vgl. De ratione concionandi (1553), Suppl. Mel. V/2, Leipzig 1929, S. 62 u. Anm. 4.
5. Ebenso ist II Nr. 28 S. 679ff disponiert. Mitunter begnügt sich Heermann mit einigen Gliedern dieses Schemas, z. B. I Nr. 4 und 5: Quis, Quid, Quomodo; Nr. 12: Quid, Quando, Cur.

rezipierte aristotelische Schema von den vier Ursachen als Mittel zur Gliederung. Es handelt sich hier um Predigten dogmatischer Natur mit dem Thema der Rechtfertigung[6].

Die Benutzung dieser Schemata läßt deutlich die Neigung zur Lehrpredigt erkennen. In dieser Hinsicht ist Heermann Sohn der Orthodoxie. Heermann fühlt sich jedoch nicht an Schemata dieser Art gebunden. Er bemüht sich, jede Predigtgattung zu ihrem Recht kommen zu lassen, sofern er es der Gemeinde zu schulden glaubt. So kann er in einer Leichenpredigt vier Predigtgattungen verbinden und ausdrücklich als solche bezeichnen: Den Text Hiob 3,11 ff legt er aus „1. Als Concio querulatoria, eine bittere Klag Predigt" (I 618). „Zum 2. sind uns die abgelesenen Trawrworte Hiobs/ Concio informatoria, eine nützliche Lehrpredigt" (622). „Zum 3. sollen uns Hiobs Klag-Worte seyn/ Concio consulatoria, eine liebliche Trostpredigt" (628). „Zum 4. und kürtzlich zum letzten/ sollen uns diese Klag-Worte Hiobs seyn Concio adhortatoria, eine Vermahnungspredigt" (632).

Die Unterscheidung von explicatio und applicatio, die in der Barockpredigt beliebt war, dient nur in einer Leichenpredigt als Mittel der Gliederung. Der Predigt I Nr. 22 S. 592 ff legt Heermann das Wort Eccl. 7,2 zu Grunde: „Der Tag des Todes ist besser als der Tag der Geburt". Er bietet zunächst eine Literalexegese, die er als „Verborum explicationem" (595) bezeichnet. Die Richtigkeit der Auslegung wird im zweiten Teil, der Confirmatio, bewiesen durch Zeugnisse aus Bibel und Geschichte (600 ff). Der dritte Teil bringt die Applicatio, in der gezeigt wird, „wie ihm dieses Sprüchlein ein jeder sol recht nütze machen" (608). Jeder der drei Teile ist wieder dreifach gegliedert.

Heermanns Leichenpredigten zeichnen sich durch eine klare Gliederung aus, die auf eine Häufung der Dispositionspunkte, wie wir sie bei Herberger fanden, verzichtet. Deutlich abgehoben von der Auslegung ist der Lebenslauf, der immer am Schluß steht und mit einer Formel eingeleitet wird[7]. Hierin besteht der wichtigste formale Unterschied gegenüber Herberger. Gewöhnlich schließt der Lebenslauf mit einem Gebet, in dem Gott um Trost und Hilfe für die Hinterbliebenen, um eine selige Auferstehung der Verstorbenen und ein gutes Ende der Lebenden angerufen wird. Die geprägte Form des Herbergerschen Valetsegens hat Heermann nicht übernommen.

---

6. II Nr. 21 u. 22; S. 509: Causa efficiens, S. 530 causa materialis, S. 530 causa formalis, S. 542 causa finalis. Hinzu kommen zwei nicht genuin aristotelische causae: die causa meritoria totalis (S. 513) und die causa instrumentalis (S. 519). H. entnimmt das Schema den Loci theol. des *Johann Gerhard*, Locus XVI (ed. *Preuß* III 300ff).

7. Z. B. II 176: „Was nun letzlich anlangen thut/ dieser unser seligen verstorbenen Mittschwester ... *Geburt/ Ankunfft/ Lebenswandel/* und *seligen Abschied/* verhelt sichs mit demselben also ..." Die hervorgehobenen Begriffe umreißen Inhalt und Disposition des klassischen Typs der Lebensläufe.

2. Die Verwendung des Textes

Wie Herberger legt auch Heermann jeder Predigt einen Text zu Grunde. Die Motive der Textwahl legt er nur einmal ausnahmsweise dar.

Die Wahl des etwas ungewöhnlichen Textes Gen. 3, 17 ff begründet Heermann, indem er ausführt: „Welche Worte ich mir auff dißmal zu erklären nicht unbillig vorgenommen habe. Denn daraus können wir sehen/ woher es doch komme/ daß die Erde dieses Jahr also kärglich abspeise. Deßgleichen auch/ warumb der Todt eines nach dem andern aus unserer Gemeinde darnider renne/ und zu dieser Zeit so manches Begräbnüß zu bestellen verursache" (313 f). Der Gerichtstext aus Gen. 3 ist also im Blick auf die gegenwärtige Katastrophe gewählt worden. Ferner erscheint das Wort als passend, weil es an den „allereltesten Ackermann Adam" gerichtet wurde und jetzt bei der Beerdigung eines alten Bauern als Predigttext dient.

Als Sohn der lutherischen Orthodoxie und Schüler Herbergers praktiziert Heermann ausnahmslos die synthetische oder thematische Predigtmethode. Auch die thematische Predigt gründet im Text, dessen Auslegung sie sein will. Heermann bemüht sich um den Skopus. Indem er diesem eine Formulierung gibt, die dem Ziel der Leichenpredigt angemessen scheint, hat er das Thema gefunden. Aus der Analyse des Themas ergibt sich die Disposition der Predigt. In der Auslegung wird der Text trotz gelegentlicher Abschweifungen nicht aus dem Auge verloren.

Heermann bemüht sich um eine angemessene Literalexegese, ohne dabei mit Gelehrsamkeit zu protzen. Wenn er, was selten geschieht, auf die Ursprache Bezug nimmt, so dient das der Literalexegese[8]. Allegorische Auslegungen finden sich im Gegensatz zu Herberger selten. Das ist angesichts der Tatsache, daß Heermann stark von der altkirchlichen und mittelalterlichen Tradition beeinflußt ist, beachtlich.

Heermann ist Schrifttheologe. Er bewegt sich in den Bahnen der Predigt seiner Zeit, wenn er meint, das durch eine Häufung von Bibelzitaten belegen zu müssen. Die Predigten der Orthodoxie quellen oft über von Schriftzitaten, die aus allen Büchern der Bibel zur Erläuterung oder Bekräftigung der Auslegung herangezogen werden[9]. Auch Heermann kann seitenlang Parallelstellen anführen. Der Leser spürt jedoch, daß die Schriftworte dem Prediger aus einer engen inneren Verbundenheit mit der ganzen Bibel zuströmen. Hier werden nicht nur Konkordanzen ausgebeutet, um eine Unmenge dicta probantia beizubringen, die den Prediger in seiner Auslegung bestätigen sollen. Vielmehr tritt

---

8. Z. B. I 112: „In der Grundsprache stehet das Wörtlein Goel, welches in Mosis Land Rechte so viel heist: als ein Erretter und Rächer". Im folgenden werden die Funktionen des Goel richtig erklärt.

9. Gegen die unsachgemäße Häufung von Schriftzitaten wandte sich schon *Lucas Osiander* 1582 in seinem Tractatus de ratione concionandi: „Et in allegandis scripturae s. dictis atque exemplis aliquis sit modus, ne sine causa ingens numerus (magis ad ostentationem quam ad aedificationem comparatus) sine ulla necessitate coacervetur". Zit. bei *C. G. Schmidt* aaO S. 48.

der Prediger zurück, um das Wort sprechen zu lassen, dem kein Menschenwort gewachsen ist. Dabei wird er nicht lehrhaft-spröde oder unpersönlich. Er reiht nicht Zitate aneinander. Es kommt ihm nicht darauf an, exakt zu zitieren, so daß er vom Wortlaut abweichen oder ihn paraphrasieren kann. Sein Schriftgebrauch hat zwar auch den Sinn des Schriftbeweises, aber diese Funktion tritt zurück gegenüber der Applicatio des Wortes auf das Leben des einzelnen Christen. Ein längeres Zitat möge das verdeutlichen.

IV 91: Als Text dient Ps. 56,9 (‚Zähle die Wege meiner Flucht; fasse meine Tränen in deinen Krug etc.'). Im dritten Abschnitt führt Heermann aus:

„ruffe mit David Gott an/ der dein Gebet hören kan/ und erhören wil. Dem befiel deine Flucht/ dem befiel deine Thränen! Dis ist der Gott/ welcher selber saget: Es sol geschehen/ ehe sie ruffen/ wil ich hören/ und wann sie noch reden/ wil ich antworten. Er höret das Seuftzen der Gefangenen. Er höret das Verlangen der Elenden. Für ihm ist alle deine Begierde. Gott ist und regieret allenthalben und erfüllet alles mit seiner Gegenwärtigkeit. Er ist ein Gott der nahe ist/ und nicht ein Gott/ der ferne ist. Er ist nahe bey denen die Ihn anruffen. Gott ist weise/ und weis tausent Mittel/ wie Er dir helfen sol. Wann die Kinder Israel für dem rothen Meer stehen/ und nicht wissen wie sie den Zorne Pharaonis und seiner Kriegs-Macht entgehen sollten/ So weis Er einen Weg durchs Meer zu machen/ daß sie truckenen Fußes hindurch gehen können. Gott ist gnädig/ und von grosser Güte. Gott regieret alles mit Barmherzigkeit. Er wird ihm dein Noth lassen zu Hertzen gehn/ und sich dein erbarmen. Gott ist getrew und wahrhaftig. Er hält alles, was er geredet hat. Nun hat Er dir aber Erhörung und Hülffe zugesagt. Warumb wilt du ihn denn nicht getrost anruffen? Er wird gewis den Gerechten nicht ewig in Unruhe lassen. Zu dem/ so ist auch bey Gott kein Ding unmüglich. Was Gott verheisst kan er auch thun. Er kan dir in der eussersten Noth beyspringen und helffen. Dann Er vermag alles."

Neuzehn Schriftstellen sind in diesem Abschnitt verarbeitet, von denen die wenigsten wörtlich zitiert wurden. Hier liegt nicht eine Häufung von Schriftzitaten vor, sondern konzentriert biblische Verkündigung.

3. Autorenzitate

Zu den Analogien von lutherischer Orthodoxie und Scholastik gehört die Vorliebe für die Bekräftigung und Erläuterung der eigenen Auslegung durch das Zitieren klassischer Autoritäten. Im 17. Jahrhundert nimmt diese Tendenz zu. Auch Heermann macht reichen Gebrauch namentlich von der patristischen Überlieferung. Seine besondere Liebe gilt Augustin. Von 580 Zitaten aus christlichen Autoren verschiedener Zeiten sind 181 allein den echten und unechten Werken Augustins entnommen, wobei Wiederholungen mitgezählt wurden[10]. An zweiter Stelle steht Bernhard von Clairvaux mit 71 Zitaten. Aus seinen Werken dürfte Heermann zahlreiche Augustinworte entnommen haben. So sicher es ist, daß ein großer Teil aller Zitate den weitverbreiteten Flori-

10. Erfaßt sind nur die Zitate, welche im Druck als solche kenntlich gemacht wurden. Die Zahlen stimmen daher nicht absolut, wohl aber relativ.

legien entstammen, so wenig zweifelhaft scheint es, daß Heermann wenigstens Augustin und Bernhard zum guten Teil aus den Quellen kannte[11]. Diese auch von Luther hochgeschätzten Theologen kamen der zur Innerlichkeit neigenden Frömmigkeit Heermanns und seiner durch schweres Leid geprägten Betrachtung der Welt und des Lebens entgegen.

Aus eigener Lektüre hat Heermann wahrscheinlich auch Chrysostomus gekannt, den er an 39 Stellen zitiert, Hieronymus, der 31mal erscheint, und vielleicht Ambrosius und Gregor den Großen, die 25 bzw. 22mal vertreten sind. Sicher ist, daß er Luther gelesen hat, den er 48mal mit Namensnennung zitiert. Des öfteren gibt er die Fundstelle aus der Jenaer oder Wittenberger Ausgabe an. Nicht selten führt er uns zu Höhepunkten, wenn er den „Mann Gottes Lutherus" zu Wort kommen läßt[12]. Heermann gehört zu den Theologen des 17. Jahrhunderts, die nicht nur Lutherworte zierten und repristinierten, sondern von dem Geist erfaßt waren, der den Reformator beseelte. Zu den Worten, die Heermann am liebsten zitiert, gehört das aus dem Kleinen Katechismus: „Wo Vergebung der Sünden ist, da ist auch Leben und Seligkeit"[13].

Melanchthon wird nur selten zitiert, gehört aber zu Heermanns geistigen Ahnen. Von nachreformatorischen Theologen erscheinen u. a. M. Chemnitz, Cyriacus Spangenberg, J. Mörlin, N. Selnecker. Als der weitaus bedeutendste zeitgenössische Theologe, von dem Heermann abhängig ist, muß Johann Gerhard genannt werden, dessen Loci Heermann mehrfach zitiert[14].

Den 580 Zitaten christlicher Theologen stehen nur 98 Stellen gegenüber, an denen nichtchristliche Autoren zitiert werden[15]. Den höchsten Anteil trägt der Stoiker Seneca, der 12 mal genannt wird. Die Bevorzugung dieses Philosophen erklärt sich nicht nur aus der Hochachtung, die ihm in der Theologie seit jeher entgegengebracht wurde, sondern auch aus der besonderen Brauchbarkeit seiner Aussprüche für Leichenpredigten. So ist es nicht verwunderlich, daß mit Cicero ein der Stoa nahestehender Philosoph den dritten Platz nach Aristoteles einnimmt[16]. Die aristotelische Philosophie wurde von der altprotestantischen Dogmatik weithin positiv aufgenommen. Heermann steht dem Stagiriten jedoch bei aller Hochachtung

---

11. Die „Meditationes sanctorum patrum" des *Martin Moller*, Görlitz 1602, denen Heermann viele Motive seiner Lieder entnahm, kommen für die Zitate nicht in Betracht. Moller bietet keine Stellenangaben und nur die deutsche Übersetzung, während Heermann fast immer zweisprachig zitiert.

12. So z. B. I 186, 482; II 703.

13. III 294; 490; 558 u. ö.

14. Z. B. 479; 624; II 262; 514.

15. Zur Beschränkung im Zitieren profaner Schriftsteller mahnte *Lucas Osiander* aaO (*C. G. Schmidt* S. 48): „E profanis scriptoribus pauca et quidem parce et raro adferantur". Der Prediger soll sich hüten, die Gemeinde an „profane dicta" zu gewöhnen, weil sie dadurch der biblischen Geschichten überdrüssig werden könnten!

16. Aristoteles wird 12 mal, Cicero 9 mal zitiert.

seiner Gelehrsamkeit mit Reserve gegenüber. Vgl. z.B. I 232: „Aristoteles, der gelehrte Heyde/ hat fürgegeben/ die Welt were von Ewigkeit gewesen. Ob er nun wol
sonsten in der Philosophia und guten Künsten/ ein unsterbliches Lob erjaget/ so hat
er doch in diesem/ wie auch in andern geistlichen Sachen/ von der rechten Wahrheit
weit geirret/ und ist der heiligen Schrifft stracks zu wider gegangen".[17]

4. Die Verwendung von Beispielen

Wie Herberger schöpft auch Heermann mit Vorliebe aus dem Schatz
der Geschichte, um seine Predigtgedanken zu veranschaulichen und zu
untermauern. Im großen und ganzen vermeidet er eine unnötige Häufung von Beispielen. Nur einmal zählt er zwanzig Beispiele ehrlichen
und unehrlichen Begräbnisses auf (I 177 ff).
Die Quellen seiner Beispielgeschichten notiert Heermann oft am
Rande. Neben mehreren Geschichtswerken, zu deren Autoren Sebastian
Franck und Chytraeus gehörten, schöpfte er aus der lutherischen Predigtliteratur, nicht zuletzt aus Leichenpredigten von uns bekannten
Autoren wie Johann Mathesius, Herberger und Selnecker[18]. Hatte Herberger seine Geschichten oft aus Freude am Erzählen gebracht, so ist
Heermann sich in der Regel genau der Aufgabe bewußt, die seine Beispiele im Rahmen der Leichenpredigt zu erfüllen haben. Zählt er z. B.
einige plötzliche Todesfälle auf, so geschieht es allein, um die Hörer
vor falscher Sicherheit zu warnen. Berichtet er vom seligen Sterben,
so will er die Hörer zur Nachfolge aufrufen. Oft macht Heermann
seine Beispiele dadurch für die Leichenpredigt fruchtbar, daß er a
minore ad maius schließt:
„Welch ein Ruhm ists Virgilio unnd Horatio, daß der Römische Keyser Augustus
offtmals zwischen ihnen in der mitten gesessen hat. Viel größer aber ist die Ehre/ daß
der Herr Jesus nicht nur bey dir in deinem Hause/ sondern auch in deinem Hertzen
residiren und wohnen wil".[19]

Andere Beispiele werden e contrario verwandt:
„Jener Graff in Engeland/ da ihn sein Beichtvater fragte/ ob er auch gerne sterben
wolte? gab er zur Antwort: Was sol ich machen? Ich muß wol. Wenns aber wünd-
schens gülte/ so könte ich wol leiden/ daß Gott seinen Himmel armen Bettlern
schenckte/ die weder zu beissen noch zu brechen haben/ und liesse mich hier bey meinen Ritterspielen/ und bey meinen Gütern verbleiben. Nicht also/ du Christliches
Hertz/ nicht also: Sprich vielmehr mit König David/ Paratum est cor meum" (III 91).

In der Auswahl seiner Geschichten verfährt Heermann so unkritisch

17. Zum Aristotelismus in der altprotestantischen Theologie vgl. *P. Petersen*, Geschichte der aristotelischen Philosophie im protestantischen Deutschland, Leipzig 1921,
S. 109ff.
18. *Mathesius*: IV 236; *Herberger*: III 401; *Selnecker*: II 585; 718. Vgl. auch II
214, wo *Heermann* aus den Leichenpredigten des Güstrower Superintendenten Andreas Celichius zitiert, den er „jenen berühmbten Prediger zu Mecklenburg" nennt.
19. I 499; vgl. 129; 152; 169; 267; 462; 604 u. ö. *Lucas Osiander* konzedierte das
maßvolle Zitieren profaner Autoren „in hunc finem, ut a minori ad maius argu-
mentemur" (*C. G. Schmidt* S. 48).

wie die meisten seiner Zeitgenossen. So tradiert er die Behauptung, Karls des Großen Waffenträger sei 361 Jahre alt geworden[20], ebenso naiv wie verschiedene abergläubische Geschichten.

„Sylvester/ dieses Nahmens der andere/ ergab sich dem Teuffel/ so er ihn zu Päbstischer Dignität erheben würde/ doch derogestalt/ daß er ihn nicht eher holen solte/ biß er zu Jerusalem Messe halten würde. Vermeynete den Teuffel zu betriegen/ und nicht in die Stadt Jerusalem zu kommen. Aber im Fünfften Jahre seines Pabstthumbs hielt er Messe zu Rom in einer Capelle/ die Jerusalem heisset/ und wußte nichts davon. Da kamen die bösen Geister/ und erwürgeten ihn" (III 458).

Diese Geschichte, die dem heutigen Leser nur ein Schmunzeln oder ein Kopfschütteln abgewinnt, diente den Hörern Heermanns als ernstliche Warnung: Laßt euch nicht mit dem Teufel ein!

„Tue Buße, solange es Zeit ist" – das ist das Thema einer anderen merkwürdigen Anekdote, die Heermann einer polnischen Chronik entnimmt:

„Jener vom Adel in Pohlen/ der seine Unterthanen bis auf den Grad ausgesogen/ und ihnen alles zum Verdrüß gethan/ was er nur hat erdencken können/ ward in seiner Kranckheit zur Busse ermahnet. Darauf gab er zur Antwort: O es ist mit mir schon zu lange geharret. Die bösen Geister sind allbereit vorhanden/ meine Seele zu holen. Bald höret man ein Geklatsche als hiebe man ihn mit Ruthen: Man sahe/ daß sein Leib braun/ blaw und blutrünstig ward. Er gab seinen Geist auf mit solchem Geschrey und Ungeberden/ daß jederman erschrack/ der dabey stund: Hic orsus supplicia, qui deinde apud inferos expenderet, ut esset exemplo iis, qui aliorum incommodis student sua commoda quaerere ... sagt der Historien Schreiben" (IV 62).

Mag Heermann auch mit Geschichten dieser Art dem Aberglauben seiner Zeit Tribut entrichtet haben, so steht doch außer Zweifel, daß er den gewünschten Eindruck auf seine unkritischen Zuhörer nicht verfehlt hat[21].

5. Prosa und Poesie in der Leichenpredigt

Johann Heermann ist mit Recht der bedeutendste lutherische Dichter zwischen Luther und Paul Gerhardt genannt worden[22]. Bereits drei Jahre vor seinem Amtsantritt wurde er 1608 zum Poeta Laureatus Caesareus gekrönt. Seinem Freund Herberger war er an dichterischem Format weit überlegen. Er verzichtete jedoch darauf, sein Können in

20. III 218 u. ö.
21. Nur ausnahmsweise finden sich Anekdoten, die völlig fehl am Platze sind. Heermanns Gemeinde wird mit gemischten Gefühlen zugehört haben, als der Prediger folgende Geschichte erzählte und homiletisch nutzen wollte: „Als der Tatarische König Anno 1241 in Polen unnd Schlesien mit fünffmal hundert tausent Mann einen Einfall thet/ und trefflich viel Volcks erlegte (!)/ ließ er einem jeden Erschlagenen nur ein Ohr abschneiden/ darvon sind neun Kornsäcke gefüllt worden. O ihr Christlichen Hertzen/ Kein Ohr von diesen/ Ja auch sonst kein Stäublein und Beinlein sol am jüngsten Tage aussenbleiben: Alles wird Christus JEsus wieder zusammen bringen" (I 122).
22. Handbuch zum EKG II, 1957, S. 137 (Büchner); W. Tell, Kleine Geschichte der deutschen evangelischen Kirchenmusik, Berlin 1962, S. 117.

der Predigt zu demonstrieren. Wenn er Liedverse zitiert, so sind es meist nicht seine eigenen. Die gereimten Themata sind, wie bei Herberger, vielleicht erst dem Druck beigefügt worden. Gegenüber Herbergers unbeholfenen Versen spürt man hier den Dichter reden:

> „Wenn dir am lezten End/ der Tod für Augen schwebet/
> So sprich mit Job: Ich weis/ daß mein Erlöser lebet.
> Der wird mich aus der Erd lebendig lassen gehn/
> Und ich werd meinen Gott/ in meinem Fleisch sehn" (II 185).

Der Leichenpredigt für einen Pfarrer stellt Heermann den Vers voran:

> „Laß deine Lehre recht und rein/
> Das Leben las unsträflich seyn/
> Bleib Gott getrew. Du hast zu Lohn
> Hier Lob und Ruhm/ und dort die Kron" (II 313).

Gern dichtet Heermann in lateinischen Hexametern, denen er eine deutsche Nachdichtung folgen läßt. Eine Predigt unter dem Thema „Aus allem Leiden/ Hilfft Gott mit Frewden" (II 384 ff) leitet Heermann durch folgende Verse ein:

> Multa ferenda bonis mala sunt. Sed ab omnibus omnes
> Expedit omnipotens omnibonusque Deus.
> Wer from ist/ der muß oft in vielem Trübsal stecken
> Doch darf er nicht zu sehr/ in solcher Not erschrecken.
> Gott hilfft zu rechter Zeit. Setz ihm kein Maß und Ziel.
> Er hilfft aus aller Noth/ und wer ihr noch so viel".

Bei Nachdichtungen antiker Autoren erlaubt Heermann sich die größte Freiheit. Oft kann von einer Übersetzung nicht mehr die Rede sein.

> Tendimus huc omnes, metam properamus ad unam:
> Omnia sub leges mors vocat atra suas.

Diesen Vers des Ovid übersetzt Heermann ebenso frei wie kurz und bündig:

> Für des Todes Krafft/
> Hilfft keines krautes Safft (I 340).

Sehr unterschiedlich verfährt er bei der Übersetzung lateinischer Zitate auch in Prosa. Der Unsitte, jedes Kirchenväterzitat erst im Urtext zu zitieren, schließt er sich an. Die Übersetzung ist oft nicht wörtlich. Nicht selten verzichtet der Prediger sogar auf eine Übersetzung[23]. Wahrscheinlich hat er das nicht nur im Druck für vertretbar gehalten, sondern auch vor der Gemeinde. Es ist nicht einzusehen, warum er bei der Drucklegung willkürlich auf einen Teil der Übersetzung hätte verzichten sollen.

Heermanns Vorliebe für die lateinische Sprache äußert sich auch in der häufigen Verwendung lateinischer Verben und Substantive, denen kopulativ der entsprechende deutsche Begriff beigefügt wird: Christus wird das Werk der Auferstehung „effectuiren und verrichten" (I 180), seine Stimme wird alle Gräber „penetriren und durchdringen" (181) usw.

---

23. Z. B. I 86; 183; 214; 227; 263; 323; 329.

Beobachtungen dieser Art können Heermann nicht den Ruhm nehmen, daß er die deutsche Sprache großartig beherrschte. Sein klarer, flüssiger und schlichter Stil hebt sich wohltuend vom Niveau der durchschnittlichen zeitgenössischen Predigtliteratur ab. Der Ausdruck ist anschaulich, einprägsam und volkstümlich.

Die echte Bescheidenheit und zugleich homiletische Weisheit Heermanns erweist sich nicht zuletzt darin, daß er auf Dichtung im Rahmen der Predigt fast ganz verzichtete. Sein glänzender Stil konnte derartiger Ornamente entbehren. Dennoch enthalten die Sammelbände seiner Leichenpredigten wertvolle Bereicherungen des allgemein bekannten dichterischen Werkes Johann Heermanns, da der Dichter im Anschluß an mehrere Leichenpredigten „Trost-Gedichte", Epitaphien, Grabschriften und Epiloge abdruckte, die m. W. nicht in seine Gedichts- und Liedersammlungen aufgenommen wurden.

II. Der Inhalt

1. Der Sinn der Leichenpredigten

Nach Heermanns eigenen Worten war es neben seiner Amtspflicht sein körperliches Leiden, was ihn veranlaßte, sich mit Todesbetrachtungen zu beschäftigen:

„Es reizet mich zu solchen Tods-Betrachtungen mein eigener Zustand. In dem ich mich nicht allein unter die Zahl der Pilgram unnd Wandersleute setzen und schetzen muß/ und nicht wissen kan/ wann mir auß der Welt zu wandern auffgeboten wird. Sondern auch/ weil mich mein frommer trewer GOtt/ per crebras ex capite distillationes, durch starcke Heuptflüsse und Beschwerung/ auß väterlicher Liebe/ offtmals warnet/ und mir dadurch . . . wolmeynende zuschreyet: Dispone domui tuae" (Vorrede zu I).

Die Bereitung zum Sterben dient dem zweiten Band der gesammelten Leichenpredigten als Überschrift: „Schola Mortis: Todes-Schule"[24]. „Begehrt jemand Lehr und Unterricht/ wie er selig sterben soll? Hier findet er/ was er begehret", kündigt die Vorrede an.

Trost in der Anfechtung des Lebens und des Todes sowie Warnung vor falscher Sicherheit sind die übrigen Aufgaben, die Heermann den Leichenpredigten in der Vorrede zum 2. Band zuweist.

Diese Ziele der Leichenpredigt sind ganz auf die lebende Gemeinde, auf die „Pilgrams- und Wandersleute", gerichtet. Augustins Aussage, daß die Begräbniszeremonien m e h r den Lebenden zum Trost als den Toten zur Hilfe dienen[25], wurde in evangelischen Leichenpredigten zwar oft zustimmend zitiert, konnte ihnen aber nicht genügen. Eine Hilfe für den Toten ist als Sinn der Beerdigung und der Leichenpredigt

---

24. Vgl. den vollständigen Titel im Quellenverzeichnis.
25. De civ. dei I c. 12, CSEL 40,1 S. 24,16–18.

absolut ausgeschlossen. Dadurch wird die Möglichkeit einer Toten-
ehrung nicht berührt. Luther selbst zeigte ja, wie sich Verkündigung an
die Gemeinde und ehrendes Gedenken verbinden lassen. Auch Heermann erblickte eine der Aufgaben seiner Leichenpredigten darin, dem
Verstorbenen eine letzte Ehre zu erweisen[26].

2. Die Wertung der Welt und des Lebens

„Was ist doch/ O Mensch/ dein und mein Leben auff Erden? Revera
non est vita, sed calamitaes, in Wahrheit ist es kein recht Leben/ sondern eitel Elend/ sagt Euripides" (I 221). Diese negative Stellung zum
Leben wird verständlich, wenn man sich den leidvollen Lebensweg des
Predigers vor Augen hält. Dem Flüchtling des Dreißigjährigen Krieges
können wir es nachempfinden, wenn er sich als Fremdling fühlt in
dieser Welt. Der Gedanke von der Peregrinatio findet namentlich in
Heermanns späten Leichenpredigten starken Ausdruck:
„Wir leben und lauffen noch allhier in der Frembde/ und kommen täglich dem Orte
näher/ dahin wir kommen sollen und wollen" (IV 432).
„Jetzund gehen die Kinder GOTTES hin und weinen: Ihr Leben ist in steter Bewe-
gung: Es ist eine immerwehrende Reise und Hingang biß ins Grab: Daher auch der
Patriarch Jacob seines Lebens lauff nennet dies peregrinationis, die Zeit seiner Wal-
fahrt" (IV 8 f).
„Was ist diß Leben anders als ein Wanderschaft?" fragt Heermann schon in einer
Leichenpredigt von 1619 (I 382).
Wer Anfang, Fortgang und Ausgang des menschlichen Lebens betrach-
tet, kommt zu dem Ergebnis: Er bringt den ganzen Lebenslauf „in eitel
Jammer und Elend" zu (I 288).
   In den Jahren 1632–1634 wurde Heermann zusammen mit seiner
Köbener Gemeinde mehrmals das Opfer schwerer Plünderungen, wo-
bei er in höchste Lebensgefahr geriet. Kein Wunder, wenn er in seiner
Leichenpredigt von 1633 sich das Urteil zu eigen macht:
„Die Welt ist ein solcher Orth/ sagt Bernhardus, da viel Bosheit/ und wenig Weisheit
zu finden: Da alles schleimig und leimig/ alles glatt und glipfrig/ alles mit Finster-
nis bedecket und mit Stricken beleget ist: Da die Seelen in steter Gefahr schweben/
und die Leiber geplagt werden: Da alles eitel/ und Angst des Geistes ist" (IV 40).
„Ach/ ach/ wie wandeln wir in so betrübter Zeit!
Erfahren überall nichts denn nur Angst und Leid.
   Da ist kein Winckel auch in aller Welt so klein:
   Du must beweinen da die große Qual und Pein" (IV 41).
Des öfteren kommt der Gedanke zum Ausdruck, daß dieses Leben
„eine immerwährende Arbeit" ist. Das Wort Ps. 90, 10 ist Heermann
aus dem Herzen gesprochen: „Das beste und der Kern dieses Lebens ist
dolor et labor, Müh und Arbeit" (I 326). Für einen Mann, der sein

---

26. Vgl. z. B. II 676: „Ich will für seine/ mir erwiesene auffrichtige Liebe und
Freundschafft/ mit einer Leich-Predigt/ sein Begräbnis verehren".

Lebenswerk einem leidenden Körper abringen mußte, war es Ausdruck sehnsüchtigen Verlangens, wenn er sich und der Gemeinde sagte: „Es sol solche deine Müh und Sorge nicht ewig währen. Nach deinen Tode soltu ruhen von deiner Arbeit" (I 328).

Es ist verständlich, daß die negative Betrachtung der Welt und des Lebens in den Leichenpredigten besonders starken Ausdruck findet. Verfehlt wäre es, von daher auf eine Mißachtung der Schöpfungsgaben zu schließen. Heermann weiß in einer Zeit ständiger Lebensgefahr die Gabe des natürlichen Lebens zu schätzen:

„Sihe Christus ist dein Leben. ER hat dir das natürliche Leben gegeben. Darumb solt du länger leben/ so wird ER dir auch mittheilen/ was du zu Erhaltung dieses Lebens benöthiget bist... Steht dein Leben in eusserster Todes-Gefahr zur Zeit der Verfolgung/ oder sonst für dem Grimm deiner Feinde? O ergieb dich dem/ der dein Leben ist. Solt du länger leben/ so wird ER dir Schutz halten/ und das Leben wunderlich erhalten" (IV 117).

Den heidnischen Brauch der Thracier, die angeblich jede Geburt beweint, über jeden Todesfall aber sich gefreut haben, lehnt Heermann ab (I 140 f). Dennoch erscheint das Leben dieser Zeit, aufs Ganze gesehen, in einem trüben Licht.

3. Das Verständnis der Todes

Mit der Tradition versteht Heermann den biologischen Tod als Trennung von Leib und Seele:

„Du O Mensch/ bist zusammen gesetzt aus Leib und Seele. Das Band/ welches diese beyde Stücke verknüpft und beysammen hält/ ist das Leben. Wann dieses Band zerreisset/ und der Mensch stierbet/ so wird er auffgelöset/ das ist/ Leib und Seele werden voneinander abgesondert".[27]

Diese Trennung wird am Jüngsten Tage aufgehoben[28]. Heermann kennt keine romantische Verklärung des Todes. „Wenn wir den Todt dem eusserlichen Ansehen/ und unserer Vernunfft nach/ betrachten/ so ist seine Gestalt und Bildnüß dermassen grewlich und abschewlich/ daß ihn unser Fleisch und Blut mit Aristotele Omnium terribilium terribilissimum, für das schrecklichste Ding auf Erden außschreyet"[29]. Bis

27. IV 289f.; vgl. I 7; 189; 418; III 506 u. ö. – Gelegentlich nimmt Heermann sogar den platonischen Gedanken von der Einkerkerung der Seele in den Leib und ihrer Rückkehr zu Gott nach dem Tode auf: „So lange der Mensch auff dieser Welt lebet/ so lange ist die Seele in seinem Cörper/ gleich als einem Kercker. So bald er stirbet/ wird die Seele vom Leibe ab- und auffgelöset/ und kömpt wieder zu Gott/ der sie gegeben hat" (I 603).

28. I 130; 189: „Jetzo gehets ohne Schmertzen nicht zu/ wann sich die liebsten zween Freunde/ Leib und Seele trennen sollen. Aber so schmertzlich allhier das Scheiden ist/ so grosse/ und noch größere Frewde wird dort entstehen/ wann sie Christus wieder zusammen bringen und vereinigen wird".

29. *Aristoteles*, Nikomachische Ethik III c. 6 nach der lateinischen Ausgabe Venedig 1560, III 213 a: mors maxime omnium rerum est horribilis.

zu grausigem Realismus sich steigernde Totentanzmotive läßt der Prediger vor uns erstehen:

„Der unersettliche Menschenfresser hawet mit seinem scharffgewetzten Würgemesser indiscrinatim, ohn allen Unterschied/ den Reichen so wol/ als den Armen/ den hurtigen glatten Jüngling so bald/ als den krumgebückten steinalten Greiß/ den aller Frömmesten so wol/ als den aller Ergesten darnider/ und führet mit Wahrheit in seinem Schilde das Symbolum: Nulli Parco:
   Niemand zu schonen ist mein Sinn:
   wen ich antreff/ reiß ich dahin.
Darnach beraubet er auch mit seinen Würgeklauen den Menschen/ aller seiner schönen Gestalt/ darmit er im Leben gepranget/ und macht eine heßliche/ eißkalte/ erstarrete Leiche/ ja ein todes stinkendes Aaß auß ihm/ daß männiglich dafür die Nasen zuhelt/ unnd Abschew träget... Und wenn der Menschen ein wenig im Grabe gelegen/ so muß er der Würmer Speiß und Nahrung seyn/ zu Staub und Aschen zermalmet werden" (I 4 f).

Dieses „eusserliche Ansehen" wird durch die Sicht des Glaubens überwunden: „Den Gläubigen ist der Todt ein lieblicher und lieber Gast" (IV 9). In der Begründung dieser Aussage entwickelt Heermann Gedanken, die der Tradition entstammen. Drei Gedankenkreise sind es, die in mehreren Variationen entfaltet werden.

(1) Der Tod erlöst von aller Not des Lebens[30].

(2) Zugleich betont Heermann mit Röm. 6,7, daß der Tod Befreiung von der Sünde bringt[31]. Wie Pancratius erinnert Heermann besonders bei der Beerdigung kleiner Kinder daran, daß deren früher Tod sie vor Verführung und aktualer Sünde bewahrte[32].

(3) Der Tod gleicht dem Jordan, durch den das Volk Israel ins gelobte Land zog: „Also gehst du auch durch den Todt ins Land der Lebendigen/ zu dem/ der der rechte Vater ist" (I 601). Mit Bernhard nennt Heermann den Tod „vitae ianuam" (I 603), mit Gregor dem Großen „ein Thor zur Herrlichkeit" (604) und zur himmlischen Freude, die nicht durch Feindschaft getrübt wird (606).

Als an die Bibel gebundener Prediger wurde Heermann vor der Gefahr bewahrt, den Tod zu verklären oder zu verharmlosen. Der Tod blieb für ihn „der Sünden Sold"[33] und damit eine furchtbare Realität, die nicht verschleiert, wohl aber im Glauben überwunden wird.

30. IV 50 f: „Der Tod wird wenden und enden alle meine Noth... An deinem letzten Stündlein wirst du erlöset werden von allem Übel". I 222: „Durch einen seligen Todt kommen wir aus aller Noth und werden entzogen allem Leid und Streite"; vgl. I 244; IV 54f. u. ö.
Heermann gebraucht in diesem Zusammenhang das später säkularisierte Bild vom Feierabend: „Damit du nun aber in solchem bleyschweren Creutz-Karren nicht ewig ziehen darffest/ Sihe/ so kömpt unser lieber HERRE Gott/ gibt dir Feyerabend/ drückt dir die Augen zu/ redet dich freundlich an/ und spricht: Gehe hin mein Volck in eine Kammer" (I 8, vgl. 6). Diesen Zustand bezeichnet Heermann mit der Tradition gern als Schlaf.
31. I 246: „Diese Wolthat erzeiget der Todt einem Christen/ daß er ihn aus der Gefahr zu sündigen/ in einen solchen sichern Ort bringt/ da er nicht mehr sündigen kann". Vgl. IV 53; I 604f.
32. I 157; III 100f.
33. Vgl. I 372ff; IV 302; 402.

4. Auferstehung und ewiges Leben

Die Trostmotive, welche Heermanns Verständnis des Todes enthält, fielen in sich zusammen, würden sie nicht durch die gläubige Gewißheit der Auferstehung und des ewigen Lebens getragen und überhöht. Die Betrachtung des Todes treibt dem sterbenden Menschen „den kalten Angstschweiß" aus, wenn er nicht „weiß, daß sein Erlöser lebt" (II 195). Daß der Auferstehungsglaube sich in erster Linie auf das Osterereignis gründet, ist für einen Schrifttheologen selbstverständlich. Es fehlen jedoch auch rationale Argumente nicht: „Und diß weiß ich mit Job gewiß. Woher aber? Es weisens mir Naturae monumenta: Die Bildnis in der Natur" (I 173). Stärker als die Zeugnisse der Natur mit ihrem Vergehen und Werden sind freilich „Die klaren Sprüche H. Schrifft", die auf Grund der Verbalinspiration als dicta probantia gewertet werden, welche der Vernunft zu Hilfe kommen: „Scheinets deiner Vernunfft unmüglich zu seyn? so bedencke die Person/ an welchen diß Wercke allbereit erwiesen ist" (174). Es folgen biblische Beispiele von Auferweckungen.

Die Leichenpredigten des 16. und 17. Jahrhunderts bekunden ein Verlangen danach, konkrete Vorstellungen von Auferstehung und ewigem Leben zu gewinnen. Man scheute nicht vor der Frage zurück: „Wie wirds zugehen in der Auferstehung der Todten" (I 188). Heermann antwortet, indem er das Bild aus Ezech. 37 anatomisch wörtlich interpretiert:

„Christus Jesus wird alle Gebeinlein/ wie sie zu eines jedern Leib gehörig sind/ wann sie auch gleich viel hundert Meil Weges von einander zerstrewet legen/ in einem Augenblick sameln/ mit Adern fein artig zusammen setzen/ das Fleisch darüber wachsen lassen/ und dasselbige mit Haut uberziehen/ wie beym Propheten Ezechiel zu sehen".

Diese merkwürdige „Anatomie der Auferstehung" wird nur verständlich, wenn man den Artikel von der resurrectio carnis so eng faßt, wie Heermann es mit der lutherischen Orthodoxie tut:

„Die Hieraciten haben vorzeiten gelehret/ So ja eine Aufferstehung der Todten zu hoffen sey/ so würden wir doch nicht dieses/ welches wir jetzund an uns tragen/ sondern ein ander Fleisch bekommen/ Nein/ sagt Job/ sondern eben mit dieser meiner Haut werde ich alßdann umgeben werden" (I 120).

Andererseits kann eine Identität von Auferstehungsleib und irdischem Leib – abgesehen von dagegen sprechenden Bibelworten – schon wegen der Gebrechlichkeit des letzteren nicht angenommen werden. Heermann nimmt daher Zuflucht zu der Unterscheidung von Substanz und Qualität, wie er sie in einem Chrysostomus zugeschriebenen Wort findet:

„Es wird eben dieser Leib aufferstehen/ unnd doch auch nicht eben dieser Leib. Dieser Leib wird es seyn/ seine Substantz und Wesen betreffende: Nicht dieser Leib/ was die Gebrechlichkeit (qualitas) anlanget/ spricht der alte Lehrer Chrysostomus" (I 122 f).

Der Drang zur Anschaulichkeit findet seinen Ausdruck auch in der Vorstellung vom ewigen Leben, das mit Hilfe irdischer Vorstellungen als das schlechthin Vollkommene gedacht wird:

„Die Kinder Gottes werden im ewigen Leben keine Verenderung/ kein Alter/ keine Leibes Schwachheit/ keine Unvermöglichkeit/ sonder eitel bestendige Jugend/ trawerhafftige (= dauerhafte) Schönheit/immerwährende Stärke unnd Gesundheit an sich spüren. O der grossen Glückseligkeit!" (I 262)

Größer als alles vorstellbare Glück ist jedoch die Herrlichkeit der visio beata, die das eigentliche Wesen der Seligkeit ausmacht:

„Im ewigen Leben wirstu für dem HErrn stehen/ in grosser Frewdigkeit/ und ihn schauen von Angesicht zu Angesicht. Da wirstu dich mehr frewen/ als Petrus auff dem Berge/ als er Mosen und Eliam sahe: Mehr als die Apostel/ denen sich Christus nach seiner Aufferstehung zeigte ... Dann du wirst ihn schawen ewiglich" (I 253).

Wann beginnt diese Herrlichkeit für den Einzelnen? „Vielleicht geschiehts aller erst nach vielen Jahren oder wol gar allererst auff den Jüngsten Tag?" (IV 370). Dieser naiven Furcht, lange warten zu müssen, begegnet Heermann mit der Verheißung: „Darumb sol deine Seele nicht lange auffwarten/ und sich mit Hoffnungen krencken: Sondern bald denselbigen Augenblick/ wann sie vom Leibe ausfähret/ kömpt sie in den Himmel/ in den edlen Lust Garten GOTTES". Als Schriftbeweis dient Jesu Wort an den Schächer. Damit ist die Reinkarnationslehre ebenso hinfällig wie das Fegefeuer[34], aber auch die Behauptung von der Vernichtung der Seele[35]. Entweder ewige Seligkeit oder ewige Verdammnis, die sofort nach dem Tode beginnt[36]. Tertium non datur.

Von den Höllenqualen spricht Heermann ernst und deutlich, ohne sie auszumalen[37]. Der Gedanke an den ewigen Tod unterstreicht stark den Aufruf zur rechtzeitigen Buße. Mit dem zeitlichen Tod fällt der endgültige Entscheid über das ewige Schicksal: „Der Tod ist die letzte Schantze/ ist diese einmal versehen/ so ists ewig versehen: In die mortis impletur, quod in die iudicii futurum est singulis ... sagt Hieronymus"[38]. Der Einzelne erlebt beim Tod sein Jüngstes Gericht. Damit ist eindringlich die Frage gestellt, wie die Zeit bis zum Tode zu nutzen ist.

34. II 550ff; IV 294f; 372.
35. II 611; 682; IV 370 u. ö.
36. Der Gedanke des Jüngsten Gerichts ist mit dieser Vorstellung nicht systematisch in Einklang gebracht.
37. I 343; 610; II 617; IV 42; 52 u. ö.
38. *Hieronymus,* Comm. in Joelem cap. 2, MPL 25,965: Quod in die iudicii futurum est omnibus, hoc in singulis die mortis impletur. *Heermann* IV 307, vgl. I 351 das Augustin zugeschriebene Wort: in quo quenque invenerit suus novissimus dies, in hoc eum comprehendet novissimus dies, quoniam qualis in isto die moritur, talis in die illo iudicabitur. Die Stelle konnte ich bei Augustin nicht finden. Vgl. aber Sermo 170 cap. 10, MPL 38,932: novissimus dies est cuiusque dies mortis.

5. Die Erlangung des Heils

a) Rechtfertigung

Die im Tod erfolgende endgültige Entscheidung über Heil oder Verderben wird auf Grund der Frage nach Glauben oder Unglauben gefällt.

„Irren demnach die jenigen weit/ welche auff den Stuffen ihrer guten Wercke und Verdienst/ den Himmel zuersteigen vermeinen. Sintemal all unser Gerechtigkeit für den heiligen Augen Gottes nichts anders ist/ als ein heßliches/ und mit Blut besudeltes Tuch. Schreibt nicht S. Paulus außdrücklich: Aus gnaden seyd ihr selig worden... Dieses/ O Christliche Seele/ gibt dir einen außbündigen Trost" (II 511).

Der Mensch kann also die Seligkeit nur erlangen, indem er das Angebot der Gnade mit der Hand des Glaubens ergreift (I 405)[39].

Mit der altprotestantischen Dogmatik versteht Heermann die Glaubensgerechtigkeit als „Iustitia imputata: Die Gerechtigkeit Christi/ welche er dir erworben hat/ und durch den Glauben zurechnet"[40]. Nur die imputative Rechtfertigung ermöglicht die angesichts des Todes so wichtige Gewähr, daß der Blick von allen eigenen Qualitäten abgelenkt und allein auf Christus gewendet wird[41]. Wer diese Gerechtigkeit im Glauben ergriffen hat, der hat Vergebung der Sünden, Versöhnung mit Gott, den heiligen Geist und das ewige Leben (IV 458). Getrost kann er dem Tod ins Auge sehn und mit Luther ihm entgegenrufen:

„Bene veneritis, lieber Tod: was bringt ihr gutes? was suchet ihr hie? weissestu nicht/ wen ich bey mir habe? Christus ist meine Gerechtigkeit" (ebd).

Wie dieses Wort schon zeigt, genügt in der Anfechtung keine bloße fides historica. Auf die persönliche Applicatio kommt es an:

„Also ists nicht gnung/ daß du nur wissest/ was Christus gethan/ welches auch die Teuffel wissen/ unnd zittern: Sondern du mußt dir auch sein thewres Verdienst appliciren, zueignen und festiglich gleuben/ daß es dir zu gute geschehen sey".[42]

Ist der Glaube in Ordnung, so muß die iustitia imputata zur iustitia incoata werden. Die Rechtfertigung drängt hin zur Heiligung.

b) Die Heiligung

Wer den Ehrentitel eines Gerechten führen will, muß anfangen, „ein gerechtes und unstreffliches Leben für der Welt zu führen" und tun,

---

39. Vgl. I 87: „Hieraus ist nun klar und offenbar/ wer für Gott gerecht sey? Niemand anders/ als der Christum mit wahrem Glauben ergreifft/ und sich seines Verdienstes tröstet". II 194.
40. II 290; vgl. 388; 539.
41. Vgl. *Mathesius* ob. S. 63.
42. I 114; vgl. IV 114.

so viel ihm möglich ist[43]. „Denn ist ein rechtschaffener Glaube in deinem Herzen/ so liegt er nicht verborgen/ sondern bricht heraus/ und lest sich in euserlichen guten Wercken sehen" (II 390). Die Echtheit des Glaubens erweist sich in der Heiligung. Mit dieser Erkenntnis steht Heermann in der Reihe, die von Johann Arndt über die Reformorthodoxie zum Pietismus führt. Der Glaube „bricht heraus" zu guten Werken: Das ist Luthers Lehre, in der Rechtfertigung und Heiligung engstens zusammengehören. Die Erklärung der letzteren als spontan sich ergebender Konsequenz aus ersterer schließt jedoch keineswegs einen kräftigen ethischen Appell aus. Im Gegenteil: Wenn alles auf den Glauben ankommt, ist höchste Wachsamkeit nötig, daß das Leben ein Beweis des Glaubens wird[44]. Heermann legt so großen Wert auf die Sichtbarkeit des Glaubens, daß er vor dogmatisch mißverständlichen Formulierungen nicht zurückschreckt: „Darnach sind die getaufften gleubigen Christen auch gerecht weil sie sich befleissen eines unsträflichen gerechten wandels für der Welt"[45]. Heermann will damit keine analytische Rechtfertigungslehre vertreten, sondern wiederum die Heiligung als Erweis der Rechtfertigung unterstreichen. Denn Menschen, „An denen man keine besserung des Lebens/ keinen Erbarn Christlichen Wandel spüret/ die sind nur Heuchler und Maul-Christen/ und werden für Gott nicht bestehen"[46].

Energisch wendet sich Heermann gegen ein libertinistisches Mißverständnis der evangelischen Freiheit:

„Evangelisch seyn heisset nicht eigenwillig/ frech/ und ruchlose seyn. Nein traun: Sondern du solst und must dich anspannen lassen/ an das Joch Göttlicher Gebote/ und dich eines Christlichen Wandels befleissigen. Bistu ein guter Baum/ so mustu gute Früchte tragen: Wo nicht/ so wirstu abgehawen und ins Fewer geworffen. Was hilffts/ so jemand sagt, er habe den Glauben und hat doch die Wercke nicht?" (IV 465).

Heiligung ist zugleich bewußte und aktive Vorbereitung auf den Tod: „O christliche Seele/ wiltu selig sterben/ so mustu dich auch jetzund männlich erweisen", nämlich im Kampf gegen die dämonischen Mächte (II 220f). Non potest male mori qui bene vixit, sagt Heermann mit Augustin[47]. „Bene vivere" heißt, in ständiger Bereitschaft auf das Ende leben. „Der letzte Tag ist dir darumb verborgen/ auff daß du auff

43. Vgl. das franziskanische „Facere quod in se est". Es ermöglicht die gratia gratum faciens und damit die Rechtfertigung. Hier führt umgekehrt die Rechtfertigung zum Tun „so viel dir möglich ist".
44. IV 53: „Beweise auch deinen Glauben durch ein heiliges unsträfliches Leben . . . Denn der Glaube ist doch durch die Liebe thätig/ und wird vollkommen durch die Werke".
45. II 60. Einem Pietisten hätten die orthodoxen Streiter solche Sätze wenige Jahrzehnte später sehr verübelt.
46. II 61f. Es folgt Zitierung von Matth. 7,21. Vgl. III 553: „Wirstu nicht im Stande guter Wercke erfunden/ so verräthestu dich selbst/ daß du nicht in Christo seyst". Dasselbe meinten Major und Spener, die dafür verketzert wurden.
47. IV 53 u. ö. Vgl. *Augustin* Sermo 249 n. 2, MPL 38, 1162: si bene vixeris, male mori non poteris.

einen jedern achtung gebest/ und gedenckest: Vielleicht sterb ich noch heute"[48]. Nachdrücklich fordert Heermann immer wieder zu baldiger Buße auf:

„Vergis aber keinmal das Wörtlein Heute. Halte die Gebot und Recht des HERREN/ die dir heute gebeut/ und scheube deine Gottseligkeit/ scheube deine Busse und Bekehrung nicht auff Morgen. Singe nicht den verfluchten Raben-Gesang: Cras, Cras, Morgen/ Morgen/ wil ich fromb werden" (IV 273).

Dem jungen und gesunden Menschen, der nicht gern an den Tod denkt, wird die Gefahr eines plötzlichen Endes vor Augen gestellt:

„Sihe/ du junges Blut/ du stehst und gehest jetzund in guter Gesundheit/ du bist freudig unnd gutes Muths/ schön und wolgestalt/ starck und voller Kräffte. Ach verlaß dich nicht darauff!... Es kan ein junger/ es kan ein frischer und schöner/ ein starck- und lebhaffter Mensch auch sterben. Ja fallen kan er/ das ist/ schnell und in einem Augenblick sterben" (III 112).

Wer an sein Ende denkt, bleibt vor Sünden bewahrt[49] und lernt den Wert der irdischen Güter so nüchtern einschätzen, daß er nicht sein Herz daran hängt (I 370f). Der Gedanke an das Ende hilft zum richtigen Verhältnis gegen Gott[50], gegen den Nächsten[51] und gegen uns selbst[52]. Äußerliche Teilnahme am kirchlichen Leben genügt nicht zur Erlangung des Heils:

„Warumb bildet ihm denn mancher Mensch ein/ es sey genung so er in der eusserlichen Gemeinschafft der Kirchen lebe/ Gottes Wort höre/ und sich zum Beichtstuel und Abenmal finde?... Du must auch wiedergeboren und ein neuer Mensch seyn/ wiltu in Christo seyn/ und ein Erbe des ewigen Lebens werden" (III 556).

Gottes Geist erneuert den Menschen, der dann durch die ihm verliehenen Kräfte „mitwirkt", zwar nicht an seinem Heil, wohl aber an seiner Heiligung (III 544f). Der erneuerte Mensch denkt, redet und handelt anders als der „fleischliche" (545). Sein Streben ist nicht mehr durch egoistische Motive bestimmt, sondern durch Liebe, Ehre, Willen und Wohlgefallen Gottes[53].

Freilich bleibt die Erneuerung in diesem Leben unvollkommen. Diese Tatsache darf jedoch nicht zur Beruhigung führen, sondern nur zum Kampf: „Widerstehe den Lüsten/ so viel immer möglich. Ruffe zu Gott/ er wolle sein Werck stärken/ das er in dir angefangen hat" (III

48. I 305; vgl. 345; II 161f.
49. I 350; 354: „Nihil sic recovat a peccato quam frequens mortis meditatio... schließen wir mit Augustino".
50. I 351: „Wer diß in seinem Hertzen recht bedencket/ der wird ja freylich wider seinen Gott nicht muthwillig sündigen".
51. I 351ff; 396.
52. I 353: „Wer stets an sein Ende gedencket/ der wird nicht sündigen contra seipsum... Das ist/ Er wird ihm mit groben/ eusserlichen Lastern nicht einen bösen Namen machen. Er wird ihm nicht schaden beyfügen durch die schändliche Unzucht/ welche endlich mit Frantzösischer Müntze ablohnet" (d. h. Syphilis).
53. III 545: „Dem Fleische war zuvor angenehm seine eigene Liebe/ seine eigene Ehre/ sein eigener Wille/ Jtzund aber/ nachdem der Mensch eine newe Creatur worden ist/ hasset er diß alles: Er verleugnet und hasset sich selbst und richtet alles unnd iedes einig und allein zu Gottes Liebe/ zu Gottes Ehre/ zu Gottes Willen und Wohlgefallen".

557). Als Hilfe empfiehlt Heermann eine maßvolle Askese und Vermeidung aller Gelegenheit zum Sündigen (ebd). Ein vernünftiges, solides Leben und nicht zuletzt ein ernstes Gebet tragen viel dazu bei, menschliche Schwachheiten zu überwinden. Dabei weiß der Christ jedoch: „Hier wird die Ernewerung angefangen/ dort wird sie vollendet" (ebd). Aber daß sie angefangen hat, ist Bedingung der Seligkeit[54].

c) Die media salutis

Die wichtigste Aufgabe der Ars moriendi ist, daß „der trawrigmachende Zweiffel/ Ob du auch deiner Seligkeit kanst gewiß sein", überwunden wird (II 189). Dazu muß man den Bereich der Ethik verlassen. Heilsgewißheit gibt es nur im Glauben an die Zusage Gottes in seinem Wort (ebd). Diese Zusage aber empfängt der Einzelne durch die Sakramente: „Du kanst sagen: Scio: Ich weiß es/ Denn Gott hat seine Zusage bekräfftiget/ mit den hochwürdigen Sacramenten/ welche S. Paulus nennet Siegel der Gerechtigkeit des Glaubens" (II 190). Gottes Bund mit uns wurde in der Taufe geschlossen[55]. Sie bewirkt Wiedergeburt und Reinigung von den Sünden[56]. Das Erbsündendogma bietet die Voraussetzung für die Lehre von der Taufwiedergeburt[57]. An das in der Taufe vollzogene Heilsgeschehen hat sich der Christ im Glauben zu halten (II 59).

Neben der Taufe ist das Abendmahl „Siegel des Glaubens"[58]. Wer freilich „die im Wort und Sakrament angetragene Kraft des Bluts Christi" nicht glaubend ergreifen will, der hat sich selber die Schuld an seinem Verderben zuzuschreiben (IV 235). In Wort und Sakrament wird jedem die Möglichkeit geboten, das Heil zu erlangen und auf sich persönlich zu beziehen. Wer das Angebot mit Füßen tritt, wird in seiner Bosheit sterben und damit verloren sein (ebd).

Nicht verloren sind dagegen die ungetauft verstorbenen Kinder. Heermann widmet dieser Frage ausführliche Erörterungen. Eine ganze Leichenpredigt setzt sich zum Ziel, den „Grundfesten Trost/ und Trostfesten Grund/ darauff die Lehre von der Seligkeit ungetauffter Christen Kinderlein erbawet wird" zu entfalten (II 1ff).

54. Die Fragestellung des majoristischen Streites steht hier nicht zur Debatte. Sie ist nur möglich auf Grund einer unzulässigen Trennung von Rechtfertigung und Heiligung. Heermann argumentiert wie folgt: 1. Wer nicht im Stande guter Werke erfunden wird, ist nicht in Christus, denn wer in Christus ist, der ist eine neue Kreatur. 2. Wer nicht in Christus ist, gehört ihm nicht an. 3. Wer ihm nicht angehört, kann nicht selig werden (aaO).
55. II 190. Vgl. IV 133: „In der Tauffe verlobet Er sich mit dir/ wie ein Bräutigam mit seiner Braut. Da wirst du ein Glied seines Leibes" (IV 133).
56. II 63; 115; 520 u. ö.
57. Vgl. I 292f; 373.
58. II 190; IV 66. Vgl. IV 233.

Wie Luther postuliert Heermann einen Säuglingsglauben[59], ohne das Problem psychologisch erklären zu wollen:

„Wie aber solche zarte Würmlein gleuben können/ hic Plato iubet quiescere: Das können wir nicht verstehen, Der Gott/ welcher höret die jungen Raben/ wenn sie ihn anruffen/ ja auch der leblosen Creaturen seufftzen vernimpt/ sihet und weiß am besten" (I 89).

Kinder, die vor der Taufe sterben, können diesen Glauben durch das Gebet der Eltern erlangen. Dadurch erhalten sie ihren eigenen Glauben, ohne den sie nicht selig werden können (II 419). Gott kann in seiner Allmacht „auch solchen zarten Würmlein den Glauben geben/ und sie also durch den Glauben selig machen" (II 5)[60]. Gottes Souveränität ist nicht an die Grenzen und Ordnungen gebunden, denen wir „bey vermeidung seiner höchsten Ungnade unterworffen" sind. Er behält es sich vor, auch ohne Sakramente Menschen selig zu machen (ebd). Der Wirkungskreis der Erlösung erstreckt sich auch auf die ungeborenen Kinder, die Christus durch seine Inkarnation geheiligt hat (II 8). Als Schriftbeweis dient Jesu Segnung der Kinder (Luk. 18, 15–17). Mit der exegetischen Tradition meint Heermann, daß unter den βρέφη unbeschnittene Säuglinge waren. Wenn Jesus ihnen das Himmelreich zuspricht, so gilt das auch den ungetauften Kindern (II 9). Schon sie sind durch den Glauben ihrer Eltern Glieder der Kirche[61].

Es ist klar, daß damit nicht einer Nachlässigkeit in der Sakramentsverwaltung das Wort gesprochen werden soll: „Gott hält über seiner Sacramentsordnung steiff und fest/ und wil darüber bey verlust unser Seligkeit gehalten haben/ wenn man sie haben und gebrauchen kan" (II 13). Ist die Taufe aber nicht möglich, kann dem Kinde die Seligkeit nicht abgesprochen werden, denn, wie Augustin sagt, verdammt nicht das Fehlen, sondern das Verachten der Sakramente (ebd).

Damit ist der Sinn einer Taufe in utero hinfällig. Wenn Heermann diesem Thema eine Leichenpredigt widmet, so darf angenommen werden, daß die Diskussion darüber in der lutherischen Kirche noch nicht völlig erledigt war. Heermann schließt sich der Argumentation Luthers an, die in dem Satz gipfelt: „Nondum natus renasci non potest"[62]. Ungetaufte und totgeborene Kinder sind wie getaufte zu bestatten, denn auch sie werden auferstehen zum Leben (II 408).

---

59. Für Luther vgl. *Karl Brinkel*, Die Lehre Luthers von der fides infantium bei der Kindertaufe, Berlin 1958.
60. So muß man Gottes Allmacht bemühen, um ein theologisches Postulat zu retten!
61. II 10, vgl. 1. Kor. 7,14.
62. Heermann zitiert das Wort II 408. Es findet sich nicht wörtlich bei *Luther*. Vgl. aber auch WA Br. VII 363f. H. benutzt die Jenaer Ausgabe Bd. VIII S. 44b: „Sol nu ein Kindlein getaufft/ Und also anderweit geborn werden/ So ist von nöten/ Das es vor ein mal geborn/ und auff die Welt kommen sey". Vgl. *J. Gerhard*, Loci XVIII n. 53.

6. Trost

Als leidgeprüfter Mann bewies Heermann tiefes Verständnis für die Trostbedürftigkeit der Leidtragenden. Wenige Tage nach dem Tod seiner ersten, von ihm sehr geliebten Frau sagt er bei einer Beerdigung: „Wie solte und wolte ich mit euch/ O ihr Trawrigen/ nicht auch trawren/ die ihr mit mir in meinem bekümmerten Zustande zuvor bitterlich geweinet habt? Mein mitleidendes Hertz/ so ich jetzund in ewrem Creutz Stande/ in Warheit habe/ weiß der am besten/ der Hertzen und Nieren prüffet. Ich wils aber bey meinen schuldigen LiebsThrenen nicht gantz bleiben lassen/ denn damit würde euch wenig gedienet seyn. Sondern will mich erinnern/ daß ich tröstens halben auffgetreten bin".[63]

Die bisher gebotene Analyse der Leichenpredigten zeigte vielerlei Trostmotive. Sie seien noch einmal kurz zusammengefaßt.

1. Das Verständnis des Todes als Erlösung von aller Not, als Befreiung von der Sünde und als Tor zum ewigen Leben bietet viele Möglichkeiten zu trostvollen Ausführungen.

2. Noch wichtiger ist die Hoffnung auf das ewige Heil, die Erwartung der „triumphierenden Himmelskirche"[64].

Zu den konkreten Vorstellungen von der ewigen Seligkeit gehört auch der Gedanke der Wiedervereinigung mit den Angehörigen: „Eben also wirstu auch dort die lieben Deinigen wieder bekommen/ nicht todt/ sondern lebendig/ nicht siech und kranck/ sondern frisch und gesund/ nicht greulich und abscheulich/ sondern auffs schönste gezieret ... In solcher Betrachtung/ weine abermahl nicht/ O du trauriges Vater-hertz! weine nicht du betrübtes Mutter-hertz! Eben dieses Kindlein/ werdet ihr dort wieder haben" (III 78.81).

3. Trost wollen die Leichenpredigten nicht nur im Blick auf den Verlust geliebter Menschen, sondern für alle Not des Lebens schlechthin spenden. Zwei Gedanken sind es vor allem, die Heermann seinen Leidensgenossen vor Augen hält. Zunächst: „Es kömpt traun alles von Gott/ Glück und Unglück/ Leben und Todt" (I 620). Gott hat seine guten Absichten, wenn er uns leiden läßt. Er will uns dadurch züchtigen zur Besserung[65]. Darum darf der Christ wissen, daß Gott gerade im Kreuz ihm nahe ist (IV 355). „Wann du diese Nutzbarkeiten des Creutzes bedenckest/ so wirst du gewiß die Gedult fassen und feste halten" (ebd).

Der andere Weg, die Leiden dieser Zeit zu überwinden, entspringt dem paulinischen Vergleich dieser Leiden mit der künftigen Herrlichkeit, den Heermann der Gemeinde eindrucksvoll nahebringt[66].

Aller Trost im Leben und Sterben ist begründet in Christus: „Die Grundfeste dieses Trostes ... ist nichts und niemand anders/ als Chri-

63. I 82; vgl. 109f; 124; 139; 149; 441 u. ö.
64. I 118; vgl. 363; 469 u. ö.
65. IV 346f; vgl. I 444: „Dich aber/ O Christliche Seele/ dich sucht der fromme Gott mit Creutz heim/ nicht in seinem Grimm/ sondern aus hertzlicher Liebe/ wie ein Vater sein Kind/ nicht deinen Verderb/ sondern vielmehr dein ewiges Heil dadurch zu befördern".
66. I 446f; II 140ff.

stus Jesus" (II 704). Wer ihm sich anvertraut, findet Trost auch in der letzten Not[67].

7. Die Personalia

Das Verfahren, den Lebenslauf von der Auslegung getrennt an den Schluß der Leichenpredigt zu setzen, hat sich bei Heermann voll durchgesetzt. Der Umfang dieses Abschnitts hängt vom Stand des Verstorbenen und seiner persönlichen Beziehung zum Prediger ab. Der Lebenslauf des Kirchenpatrons Leonhard von Kottwitz, dem Heermann in enger Freundschaft verbunden war, umfaßt 17 Seiten, also etwa das Vierfache der ganzen Leichenpredigt bei Pancratius oder Selnecker[68]. Bei anderen Leichenpredigten fehlen die Personalia ganz. Lebensläufe von Bauern und Bürgern, sofern es keine Theologen waren, sind kurz gefaßt. Die Trennung der Personalia von der Auslegung schließt nicht aus, daß auch im Verlauf der letzteren ab und zu auf die Person der Verstorbenen Bezug genommen wird. Oft redet der Prediger diese sogar an[69].

Die positiven Eigenschaften der Verstorbenen werden kräftig unterstrichen. Heermann ist jedoch bemüht, Übertreibungen zu vermeiden. Manche Lebensläufe enthalten einen Passus, der in dezenter Weise auf die menschlichen Schwächen der Verstorbenen hinweist. Gewöhnlich folgt die Bemerkung, der Betreffende habe diese Schwächen erkannt und Vergebung erlangt[70].

Das Leben und Sterben frommer Gemeindeglieder wird, wie bei Herberger und Hoe, nicht nur geschildert, um diesen eine letzte Ehre zu erweisen, sondern vor allem, um sie als Vorbild hinzustellen. Vgl. z. B. II 175: „Wendet itzund ewre Augen und Gedancken auff die selige Frau Pfarrin. Die bezeugets freylich mit ihrem Exempel/ daß des Menschen Leben offtmals schnell dahin fahre. Am nechsten Sonnabend gehet sie noch frisch unnd gesund/ in ihrem Beruffe auff den Marckt. Folgenden Sonntag gegen dem Abend ist sie tot. Gott Lob/ sie ist in der Zahl der jenigen gewesen/ die da täglich und Stündlich/ mit den klugen Jungfrawen/ auff ihren Breutgam Christum Jesum gewartet. Ihm hatte sie sich ergeben/ in ihrem gantzen Leben. Ja noch vor ihrem Abscheid hat sie ihrem Erlöser/ durch viel hertzliche Gebet und Seufftzer bey gutem Verstand/ ihre Seele befehlen können. Darumb ist sie gewiß ein Kind und Erbe der ewigen Seligkeit."

Neben dem zur Nachahmung aufrufenden Beispiel steht das abschreckende, welches in der Geschichte der Leichenpredigt den Wert der Sel-

---

67. IV 135; III 223; IV 34; I 424.
68. III 28–45.
69. Z. B. I 135; 176; 188; 397; 402.
70. I 441 u. ö. Sogar den verehrten L. v. Kottwitz stellt er nicht als makellos hin: „bey seinem Alter/ unter so viel und mannigfaltiger Sorge und Kummer/ hat er sich ja bißweilen etwas den Zorn erregen und bewegen lassen" (III 37).

tenheit besitzt. Bei der Beerdigung eines Mannes, der nach einem Saufgelage plötzlich gestorben war, schlägt Heermann ernste Töne an:

„Ich will ihn zwar nicht verdammen. Doch warne ich jederman trewlich/ für dem leichtfertigen Volsauffen. Wann gleichwol ein Mann so viel Stunden lang von Morgen an bis nach Mittage bey solchem Trancke sitzt/ so ist es nicht wol möglich/ daß er sol nüchtern bleiben/ man beschöne und vermäntele es hernach/ wie man wolle. Und wann ein Mensch in voller weise so schnelle/ und in einem Augenblick dahinfehret/ so begehre ich nicht mit zu fahren/ wenn er gleich sechs Rosse fürm Wagen hette. Die Reise möchte nicht wol gerathen" (IV 314).

Der Prediger bezeichnet es als eine Schande, daß betagte Bürger und Amtsträger lange in Schenken sitzen. „Solte mancher so lange in der Kirchen sitzen/ er vermeynete es gienge zu Hause alles zu grunde" (315). Es zeugt von der Aufrichtigkeit und dem Verantwortungsbewußtsein Heermanns, wenn der sonst so milde und liebevolle Mann fortfährt:

„Und wenn GOTT solche Leute mitten in ihrer Trunckenheit schnell und plötzlich/ ehe sie sich recht bedencken und umb Gnade seufftzen können/ ab und für sein Gerichte fordert/ da sol alsdann der Prediger sie entweder im Himmel nechst neben S. Petrum setzen/ oder zum wenigsten alles mit Stillschweigen/ als ein stummer Hund ubergehen. Ja wann der Allerhöchste/ der gerechte Richter auch darzu schweigen und durch die Finger sehen wolte. Hüte sich ein jeder/ so lieb ihm seine Seligkeit ist."

III. Zusammenfassung

Heermanns Leichenpredigten weisen formal und inhaltlich viele Gemeinsamkeiten mit Herbergers „Trauerbinden" auf. Methodisch unterscheiden sie sich von diesen vor allem durch eine wesentlich ausgiebigere Verarbeitung der Kirchenväter, aber auch darin, daß die Personalia sich weiter verselbständigen und ihnen größerer Raum gewährt wird.

Inhaltlich ist wie bei Herberger der Einfluß Arndts spürbar, obwohl dieser kaum genannt und die altprotestantische Orthodoxie nicht verletzt wird. Im Drängen auf Heiligung und in der christozentrischen Frömmigkeit finden Elemente der Reformorthodoxie Ausdruck.

Konfessionelle Polemik fehlt fast ganz, obwohl Heermann persönlich durch die Gegenreformation getroffen wurde[71]. Er bewährte seine lutherische Mannhaftigkeit nicht in Ketzerattacken, sondern im Durchhalten. Seine Verkündigung hat dadurch an Kraft und Würze nichts eingebüßt, an Tiefe und Innigkeit aber nur gewonnen.

Leidvolle Erfahrungen fanden ihren Niederschlag in einer verhältnismäßig negativen Beurteilung der Welt und des Lebens. Die Leichen-

71. Daß er die Gebete zu Maria und den Heiligen ebenso verwarf (II 271; IV 390) wie die Taufe im Mutterleib (II 400) und die Lehre vom Fegfeuer und dem Limbus infantium (II 506; IV 372; II 411) war in den Konfessionskämpfen seiner Zeit Pflicht des Predigers.

predigten enthalten jedoch kaum persönliche Klagen und sind frei von wehleidigem Ton. Sie spiegeln die Bescheidenheit, Glaubenskraft und seelsorgerliche Weisheit ihres Autors wider.

Die biographischen Ausführungen halten sich im allgemeinen frei von barockem Überschwang. Der Zuspruch von Trost und Ermahnung dominiert gegenüber dem Ehrengedächtnis. Eine leichte Akzentverschiebung zugunsten des letzteren ist im Vergleich zu den früheren Autoren zu erkennen.

C. Heinrich Müller (1631–1675)

I. Der Autor und die Quellen

„Heinrich Müller gehört zu den orthodoxen Theologen, die in besonderer Weise den Pietismus vorbereiten halfen und die daher als Frühpietisten, oder von etwas verändertem Standpunkt, als Reformorthodoxe bezeichnet werden"[1].

Müller wurde 1631 in Lübeck geboren, studierte von 1644–1651 in Rostock und Greifswald und wurde schon 1653 Archidiakon an St. Marien zu Rostock. Zwei Jahre später wurde er außerordentlicher Professor, 1659 Professor Graecae Linguae. Den theologischen Doktortitel holte er sich 1661 aus Helmstedt, wurde im Jahr darauf Theologieprofessor und Pastor an St. Marien und 1671 Stadtsuperintendent.

Für das Verständnis der Leichenpredigten ist wichtig zu wissen, daß Müller zeitlebens kränklich und, wohl im Zusammenhang damit, seelisch empfindlich war[2]. Auf dem Sterbelager sagte er seinem Seelsorger: „Ich wüste nicht/ daß ich in meinem gantzen Leben einen recht fröhlichen Tag auff dieser Welt gehabt"[3]. Die Neigung zur Selbstbemitleidung stellt Müllers Charakter in einen gewissen Gegensatz zu Johann Heermann, dessen Frömmigkeit trotz Krankheit und Not von tiefer Freude erwärmt wird. Unter dem Titel „Gräber der Heiligen" wurden Müllers Leichenpredigten posthum durch den Bentwischer Pastor J. C. Heinisius herausgegeben. Wie fast alle derartigen Sammelbände will auch dieser – so führt der Editor in seiner Zueignungsschrift an Herzog Gustav Adolf aus – jener Klugheit dienen, die in der Vorbereitung auf den Tod besteht. Demgemäß sind die Personalia grundsätzlich nicht den Predigten angefügt worden. Um so mehr läßt eine Bemerkung des Editors in der Vorrede aufhorchen. Er erklärt, daß er die Applicatio auf die verstorbene Person, „welche gleichsam

1. *D. Winkler*, Grundzüge der Frömmigkeit Heinrich Müllers, Diss. Rostock 1954, S. 1.
2. *D. Winkler*, aaO S. 65 u. Anm. 288f.
3. Personalia zur Leichenpredigt auf H. Müller S. 64.

anima concionis funebris ist", dann und wann dem Text beigefügt habe. Dieser Nebensatz ist aufschlußreich. Er zeigt, wie das Schwergewicht sich verlagert. Noch ist das primäre Ziel der Leichenpredigten die Zurüstung der Christen auf den Tod. Bei Müller ist diese Intention kaum angefochten. Ein Jahrzehnt nach seinem Tod bezeichnet sein Editor die Anwendung auf die verstorbene Person als „Seele der Leichenpredigt". Gewiß meint er damit keinen Gegensatz zur Applicatio auf die Gemeinde. Es bedarf jedoch nur noch weniger Schritte, und die Intention der reformatorischen Leichenpredigt ist aufgegeben.

Die Einarbeitung der Personalia in die Predigten stellt vor schwierige textkritische Fragen. Sie können hier nicht gelöst werden. Klare Interpolationen des Editors sind nicht festzustellen.

II. Form und Methode

1. Gliederung und Textverwendung

„Sine dispositione concio est cadaver", stellt Müller in seiner Homiletik fest[4]. Er tritt jedoch für eine elastische Handhabung der Regeln ein. Positiv fällt ferner auf, daß seine Leichenpredigten im Durchschnitt nicht so lang sind wie die vieler Zeitgenossen. Immerhin findet sich eine Predigt, die 38 Seiten umfaßt. Sie ist am Sarge des Rostocker Generalsuperintendenten Samuel Voß gehalten. Müller macht sich die im 17. Jahrhundert weit verbreitete Unsitte des doppelten Exordiums zu eigen[5]. In der „Vorrede", die im genannten Fall länger ist als eine ganze Predigt bei Selnecker oder Pancratius, wird im barocken Überschwang die Tragik des betreffenden Todesfalles und der Schmerz aller Hinterbliebenen beschworen. Darauf folgt nach der Verlesung des „Leich-Textes" der „Eingang", das eigentliche Exordium. Es nimmt in Nr. 1 4½ Seiten ein. Erst danach beginnt die „Erklärung". Der herrschenden Homiletik entsprechend hält Müller durchweg Themapredigten, bei denen die Dreiteilung überwiegt.

Er verzichtet auf die beliebte Untergliederung, durch welche so viele Predigten des 17. Jahrhunderts ein scholastisches Gepräge erhalten[6].

Die Leichenpredigten schließen mit einem Blick auf den Verstorbenen und die Hinterbliebenen. Da hier ein allgemein üblicher Modus angewandt wird, ist mit Interpolationen des Editors an dieser Stelle kaum zu rechnen. Mit Vorliebe läßt Müller die Leichenpredigt in einem Gesangbuchvers ausklingen. Kennzeichnend für seine Frömmigkeit ist

4. Orator ecclesiasticus, Rostock 1670, cap. 3 § 1.
5. Orator cap. 3 § 3.
6. Vgl. Orator cap. 3 § 6: singulas tamen partium divisiones auditorio manifestare non convenit.

der am häufigsten gewählte Vers: „Amen, Amen, komm du schöne Freudenkrone, bleib nicht lange, deiner wart ich mit Verlangen".

In der Textanwendung erweist Müller sich als guter Exeget[7]. Beachtlich ist, daß er trotz seiner Vorliebe für Bernhard von Clairvaux die Allegorese meidet[8]. Der Urtext wird oft herangezogen, stets als Gewinn für die Auslegung. Vom Zurschaustellen altsprachlicher und historischer Gelehrsamkeit ist Müller im Gegensatz zu vielen Zeitgenossen fast frei[9]. Eine merkwürdige Ausnahme bildet Nr. 2. Dort zitiert Müller neben mehreren antiken und christlichen Autoren auch einige jüdische Exegeten des Mittelalters. Die Predigt mutet an wie ein exegetisches Kolleg. Wahrscheinlich liegt hier eine methodische Abhängigkeit von Geier und Carpzov vor, deren Schüler Müller, wie aus den Personalia hervorgeht, anläßlich einer Reise nach Leipzig war. Die Beschränkung der Methode auf nur eine Leichenpredigt legt den Schluß nahe, daß Müller selbst sie als unangemessen empfand.

2. Die Sprache

Müllers Predigten zeichnen sich durch einen hervorragenden Stil aus, „der nicht schwerfällig und monoton einherschreitet wie sonst oft in der Barockliteratur, sondern (auch bei längerem Satzbau) leicht beweglich dahinhüpft, immer interessant durch Wortspiel, Reim und andere Mittel"[10]. „Heut bistu frisch/ gesund und starck/ morgen todt und liegst im sarck" (70). Plötzlich kann sich das „cras" (scil. „morgen will ich Buße tun") in ein „sarc" verwandeln (ebd). Wie nur wenige Prediger der Barockzeit hat Müller die homiletische Schlagkraft des kurzen Satzes erkannt.

„Kurtz ist diß Leben/ und doch wil mancher in seinem Creutze verzagen. Kurtzes Leben/ kurtzes Leyden. Leben und Leyden tretten miteinander auff. Angelebt angelitten. Weinen ist deine erste Stimme. Leben und Leyden tretten auch zusammen ab/ außgelebt außgelitten" (ebd).

Eine zweite Probe:

„Das Gebet unsere geistliche Himmelfahrt. Die Hand am Pflug/ das Hertz im Himmel. Wahre Christen beten ohn Unterlaß. Heisst das nicht immer im Himmel seyn? Wo der Kayser/ da ist der Hoff. Wo Christus da Himmel" (22).

Diese treffenden, fast im Telegrammstil gehaltenen Sätze werden natürlich von längeren abgelöst. Immer bleibt der Stil klar.

7. „Textus universae concionis radix, basis ac norma esse debet", erklärt er in seiner Homiletik.

8. Vgl. Orator cap. 1 § 9 n. IX. Peccant ii, qui sacris litteris alienum sensum affricant, et ea exinde deducunt, quae minime deducenda erant; n. XVI: Scripturae interpres nec Scripturam in Allegorias transformet, ut misso sensu literali mysticum sectetur.

9. Im Orator § 10 fordert Müller, daß Väterzitate und Kommentare nur „parce et cum iudicio" zu verwenden sind und daß das in deutscher Sprache geschieht.

10. *D. Winkler,* aaO S. 67.

Ein beliebtes Ausdrucksmittel ist bei Müller die Antithetik, gelegentlich mit dem Wortspiel verknüpft: „Die Demuth legts im Creutz nicht auffs kurren/ sondern auffs kirren; nicht auffs fluchen/ sondern auffs flehen; nicht auffs trutzen und pochen/ sondern auffs beten" (42). Sie ist jedoch nicht nur Stilmittel. Ihre Wurzel liegt in der Gegensätzlichkeit von Gott und Mensch, Welt und Himmel:

„Flüchtiger Mensch/ flüchtige Gnade/ flüchtiger Trost ... Ewiger Gott/ ewige Gnade/ ewiger Trost. Der Menschen Gnade kan nicht tröstlich seyn/ denn sie ist eine falsche Gnade. Alle Menschen sind Lügner ... Honig auff der Zungen/ Galle beym Hertzen. Schaum ist kein Silber/ Kupfer kein Gold ..." (52). Es folgt die Gegenüberstellung göttlicher und menschlicher Gnade und Treue.

Wie eng das Stilmittel der Antithese mit Theologie und Frömmigkeit des Autors verbunden ist, zeigt sich besonders deutlich in den häufigen Kontrastmalereien irdischen Elends und himmlischen Glücks. So spricht die Seele der selig Entschlafenen:

„Was war ich vor/ was bin ich nu? Ich war eine Sünderin/ nu bin ich gerecht/ ich war heßlich/ nun bin ich herrlich/ ich war arm/ nun bin ich reich/ ich war elend/ nun bin ich selig. Wo war ich vor/ wo bin ich nu? ich war in der Mühe/ nun bin ich in der Ruhe/ ich war im Leyden/ nun bin ich in der Freuden/ ich wohnte unter Dornen/ nun wohn ich unter Rosen/ ich wohnte bey denen die den Frieden hassen/ nun wohn ich bey denen die den Frieden lieben/ ich wohnte bey den Teuffeln/ nun wohn ich bey den Engeln. Dort bin ich in Angst gewesen/ nun aber bin ich genesen" (104).

Man achte auf die Wortspiele und Reime: heßlich – herrlich; Leyden – Freuden; gewesen – genesen. Die Reime häufen sich im folgenden Abschnitt:

„Was hatt ich vor/ was hab ich nun? ich hatte Trübsal/ nun hab ich Labsal/ ich hatte Last/ nun hab ich Lust/ ich hatte Bürden/ nun hab ich Würden/ ich hatte Netze/ nun hab ich Schätze" usw.

Der letzte Satz (Netze – Schätze) zeigt freilich, daß der Reim künstlich gesucht wurde. Der einfache Hörer konnte kaum erkennen, daß die Netze der Sünde gemeint sind. Sicher ist aber, daß derartig einprägsam formulierte Satzreihen rhetorische Meisterstücke sind und ihren Eindruck nicht verfehlt haben[11].

III. Der Inhalt

1. Die Stellung zur Welt und zum Leben

Die genannten stilistischen Beispiele führten bereits in zentrale inhaltliche Fragen hinein. Sie zeigen den „unendlichen qualitativen Unterschied" zwischen Gott und Mensch wie irdischem und himmlischem Leben. Alles Irdische wird in düsteren Farben gemalt. Das Leben ist ein trüber, kalter Winter (368), die Welt ein Feind der Christen (399), ja die Herberge des Teufels (595). Daraus kann sich nur die Konse-

11. Vgl. S. 143; 185; 305; 628; 664; 859.

quenz ergeben: „Hinauß auß der Welt. Evolemus!" (ebd). Es liegt
nahe, daß Müller den platonischen Gedanken vom Leib als Kerker der
Seele aufnimmt:

„Hie ist die Seele ein Sclave deß Fleisches/ sie sitzet im Leibe gefangen/ gleich als in
der Sclaverey. Sie wolte gern ihrem Gott dienen/ der Leib aber lässts ihr nicht zu/
daß Fleisch hat nimmer Zeit dazu. Da seufftzet dann die Seele/ daß man sie erlassen
möge auß diesem Gefängniß. Der Tod bricht die Bande entzwey/ und entfreyet die
Seele.
Der Vogel singet gar lieblich/ wann er auß dem Baur gelassen wird. Und die Seele
singet lieblicher/ und dienet Gott mit fröhlichern Hertzen/ wann sie auß dem Leib
erlöset ist".[12]

Unter einem solchen Aspekt ist Leben eine Last, Sterben eine Lust[13].
Das Christenleben ist nichts als Angst[14], es gleicht dem Weg durch einen
Morast. Kaum hat man sich aus einem Loch herausgearbeitet, so ver-
sinkt man im nächsten. „Kaum haben wir uns auß einem Angst-Meer
heraußgebetet/ da stehet uns schon wiederumb ein neues Angstmeer
vor" (338). Der Mensch ist „das Mittelpüncktlein aller Creaturen/ in
welchem alles Leyden aller Creatur zusammen stöst . . . eine kleine
Welt/ eine Welt voll Jammers"[15].

Bei dieser negativen Sicht darf nicht vergessen werden, daß sie ten-
denziös ist. Sie soll der Sehnsucht nach dem ewigen Leben dienen. „Je
bitter Welt/ je süsser Himmel" (539). Gleichzeitig soll sie Trost spenden. Es sei erinnert an die Gegenüberstellung irdischer Leiden und
himmlischer Freuden. „Lang leben/ was ists anders als lang sündigen/
lang leiden/ lang gequälet werden? Langes Leben/ lange Arbeit/ langes
Leiden. Kurtzes Leben/ kurtze Arbeit/ kurtzes Leiden"[16].

Diese von der Stoa und der bernhardinischen Mystik beeinflußte, im
17. Jahrhundert weitverbreitete Sicht der Welt und des Lebens kolli-
diert mit alttestamentlichen Aussagen vom Leben als einer Gabe des
Schöpfers. Damit ergibt sich die Notwendigkeit, nicht nur von der
Liebe des natürlichen Menschen zum Leben zu reden – was den negativen Aspekt ja noch unterstreicht –, sondern auch eine positive Würdigung des Lebens zu suchen. Natürlich kann darin nicht eine primäre
Aufgabe der Leichenpredigt bestehen. Die „contemptio mundi" stellt
sich jedoch in den übrigen Werken Müllers nicht anders dar als in den
Leichenpredigten[17].

Auch in den Leichenpredigten wird aber gelegentlich die einseitig
negative Sicht zugunsten einer dialektischen durchbrochen. Ist doch der
lebendige Gott ein Liebhaber des Lebens, das Leben selbst und der Ur-

12. 696; vgl. 125; 412; 596; 825.
13. 80; 93; 592ff.
14. 21: „Nun aber ist der wahren Christen Leben vom ersten Blick biß an den
letzten schier nichts als lauter Angst". Vgl. 333.
15. 36; vgl. 79; 120; 146; 808.
16. 569; vgl. 602.
17. Vgl. *D. Winkler* aaO S. 51–53.

sprung alles Lebens in allen Kreaturen (58). Das Leben ist eine Gabe und als solche hochzuachten. „Leben ein süsses Wort. Was süsser und lieber dann das Leben?" (ebd). Darum ist es ein schlimmer, von Müller oft angeprangerter Frevel, daß viele durch Ausschweifungen und Verachtung der Ärzte ihr Leben verkürzen[18].

„Kurtz ist diß Leben/ und doch ist mancher so unbesonnen/ daß er ihm sein kurtzes Leben noch mehr verkürzet. Mancher verachtet die Mittel/ die Gott zur Fristung deß Lebens verordnet ... Er wartet seines Leibes/ und thut demselben seine gebührende Pflege nicht/ Er ehret den Arzt nicht/ und gebrauchet keiner Artzney: Damit kürtzet er ihm selbst das Leben vor der Zeit ab/ und wird sein eigener Mörder" (68).

Nach den Unterlassungssünden zählt Müller die Tatsünden auf, durch welche das Leben schuldhaft verkürzt wird: Ungehorsam gegen Gott und die Eltern, Zorn und Hader, Hurerei und Völlerei. Daß die Weltverachtung nicht nur aus psychischer oder physischer Schwäche resultiert, zeigt die scharfe Verurteilung des Müßiggangs: „Was soll ich sagen von den Müssiggängern/ die sich selbst bey lebendigen Leibe begraben/ und der Welt nicht mehr nutzen dann die Todten/ die im Grabe liegen? Gewiß ists/ daß sie ihr Leben selten biß an die Helffte bringen. Arbeit stärcket/ Müssiggang schwächet den Leib" (69). Die negative Haltung wird also durch das Berufsethos teilweise kompensiert. Kennzeichnend ist jedoch, daß der Bezeichnung des Lebens als süßen Worts und werter Gabe sich unmittelbar die Antithese anschließt: „Leben ein schnödes Wort. Lieset mans von rückzu/ so heists Nebel. Der Nebel ein Dampff/ und unser Leben auch" (59). Auf dieser Antithese liegt das Gewicht.

In einer glänzend durchgeführten Dialektik schildert Müller das Leben des Christen als Hölle und als Himmel auf Erden (20ff). „Seine Hölle hat er umb sich/ weil er mit vielen tausend Teuffeln allenthalben umbringet ist; Seinen Himmel bey ihm/ weil die Hochheilige Dreyeinigkeit ihre Wohnung bey ihm gemacht hat. Seine Hölle hat er/ indem er höllische Angst empfindet[19]. Seinen Himmel/ wann er mitten in der Höllen-Angst mit himmlischem Trost erquicket wird" (23). Darum ist einem Christen beides gut, „so wol das Leben als das Sterben" (602). Beides steht unter der Gnade Gottes, beides geschieht nach Röm. 14, 7f. für den Herrn. Soll aber beides in ein Wertverhältnis gesetzt werden, so kann es nur lauten: „Gut ist das Leben/ aber das Sterben noch besser"[20].

2. Der Tod

Müller wird nicht müde, das Leben als ein Sein zum Tode zu beschreiben, ein stetes Sterben[21]. Dieser Gedanke dient gleichzeitig der Abwer-

18. 69; 488; 569; 655. 19. Vgl. ob. S. 162f.
20. 602; vgl. 315.
21. 65; 88; 127; 251; 363; 408; 558; 604; 684; 756 u. ö.

tung des Lebens und der Aufwertung des Todes. Setzt doch der Tod dem steten Sterben ein Ende, bringt Ruhe, ja führt in den Himmel (371) und zu Christus (415). Daher trägt Müller keine Bedenken, ihn als Erlöser zu bezeichnen:

„wann der Tod kommt/ der ist der rechte Führer auß allen Nöthen. Wann wir uns in diesem Leben lang genug haben geängstiget/ und in solcher Angst uns nach einem seligen Außtritt sehnen/ so erhöret Gott endlich unsere Seuffzer/ und schicket uns zum Erlöser den Tod zu" (341).

Damit wird der Tod zum Ende alles Leides und zum Anfang aller Freude (411ff). Er bringt den Gefangenen die Befreiung: „Mein Hertz, der Tod ist Gottes Diener und Bote/ der schleusst dir auf die Thür des Kerckers/ und sagt: Folge mir/ ich will dich führen in die ewige himmlische Freude" (597). Aus den Stürmen, die uns auf dem Meer des Lebens umdrohen, aus der beständigen Gefahr des Schiffbruchs führt der Tod in den sicheren, süßen Hafen der Ewigkeit (ebd). All das ist Grund genug, den Tod mit Freuden zu erwarten[22].

Trotzdem kennt auch der Christ die Furcht vor dem Tode: „Fleisch und Blut erzittert vor dem Tode und ein Würmlein krümmet sich/ wann mans zertreten wil. So krümmet und windet sich auch die Natur/ wann sie sol auffgelöset werden. Und das empfinden auch die Heiligen/ daß sie sich fürm Tode fürchten/ denn in ihnen wohnet auch das Fleisch" (470). Müller stellt fest, daß in der Bibel fast niemand zu finden ist, der gern starb[23]. Das veranlaßt ihn nicht zu einer theologischen Reflexion über die Zusammenhänge von Gesetz, Sünde und Tod (die gängige Auslegung von Röm. 6, 23 wird am Rande erwähnt und im übrigen vorausgesetzt), sondern zur Belehrung über die rechte Vorbereitung zum Sterben.

Müllers Lehre vom Tod ist stark dadurch geprägt, daß er – zwar nicht originell, aber besonders nachdrücklich – den Beginn der Seligkeit in der Vereinigung mit Christus vom Eintritt des Todes an datiert, „von dem Pünctlein an/ da sie im HErrn sterben. Der Blick (= Augenblick)/ darinn die Seel auß dem Cörper/ ist eben der Blick/ darinn sie fährt in die himmlische Seligkeit" (100). Energisch wendet Müller sich wiederholt gegen die „Schwätzer", die sich nicht gescheut haben, Tod und Auferstehung der Seele zusammen mit dem Leibe zu lehren[24]. Durch diese „Ketzerei" verlöre der Tod den Charakter des unmittelbaren Durchgangs zur beatitudos, und die Seligkeitshoffnung würde, da dem Denken Raum- und Zeitkategorien zu Grunde liegen, auf unbestimmte Zeit verschoben. Die Lehre von der Unsterblichkeit der Seele war für Müller und seine Zeitgenossen – wie auch für viele heutige Christen – conditio sine qua non hinsichtlich der Auferstehung und des

22. 598; vgl. 274ff; 478f.
23. 409; 471; 590.
24. 100; 599; 413; 633.

ewigen Lebens. Unklar ist, wie damit die Lehre vom jüngsten Gericht verbunden werden kann und welche Änderung die Auferstehung dem Status der Seligen bringt. Doch sind das Fragen, die nicht nur an Müller und nicht nur an die lutherische Orthodoxie zu richten wären.

3. Die Kunst des seligen Sterbens

Der namentlich im späten Mittelalter verbreitete Gedanke, die Vorbereitung auf den Tod sei eine, ja d i e zu erlernende Kunst, spielt in den Leichenpredigten des 16. und 17. Jahrhunderts eine hervorragende Rolle. Auch Müller mißt ihm hohe Bedeutung bei. Zwei seiner Predigten tragen die Überschrift „Von der Kunst, selig zu sterben" (Nr. 33 und 55). Mehrere andere stehen unter einer ganz ähnlichen Thematik[25], und kaum eine hebt nicht die Dringlichkeit der Vorbereitung auf das selige Sterben hervor. Die einzelnen Ratschläge decken sich weitgehend mit denen der mittelalterlichen Sterbekunst- und Erbauungsliteratur, die in der entsprechenden evangelischen Literatur intensiv nachwirkten. „Seyd immer bereit/ der Tod ist nicht weit"[26]. „Wer immer stirbt/ der stirbt nimmer" (67). Das führt bis zu der utopischen Forderung, an allen Orten und zu allen Zeiten an den Tod zu denken[27]. Wichtiger ist der für Luther so wesentliche paulinische Gedanke vom geistlichen Sterben und Auferstehen mit Christus: „Erstlich muß man m i t Christo sterben/ darnach stirbt man i n Christo seliglich" (90).

Es bedarf kaum einer Erwähnung, daß der Glaube Bedingung für ein seliges Sterben ist: „wer den Glauben nicht behält biß ans Ende/ der kan nicht selig werden. Denn wer nicht im Glauben stirbt/ der stirbt nicht im HErrn/ und wer nicht im HErrn stirbt/ der stirbt im Teuffel/ und ist verdammt. Darumb/ wer selig sterben wil/ der behalte den Glauben" (531).

Da der Glaube nötig ist zum Heil, sucht Müller Kriterien für sein Dasein. Vom Empirischen ausgehend, soll in logischer Schlußfolge die Existenz des Glaubens nachgewiesen werden. Das geschieht folgendermaßen: „Der Geist im Worte machet einen solchen Satz: Wer gläubet/ der sol selig werden. Der Geist meines Gemütes machet a u ß e i g e n e r E m p f i n d u n g diesen Nebensatz (=logischer Untersatz): Ich gläube. Darauß folget der Schluß: So soll ich auch selig werden" (430).

Erfahrungstatsache ist nach Müller auch das Getriebenwerden vom

25. Nr. 19: Was dazu gehöre/ daß ein Christ selig sterbe. Nr. 23: Von der Reinigung eines Christen/ daß er durch einen seligen Tod eingehe in das himmlische Jerusalem. Nr. 25: Von der Erkäntniß deß Todes/ das in uns erwecken sol eine heilige Lust zu sterben. Nr. 29: Von dem Leben eines Christen/ der zu aller Zeit und an allen Orten selig zu sterben gedencket. Nr. 30: Wie wir uns schicken müssen/ daß wir frölich und selig sterben usw.
26. 152; vgl. 70; 690.   27. 65; 150; 223; 307.

heiligen Geist. Es berechtigt zu dem „unfehlbaren Schluß": „So bin ich auch Gottes Kind" (ebd). Dazu kommt drittens das Zeugnis der guten Werke. Hier stellt Müller eine ganze Kausalkette der Heilsgewißheit auf. Die guten Werke als Erfahrungstatsache „zeugen vom Glauben/ der Glaube zeuget von Christo/ Christus von der Seligkeit. So kan ich von mir selbst wol s c h l i e s s e n : Ich thue ja gute Wercke auß gutem Hertzen/ so muß in mir seyn der Glaube/ auß welchem alle gute Wercke fliessen. Ist der Glaube da/ so ist Jesus da/ so ist Gottes Liebe und Gottes Gnade da und der Schatz/ der da ist meine Seligkeit. Das sind Zeugen/ die nicht fehlen"[28]. Diese Argumentationsweise läuft Gefahr, der Werkgerechtigkeit wenigstens indirekt Tür und Tor zu öffnen. Wenn der Mensch von sich selbst und dem Stand seiner Heiligung aus Schlüsse auf sein Heil zieht, ist die Rechtfertigung sola fide leicht preisgegeben. Das will Müller natürlich nicht. Ihm geht es um den unaufgebbaren Zusammenhang von Glaube und Liebe[29]. Trotzdem ist nicht zu übersehen, daß die formal beibehaltene forensische Rechtfertigungslehre durch diese Reflexion auf eigene Qualitäten modifiziert, ja durchbrochen wird. Die pietistische Neigung zur Beobachtung des frommen Ich bricht sich Bahn. Sie soll dazu dienen, die Heilsgewißheit zu stärken. Daß dadurch angesichts des Todes das Gegenteil erreicht werden kann, steht außer Zweifel.

Ganz im Sinne der altkirchlichen und mittelalterlichen Tradition sieht Müller das selige Sterben in engem Zusammenhang mit heiligem Leben. Auf ein gutes Leben folgt ein guter Tod und umgekehrt[30]. Wie in zahllosen anderen Predigten und Erbauungsschriften wirkt hier ein Wort Augustins nach: „Mala mors putanda non est, quam bona vita praecesserit"[31]. Daran hängt alles, denn „eins ist noth/ein seliger Tod"[32]. Die Art und Weise des Sterbens, die Überlieferung der letzten Worte, aber auch die Zeugnisse über das Leben des Verstorbenen gewinnen damit wichtigen Indizienwert[33].

Besonders dringt Müller auf die Kunst, f r e u d i g zu sterben, eine Kunst, „die unter tausenden kaum einer gelernet hat" (407). Wie er in Nr. 44 unter dem Thema „Von der freudigen Sterbekunst" ausführt, gehört dazu 1. der treue Dienst Gottes, 2. die Kenntnis des Todes, 3. das geduldige Erwarten der Sterbestunde und 4. die ständige Bereitschaft.

In der Entfaltung des ersten Punktes zeigt sich der Frühpietist. Es ist

---

28. Vgl. 520: „Dessen aber muß ich gewiß seyn/ daß mein Glaube rechter Art sey. Ein Kennzeichen deß rechten Glaubens ist die Liebe".
29. Zum Verhältnis von Rechtfertigung und Heiligung bei Müller vgl. *D. Winkler* aaO S. 6ff.
30. 459; 470; 575 u. ö.
31. *Augustin*, De civ. dei I c. 11, CSEL 40,1 S. 23,5.
32. 665; vgl. 344; 510; 723.
33. Vgl. u. S. 172 f.

„ein leidiger Dienst", wenn die Menschen meinen, der Gottesdienst bestünde im Kirchgang, Beten, Beichten und Abendmahlsempfang[34]. Wahrer Gottesdienst ist die Hingabe des eigenen Willens an Gottes Willen (824). Der mystische Einschlag ist unverkennbar. Die übrigen Abschnitte fügen dem schon Genannten nichts Wesentliches hinzu. Daß die reformatorische Grundwahrheit durch die Reflexion auf die Werke als Erkenntnisgrund des Glaubens nicht aufgehoben ist, beweisen die prägnanten Schlußsätze: „Wilt du selig sterben/ so stirb als ein Sünder/ und stirb auch als ein grober Sünder. Wilt du selig sterben/ so stirb als ein gläubiger Sünder/ verbinde dich mit Gott im Glauben/ und suche bey ihm Gnade. Wer so stirbt/ der stirbt selig. Das verleih uns allen Gott/ durch Jesum! Amen" (840).

Eine Eigenart der Frömmigkeit Heinrich Müllers, die ihn mit Bernhard und Arndt verbindet, ist die Erfahrung des Glaubens im Gefühlserlebnis[35]. Sie findet Eingang in Müllers Sterbekunst. Glaube an Christus und Erkenntnis des Erlösers sind danach nicht als „allgemeine Erkäntnüs" zu verstehen, wie wenn „Gott nach der Schrift erkand wird" (788). Nötig ist vielmehr „das besondere inwendige Erkäntnüß/ wann er also erkand wird/ daß ihn das Hertz in seiner Treu und Freundlichkeit s c h m e c k e t. Was GOtt ist/ kan man nicht besser wissen/ als wanns das Hertz e m p f i n d e t". Jede gläubige Seele, die Jesus erkannt und „ein paar Tröpfflein seiner Freundlichkeit g e s c h m e c k e t hat", verlangt danach, „auffgelöset und bey ihm zu seyn" (789).

Im folgenden gründet Müller die Sterbekunst konsequent auf den Glauben an Jesus. Wer selig sterben will, muß Christus als einen Erlöser erkennen (792 f), als einen lebendigen Erlöser (793–795) und als s e i n e n Erlöser (795 ff). „Wer Jesum hat/ hat alles/ alles in Jesu ... Was wil dir der Tod nehmen? Du hast nichts außer Jesu" (796). Ohne diesen Kerngedanken können alle Anweisungen zum seligen Sterben nicht verstanden werden.

4. Mystik und Jesusminne

Müllers Frömmigkeit findet ihren Höhepunkt in der Jesusminne, die ihn wiederum mit Bernhard und Arndt, aber auch mit Scheffler verbindet[36]. Welche Bedeutung diese Art von Frömmigkeit für die Leichenpredigt besitzt, mag folgendes Zitat veranschaulichen:

„Wo ist ein Kind lieber als im Schoos der Mutter? Jesus wil uns trösten/ wie einen seine Mutter tröstet. Wo ist ein Schäflein lieber als bey seinem Hirten? Der HErr mein Hirte/ sagt David/ was solt mir mangeln? Wo ist eine Braut lieber als bey ihrem Bräutigam? Er ist unser Seelen-Bräutigam. Wo ist ein Küchlein lieber als bei der

---

34. Zur Kritik an kirchlichen Zuständen vgl. S. 28; 32; 37; 453.
35. Vgl. *D. Winkler* aaO S. 9 ff.
36. Vgl. *D. Winkler* aaO S. 24 ff.

Gluckhenne? Er ist unser Schirm und Schild. Wo lieber als bei Jesu? ... So spricht eine glaubige Seele: Ich kan hie nicht bleiben/ ich mag hie nicht bleiben/ mein Schatz/ mein Jesus/ lebet im Himmel/ da wil ich auch hin/ da muß ich auch hin/ daß ich bey meinem Jesu sey".[37]

Jesusminne, Geringschätzung des Irdischen und Sehnsucht nach dem Himmel hängen bei Müller eng zusammen: „Nirgend ist einer gläubigen Seelen besser/ als bey ihrem JEsu. Drum sol man sich allezeit sehnen nach dem Himmel/ da ist JEsus/ unser Schatz; Da ist Jesus unser Sonne und unser Wonne; Da ist JEsus/ unser einziges und alles. Ach wäre ich in dem Himmel! Da ist der Bräutigam/ der mich liebet... Was solt mich aufhalten hie länger zu leben? Ist das Leben süß? Der Himmel ist noch süsser. Beut mir die Erde an/ was köstlich ist? Der Himmel ist noch köstlicher ... Ach wäre ich in dem Himmel" (468). Jesusliebe steht in ausschließendem Gegensatz zur Welt- und Eigenliebe. „Sol JEsus Liebe ein- so muß eigne Liebe außgehen ... Je mehr ich mir selbst bin/ je weniger ist mir JEsus; Mir selbst muß ich zu nichts werden/ sol mir JEsus alles werden. Sol JEsus-Liebe ein/ so muß die Welt-Liebe außgehen" (93). Noch deutlicher kommt die mystische „Entleerungs- oder Entwerdungstechnik"[38] zum Ausdruck, wenn Müller fortfährt: „Auß dir selbst gehe auß/ so gehest du in Christum/ dich selbst hasse/ so liebst du Christum. Laß dir die Welt eine Nulla werden/ so wird dir Jesus alles". Wer so schon das Herz bei Jesus im Himmel hat und ihn über alles liebt, „dem ist Leben eine Last/ und Sterben eine Lust".

Auch die mystische Entwerdung gehört somit zur Sterbekunst. Sie fordert die Abwendung der Gedanken vom Irdischen und deren Konzentration auf das Himmlische. „Himmlische Gedancken vertreiben irdische Gedancken. Ein Nagel treibet den anderen auß. Himmlische Gedancken machen einen himmlischen Menschen. Wer stets mit Balsam umgeht/ der riecht nach Balsam" (467). „Was aufwerts sol/muß l e e r seyn. Ein volles Faß sincket nieder, E n t l e e r e demnach dein Hertz von der Welt-Liebe"[39]. Wie der Stein immer wieder auf die Erde fällt, weil er ihr entstammt, so ist die Seele nirgends lieber als bei Gott, von dem sie ihr Wesen hat und in dem sie, wie Müller in Anlehnung an das bekannte Wort Augustins sagt, Ruhe findet (515).

Die mystische Vereinigung Gottes mit der gläubigen Seele, sein Eingehen in den Seelengrund, unterscheidet sich qualitativ von der himmlischen unio. Jene ist auflöslich, diese nicht; jene geschieht im Glauben (hier schimmert die orthodoxe Lehre von der unio mystica durch), diese im Schauen; jene bleibt den Sinnen oft fern, diese geschieht ohne jede Verhüllung (545).

---

37. 600; ganz ähnlich 544.
38. Vgl. *D. Winkler* aaO. S. 20ff.
39. Ebd. Das Bild von der Schwerkraft findet sich auch 512; 515.

Zur Beschreibung der himmlischen Freuden genügt Müller der Hinweis auf Jesus: „da ist Jesus der Seelen alles. Den Augen das schönste Bild/ den Ohren die lieblichste Musick/ der Zungen das süsseste Honig/ der Nasen der kräfftigste Balsam/ den Händen der köstlichste Schatz" (371). Wo Jesus ist, da ist der Himmel, und sei es mitten in der Hölle (231). „Legt er sich mit uns ins Grab/ so muß das Grab unser Himmel sein[40]". „Im Grabe den Himmel haben/ das ist ja Trosts genug" (676).

5. Gegenwärtiges und zukünftiges Heil

„Wo Christus da Himmel"[41]. Im Glauben an ihn ist das Heil schon gegenwärtig. Er ist das Leben mitten im Tod (129). Durch ihn haben die Christen den Himmel schon auf Erden (22). Der letzte Satz gilt freilich nur in dialektischer Zuordnung gleichzeitig mit der Antithese: „Ein jeder wahrer Christ hat seine Hölle hie auff Erden"[42].

An dieser Stelle ist die Bedeutung der Sakramente im Rahmen der Leichenpredigten zu würdigen. Ihre Heilsbedeutung wird in den lutherischen Leichenpredigten des 16. und 17. Jahrhunderts, aufs Ganze gesehen, wenig hervorgehoben. Müller nimmt hierin keine Sonderstellung ein[43]. Er übernimmt traditionelle Gedanken, wenn er erklärt, den Christen sei der Himmel schon in der Taufe geschenkt (22). „Er giebt uns schon diese Kron/ die Seligkeit/ in der Tauffe" (236 f). „Von der Stunde an/ da wir getaufft worden/ sind wir schon selig" (237). Müller legt großen Wert auf die Verbindung von Glaube und Taufe. Ganz im Sinne Luthers nimmt er an, daß die Taufe den Glauben bewirkt: „Die Tauffe giebt den Glauben/ der Glaube Christum/ Christus die Seligkeit"[44].

Die in der Taufe geschenkte Seligkeit ist in diesem Leben noch unter vielem Kreuz und Jammer verborgen. „Unser Leben nach der Taufe ist nicht ein Erwerben der Seligkeit/ die noch nicht da/ sondern ein Warten auf die Offenbarung der Seligkeit/ die zwar schon da/ aber noch verborgen ist" (237). Die Krone des Lebens ist uns in der Taufe schon gegeben, wird uns aber erst „an jenem Tage" aufgesetzt.

Mit „jenem Tage" meint Müller offenbar den Todestag, denn er fährt fort: „Annoch lieget der Schatz verwahret im Glaubens-Kästlein und wird nicht gesehen. In der letzten T o d e s - S t u n d e aber wird das

---

40. 231; vgl. 675 f.
41. 22; vgl. schon *Brenz:* „Wo Got is/ do ist hymel" (zit. bei *H. E. Weber,* Reformation, Orthodoxie u. Rationalismus I S. 48).
42. 20; vgl. ob. S. 163 f.
43. Den orthodoxen Charakter von Müllers Sakramentslehre weist *D. Winkler* aaO S. 42 f. nach.
44. 237; vgl. 641. Über die Heilsbedeutung der Sakramente auch 392; 421; 474; 723.

Glaubens-Kästlein aufgethan. Da treten wir/ der Seelen nach/ aus dem Glauben in das Schauen/ und geniessen völliglich der Seligkeit/ die wir ietzt hoffen."

Da Müller, wie bereits erwähnt, größten Wert darauf legt, daß die volle Seligkeit der Gläubigen mit der Todesstunde beginnt[45], bekämpft er energisch die Lehre vom Tode der Seele mit dem Leibe. Ebenso weist er die Lehre vom Fegfeuer des öfteren scharf zurück, während er sonst fast ganz auf Kontroverstheologie verzichtet[46]. Die Widerlegung dieser Irrlehre liegt ihm so am Herzen, daß er ein ganzes Arsenal an Gelehrsamkeit dagegen aufbietet (102). Durch den Purgatoriumsgedanken würde nicht nur der Charakter des Lebens als einer Entscheidungs- und Bewährungszeit gefährdet, sondern auch die Hoffnung auf baldige vollkommene Vereinigung mit Christus angefochten. Ein entscheidender Trost angesichts des Todes wäre damit in Frage gestellt. Dagegen hält Müller mit Entschiedenheit fest: „So bald die Gläubige ihren Abscheid auß dieser Welt nehmen/ haben sie das ewige Leben/ sie kommen in kein Gericht[47]/ in kein Fegefeuer – zu keiner Qual und Marter/ sondern der zeitliche Tod ist ihnen ein geschwinder Durchgang in das ewige Leben" (103).

Ziel des Sakramentsempfangs ist die Teilhabe an der Seligkeit (723). In der Predigt und dem Empfang des Abendmahls erfolgt die Reinigung von den nach der Taufe begangenen Sünden (392). Daß sie nicht ex opere operato erfolgt, wird durch den Hinweis auf die applizierende Funktion des Glaubens unterstrichen: „Von unser Seiten ist das Mittel unserer Reinigung der Glaube" (ebd). Die Zuversicht, daß den einzelnen Verstorbenen das Heil zuteil wurde, gründet sich daher nie allein auf den Empfang des Abendmahls vor dem Tode. Diesem Faktum wird in den Personalia verhältnismäßig wenig Beachtung geschenkt.

6. Die Personalia

In den „Geistlichen Erquickstunden"[48] schlug Müller vor, Leichenpredigten entweder ganz abzuschaffen oder nur noch denen zu halten, die sie verdient haben. Mehrere Kritiker hatten sich schon vor ihm mit Vorschlägen gegen den Mißbrauch der Leichenpredigt gewandt, Kirchenordnungen hatten Folgerungen daraus gezogen und die Leichenpredigt teils untersagt, teils eingeschränkt[49]. Kennzeichnend für die grundsätzliche Verschiebung im Verständnis der Leichenpredigt ist, daß überhaupt danach gefragt wird, ob der Verstorbene eine Predigt

45. Vgl. ob. S. 165. 46. 102; 227; 414; 636.
47. Man beachte die Verabsolutierung von Joh. 5,25!
48. III c. 27. D. *Winkler* aaO S. 61 u. Anm. 277. Das Zitat s. bei *Spener*, u. S. 203.
49. Vgl. die Exkurse I und III.

verdient habe. Damit wird vorausgesetzt, daß das Lob des Verstorbenen ein wesentlicher Bestandteil der Leichenpredigt sein müsse. Die Intentionsverlagerung von der Gemeindepredigt auf das Ehrengedächtnis, die sich im 17. Jahrhundert zunehmend vollzog, hat auch von Müller Tribut gefordert.

Einige homiletische Bemerkungen zeugen davon, daß Müller über die Berechtigung des Menschenlobes am Sarge reflektiert hat. Er leitet traditionell das Recht des Lobes aus dem exemplarischen Wert der guten Werke ab: „Rühmlich gedenckt man da ihrer guten Wercke in den Leichenpredigten/ daß andere an ihnen ein Exempel guter Nachfolge haben"[50]. Einmal erklärt Müller das Lob der Frommen als eine Art Ersatz für die Würdigung ihres guten Lebens, die ihnen bei Lebzeiten versagt blieb (856). Er erwähnt den Wunsch eines Verstorbenen, nicht gerühmt zu werden, verzichtet aber nicht auf das Zeugnis, dieser sei ein frommer Mann gewesen und habe ein rühmliches Leben geführt (ebd). Fast in jeder Leichenpredigt findet sich ein Hinweis auf das christliche Leben und Sterben der zu beerdigenden Person. Dabei fällt zunächst die Tendenz auf, gleichsam als Beleg für das selige Ende und damit das ewige Heil der Verstorbenen deren letzte Worte zu zitieren. „Daß er im Friede gefahren", heißt es von einem Verstorbenen, „zeiget an sein letztes Wort: Meinen JEsum laß ich nicht" (701). Ein anderer berief sich im Tode auf das Blut Christi, das von allen Sünden reinigt. Der Prediger folgert daraus: „So ist denn kein Zweiffel/ er wird durch die Krafft des Blutes Jesu der Seelen nach eingegangen seyn in das himmlische Jerusalem" (394). Hier kommt, wie in vielen anderen Leichenpredigten, das Verlangen nach empirischen Kriterien für die Heilsgewißheit zum Ausdruck. Wie von der Faktizität der guten Werke auf die des Glaubens geschlossen wird, so vom erbaulichen Charakter des Todes auf den seligen Stand des Verstorbenen. Umgekehrt läßt ein gottloses Sterben die ewige Verlorenheit des Verstorbenen erkennen. Dafür bieten Müllers Leichenpredigten kein konkretes Beispiel[51].

---

50. 113; sehr ähnlich 576.
51. Mir ist auch sonst keine Leichenpredigt bekannt, in der dieser negative Schluß auf die verstorbene Person angewandt wurde. Wie im Exkurs III gezeigt wird, blieb die in den Leichenpredigten übliche Interpretation der letzten Gebärden nicht ohne Kritik. „Wir können die wahre Gottseligkeit abnehmen nicht an einigen absonderlichen Seufzern oder Worten", erklärt z. B. Großgebauer im 12. Kap. der „Wächterstimme". Diese verständliche Zurückhaltung wird in der „Predigt nach der Hinrichtung eines Missetäters" aus dem rationalistischen Züllichauer Magazin unter moralischem Aspekt überspitzt. Der Prediger weist nach, daß ein Sünder nicht selig werden kann. Nur wahre Besserung und tätiger Glaube können selig machen. Dazu ist im Sterben keine Gelegenheit mehr. Daher können erbauliche Reden und Gebärden des Delinquenten nicht zu dem Schluß führen, dieser sei der Seligkeit teilhaftig. Vielmehr muß aus dem schlechten Leben des Hingerichteten geschlossen werden, daß dieser verloren ist! Die Eliminierung der Rechtfertigung führt hier nicht zur billigen Gnade, sondern zur pharisäischen Verurteilung. Vgl. *Reinhard Krause*, Die Predigt der späten deutschen Aufklärung (1770–1805), Stuttgart 1965, S. 84–86.

Da die Angehörigen gewöhnlich Zeugen des Sterbens waren, konnte es sein, daß sie, namentlich bei akuter geistiger Beeinträchtigung der Sterbenden, bedenkliche Worte von ihnen hören mußten. Das traf zu bei einem „seligen Mitbruder", der nach dem Zeugnis des Predigers im Herrn gestorben ist. Bei ihm hat man gemerkt, „daß er in der höchsten Unruhe noch Trost im Hertzen gehabt/ und wann er ja e t w a s i m S c h r e c k e n g e r e d t/ hat er doch/ wann er wieder zu sich selbst ge-kommen/ alsbald gesaget: Ich werde mich ja nicht an dem HErrn meinem Gott versündigt haben. Darauf suchte er von Stund an/ wie er wieder möchte in der Gnade Gottes sein. Er ist gestorben im Glauben an Jesum" (610). Zur Bekräftigung zitiert der Prediger Worte, die der Verstorbene offenbar nicht erst in der Todesstunde sprach. Durch Ori-ginalität zeichnet sich das folgende aus: „Wann ich mein Pferd im Halffter habe" (so sprach der „selige Mann"), „so muß es sich wol hal-ten lassen. Der Glaube mein Halffter/ ich halte meinen Jesum damit und lasse ihn nicht/ biß ich ihn habe nach meinem Willen" (ebd).

Ein reiches Anschauungsmaterial wäre hier zu entfalten[52]. Es zeigt kaum stereotype Formulierungen letzter Worte und läßt uns mitunter unmittelbar in die Arbeit des Seelsorgers am Sterbelager blicken.
So z. B. in der Wiedergabe eines letzten Gesprächs:
„Da ich zuletzt bey ihm war/ sagte er: Ach! Was ist diß Leben? Wir müssen ja alle sterben und in die Erde verscharret werden/ die unser aller Mutter ist. Ich antworte-te: Wir müssen nicht das so sehr bedencken/ was wir im Sterben und im Grabe seyn werden/ sondern das insonderheit/ was Christus am jüngsten Tage aus uns machen werde. Ja sagte er/ das ist freylich ein grosser Trost und wol zu bedencken/ und wann das nicht wäre/ so möchte man verzagen. Das machte ihn freudig zum Tode/ daß ihn der Heyland am jüngsten Tage aus dem Grabe würde wieder auferwecken" (678).

Berichte dieser Art sind Beiträge zur ars moriendi. So erzählt Müller von einem Verstorbenen, der infolge vieler Krankheiten „ein rechter ander Hiob" war, daß dieser „anfangs ein wenig verzagt für dem Tode" war und meinte, „es würde schwer daher gehen/ wann der Tod würde ankommen". Nachdem er sich aber die Worte Hiobs (Ich weiß, daß mein Erlöser lebt etc.) zu Herzen genommen hatte, „ward er mutig/ daß er ritterlich rang durch den zeitlichen Tod ins ewige Leben zu dringen" (667).

Während es hier die Furcht vor dem physischen Tod zu überwinden galt, hilft die Seelsorge an anderer Stelle einem von seinen Sünden be-drückten Menschen:
„Da ich neulich bey ihm war/ sagte er: Ach wie ängstet/ wie quälet mich meine Sünde! ach daß ich doch nur möchte selig werden. Ich antwortete: Er müste nicht auff sich/ sondern auff seinen Erlöser JEsum sehen; Da betete er diese Worte:
Meine Sünden mich zwar kräncken sehr/
Mein Gewissen thut mich nagen/
Denn ihr sind mehr als Sand am Meer/

52. Vgl. z. B. 143; 228; 305; 416; 508; 587 ; 600; 619 f; 625; 645 f; 678; 738; 743; 830; 840.

Ich will doch nicht verzagen.
Gedencken wil ich an deinen Tod/
HErr Jesu/ deine Wunden roth/
Die werden mich erhalten" (713).

Neben solchen „letzten" Worten steht die große Zahl der Hinweise auf das christliche Leben oder Sterben der Entschlafenen. Sie finden sich fast in jeder Predigt, sei es am Schluß oder in ihr verstreut. Daß die Grenze des Erträglichen dabei gelegentlich überschritten wurde, zeigt folgendes Beispiel:

„Solcher Treu hat sich auch beflissen unsere sel. Mitschwester. Sie hat die Sünde geflohen wie eine Schlange. Zwar hat sie wie alle Menschen ihre Fehler gehabt/ und sich für die größte Sünderin gehalten/ doch hat sie mit dem Heiland sagen können: Wer unter euch kan mich einer Todsünde zeihen?" (642). Es folgt ein Lob ihres frommen Lebens.

Die bedenkliche Variation eines Jesuswortes nach jenem Allgemeinplatz, daß die Verstorbene ihre Fehler gehabt habe wie alle Menschen, könnte durch üble Nachrede, der sie ausgesetzt war, motiviert sein. Jedoch erwähnt der Prediger hier einen solchen Grund nicht. Leidenschaftlich nimmt er bei der Bestattung des Generalsuperintendenten Voß diesen gegen seine Feinde in Schutz.

„So ist auch vielen unter uns/ sonderlich in der Universität/ bekandt/ daß einige böse Leute ihren Gifft wider ihn außzuschäumen/ und ihre von der Höllen entzündete Feder an ihm zu wetzen/ sich trotziglich unterstanden ... Was sol ich aber sagen von der unzehlich vielen heimlichen Vernichtung und Nachstellung/ welche diese theurste Gottes-Seele allhie in ihrem Vaterlande hat erleiden müssen? ... O/ erzittert ihr Ruchlosen!" (41)

Bei der Bestattung hochgestellter Persönlichkeiten äußert sich der barocke Überschwang mitunter in einer Weise, die als unecht erscheint. An die Hypertrophien eines Gregor von Nyssa erinnern die Klagen über den Tod des Bürgermeisters Caspar Vieregke (56 ff). Dieser Tod läßt nicht nur die Stadt Rostock, sondern das ganze Land Schwerin erbeben! (57) Wie reich an Tugenden dieser Mann gewesen ist, kann die Phantasie des Lesers erraten. Als Katastrophe großen Ausmaßes wird auch der Tod des schon erwähnten Samuel Voß hingestellt, eines Mannes, der in der kundigen Kirchengeschichte Mecklenburgs von Schmaltz nicht einmal genannt ist. „Und du Land/ Land/ Land Mecklenburg erzittere", ruft der Prediger aus. „Wer wird nun hingehen/ Mecklenburg/ und dir Frieden erwerben? ... Ich fürchte/ der HErr werde sich schon gesetzt haben eine Sündfluth anzurichten/ weil Er diesen heiligen Noah in den Todes-Kasten gehen heissen" (19). Diese Sätze erinnern formal an die Erwartungen göttlichen Gerichts, die Luther mit dem Tod des Kurfürsten verband[53]. Freilich erwecken sie nicht wie bei Luther den Eindruck der Echtheit[54].

53. Vgl. ob. S. 33.
54. Vgl. auch 601, wo der Tod eines verdienstvollen Bürgers zu der Befürchtung veranlaßt, eine Stadt, die solche Säulen verliere, müsse fallen. Bei diesen Übertreibungen handelt es sich um eine häufige Erscheinung in der barocken Literatur.

IV. Zusammenfassung

Wie alle Veröffentlichungen Müllers zeichnen sich auch seine posthum herausgegebenen Leichenpredigten durch einen hervorragenden Stil aus. Als beliebtes Ausdrucksmittel erscheint die Antithetik, die der schroffen Diastase von Gott und Mensch, Welt und Himmel, irdischem und himmlischem Leben entspricht.

In der negativen Beurteilung des irdischen Lebens gleicht Müllers Haltung der Selneckers. Die bei Selnecker beobachtete und aus dessen Schicksal verständliche konfessionelle Polemik fehlt völlig. Sehnsucht nach der Ewigkeit, nach völliger Vereinigung mit Christus zieht sich in ungewöhnlich starkem Maß durch Müllers Leichenpredigten. Lehrhafte Ausführungen sind selten. Gegenüber Selnecker und Pancratius ist das Schwergewicht noch mehr als bei Herberger und Heermann von der doctrina auf die affectus verlagert. Von der zeitgenössischen Leipziger Schule hebt Müller sich dadurch vorteilhaft ab, daß er fast ganz auf die Entfaltung akademischer Gelehrsamkeit und scholastischer Distinktionen verzichtet. Glutvolle, dabei schlichte Frömmigkeit durchpulst seine Predigten.

Breiten Raum nimmt die Vorbereitung auf das selige Sterben ein. Die formal beibehaltene forensische Rechtfertigungslehre der Orthodoxie wird faktisch durch die Reflexion auf das fromme Subjekt und empirische Kennzeichen des Glaubens modifiziert. Wichtiger und oft einziger Inhalt der Ausführungen über die Verstorbenen ist daher der Nachweis ihres seligen Sterbens. Die diesbezüglichen Mitteilungen erwecken in der Regel den Eindruck der Originalität. Allerdings muß bedacht werden, daß die Personalia teilweise vom Editor eingearbeitet wurden.

FÜNFTES KAPITEL

DIE LEICHENPREDIGT IN DER LEIPZIGER HOCHORTHODOXIE: MARTIN GEIER UND JOHANN BENEDICT CARPZOV JR.

I. Autoren und Quellen

Aus der Leipziger Homiletenschule, die in der zweiten Hälfte des 17. Jahrhunderts ihren Höhepunkt erreichte, wählen wir zwei ihrer bedeutendsten Vertreter: Martin Geier und Johann Benedict Carpzov jr.[1]. *Martin Geier* wurde 1614 als Kaufmannssohn in Leipzig geboren. Von 1628–1632 widmete er sich philosophischen und philologischen Studien in Leipzig und Straßburg. 1633 erwarb er den Magistergrad. Es folgte das Studium der Orientalistik und der Theologie in Wittenberg. 1639 wurde Geier Professor der hebräischen Sprache in Leipzig, 1643 Diaconus an St. Thomas, 1658 Doktor der Theologie mit einer Disputation „De precibus pro defunctis oppositam Pontificiis". Ein Jahr vorher war er die Ehe mit einer Tochter Johann Benedict Carpzov des Älteren eingegangen. Nachdem er 1661 das Amt des Stadtsuperintendenten von Leipzig übernommen hatte, folgte er im Jahre 1665 einem Ruf als Oberhofprediger nach Dresden. Die Leipziger Abschieds- sowie die Dresdener Antrittspredigt beschließen Geiers gesammelte Leichenpredigten, die „Betrachtung der Sterblichkeit". 1680 starb Geier in Freiberg und wurde im dortigen Dom bestattet.

Kennzeichnend für Geiers theologische Haltung ist sein Wort über Arndts Wahres Christentum: „Dies Buch hat mich zum Christen gemacht"[2]. Dabei ist Geier nicht zur Reformorthodoxie zu zählen. Er verbindet eine konservative Haltung mit tiefer persönlicher Frömmigkeit. Zum Kämpfer war er nicht geboren, wenn er auch seine Stimme gegen die gesellschaftlichen Sünden seiner Zeit erhob[3]. Trotz seiner gediegenen Bildung und schnellen Karriere blieb Geier ein bescheidener Mann. In einer Leichenpredigt bemerkt er, daß Gotteskinder sich nicht gern mit schwülstigen Titeln belegen lassen. Wenn sie dergleichen

---

1. Zur homiletischen Methodenbildung in der Spätorthodoxie vgl. *Martin Schian,* Orthodoxie und Pietismus im Kampf um die Predigt. Ein Beitrag zur Geschichte des endenden 17. und beginnenden 18. Jahrhunderts, Gießen 1912, S. 101–104.
2. *A. Tholuck,* Vorgeschichte des Rationalismus. 2. Teil: Das kirchliche Leben des siebzehnten Jahrhunderts, 2. Abt., Berlin 1862, S. 91.
3. *Hans Leube,* Die Reformideen in der deutschen lutherischen Kirche zur Zeit der Orthodoxie, Leipzig 1924, S. 62.

schon „amts- und nothwendigen respects halben" geschehen lassen müssen, ist es ihnen innerlich eine Beschwerung, und sie lachen bei sich selbst über solche Eitelkeit (II 325)[4].

Bei Geiers Schwager *Johann Benedict Carpzov jr.* weist der äußere Lebensgang manche Gemeinsamkeit mit Geier auf. 1639 wurde Carpzov in Leipzig geboren. Sein Vater war der Pastor und Theologieprofessor gleichen Namens, der besonders durch sein Hodegeticum, ein Lehrbüchlein der Homiletik, bekannt wurde. Der Sohn studierte u. a. in Leipzig, Jena, Basel (wo er bei Buxtorf wichtige Anregungen empfing) und Straßburg. 1659 wurde er Magister in Leipzig, 1665 Professor der Moral und Polemik, 1668 Professor der hebräischen Sprache sowie Diaconus an St. Thomas, später dort Pastor. 1684 erhielt er eine theologische Professur, 1699 starb er.

Äußerlich zeigen auch beider Predigten eine sehr weitgehende Ähnlichkeit. Charakterlich waren beide Männer sehr verschieden. Doch besaß Carpzov wie Geier ein waches Auge für die kirchlichen und sittlichen Schäden der Zeit[5]. Dem Reformprogramm Speners stand Carpzov bis hinein in die achtziger Jahre sehr wohlwollend gegenüber. Erst in den späten Leichenpredigten finden sich Äußerungen des Unmuts und der Polemik gegen die Pietisten[6]. 1689 wurde er Mitglied der Untersuchungskommission und verfaßte 1691 drei Programme gegen die Pietisten. Sein Verhalten in diesem Streit muß als unrühmlich bezeichnet werden. Es scheint der Verbitterung über eigene Mißerfolge entsprungen zu sein, aber auch einer betont konservativen Haltung, der alles Ungewohnte verdächtig erschien. Auch mag eine Abneigung gegen alles Extreme im Spiel gewesen sein. „Es ist in allen dingen die Mittelstraße die beste", meint er einmal (I 241). Persönliche Frömmigkeit kann Carpzov nicht abgesprochen werden.

Allem Unechten ist er feind. Als er einer Verstorbenen ein gutes Zeugnis ausstellte, konnte er sich darauf berufen, daß die Gemeinde das Schmeicheln bei ihm nicht gewohnt war (I 1542).

Beide Theologen traten nicht durch literarische Tätigkeit hervor. Ihre Stärke lag auf praktischem Gebiet. In der Geschichte der Predigt des 17. Jahrhunderts nehmen sie einen hervorragenden Rang ein. Besondere Bedeutung kommt dabei ihren gesammelten Leichenpredigten zu. Martin Geier veröffentlichte sie in vier Teilen unter dem Titel „Betrachtung der Sterblichkeit". Unserer Untersuchung liegen der dritte und vierte Teil zu Grunde, die 1670 bei Christian Kirchner in Leipzig erschienen. Eine Vorrede ist diesen Teilen, die 1448 Seiten umfassen, nicht beigegeben.

4. Glaubwürdig erscheint auch *Geiers* wiederholte Behauptung, er habe sich nie zu hohen Ämtern gedrängt, ja bei jeder Berufung in große Furcht geraten: IV 504; 507.
5. Vgl. *Leube* aaO S. 58–60, wo Carpzovs Leichenpredigten als Quelle genannt werden.
6. V 33 f (?); 851.

Noch umfangreicher ist das Carpzovsche Werk. Von dem sechsteiligen Gesamtwerk standen mir Teil I mit 1608 Seiten und Teil V mit 1136 Seiten zur Verfügung. Die Vorrede zum ersten Teil wurde 1680, die zum fünften 1695 verfaßt. Der Druck des ersten Teils enthält einen Kupferstich mit dem Bild des Autors, der auf die geöffnete Bibel hinweist.

In seiner Vorrede zum ersten Teil versichert Carpzov, die Drucklegung der Leichenpredigten sei ihm abgezwungen worden. Im Gegensatz zur mündlichen Predigt, die er willig und freudig ausübe, falle ihm das Schreiben schwer. Mit gutem Grund argwöhnt Carpzov, man nötige ihn zum Druck „mehr aus eingerissener übeler gewohnheit/ damit man denen predigern ihr ampt desto sauerer machet/ als daß ich glauben kan/ daß man iederzeit sein absehen auf einige erbauung richte". An gesprochenen und gedruckten Predigten bestehe kein Mangel. Die Vorrede zum fünften Teil beginnt mit der Bemerkung: „Demnach ichs denn nicht endern kan/ sondern genöthiget werde/ so viel Leichenpredigten nacheinander in den druck zu geben . . ." Im folgenden betont Carpzov nachdrücklich, daß die vorliegenden Leichenpredigten sein authentisches Werk darstellen. Offensichtlich bestand ein Bedürfnis danach, Carpzovs Predigten gedruckt in der Hand zu haben.

II. Form und Methode

1. Die Exegese

Geier und Carpzov waren einige Jahre Professoren für Hebräisch. Beide befaßten sich intensiv mit orientalischen Sprachen und studierten rabbinische Texte[7]. Sie folgten der verbreiteten Übung, ihre Kenntnisse auch im Rahmen der Predigt auszubreiten. Mag das für die meisten Hörer oft eine Zumutung gewesen sein, so läßt es uns doch interessante Blicke in den Stand der exegetischen Wissenschaft werfen. Besonders fällt die umfangreiche Zitierung rabbinischer Texte auf. Von den 77 Seiten, die Nr. 18 im ersten Teil bei Carpzov[8] einnimmt, sind 9 mit rabbinischen Zitaten und Kommentaren dazu gefüllt. Rabbinen werden öfter zitiert als Luther. Polemik gegen sie ist so selten, daß von einer philosemitischen Grundhaltung gesprochen werden kann. Darin stimmen Geier und Carpzov überein, wenn auch ersterer seine Spe-

---

7. Die intensive Verarbeitung rabbinischer Exegese seitens der lutherischen Orthodoxie Deutschlands ist noch nicht gewürdigt worden. Für den schwedischen Bereich geschah dies durch *H. J. Schoeps*, Philosemitismus im Barock, Tübingen 1952. Vgl. dort S. 134: „Zu den erstaunlicheren Tatsachen in der Geschichte der jüdischen Literatur gehört diese, daß kein Jahrhundert ein so intensives rabbinisches Studium seitens von Nichtjuden aufzuweisen hat wie das der lutherischen Orthodoxie."
8. Künftig abgekürzt: C I. Entsprechend G III usw.

zialkenntnisse sehr viel sparsamer vorträgt. Auch Geier verwechselt mitunter Kanzel und Katheder. Er erörtert Probleme, die nur im Rahmen wissenschaftlicher Exegese sinnvoll sind. So wirft er die Frage auf, inwiefern man die Worte נִגְּרָה לַיְלָה יָדִי (Ps. 77, 3) übersetzen könne: „Meine Hand ist des Nachts ausgereckt", obwohl das Verb נגר eigentlich „fließen" bedeutet. Zunächst bringt Geier Belege für die Verwendung des Verbs in der Bedeutung von „fließen". Von da aus schlägt er Brücken zu dem im vorliegenden Vers angenommenen Verständnis: Im Gebet werden die Hände gleichsam „unterschiedenen fließenden bächlein ehnlich". Oder: die Hände wurden durch viele Tränen beim Gebet so genetzt, daß sie wie ein feuchtes Tuch wurden. Die umständliche und gequälte Erklärung hätte der Prediger sich und der Gemeinde sparen sollen. Die Freude an der Wissenschaft ist aber nicht selten mit mangelhaftem Verständnis für die Gemeinde verbunden. Wenig Erbauung werden die Angehörigen des Tuchhändlers Mohr in Leipzig von folgender Belehrung gehabt haben: „Das Wort Zakun, welches von Jazak herkömt/ wiewohl dem buchstaben und formirung nach/ es dem Zuk näher kömmt/ und denen sprachkündigen wissend/ daß dergleichen formae צוק und יצק, טוב und יטב, רוש und ירש, חול und יחל zum öffteren untereinander verwechselt werden!⁹"

Derartige gelehrte Abschweifungen bietet Carpzov öfter als Geier. Beiden kommt ihr philologisches Wissen aber auch in positiver Weise homiletisch zugute.

So erklärt Geier den Begriff „Trost" aus Ps. 119,92 sachgemäß und schön, indem er auf den Urtext zurückgreift: „David brauchet in seiner Sprache das Wort שעשעים welches eine solche lust bedeutet/ da man ein ding nicht gnug ansehen/ oder dessen satt werden kan; denn es komt her von שעה schauen/ da man etwas immerzu ansiehet mit sonderbarer belustigung/ wie zum exempel verliebte leute oder gute freunde/ wenn eines von dem andern schreiben bekömt/ sich nicht begnügen lassen/ einmahl es durch gelesen zu haben . . ." (III 202).

Meisterhaft wertet Carpzov die Bedeutung des Wortes כֵּן aus, das Luther in seiner Übersetzung von Ps. 90, 12 ignorierte. Carpzov sucht diese Lücke dadurch zu erklären, „daß der herr Lutherus dieses kleine hebräische wörtlein nur für ein erfüllungs wort gehalten/ welches bloß zur connexion dienet/ und in verteutschung nicht eben darff exprimiret werden" (I 134). Hieronymus hat das ken mit sic übersetzt: „lehre uns so sterben". Den schwierigen Auslegungsfragen, die sich daraus ergeben, habe Luther sich entzogen, indem er das Wort ausließ¹⁰. Carpzov vermag Luthers Ausweg nicht zu folgen. Er übersetzt ken mit „recht": „Lehre uns recht bedenken . . .". Den Beweis für

9. G III 42 f.
10. An dieser Stelle schaltet Carpzov eine lange Anmerkung über die Verwendung von *ken* in der Bedeutung sic ein. Diese gelehrte Abhandlung ist erst beim Druck eingefügt und durch Kleindruck kenntlich gemacht worden. Druck und Stil lassen erkennen, welche Anmerkungen der Predigt im Druck zugefügt wurden.

diese Interpretation führt er „theils aus der ersten und eigendlichen bedeutung dieses worts/ Theils aus desselben gebrauch/ und daß es anderweit in der schrifft vielmahls also genommen werde/ theils aus dem context/ und daß sich nichts füglichers hieher schicke" (I 137). Gemeint ist, daß man nicht nur an den Tod denkt, sondern „eine rechte/ beständige/ wohlgegründete/ und unzweiffelhaffte wissenschaft" über die letzten Dinge erlangt (I 138).

Die Tätigkeit der beiden Autoren als Hebräischlehrer läßt nicht nur die Freude an etymologischen und grammatischen Erörterungen verständlich werden, sondern auch eine ausgesprochene Vorliebe für das Alte Testament. Zwar lag die Wahl der Predigttexte, die meist dem Alten Testament entnommen sind, oft nicht in der Hand der Prediger, weil Wünsche der Verstorbenen berücksichtigt wurden. Doch beweist die Überfülle alttestamentlicher Zitate, daß die Prediger tief im Alten Testament verwurzelt waren[11]. Carpzovs erste Leichenpredigt enthält nicht weniger als 138 alttestamentliche Schriftzitate, denen nur 38 aus dem Neuen Testament gegenüberstehen. Diese Statistik beleuchtet zugleich die Maßlosigkeit, mit der zitiert wurde. Zum Schaden der Predigt mißachtete Carpzov die Mahnung seines Vaters in dem von ihm selbst wieder herausgegebenen Hodegeticum: Testimonia Scripturae non tam cumulari et numerari, quam apposite citari debent[12]. Auch bei Geier wirken die Anballungen der Schriftworte störend.

Bei exegetischen Streitfragen ziehen die Autoren gern möglichst viele Versionen heran. Eine offene Frage ist z. B., ob עַל־מוּת (Ps. 48, 15) als e i n Wort oder getrennt zu lesen ist. Geier verweist zunächst auf Kimchi, der על מות liest: „bis an unsern Tod hinan" (III 136). Ebenso verstehen es die holländische Bibel und Hieronymus. Die syrische Übersetzung lautet: „Er führt uns oben über den Tod hinüber." Von den Lesarten, die das Wort als eines nehmen, nennt Geier Septuaginta, Vulgata, arabische und äthiopische Bibel. Sie gehen von עֹלָם aus und übersetzen: „er führt uns (auch) ewiglich." Geier zieht schließlich die „Chaldäische" Übersetzung zu Rate. Das ganze Aufgebot erweist sich als unfruchtbar. Geier bleibt zuletzt „bey unserer schönen und gutdeutschen Bibel", ohne einen philologischen Beweis für die Richtigkeit ihrer Übersetzung zu führen.

Ein Beispiel aus Carpzov möge noch illustrieren, wie der Prediger in textkritische Fragen abgleiten konnte. In einer Abhandlung über Sir. 37, 3 führt er aus: „πόθεν ἐκυγίσθης lautet es im Griechischen/ welches in der Lateinischen Bibel übersetzt ist/ unde creata es? mag seyn/ daß

---

11. Das gilt mit graduellen Unterschieden für die ganze Predigt der lutherischen Orthodoxie. Die unheilvollen Auswirkungen des Perikopenzwanges wurden dadurch teilweise kompensiert. In dieser Hinsicht ist das Urteil von W. *Rupprecht,* Die Predigt über alttestamentliche Texte, Stuttgart 1962, S. 98 ff. zu modifizieren.
12. Ausg. 1675, Aph. 6 § 4, S. 11.

der/ so diese übersetzung gemachet/ gelesen habe/ πόθεν ἐκτίσθης; ist aber unrecht/ denn ἐνεκυλίσθης finden wir wohl in etlichen exemplarien, welches mit der gemeinen lection dem verstande nach übereinkömmet/ das andere aber will sich weder finden noch schicken. Das wort κυλίομαι heist eigendlich sich waltzen/ oder geweltzet werden ...“ (I 200). Es folgen Belege für die genannte Verwendung des Verbs. Am Ende der Ausführung fragt der Leser sich, wozu dieser Aufwand dienen sollte. Offenbar zur höheren Ehre des Predigers, dessen Gelehrsamkeit der staunenden Gemeinde immer wieder einmal demonstriert werden mußte. So bedauerlich diese Erscheinung ist, so verheerend ihre Folgen waren, so wenig läßt sich leugnen, daß Geier und Carpzov Zeugen für den oft verkannten Hochstand der exegetischen Wissenschaft im Zeitalter der lutherischen Orthodoxie sind.

2. Gliederungen

Die Berechtigung, Geier und Carpzov zusammenzufassen, ergibt sich vornehmlich aus der weitgehenden Übereinstimmung im formalen Aufbau ihrer Predigten[13].

Jede Leichenpredigt beginnt wie bei Müller mit einem doppelten Exordium. Aufgabe des ersten Exordiums ist, zum Text hinzuführen. Dabei wird oft so weit ausgeholt, daß allein dieser Einleitungsteil oft umfangreicher ist als eine ganze Leichenpredigt normaler Länge im 16. Jahrhundert. Carpzovs ungewöhnlich lange Leichenpredigt auf den Theologieprofessor Friedrich Rappolt[14] beginnt mit einem Exordium, das ohne Anmerkungen 7 Druckseiten umfaßt. Die Länge des Exordiums entspricht proportional dem Umfang der Gesamtpredigt und damit dem Rang der verstorbenen Person. Letztere Beobachtung gilt nicht unbedingt, für Geier trifft sie kaum zu. Überhaupt faßt Geier sich durchweg wesentlich kürzer. Beide nehmen in ihren Exordien, wie auch Müller es gern tat, Bezug auf die verstorbene Person. Nach dem Vorbild der antiken Laudatio funebris wird schon im Exordium die Schwere des Verlustes beklagt. So erklärt Carpzov in der genannten Leichenpredigt, die am Neujahrstag 1677 gehalten wurde, nachdem Rappold am Tage „Johannes des Theologen" verstorben war:

13. Wie aus Carpzovs Vorrede zu Geiers „Bußstimme" hervorgeht, übte auch letzterer die Jahrespredigt. 1666 predigte er über das sündliche Fleisch: an den vier Adventssonntagen 1. über das lüsterne, 2. das sichere, 3. das prächtige, 4. das unvorsichtige Fleisch. Am 1. Weihnachtstag war das laue, am zweiten das eigenwillige Fleisch Predigtthema und so weiter ein ganzes Jahr hindurch! 1667 wurde aus jedem Evangelium 1. die erfüllte Zeit, 2. das nahe Reich, 3. die erste Buße und 4. der selige Glaube „sehr erbaulich vorgestellt". 1668 diente Mt. 3,10 als Hauptthema. In jeder einzelnen Predigt wurde 1. der Baum, 2. die Frucht, 3. der Hieb und 4. der Brand betrachtet. Vgl. *Beste* aaO III S.234.
14. I 1294 – 1401.

„Uns ist dieser feyertag in einen trauertag verwandelt/ indem er der sterbenstag eines grossen Theologi ist" (1300).

Das zweite Exordium stellt die Haupteinteilung dar. Geier bezeichnet sie als „Eingang". Seine Aufgabe besteht darin, vom Text zur Gliederung zu führen. Die Partitio variiert zwischen zwei und vier Teilen. Nach barocker Manier lieben es unsere Autoren, Haupt- und Unterthemen in Beziehung zur Person des Verstorbenen zu setzen. Geier stellt z. B. die Leichenpredigt für einen Medizinprofessor unter das Thema: „Selige Cur der willigen Patienten" (Nr. 52). Daraus ergeben sich folgende Teile: Wir sollen uns erinnern 1. Des treuen Medici, 2. Der weisen Kur und 3. Des geduldigen Patienten (III 226). Mitunter gelingen den Predigern einprägsame Formulierungen. Bei der Beerdigung einer Frau namens Geringer entwirft Geier die Partitio: 1. Die ängstliche Erniedrigung, 2. die seligste Erhöhung (III 327). Die Kontrastwirkung von irdischem Elend und himmlischer Freude wird gern schon in der Gliederung ausgedrückt. So betrachtet der erste Teil den „unlustigen Trauerwinter" des irdischen, der zweite den „lustigen und unvergleichlichen Freudensommer" des ewigen Lebens (III 356).

Die Applicatio, der „Gebrauch", folgt oft, aber nicht regelmäßig der Explicatio. In der Leichenpredigt ist diese unorganische Trennung doppelt problematisch, da nicht klar ist, ob die Applicatio sich auf die Verstorbenen, die Gemeinde oder beide zu beziehen hat. In der Regel wird die Anwendung auf die Verstorbenen nur flüchtig berührt. Carpzov beginnt seine Applicatio in Nr. 5 mit den Worten: „Und dieses hat ebener massen unsere selige frau Puschin in ihrem leben vielfältig erfahren" (I 331 f). Schon in der Fortsetzung des Satzes folgt die Anwendung für die Gemeinde: „. . . und werden es alle fromme hertzen endlichen bekennen müssen/ daß ihnen GOtt in ihrer noth beygestanden . . ."

Die Gliederung der Applicatio erfolgt mit Hilfe des fünffachen Usus. Dabei wird allerdings die klassische Reihenfolge usus didascalicus, elenchticus, paedeuticus, epanorthoticus und consolatorius nur selten eingehalten. Dabei blüht die Ususmethode gerade in Leipzig[15] und Carpzov gehörte zu ihren eifrigsten Vertretern. In den hundert Dispositionen, die er dem Hodegeticum seines Vaters anfügte, führt er mit wenigen Ausnahmen den fünffachen Usus durch. Die Praxis ist auch hier glücklicherweise nicht so schematisch wie die Theorie. Vergleicht man die Ausführungen der verschiedenen Usus miteinander, so sieht man, wie unangemessen diese Zerlegung ist. In der letztgenannten Predigt handelt Carpzov unter dem usus didascalicus vom Wesen des Leides beim Christen. Natürlich trägt diese Abhandlung schon die Intention des Tröstens in sich. Trotzdem wird der usus consolatorius

---

15. Vgl. *Schian* aaO S. 21.

gesondert traktiert. Der usus paedeuticus, die Mahnung zu Buße und Geduld, könnte ebenso usus epanorthoticus heißen.

Eine ausgeführte Conclusio haben weder Geier noch Carpzov. Unmittelbar an den Schluß der Predigt wird sich die Verlesung des Lebenslaufes angeschlossen haben.

3. Beispielgeschichten

Wie Herberger teilen Geier und Carpzov die Vorliebe für Beispielgeschichten und halten ebenfalls humoristische Züge nicht für unangebracht. Bei der Beerdigung eines Doktors der Rechte verwendet Carpzov einen großen Teil der Predigt (über 8 Seiten!) darauf, den schlechten Ruf der Juristen zu schildern. Er erzählt eine Reihe Geschichten, deren Moral stets darin besteht, daß die Gewinner der Prozesse die Advokaten sind. Als Beispiel sei das „mährlein" vom Blinden und Lahmen genannt. Der Blinde trug den Lahmen am Meeresufer entlang. Als der Lahme eine Auster sah und sie dem Blinden zeigte, hob dieser sie auf. Beide beanspruchten den Fund für sich und gingen schließlich zum Richter. Dieser öffnet die Auster, ißt sie und gibt jedem eine Schale. „So machens die advocaten/ wenn lange über ein gut/ acker/ haus/ garten gerechtet und gestritten ist/ so ziehen sie es an sich/ und gehen die clienten/ denen sie dienen/ leer aus" (I 1088). Man wird nicht leugnen können, daß der Prediger damit einprägsam ein Thema behandelte, das viele Zuhörer persönlich brennend interessierte. Daß er das in so vielen Variationen innerhalb einer Predigt tut, zeigt einerseits seine ungezügelte Freude am Erzählen, andererseits einen offenen Blick für die sozialen Mißstände seiner Zeit.

In der Leichenpredigt für einen Kaufmann warnt Carpzov vor der durchtriebenen List der Kaufleute, indem er eine rabbinische Geschichte vorträgt. Es wollte jemand von einem Kaufmann ein Pferd erhandeln. Als er nach dem Preis fragte, meinte jener, er solle es nur nehmen, es mache nicht viel. Da der Käufer sich weigert und den Preis vorher wissen will, meint der Kaufmann, „Es komme ihm selbst das pferd nicht unter 20 goldgülden zu stehen/ darumb es ihm nicht wieder feil wäre/ ihme aber wolte er es als einem guten freunde schencken. Doch wenn ers ja nicht umbsonst haben wolte/ solte er ihme soviel davor geben/ als der erste der ihnen am morgen für dem thor begegnen würde/ es schätzete". Am nächsten Morgen begegnet ihnen ein Einäugiger, der das Pferd auf 5 Goldgulden taxiert. Der Kaufmann erhebt Einspruch, da der Taxator einäugig sei und das Pferd also nur halb ansehen könne. Bei dieser Geschichte beabsichtigt der Prediger anscheinend gar keine Moral, sondern lediglich die Belustigung der Hörer – in einer Leichenpredigt!

Geier zitiert in der erwähnten Leichenpredigt für einen Medizin-professor ein Wort über die Ärzte. Die medizinische Fakultät sei die beste von allen, weil die Fehler der Mediziner alsbald von der Erde bedeckt, ihre geglückten Kuren aber von der Sonne beschienen würden (III 229). Diese humoristische Sentenz soll, in ihr Gegenteil gewendet, dem Lob des himmlischen Arztes dienen.

In derselben Predigt erzählt Geier von einem italienischen Bischof, der alle Arzneien in ein Becken unter das Bett getan habe, ohne sie einzunehmen. Als die Ärzte seine Genesung diesen Medikamenten zuschrieben, lachte er sie „meisterlich aus/ indem er die pillen und püchsen mit einander unter dem bette hieß herfür ziehen/ sagende: Er müsse sich selbst über ihre krafft verwundern/ als welche von fernen gleichwohl so viel an seinem leibe hätten würcken können; Er hielte dafür/ wenn er sie gar in leib hinein genommen hätte/ so wäre er gantz unsterblich dadurch worden" (III 238).

Neben solchen harmlosen Geschichten stehen andere, die dem heutigen Leser hochgradig taktlos erscheinen. Bei der Beerdigung einer Braut beginnt Geier seine Predigt mit mehreren Beispielen von Hochzeiten, die durch den plötzlichen Tod der Bräute verhindert wurden[16]. Das Exordium einer anderen Predigt häuft Beispiele für die enormen Körperkräfte vieler Frauen. Von einer böhmischen Jungfrau wird behauptet, sie habe eine lebendige Kuh einen Bogenschuß weit tragen können! Die Gemahlin Karls IV. konnte mit bloßer Hand ein Hufeisen zerbrechen, die Mutter Friedrichs IV. ebenso einen eisernen Nagel in die Wand schlagen usw. Bei dem Bemühen um Veranschaulichung wird oft der primäre Zweck, eine Aussage verständlich zu machen, vergessen. Die Häufung von Beispielen wird Selbstzweck, sie erhält Sammlerwert. Aus der Predigt wird Unterhaltung.

4. Wortspiele und Etymologien

Der in barocken Leichenpredigten weitverbreitete Brauch, an die Namen der Verstorbenen anzuknüpfen, wurde bereits erwähnt[17]. Carpzov tat sich in dieser Mode besonders hervor. In der Leichenpredigt auf einen Mann namens Springer erscheint dieses Wort als Substantiv oder Verb 312 mal! Das Thema der Predigt lautet: Der beste Springer. 1. wie klug, 2. wie gewiß, 3. wie selig er bei seinem Springen sei (I 12). Worte wie „Mit meinem Gott will ich über die Mauer springen" werden weidlich herangezogen. Aus dem klassischen „Dennoch bleibe ich stets an dir" wird das banale: Ich springe stets mit dir! Dazu der Ausruf: „O welch ein kluger springer!" (I 13) Notfalls wird beim Schriftbe-

16. IV 427–439.
17. Vgl. ob. S. 112 (Herberger).

weis mit einer Interpolation nachgeholfen. Jes. 32, 19 zitiert Carpzov: „... und seine augen stehen offen/ über alle wege und springe der menschenkinder" (I 24). Der Schluß dieser Predigt möge wörtlich folgen:

„Nun ist unser seliger Herr Springer wohl recht ein seliger Springer/ dem seine kluge springe so gewiß geglückt! Itzt ruhet und schläffet er aus in seinem grabe von aller seiner mühe und arbeit/ biß der HERR JESUS sein Heyland ihn an jenem grossen tage durch die stimme des Ertz-Engels erwecket/ da er den noch für sich habenden frölichen sprung aus dem grabe mit verklärtem leibe in den himmel thun wird/ dahin die selige Seele bey sanffter auflösung leibes und der seelen gleichsam voran gesprungen. Das gebe ihm der getreue und grundgütige GOtt/ und tröste inzwischen die hochbetrübte frau wittib/ verleihe uns auch allen/ wenn die zeit und stunde kömmt/ dergleichen seligen nachsprung durch Christum! Wer das mit mir begehret/ spreche Amen/ und bete darauf ein in stiller Andacht Gott-geheiligtes Vater Unser" (I 45).

Bei den häufigen Spielereien mit den Namen der Verstorbenen bleiben krasse Geschmacklosigkeiten – mindestens für unser Empfinden – nicht aus. Der gegenüber Carpzov zurückhaltende Geier vergleicht bei der Bestattung einer Frau Stieglitz diese mit dem Vogel gleichen Namens. Dabei erklärt er, ein Stieglitz könne bis zu sieben Eier auf einmal legen, während die Selige kaum ein einziges Kind zur Welt bringen konnte und dabei noch sterben mußte. In Mainz soll ein Stieglitz über 23 Jahre alt geworden sein, Frau Stieglitz aber wurde kaum 19 Jahre alt (III 112). Gelegentlich wird sogar die Etymologie des Eigennamens ausgewertet. Das erste Exordium einer Leichenpredigt Geiers für einen Mann mit dem Vornamen Erich stellt eine Kette von Namensetymologien dar. Auf Abraham, Eva, Noah, Salomo folgt die Erklärung des Vornamens Erich: „denn Ehrich heisset Ehrenreich/ (wie etwa Friedrich anders nichts als Friedenreich/) Dietrich/ das ist Gottreich/ denn Diet heisset bey den alten teutschen so viel als Gott/ Heinrich/ Heimreich/ Helffrich/ Hülffreich/ Gänßrich/ Gantzreich/ Ulrich/ Huldreich/ etc." (III 819). Interessant ist Carpzovs Trick, mit Hilfe der Etymologie einen Text zu aktualisieren. Als der einzige Sohn einer Witwe beerdigt wird, wählt er den naheliegenden Text von der Witwe zu Nain. Obwohl die Verbindungslinien hier nicht gesucht zu werden brauchten, stellt er folgende Beziehung zwischen Text und Situation her: Die Witwe stammt aus Delitzsch bei Leipzig. „Was Nain (נעים) in der hebräischen Sprache heisset/ das heisset Delitsch (Delitium) in der lateinischen Sprache. Was Nain im gelobten Jüdischen lande war/ das ist Delitsch in unserem Meißnerlande" (I 857).

III. Der Inhalt

1. Welt und Leben

Der Kontrast von irdischem Leid und himmlischer Freude wird natürlich auch von Geier und Carpzov kräftig hervorgehoben. Im Vergleich zu Müller kommt jedoch der positive Wert des Irdischen stärker zur Geltung. Geier kann sich wie sein Zeitgenosse Paul Gerhardt nicht satt sehen an der Schönheit des Geschaffenen (III 381ff). Carpzov schildert die Welt als Garten Gottes (V 921). Namentlich in den früheren Predigten zeigt er sich aufgeschlossen für Frohsinn und Studentenfreude. „Lieber lustig als traurig!" ruft er den Studenten am Sarge eines ihrer Kommilitonen zu (I 593). Er fordert sie geradezu auf, die Studentenlust – natürlich im Rahmen des Ehrbaren – zu genießen: „Was will der für sich bringen/ welcher bey seinem studiren nur melancholisiret/ grillen fänget/ calender machet/ und mit niemand umbgehet/ sondern nur für sich als ein sauertopf dahin lebet/ und sich aller zugelassener lust entschläget? Wenn er gleich noch so fleissig ist/ tag und nacht übern büchern lieget/ und alle collegia und lectiones ausläufft/ wird er doch schlechten nutz haben/ dafern er nicht auch zuweilen sich der Studentenlust und freude mit seinen condiscipulis bedienet" (I 586).

Die schönste Verbindung weltoffener Haltung und inniger Frömmigkeit findet sich in dem Vers: „Ich lobe den Himmel und liebe das leben/ Das JEsus im himmel auff erden gegeben" (549). Wie Luther kennt Carpzov die seelsorgerliche Bedeutung der Freude: „dem teuffel kan nichts weher tun/ als wenn er siehet/ daß Christen im HErrn frölich seyn/ denn er ist ein schwartzer trauergeist/ und suchet allendhalben ihnen traurige gedancken beyzubringen" (I 546).

Der Christ hat im Glauben und besonders auch in der Musica sacra den Himmel auf Erden[18].

2. Tod und Auferstehung

Gegenüber Müller tritt das Verständnis des Todes als Feind und Übel stärker hervor, namentlich bei Carpzov. Er nennt den Tod die böse Sieben (I 926ff). Seinen nüchternen Sinn beweist er darin, daß er die pauschalen Urteile durch eine stärkere Berücksichtigung des Alters, in welchem der Tod den Menschen trifft, ergänzt. „Denn ob wohl der todt allen menschen furchtsam ist/ so thut er doch einem jungen starken frischen menschen/ ... weit bitterer als einem alten mann/ der in

---

18. C I 493 ff. Zur Musica sacra vgl. I 543 ff.

der welt viel böses und gutes durch einander erfahren" (I 1145). Der Tod als Sündensold und als Durchgang zum ewigen Leben, als Freund und Feind, als Übel und Erlösung wird weder verharmlost noch verklärt.

Die Auferstehung des Fleisches wird in drastischen Vorstellungen gelehrt. Carpzov meint, jeder werde in der Statur und dem Alter, wie er gestorben ist, auferstehen (V 310)! Geier entwirft das Bild der Auferstehung unter Anlehnung an Ez. 37[19]: „dermahleins am tage der aufferstehung wird es in einem augenblicke mit uns anders werden/ da wird das außgedorrte gerippe alsobald wiederumb zu seinem fleisch und adern kommen/ der leib wird mit der seele wiederumb vereinigt werden/ und dann in unaußsprechlichen freuden beysammen bleiben" (III 369). Besondere Beachtung verdient, daß Geier die oft gebrauchte Analogie von Saat und Ernte sowie Sterben und Auferstehen in Natur und Eschatologie[20] korrigiert. Er betont, daß das Samenkorn in sich selbst eine Lebenskraft birgt, durch die es wachsen und Früchte entwickeln kann. „Aber weder in unsern gesäeten leichen/ noch auch in userm außgestreuten tugend-samen oder guten wercken/ ist dergleichen lebenskrafft zusuchen" (III 367). Die Analogie besteht lediglich in der zeitlichen Folge: wie das Säen der Ernte vorangeht, so das Sterben dem Leben.

Der Zustand der erlösten Seelen zwischen Tod und Auferstehung ist, wie allgemein in der christlichen Eschatologie bis zum Anbruch der Neuzeit, als selige Schau Gottes gedacht. Die Ruhe der Seelen will Carpzov nicht als Schlaf im Sinne der Bewußtlosigkeit verstanden wissen. Vielmehr loben die Seelen Gott im Chor der Engel (V 853f). Himmlische Seligkeit bedeutet, im Besitze aller bona privativa zu sein, also alles Gute zu besitzen und allen Übels ledig zu sein (V 841). Die Vorstellung von der Seligkeit beruht auf einem gewaltigen Schluß e contrario, aber auch a minore ad maius. Was jetzt an Übeln da ist, wird in sein Gegenteil verwandelt, was an Gutem da ist, wird ins Unaussprechbare gesteigert. Von einer sinnlichen Ausmalung des himmlischen Zustandes sehen die Prediger ab. Über die visio beata erklärt Carpzov: „Wir können es zwar so genau hier nicht beschreiben/ wie es mit diesem ansehen Gottes eigendlich beschaffen sey ... Gleichwohl sollen wir deßhalben dieses ansehen nicht geringer machen/ als es seyn kan/ und lieber die hand auff den mund legen/ und unsere unwissenheit bekennen/ als so gar verwegen leugnen" (I 86). Er zitiert das schöne Wort eines Rabbi, der auf die Frage nach der Beschaffenheit des ewigen Lebens geantwortet habe: „wenns darzukommen wird/ daß GOtt sie und uns wird von den todten aufferwecket haben/ so wollen wirs besser wissen und gründlicher von der sache mit einander reden".

19. Vgl. ob. S. 148 (Heermann).
20. Vgl. ob. S. 17 f (Ambrosius) und 84 (Pancratius).

3. Das selige Sterben

Die Keimzelle des Lebenslaufes in der Leichenpredigt ist die Schilderung des seligen Sterbens[21]. Das theologische Interesse an den Sterbeberichten ließ sich besonders deutlich bei Heinrich Müller aufzeigen[22]. Berichte vom seligen Sterben stärken die Gewißheit, daß den Entschlafenen das ewige Leben zuteil wurde. Schon Luther sagt in seiner Leichenpredigt auf Friedrich den Weisen: „Weil er in der Erkenntnis des Evangeliums verschieden ist ... hoffen wir, daß er in Christo entschlafen sei"[23]. Pancratius, bei dem sich noch keine Lebensläufe finden, geht bei der Bestattung einer Adligen nur kurz auf ihr seliges Ende ein. Da die Verstorbene vor ihrem Ende ihre Sünde erkannte und Gnade begehrte, spricht er die Hoffnung aus, Gott habe sich ihrer erbarmt und sie zum Erben des ewigen Lebens angenommen[24]. Biographische Angaben fehlen völlig. Bei Selnecker besteht die einzige längere biographische Ausführung in dem erbaulichen Bericht, den ein Ehemann vom Sterben seiner Frau geschrieben hatte[25]. Hier steht das Biographische ganz im Dienst der Predigt. Die Lebens- und Sterbegeschichte ist wichtig, sofern sie der Gemeinde etwas zu sagen hat. Im Laufe des 17. Jahrhunderts erhält sie immer mehr Eigengewicht, und zwar nicht auf Grund der theologischen Relevanz, sondern noch mehr im Interesse der rein bürgerlichen Ehrung. Die Ausweitung der Lebensläufe bei Standespersonen hat soziale Gründe. Bei Carpzov und Geier halten theologische und soziologische Motive hinsichtlich der Lebensläufe einander die Waage.

Zum Sterbebericht gehört regelmäßig die Krankheitsgeschichte. Für die Geschichte der Medizin wartet hier reiches Material der Auswertung. Mit fast stereotyper Formulierung wird jeweils betont, daß man es an tüchtigen ärztlichen Bemühungen und wertvollen Medikamenten nicht habe fehlen lassen. Mitunter gewinnt der Leser den Eindruck, diese Versicherungen sollten den Verdacht ausschließen, der Todesfall hätte bei intensiveren Bemühungen und höheren finanziellen Aufwendungen vermieden werden können.

Im Lebenslauf eines adligen Studenten (G IV 264ff) wird berichtet, der junge Mann habe, als er plötzlich Fieber bekam, einen Medizinprofessor konsultiert. Der Patient habe nicht mit Kinderblattern oder Pocken gerechnet, da er diese Krankheiten als Kind überstanden hatte.

---

21. Vgl. *Mohr* aaO S. 243 f: „Bevor den Predigten ein ausführlicher Lebenslauf, der mit der Geburt begann, angehängt wurde, machte man einzelne sparsame Bemerkungen darüber, wie jemand gestorben war".
22. Vgl. ob. S. 165 ff.
23. Vgl. ob. S. 33.
24. Vgl. ob. S. 87.
25. „Herr Christophori Seemans Christlicher Schrifftlicher Bericht seines lieben Weibs seligen abschied", Selnecker I 122 a–124 b.

Da aber in Leipzig hin und wieder Pocken auftraten, sind „nebst andern dienlichen artzneyen auch köstliche cordialia und bezoardica gebraucht worden". Darauf trat eine Besserung ein, und als sich die Pokken zeigten, fühlte der Patient sich so wohl, daß er kaum zu überreden war, sich ins Bett zu legen. Dank intensiver Therapie machte die Genesung gute Fortschritte. In der Nacht zum 7. Tage trat jedoch plötzlich große Unruhe und Mattigkeit auf, „dieselbe auch unangesehen mit ordentlichen fleissigen gebrauch der allerherrlichsten artzneyen und müglichsten bedienungen zu tag und nacht continuiret worden/ so wol selbigen als folgenden achten und neundten tag sich wieder spüren lassen/ dadurch er dann die kräffte dermaßen mercklich verlohren/ daß die gute hoffnung/ so man jederzeit zu seiner reconvalescentz gehabt/ sich gänzlich zu verlieren geschienen". Am achten Tag erklärte der Patient, er wisse sein seliges Ende kommen. Damit ist der Übergang von der Krankheitsgeschichte zum Sterbebericht gegeben. Ein wichtiger Bestandteil des letzteren sind die „letzten Worte"[26]. Für die Basler Leichenpredigten weist R. Hartmann nach, daß die letzten Worte zeitlich, formal und inhaltlich am Anfang der biographischen Entwicklung stehen[27]. Sie stellen bei Geier und Carpzov den Höhepunkt des Lebenslaufes dar. Das Zeugnis eines christlichen Sterbens, das sich in den letzten Worten oft eindrucksvoll manifestiert, dient der Gemeinde als Vorbild und Ermahnung. Im oben erwähnten Lebenslauf fährt der Sterbende fort, er sei sicher, daß der Höchste ihm seine letzte Bitte gewähren werde, er sei mit seinem Gott zufrieden und danke ihm herzlich. Nach dieser Ergebung in Gottes Hände denkt der Sterbende an seine Eltern. Die letzten Worte erhalten den Charakter eines Testamentes, das den Trauernden Trost bringen soll. Der Sterbende läßt seine Eltern bitten, ihren Willen dem des Höchsten zu unterwerfen, er erinnert sie daran, daß sie noch mehr Kinder haben, an denen sie Freude und Trost erleben können. Er spricht den Wunsch aus, in der Thomaskirche bestattet zu werden. Nach „hertzlicher und schmertzlicher Bekäntniß seiner sünden und gläubigen vertrauen auff Christi Blut und Tod" erhielt er die Absolution und das Abendmahl als „Zehrpfennig zum ewigen Leben"[28].

Die folgende Schilderung, die sich auf den Bericht des Beichtvaters stützt, nimmt immer mehr den Charakter einer Predigt an. Der Beichtvater hatte dem offenbar ungewöhnlich frommen jungen Mann, der sich sehr nach dem Tode und der Vereinigung mit Jesus sehnte, zu bedenken gegeben, es könnte auch Gottes Wille sein, ihm das Leben zu erhalten. Darauf erwiderte dieser, er sehne sich nicht aus Lebensüberdruß nach dem Tode, zumal er Gottes „väterlicher Mildigkeit" nicht

26. Vgl. *Mohr* aaO S. 290 ff.
27. AaO S. 43 ff.
28. Vgl. G III 79; 102; 129; 297; 321.

genug danken könne, sondern er wünsche sich den Tod „aus einem sehnlichen Verlangen zu seinem theuersten JEsu in sein himmlisches paradieß ehist zu gelangen". Die Betrachtungen über den Gegensatz von irdischem und himmlischem Leben bestärken ihn darin. Daß der Sterbende in der Anfechtung des Todes nicht wankend wurde, wird durch seine klaren Antworten auf mehrere Fragen des Beichtvaters unterstrichen. Als der Tod unmittelbar bevorstand, rief der Pfarrer dem Sterbenden zu: „Ob er nun noch seinen JEsum fest in sein hertz eingeschlossen/ und ob gleich ietzund leib und seele sich trennen müste/ doch sich von seinem JEsu nicht scheiden lassen wolte." Darauf kamen deutlich die letzten Worte: „Ja die gantze heilige Dreyfaltigkeit habe ich in meinem hertzen." In einer Schlußparänese zieht der Prediger erbauliche Folgerungen aus diesem Bericht.

Nicht selten erwecken Formulierungen der Sterbeberichte einen klischeehaften Eindruck. Damit ist deren historische Echtheit nicht unbedingt ausgeschlossen. In einer Zeit, die noch die Sterbekunst kannte, war eine Prägung des individuellen Ausdrucks durch die Tradition – fast im Sinne einer Liturgie – sehr wohl möglich.

Oft lassen originale und intime Züge die Echtheit der Situation durchscheinen. So wird von einer sterbenden jungen Mutter erzählt, sie habe dreimal nach ihrem Kind geseufzt, „und/ nachdem sie das bette starck gefasset/ sagte sie zu den Umstehenden: sie müste starck ziehen auß der welt/ man solte doch schieben helffen/ darauff sich der verstand bey ihr verloren" (G III 130). Von einer andern Ehefrau berichtet Geier, daß sie „ihren liebsten mit sehnlichen Augen ansahe/ seine hand in ihre hand nahm/ dieselbe freundlich klopffete/ selbige offters zu ihrem fast sterbenden munde führet/ küste und sagte: Ach mein hertz/ ich mache euch große ungelegenheit/ verlasset mich doch nicht/ denn wenn ihr mich anrühret und bey mir seyd/ habe ich vielen trost" (IV 363). In dem sehr ausführlichen Sterbebericht wird erzählt, daß die Sterbende, als sie nicht mehr reden konnte, durch Gesten zeigte, „wie sie ihren JEsum in das hertz fest eingeschlossen/ und denselben in noth und tod nicht lassen würde" (367). Damit soll der letzte Rest von Unsicherheit hinsichtlich des Heils der Entschlafenen ausgeschlossen werden.

4. Das Leben der Verstorbenen

Wie das selige Sterben, stärkt auch das christliche Leben der Entschlafenen die Gewißheit, daß Gott sie angenommen hat. Besonders aber dient der Lebenslauf frommer Christen der Gemeinde als Vorbild. Die „Tugend-exempel des verstorbenen reitzen ihn (scil. den Hörer) auff/ sich beyzeiten umb ebenmäßigen nachruhm zu bewerben"[29].

29. G IV 79. Vgl. *Carpzov* I 432; *Mohr* aaO S. 101.

Während der Sterbebericht sich oft auf eigene Anschauung oder Mitteilungen des Beichtvaters stützt, ist der Prediger im biographischen Teil weitgehend von den Angaben der Hinterbliebenen abhängig. Mitunter liegen jedoch auch autobiographische Aufzeichnungen vor[30]. So beginnt ein Lebenslauf bei Geier: „Was nun anlanget des Selig-verstorbenen Lebens-lauff/ so ist von dessen ehrlicher ankunfft/ Christlicher aufferziehung/ wohlgeführtem leben und auffrichtigen wandel/ sehnlichen glaubens-bekäntniß/ und seligem ableiben zu berichten nachfolgendes/ wie es der Seligverstorbene meistentheils mit eigener hand verfasset und hinterlassen" (III 76).

Hier ist gleichzeitig die Gliederung der Lebensläufe genannt. Das Ahnenregister ist nicht erwähnt, es mag zur „ehrlichen Ankunft" gehören. Der erste Hauptteil der Lebensläufe behandelt Geburt, Abstammung, Taufe, Erziehung und bürgerliches Leben. Natürlich kommen hier auch schon christliche Tugenden, die sich ja im bürgerlichen Leben zu bewähren haben, zur Sprache. Der zweite Teil betrifft das Leben des Verstorbenen als Glied seiner Kirche. Oft leitet eine Formel wie „Sein wohlgeführtes Christentum betreffend" diesen Abschnitt ein. Der letzte, bereits analysierte Teil schildert Krankheit und Tod.

Die Struktur dieser Teile ist in den verschiedenen Lebensläufen sehr verwandt. Wenn man immer wieder darlegen muß, daß der Betreffende geboren und getauft ist, bildet sich von allein ein Schema heraus. Auf die Erwähnung der Taufe folgt die Versicherung, der Verstorbene sei gut und christlich erzogen worden. Wo es den Eltern nicht möglich war, den Kindern eine gediegene Schulbildung zukommen zu lassen, wird das entschuldigt. Es kommt aber auch vor, daß der junge Mensch „zum studieren keine lust gehabt" (G III 77). Der Schulbildung folgt das Berufsleben. Hier werden oft Tüchtigkeit, Ehrlichkeit und andere Tugenden gerühmt. Erfolge gelten als Segen Gottes und Lohn für die Tüchtigkeit wie für frommes Leben. Als nächster Markstein ist die Eheschließung genannt. Fast in jedem Lebenslauf wird behauptet, die Trauung sei nach inständigem Gebet sowie auf guten Rat der Eltern oder anderer ehrbarer Menschen vollzogen worden und als göttliche Fügung zu betrachten. Die Gefahr der Schematisierung ist hier evident. Sittengeschichtlich ist interessant, daß stets die öffentliche Verlobung und das Datum des ehelichen Beilagers genannt werden. Die Zahl der Kinder wird als Ausdruck des Segens, der auf der Ehe lag, genannt. Daß die Kinderzahl aber keineswegs immer ein Segen war, beweist der frühe Tod vieler Mütter, deren Gesundheit durch physische Überlastung aufgerieben wurde. Erschütternd wirkt immer wieder die große Zahl der Kinder, die ihre Eltern nicht überlebten.

In Geiers Lebensläufen spiegelt sich mitunter noch das Grauen des Dreißigjährigen Krieges. Die Frau eines Hofpredigers, Mutter von

30. C I 384; 653; 1077; G III 76; 870.

neun Kindern, verlor fast ihr ganzes Vermögen durch Plünderungen. Auf der Flucht fielen ihr Mann und fünf Kinder einer Epidemie zum Opfer. Nach Hause zurückgekehrt, ließ sie die Menschen, die tot vor ihrer Tür umfielen, auf ihre Kosten beerdigen. Für die Särge ließ sie Bretter aus den Böden ihrer Wohnung ausbrechen. „Daher sich unterschiedene arme krancke leute für ihre wohnung versamlet/ und alda auffgehalten/ damit sie in ihrer schwachheit etwa noch mit einem bissen oder trunck erquicket/ und denn nach ihrem tode auch möchten unter die erde gebracht/ und nicht von den hunden/ wie damals vielen geschehen/ gefressen werden"[31].

Wir müssen darauf verzichten, weiteres Material auszubreiten. Erwähnt sei nur noch ein autobiographischer Lebenslauf, dessen Autor als Vollwaise gemeinsam mit seiner Schwester neun Wochen lang von Kleien lebte. Nachdem die Schwester verhungert war, lief er nach Leipzig, wo er vor den Türen sang, bis er an die Thomasschule genommen wurde[32].

Auch solche Erinnerungen an Leid im Leben der Verstorbenen besitzen homiletischen Wert. Sie illustrieren das Elend dieses Lebens, sie beweisen aber auch, daß Gott den Seinen hilft. Sie zeigen Vorbilder im Dulden und Überwinden.

Der exemplarische Wert des Biographischen wird hin und wieder auch in den Predigten selber fruchtbar gemacht. In einem Exordium vergleicht Carpzov den Verstorbenen namens Tobias mit seinem apokryphen Namensvetter[33]. Er vergleicht sie hinsichtlich ihres Lebens im Beruf und als Christen im Leben und Leiden. Im Berufsleben war der Verstorbene „ein exempel des spruchs ... den Salomo hinterlassen: durch ordentlich haußhalten werden die kammern voll/ aller köstlicher lieblicher reichthum" (616). Als Christ erwies er sich, indem er keinen Gottesdienst mutwillig versäumte und sich mehrmals jährlich zum Beichtstuhl und Abendmahl einfand. Als ihm kein Kirchgang mehr möglich war, hat er zu Hause Andachten gehalten. Der Prediger rühmt, daß er oft zur Seelsorge in das Haus des Verstorbenen gerufen wurde.

5. Sittenkritik

Geier steht näher bei Arndt als Carpzov. Dem entspricht eine tiefere Innerlichkeit der Frömmigkeit Geiers, aber auch ein geringeres Interesse an den Fragen des Alltags. Psychologisch scheint Geier mehr dem

31. IV 308. Von dieser Frau wird auch berichtet, ihr seien zukünftige Dinge offenbart worden „und andere heimligkeiten zu erkennen gegeben".
32. C I 343; vgl. 384 ff.
33. S. auch Hoes Vergleich eines Josua mit dessen biblischem Namensvetter, ob. S. 132.

introvertierten, Carpzov mehr dem extravertierten Typ anzugehören. Die Leichenpredigten des letzteren stellen eine beachtenswerte Quelle für die konservativ-kirchliche Sittenkritik am Ausgang des 17. Jahrhunderts dar.

a) Kritik bürgerlicher Sitten

Energisch verwirft Carpzov die deutsche Mode, die ihm besonders wechselhaft und unmoralisch erscheint. Samt und Seide gelten nicht mehr. Es müssen reiche goldene Stoffe mit Brokaten, geziert mit allerteuersten goldenen Spitzen, Borten und Fransen sein (V 871). Gold und Silber genügen nicht als Geschmeide, es müssen Perlen, Rubinen, Sapphire und dergleichen sein. „Was für pracht und stoltz der moden und gestalt nach/ wie die schuh gespitzet/ die hauben erhöhet/ die schürtzen verkürtzet/ die röcke geschläpfet/ die peltze auffgestecket/ und alles dazu bereitet ist/ daß mans mit verwunderung ansehen/ und die schöne gestalt loben solle." Die Frauenzimmer tragen Türme auf den Köpfen umher, wenn sie zur Kirche gehen. Alle Wochen kommt etwas Neues auf. Im Gegensatz zur Mode anderer Nationen kann man die der deutschen nicht malen, da sie sich täglich ändert. „Man lachet wohl noch der alten moden/ als unanständig/ gleich als ob die ietzige art der kleider nicht so närrisch/ ja viel närrischer wäre." Ein Maler, der im Auftrage des türkischen Kaisers alle Moden der Welt malen sollte, stellte den Deutschen nackt mit einem Stück Zeug in der Hand dar und begründete das damit, „daß er diese kleidung nicht treffen würde/ denn ehe er mit dem bilde fertig würde seyn/ würden sie schon eine andere mode haben" (872).

Auch die Gastronomie erliegt der Neuerungssucht: „Die alten schlechten und rechten speisen gelten nicht mehr/ es muß fein kauderwelsch durcheinander gemenget/ und mit neu-erfundenen brühen zugerichtet seyn/ daß wenn es nicht den namen einer ollaputry/ fricassee/ oder frantzösischen sallats hätte/ wohl den schweinen graueln möchten davon zu fressen" (I 243).

Ähnliches gilt für die Sprache: „Die alten schlechten und rechten reden gelten nicht mehr/ es muß frantzösisch mit unter parliret seyn/ wer das nicht kan/ der darff nicht mitgehen" (242).

Scharf zieht der Prediger gegen alle vom Leder, die sich „mit unnützen/ unnöthigen/ und gar schändlichen dingen nehren" (V 625). Er will nicht auf die Hurenhäuser eingehen, da ihre Verwerflichkeit für den Christen offen am Tage liegt[34]. Umso deutlicher geht er mit den Müßiggängern ins Gericht, die von einem ererbten Kapital leben und

34. Carpzov läßt sich aber nicht die Behauptung entgehen, der Papst beziehe jährlich 20000 Dukaten Steuern aus den Bordellen Roms!

meinen, die Arbeit nicht nötig zu haben, „liegen am morgen lange in den betten und schlaffen/ denn stehen sie auff/ und sehen sich nach guter compagnie umb/ spielen und kurtzweilen/ sitzen zu tische/ und machen sich mit guten essen und trincken lustig/ treiben schertz/ und lassen sich vexiren/ oder ziehen ander leute durch ... Das sind die faulen stadtschlingel und pflastertreter/ denen der Apostel schon die lection gelesen hat".

Mit ihnen wirft Carpzov die Seiltänzer und Komödianten in einen Topf. Sie sollten nicht in der Stadt geduldet werden, weil sie nur unnützes Zeug treiben und dabei viel Geld einnehmen. Verworfen werden auch die Glücksbuden, „denn was ist das für eine handlung/ wenn ein einiger für wenig groschen ein kostbares stück davon träget/ da hingegen etliche hundert für ein grosses geld nichts erlangen. Eitel betrügerey ist es/ damit man den leuten das geld abgewinnet".

Noch schärfer werden die Bankiers angegriffen, deren es allzu viele in der Stadt gibt. „Das sind eben die rechten grossen land- und leutbetrieger/ welche der armen leute schweiß und blut gantz unehrlich aussaugen/ und grosse theuerung verursachen. Diese großen diebe/ die zu tausenden auff einmal stehlen/ werden zwar bald reich/ und bringen viel vor sich/ aber es wudelt ihr reichthum nicht/ denn sie bringen eitel unrecht gut an sich." Carpzov beweist damit einen klaren Blick für die sozialen Schäden seiner Zeit. Seine Grenze besteht darin, daß er die Ursachen ungenügend erkennt. An der Obrigkeit läßt er keine Kritik zu. Von Kaufleuten, Handwerkern, Bauern und Landarbeitern hört er, „daß sie über herrengefälle/ steuer/ schoß/ contribution/ termine/ accise/ und dergleichen ausgaben gar bittere klagen führen ... und wolle fast dahin kommen/ daß es heisse: Zeuch das hembd aus/ trags auffs rathhauß" (V 647). Carpzovs Antwort darauf lautet: „Befiehl dem Herrn deine Wege und hoffe auf ihn, er wirds wohl machen". Bei dieser frommen Abspeisung bleibt er nicht. Der Prediger geht zum Angriff über gegen diejenigen, „die sich nicht entblöden/ entweder übel von der obrigkeit zu reden/ wegen der vielen aufflagen/ oder sie wohl gar zur rede zu setzen und rechnung zu fordern/ wie wir ehemals dergleichen leute hier in Leipzig gehabt" (648). Offenbar hält Carpzov diesen Standpunkt für christlich. Dabei heißt er die Bedrückung der Untertanen keineswegs gut. Er bezeichnet sogar Politiker, die ihre Untertanen allzusehr belasten, als „schinder/ die ihnen die haut über die ohren ziehen/ welches eine himmelschreyende sünde ist/ dafür sie sich billig hüten/ und für GOttes gerechten straffe fürchten solten" (649). Gleichwohl meint er, es komme den Untertanen trotz aller Bedrückung nicht zu, sich gegen die Obrigkeit aufzulehnen. Andernfalls seien sie Rebellen und als solche von Rechts wegen zu bestrafen.

b) Kritik des kirchlichen Lebens

Die Neuerungssucht hat auch in der Kirche um sich gegriffen. „Wer schlecht und recht prediget/ und nur bey der schrifft bleibet/ wie es seyn soll/ der gilt nicht mehr/ die ohren jucken ihnen nach was neuen... Wenn ein guter spruch in der predigt vorkömmet/ so achtet mans nicht/ man höret ein geräuspere/ oder sonst geräusche in der kirche/ die wenigsten geben achtung drauff" (I 245). Carpzov denkt nicht daran, die Ursache in seinen Predigten zu suchen! Wiederholt muß er sich gegen Unruhe im Gottesdienst wenden und fordern, „daß alles kaltsinnige räuspern und klatschen unterbleibet" (I 1019). „Was kan und soll das GOtt dem HErrn für ein lob bringen/ wenn man unter wehrender predigt/ da GOTT mit uns durch seinen botschaffter redet/ ein solches tumultuiren und unheiliges wesen verführet/ darüber wir sonderlich in dieser Pauliner kirchen zu klagen haben? der eine redet mit seinem nachbar/ der ander lacht/ der dritte spatziret herum/ der vierdte hat sonst ein frembdes werck vor"[35]. Klagen dieser Art zeigen, daß ein großer Teil der Kirchgänger weniger aus eigenem Antrieb als dem obrigkeitlichen Druck folgend den Gottesdienst besuchte. Sie illustrieren ferner die Unfähigkeit vieler Prediger im Zeitalter der Orthodoxie, die Aufmerksamkeit der Hörer zu fesseln. Daß die Gemeinde derselben fähig war, beweist Carpzov selber: „so bald eine fabel oder histörigen erzählet wird/ wird alles so stille/ daß man sich verwundern muß" (I 245). Hier liegt ein Grund für die vielen und oft absurden Beispielgeschichten in der orthodoxen Predigt.

So wenig wie der Predigt folgt die Gemeinde dem Gebet. Carpzov beklagt sich, daß die Gemeinde mit dem allgemeinen Kirchengebet nicht zufrieden ist. Während es verlesen wird, sucht man sein eigenes Gebetbuch hervor und liest darin, „Gott weiß/ mit was für andacht". In dieser Predigt aus dem Jahre 1674 hat Carpzov vielleicht schon Pietisten im Auge. Immerhin ist diesen Leuten am Gebet gelegen, so daß Carpzovs Anspielung hinsichtlich der Andacht sie nicht trifft. Andere laufen vor dem Gebet aus der Kirche. „Niemand will fast mehr in der kirchen/ mit der kirchen/ für die kirchen beten."

Auch die guten alten Lieder aus Luthers Gesangbuch gelten nicht mehr. „Es müssen allomodelieder her/ die mehr zierligkeit nach heutiger teutschen reimkunst/ als theologischen geist in sich haben/ und auff weltliche melody fein lustig klingen." Überall neue Moden, überall Verfall des Althergebrachten.

Carpzovs konservative Haltung trug zur Entwicklung seines anti-

---

35. Vgl. *Schian* aaO S. 8: In Gießen störten Studenten den Gottesdienst „mit überlautem Lesen der Zeitungen unter der Predigt, Wincken und discurriren mit dem da herum sitzenden Frauen-Volck, ohnanständigen Aus- und Einlaufen" (zit. aus Rambach). Schian bringt auch einige drastische Belege für die weite Verbreitung des Kirchenschlafs.

pietistischen Affekts bei, der ihn eine unrühmliche Rolle im Kampf gegen Francke spielen ließ. Diese Auseinandersetzung findet gelegentlich auch in den Leichenpredigten ihren Niederschlag[36]. In einer Leichenpredigt aus dem Jahre 1693 stellt Carpzov den katholischen Quietismus und den lutherischen Pietismus zusammen (851). Letztere sind sicher mit den „scheinheiligen Narren" gemeint, die Carpzov in einer Predigt des Jahres 1691 heftig angreift: Sie kriechen zusammen in die Häuser und wollen sich selbst erbauen in der Meinung, sie hätten ein königliches Priestertum, brauchten daher keine anderen Prediger, „die in den aufgebaueten kirchen nur umb geldes willen dieneten/ da sie auff die Cantzel stiegen/ und nach ihrer erlerneten kunst viel mehr wort ohne nachdruck machten/ wären ungeistliche geistliche und fleischlich gesinnte bauchknechte/ die von dem innern menschen nichts verstünden/ predigten von eitel glauben und trost; aber von änderung des lebens/ von thätigem Christenthum und gottseligem wandel/ den man im stande guter wercke führen müste/ schwiegen sie/ daß man aus einer einigen zusammenkunfft/ wie sie dieselben in ihren winckeln anstellen/ sich mehr erbauen könne/ als aus zehen predigten/ die man in der kirchen höre" (V 34). Von diesen Angriffen der Pietisten auf die orthodoxen Prediger erwartet Carpzov großes Unheil, wenn nicht mit Gewalt dagegen eingeschritten wird. Er hat das Seine zu entsprechenden Maßnahmen beigetragen.

Verhängnisvoll war es für Carpzov und seine von ehrlichem Willen erfüllte Wirksamkeit, daß er die Ursachen der frommen und unfrommen Entkirchlichung nur bei denen suchte, die dem kirchlichen Gottesdienst entfremdet wurden. Er stellte fest, daß das Verlangen nach der Kirche sehr schlecht ist. Warum? „Sie suchen ihr vergnügen an dem irdischen/ die lust zum himmlischen ist ihnen vergangen/ ja niemals ankommen" (V 38). Zwar sind die Leipziger Kirchen gut gefüllt, doch trügt der Schein: die Kirchen sind nicht allzu groß gebaut, die Bevölkerung aber ist zahlreich(!). Dadurch werden säumige Kirchgänger nicht immer schnell entdeckt. „Allein man kennet dergleichen verächter doch wohl/ und werden deswegen von uns öfters erinnert" (37). Wenn die Leute dann zum Gottesdienst kommen, sind sie mit ihren Gedanken in der Schreibstube, im Kramladen, in der Werkstatt oder beim Vergnügen. Ihr Herz empfindet keinen Vorschmack des ewigen Lebens (38). Carpzov vermochte nicht zu verstehen, daß gerade diese bittere Wahrheit die Pietisten dazu drängte, auf andere Weise Erbauung zu finden. Er tröstete sich mit langen Zitaten aus Chrysostomus, denen er entnahm, daß der Kirchenvater die gleichen Sorgen hatte.

36. *E. Beyreuther* erwähnt eine Leichenpredigt Carpzovs auf einen Theologiestudenten, der zu den Erweckten gehörte. Darin habe C. in äußerst taktloser Weise eine von dem Verstorbenen kurz vorher gehaltene Predigt heruntergerissen. Mir war diese Carpzovsche Predigt nicht zugänglich (August Hermann Francke, Zeuge des lebendigen Gottes, Berlin 1958, S. 77).

c) Kritik akademischer Sitten

Trotz seiner konservativen Haltung war Carpzov, wie erwähnt, offen für harmlose studentische Freuden. Kurzweil wie Kegeln, Ballspielen und Spazierengehen empfiehlt er, ja sogar „ander exercitia als reiten/ fechten/ volesiren/ picken- und fahnen-schwingen/ t a n t z e n / und dergleichen ist nicht untersaget/ wenns fein moderat und also geschiehet/ daß man kein handwerck und alletagearbeit daraus mache" (I 598). Carpzov zitiert Balthasar Meisner, der in der Auseinandersetzung mit den Calvinisten unter Berufung auf Pred. 11,9 das Tanzen als zulässig erklärt[37].

Freilich halten die Studenten das gewünschte Maß nicht ein. Auch die Theologiestudenten führen weithin ein anstößiges Leben. Man sieht sie mit den andern „in allen luder und gelacken liegen/ schlagen und balgen sich/ daß die hunde das blut lecken mögen ... lassen sich wohl auch an ziemlich verdächtigen örtern antreffen/ schmaussen/ sauffen und schwermen des nachts wie bestien und unthiere auff den gassen herumb/ daß es schanden und sünde ist/ und schämen sich nicht/ ob sie schon öffentlich angeschlagen/ citiret/ vor den Rectorem gestellt/ ausgefenstert/ incarceriret und sonst gestraffet werden/ geben auch wohl gar zuweilen ein lachen drauff"[38].

Bei solchem Lebenswandel liegt natürlich das Studium im Argen. Viele Studenten arbeiten nichts ordentlich durch (I 1263). Die Kollegs hören sie kaum zur Hälfte. In den meisten Vorlesungen pflegt der größere Teil der Hörer sich vor dem Schluß zu „absentiren". „Aus solchen faselichten gemüthern wird nichts rechts/ so wenig als aus denen eingebildeten köpffen/ die eine große polymathiam affectiren/ nach allen büchern fragen/ von diesen und jenen Patribus, Philologis, Criticis, Historicis, Polemicis und so fort/ ingleichen von Manuscriptis und allerhand editionibus discurriren/ gleich als ob sie alle autores ausstudiret hätten/ derer titul und praefationen sie doch kaum gelesen/ und damit sich groß machen wollen/ da sie inzwischen die rechte solidam eruditionem negligiren." Viele kommen für ein Jahr auf die Universität, um den Namen eines Studenten zu bekommen, nicht aber um zu studieren. Darauf erhalten sie eine Lehrerstelle auf dem Lande, wo sie sich nebenher im Predigen üben wollen. Wird die Pfarre vakant,

---

37. Meisners Begründung lautet: Quodcumque maxime facit ad laetitiam juvenilem, id, si per se non sit malum, sed indifferens ... concessum est. Atque saltationes, quae per se sunt adiaphorae, ad laetitiam juvenilem maxime faciunt quippe cui aetati magis acceptum et gratum est, quam circumcursitare. Ergo istae non sunt simpliciter prohibitae, sed concessae.
38. I 1247; vgl. I 400: Viele meinen, die akademische Freiheit sei eine Lizenz zum Müßiggang. Nach Aufzählung der üblichen Studentenlaster zitiert Carpzov einen Brief Leonhard Hutters, in dem berichtet wird, daß einige Studenten den Teufel herausforderten, aber „elendiglich darüber durch GOttes gerechte rache umkommen seyn".

so machen sie sich an die Zofe der Edelfrau oder an die Pfarrerstochter oder -witwe, „so ists schon klar/ die pfarre kan ihm nicht entstehen" (= entgehen)[39].

Als Unrecht bekämpft es Carpzov ferner, daß Eltern unbegabte Kinder auf die Universität schicken. Leider hat man auch in Deutschland gelernt, für Geld aus Eseln Doktoren zu machen[40]. Doch ist das ein törichtes Unternehmen, weil verständige Leute einen solchen Tölpel, der den Titel ohne Tat hat, nur verlachen. Solche Maulaffen sollten Kaufleute werden oder einen anderen ehrlichen Beruf lernen, in dem sie geachtet werden können. Noch weniger können die Eltern es verantworten, wenn sie begabte Kinder nicht studieren lassen, weil sie „dieser calmäuserey und blackscheisserey (wie sie reden) so gram seyn/ oder weil sie meynen/ der kopff sey zu gut dazu/ man könne ihn bey der kauffmanschafft profitierlicher anwenden."

Kritik muß Carpzov auch an manchen seiner akademischen Kollegen üben, die während der Gottesdienstzeit (wohl von Wochengottesdiensten) Vorlesungen halten (I 422). „Es geht der öffentliche Gottesdienst allen collegiis und lectionibus vor/ und versäumet ein student bey verabsäumung einer einigen predigt mehr/ als er in zwantzig lectionen auch des vornehmsten Professoris lernet/ wenn er auch gleich Theologica drinnen tractiret."

Im Studienablauf halten viele Studenten nicht die rechte Ordnung ein. Carpzov wundert sich darüber, daß die Privatkollegs besser besucht werden als die öffentlichen, obwohl Gott einen besonderen Segen in die Auditoria publica gelegt hat und die Professoren auf sie mehr Fleiß wenden (423). Er warnt die Studenten davor, ziellos von einer Fakultät zur anderen zu wechseln. Eindringlich mahnt er sie, ihre Zeit zu nutzen, das „dic cur hic" zu beherzigen und an die Zukunft zu denken. „Was habt ihr hernach davon/ wenn ihr die schöne edele zeit/ die zum studieren anzuwenden war/ und nimmer wiederkommet/ verlohren? wenn ihr euer geld/ dafür ihr bücher kauffen und Collegia bezahlen soltet/ in närrischen habit und feindseliger Frantzösischer landerey verstoltziret/ oder den damen verspendiret/ die euch noch darzu auslachen/ und als verliebte jecken durchziehen?" (426) Damit sind die Studenten aller Fakultäten angesprochen, nicht nur die „Katechismusknechte", wie man die Theologen zu nennen pflegt (429).

Besonders liegen Carpzov natürlich die Theologiestudenten am Herzen. Bei der Beerdigung eines solchen nimmt er die Gelegenheit wahr, sie an ihre Verantwortung zu erinnern. Er hält ihnen vor Augen, daß mehr zu einem Prediger gehört, als daß einer aufs Dorf läuft, um den Bauern eine aus der Postille gelernte Predigt vorzutragen (I 1201).

---

39. I 1268. Die Pfründenjagd prangert *Carpzov* I 1270; 1284 ff an.
40. I 414. Vgl. I 1285, wo Carpzov aus Drusius zitiert: Pecunia, mihi crede, facit Doctorem, non eruditio.

Ebenso genügt es nicht, aus einem veralteten Scholastiker einige unverstandene Fachausdrücke herzusagen oder griechische und hebräische Konjugationen herzubeten, worauf manche sich viel einbilden.

Carpzov entwirft nun einen Wegweiser für das Theologiestudium. Er bezeichnet dieses als das vornehmste, gelehrteste und nötigste, ist sich aber bewußt, damit auf Widerspruch zu stoßen: „solte man auch nur das hier gegenwärtige frauenzimmer fragen/ so würden sie einen gar andern ausspruch thun/ wie ich denn schon sehe/ daß sie nach ihrer höhnischen art die mäuler krümmen/ und die köpfe schütteln/ als welche lieber nach einen galanten bunten karten-männigen und degenstutzer/ als einfältigen schwartzmantel zu sehen pflegen." Ihr Urteil gilt freilich nichts. Doch auch angesehene Leute verachten das Theologiestudium. Wer zu etwas kommen will, studiert nicht Theologie. „Die Medici werden reich/ und die Juristen kommen zu hohen ehren/ aber die armen dorfpfäffgen müssen mit ihren köbergen durch die stadt ziehen" (1205). Dabei reicht keine Disziplin an die Hoheit der Theologie, denn sie „est a Deo, docet de Deo, ducit ad Deum" (1207). So respektabel auch die anderen Wissenschaften sind, werden sie nach Meinung Carpzovs von der Theologie auch hinsichtlich der Quantität des Wissensstoffes übertroffen. Ein Theologe muß außer Griechisch und Latein mindestens perfekt Hebräisch, Syrisch und Chaldäisch können (1209)! Will er den Durchschnitt überragen, müssen Kenntnisse im Aramäischen, Arabischen, Äthiopischen, Türkischen, Persischen, ja sogar im Chinesischen dazu kommen! Es schadet auch nicht, wenn er Italienisch, Spanisch und Französisch kennt, um Fachliteratur lesen zu können. An der Exegese hat er sein Leben lang zu tun, wenn er gleich älter als Methusalem würde. Die hebräische und griechische Bibel ist sein tägliches Handbuch. Die loci theologici samt Schriftbeweisen muß er auswendig wissen. Zur theologia symbolica gehört die genaue Kenntnis des Konkordienbuches samt der Kommentare. Dazu kommt die systematische Theologie, in welcher man alle theologischen Fragen in Thesis und Antithesis durchgeht, auf jede Frage eine Antwort lernt, Wahres und Falsches unterscheidet. Die theologia polemica lehrt des Herrn Kriege führen und sämtliche Ketzereien zu widerlegen. Dabei muß man erkennen, was jeweils das proton pseudos ist, worin der status controversiae besteht, mit welchen Gründen die Antithesis von den Gegnern aus Schrift und Vernunft behauptet wird. Auch die theologia scholastica gehört zum Studienplan: Thomas, Duns Scotus, Bonaventura und andere muß man kennen samt den Differenzen von Dominikanern und Franziskanern. Breit wird ausgeführt, was zur theologia ecclesiastica, der Kirchengeschichte, gehört (1212f). Schließlich folgt die theologia casualis, die spezielle Ethik, und die theologia consistorialis, die Lehre vom Kirchenrecht. Am Schluß stehen die praktisch-theologischen Fächer theologia homiletica und ministerialis, worunter die Poimenik verstanden ist. Diese ausführliche Aufzählung soll vor der Gemeinde das Ansehen der Theologie heben. Sie zeichnet ein Ideal, nicht aber die wirklich an einen Theologiestudenten gestellten Anforderungen. Predigtcharakter erhalten diese Ausführungen erst wieder, als der Prediger unterstreicht, daß Theologie niemals nur im Wissen besteht, sondern immer auf die Praxis hinzielt. Wissenschaft ist ohne Praxis „wie eine leere Wolke im Regen, wie ein Baum ohne Früchte, wie ein Blitz ohne Donner" (1266). Die beste Theologie ist „ein elend ding", wenn sie nicht praktiziert wird durch einen Glauben, der in der Liebe tätig ist (1271). Das sagt nicht ein Pietist, sondern ein konservativer Vertreter der Orthodoxie – freilich vor seiner antipietistischen Zeit.

6. Das ehrliche Begräbnis

Schon in den Kirchenordnungen des 16. Jahrhunderts wird oft betont, daß die Gemeinde ihren Toten ein ehrliches Begräbnis schuldet[41]. Dieses Bewußtsein zieht sich durch die Leichenpredigten bis in Carpzovs Zeit. Selbstverständlich konnte ein ehrliches Begräbnis nur ein christliches sein. Doch muß schon Carpzov gegen heimliche Begräbnisse ankämpfen. Es gibt „superkluge neulinge ... die ihre todten heimlich ohne Christliche ceremonien beyzusetzen pflegen/ und solches als eine neue mode gedencken einzuführen/ so von Christlicher Obrigkeit durchaus nicht gestattet werden solte" (I 870). Finden hier antikirchliche oder gar antichristliche Kundgebungen Ausdruck? Oder handelt es sich um einen Protest gegen den überladenen Begräbnisritus mit stundenlangen Leichenpredigten? Bisher galt ein heimliches Begräbnis als unehrlich.

Doch wie begründet Carpzov die Notwendigkeit des ehrlichen Begräbnisses? Daß es nicht Bedingung ist, um den Seelen Ruhe zu schaffen, weiß auch Bellarmin (I 868). „Gleichwohl hat es seinen vielfältigen nutz/ um welches willen ein ehrliches begräbniß keineswegs zu unterlassen." Zunächst geht es um einen bürgerlichen Ehrungsakt. Wir haben der Toten ehrlich zu gedenken „und durch solche letzte ehrbezeugung ihn von henckermäßigen buben zu unterscheiden." Wichtiger ist, daß die Lebenden Trost daraus schöpfen und in der Auferstehungshoffnung gefestigt werden, wenn der Leichnam „mit feinen ehrlichen ceremonien" wie ein Samkorn in Erwartung der Ernte in die Erde gelegt wird (I 869). Mit Augustin erinnert Carpzov ferner daran, daß man die Leiber der Verstorbenen nicht verachten darf, deren der Hei-

---

41. Vgl. ob. S. 42 ff.

lige Geist sich als Werkzeugen für gute Werke bedient hat[42]. Die Bestattung ist daher ein Werk frommen Gedenkens. Wenn wir einzelne Erinnerungsstücke in Ehren halten, wieviel mehr müssen uns die verblichenen Körper der Unseren lieb und wert sein, daß wir sie ehrlich zur Erde bestatten (869)! Auch die Witwe von Nain richtete ihrem Sohn „ein ehrliches begräbniß aus/ und folget nebst andern mitleidenden hertzen ihrer leiche zum grabe zu/ das solte noch der letzte liebesdienst und die letzte ehre seyn/ die sie ihm in dieser welt erwiese" (870).

Leider wird diese Ehre nicht Armen und Reichen in gleicher Weise zuteil. Stirbt ein vornehmer Mensch, so sind Häuser und Kirchen zu eng „und heisset recht nach dem bekanten knittelverß: cum moritur dives, concurrunt undique cives" (I 890). Dagegen hat der Prediger an sich nichts. Doch „wie gehet es/ wenn ein armer stirbt? ... Daraus sehen wir ja/ daß solche leichbegleitung nicht zum rechten ende geschiehet/ weil sie bey denen unterlassen wird/ die des trostes am meisten bedürffen/ und bey denen man desto volckreicher und fleißiger erscheinen solte."

Auch Geier reflektiert über den Sinn von Begräbnis und Leichenpredigt. Er zitiert ein Rabbinenwort, wonach der Bau eines Grabmales die letzte Ehrung des Verstorbenen bedeutet[43]. Für viel wertvoller als dieses Ehrengedächtnis hält Geier die Leichenpredigt. Schon vom Alter her gebührt ihr der Vorrang, denn die erste Leichenpredigt hielt Gott dem Abel. Viel wertvoller als das kostbare Material, aus dem die Epitaphien gefertigt werden, sind die Bestandteile der Leichenpredigt: Bibelworte, Exempel der Heiligen, sinnreiche Reden, anmutige Vergleiche aus alter und neuer Zeit (IV 78). Vor allem aber ist die Wirkung der Leichenpredigt zu rühmen. Zwar sind nicht die Herzen aller Leidtragenden und ihrer Begleiter leicht zu gewinnen, doch werden sie durch den harten Donnerschlag des Todesfalles oft aufgelockert, „also daß sie desto begieriger solchen trost-regen in sich ziehen/ daß sie die erinnerung von menschlicher schwachheit/ von der eitelkeiten thorheit/ von der süssen wollust höchstgefährlichen nachteil ... auffassen/ eigentlicher als sonst/ erwegen/ auch länger/ als andere gewöhnliche predigten bey sich behalten ... Wie manches hochtrabendes gemüth/ welches allenthalben oben anstösset/ beginnet bey Leich-predigten ge-

42. *Augustin*, De civ. dei I c. 13, CSEL 40,1 S. 25, 12–15: Nec ideo tamen contemnenda et abicienda sunt corpora defunctorum maximeque iustorum atque fidelium, quibus tamquam organis et vasis ad omnia bona opera sancte usus est Spiritus.
43. Vgl. Bereschith Rabba, Par. 82 cap. 35,20 (Bibliotheca Rabbinica II, übertr. v. Dr. *A. Wünsche*, Leipzig 1880, S. 403): „Nach R. Nathan wird von dem Nachlaß eines Verstorbenen ein Haus (Denkmal) auf seinem Grabe erbaut. R. Simeon ben Gamliel hat gelehrt: Man setzt gerechten Männern keine Denkmäler, weil ihre Worte ihre Denkmäler sind".

schmeidig zu werden/ und lässet mit den stoltzen pfauen die federn sincken/ wenn es an den seinigen die elende todes-gestalt erblicket" (79).

IV. *Zusammenfassung*

Geier und Carpzov weisen als Vertreter der Leipziger homiletischen Schule namentlich in formaler Hinsicht viel Gemeinsames auf. Die Gliederung entspricht der damals üblichen Themapredigt mit doppeltem Exordium. Das Ususschema wird in der Applicatio oft angewandt, selten aber vollständig. Die Exegese bewegt sich auf hohem Niveau, überschreitet aber immer wieder die Grenze des homiletisch Fruchtbaren und Erträglichen. Beide Prediger nehmen allzu oft die Gelegenheit wahr, ihre altsprachlichen Kenntnisse, besonders aber ihre überraschende Vertrautheit mit der rabbinischen Literatur zu demonstrieren. Mit Vorliebe wird das Alte Testament zitiert oder für Predigttexte herangezogen.

Die Sprache ist weniger flüssig und mehr mit Fremdwörtern durchsetzt als bei Heinrich Müller. Doch schlagen Geier und Carpzov auch volkstümliche Töne an und bedienen sich mitunter derber Ausdrücke. In den viel zu zahlreichen Beispielgeschichten finden sich humoristische Züge. Mit Wortspielen, denen insbesondere die Namen der Verstorbenen zu Grunde liegen, übertrifft Carpzov die gewiß nicht geringe Konkurrenz der orthodoxen Durchschnittspredigt bei weitem.

Die Theologie beider Prediger ist die der Konkordienformel. Frömmigkeitsgeschichtlich ist Geier stärker als Carpzov von Johann Arndt abhängig. Ihn zeichnet daher tiefere Innerlichkeit aus. Beide legen größten Wert auf praktische Frömmigkeit, während sie geringes Interesse an konfessioneller Polemik zeigen. Letzteres gilt besonders für Geier.

Die Stellung zur Welt und zum irdischen Leben ist, namentlich bei Carpzov, positiver als bei Müller. Als Kritiker der Unsitten im bürgerlichen, kirchlichen und akademischen Leben bewies Carpzov weithin ein nüchternes Urteil. Seine sehr konservative Einstellung, vielleicht auch ein starkes Selbstbewußtsein, hinderten ihn jedoch daran, den sozialen und kirchlichen Problemen gerecht zu werden.

Die Lebensläufe sind weiter ausgebaut und dienen ebenso dem ehrenden Gedächtnis wie der Erbauung der Gemeinde. Der exemplarische Wert des christlichen Lebens wird in ihnen zur Geltung gebracht. Doch ist die Bedeutung der bürgerlichen Ehrung, etwa im Vergleich mit Herberger, stark angestiegen.

SECHSTES KAPITEL

DIE LEICHENPREDIGT BEI PHILIPP JAKOB SPENER

I. Vorbemerkungen

Speners Leichenpredigten erschienen in 13 Teilen mit einem Gesamtumfang von 5661 Seiten[1]. Sie wurden in den Jahren 1677–1707 gedruckt und entstammen Speners Wirksamkeit seit 1665 in Frankfurt und Berlin. Aus der Dresdener Zeit sind nur zwei Leichenpredigten auf die Kurfürstinwitwe Magdalena Sybille von Sachsen erhalten. Als Oberhofprediger hatte Spener selten Gelegenheit zur Leichenpredigt.

Die Problematik der Leichenpredigt war Spener bewußt. In der Vorrede zum 1. Teil zitiert er Heinrich Müllers Klage:

„Leichenpredigten/ Leichte predigten. Deine Leichte predigten/ machen leichte lose Leute/ die hingehen/ sich als säue in dem unflat der sünden herumb wältzen/ verlassen sich drauff/ daß deine Leich-predigt allen koth abwischen werde. Wer wolte böses meiden/ wann es in gutes kan verwandelt werden/ und ruhm bringen nach dem todte. Glaube nur/ daß einem treuen Diener JESU/ die Leich-predigten die allerschwersten predigten seyn".[2]

Spener rechtfertigt die Leichenpredigt sowohl aus der Aufgabe, das Gedächtnis der Gerechten in Ehren zu halten[3], als auch aus der in ihr liegenden Möglichkeit, die Lebenden aus Gottes Wort zu erbauen[4]. Damit bleibt er ganz im Rahmen der orthodoxen Tradition. Ihr folgt er auch darin, daß die Leichenpredigt sich formal und inhaltlich weitgehend nicht von der gottesdienstlichen Predigt unterscheidet. Das umfangreiche Corpus der Spenerschen Leichenpredigten birgt daher seine gesamte Theologie in sich. Es wäre nicht nur unmöglich, sondern auch überflüssig, diese hier zu entfalten. Vielmehr wird versucht, das für Speners Leichenpredigten hinsichtlich ihrer Gestaltung und des Inhalts Wesentliche zu erfassen.

---

1. Vgl. die Bibliographie bei *Paul Grünberg*, Philipp Jakob Spener, Bd. III, Göttingen 1906, S. 227 ff sowie unser Quellenverzeichnis. Die Teile 1–12 wurden mir freundlicherweise durch die Hauptbibliothek der Franckeschen Stiftungen zur Verfügung gestellt.
2. Geistliche Erquickstunden III c. 27. Spener weist auch auf Großgebauers Kritik in der Wächterstimme hin. Vgl. dazu Exkurs III.
3. Vgl. u. S. 222.
4. Vgl. u. S. 207 ff.

II. Form und Methode

1. Gliederungen

Spener behauptet, nicht an homiletische Methoden gebunden zu sein[5]. Praktisch folgt er doch weitgehend der orthodoxen Tradition, indem er fast alle Predigten einem verbreiteten Schema unterwirft. Er übernimmt nicht nur die Unsitte des doppelten Exordiums, sondern auch die Trennung von Explicatio und Applicatio. So ergibt sich folgender Modus:

Das erste oder allgemeine Exordium beginnt mit einem in der Regel trinitarisch geprägten Gebetsvotum. Es folgt die Auslegung eines Schriftwortes, das eine Beziehung zum Leichentext aufweist. Sie mündet in eine Applicatio auf die verstorbene Person, die meist als „Exempel" der vorgetragenen Aussagen gedeutet wird[6]. An dieser Stelle greifen die Personalia in die Predigt ein.

Das zweite oder spezielle Exordium – Spener nennt es auch „absonderlichen Eingang" (I 325) – führt von der Textverlesung zum Beginn der Auslegung. Der Text wurde meist von den Verstorbenen gewünscht. Gelegentlich erklärt Spener, er hätte den Text nicht gewählt, da dessen Erklärung ihm Schwierigkeiten bereitete[7]. Ab und zu verzichtet er auf das zweite Exordium, da der Text so reichhaltig ist, daß die knappe Zeit den Prediger drängt, sogleich zur Auslegung zu schreiten[8].

Die Auslegung, deren Methode unten noch zu schildern ist, folgt homilieartig dem Wortlaut des Textes. Doch ist auch dieser Predigtteil nicht als rein analytisch zu bezeichnen. In der Regel verbindet sich mit der fortlaufenden Textauslegung eine thematische Gliederung, deren Disposition der Exegese vorangestellt wird. Die zwei bis vier Hauptteile der Auslegung sind ihrerseits meist untergliedert.

Die „Hauptlehre", auch Lehrpunkt genannt, läßt der Explicatio die Applicatio folgen. Der Prediger nimmt hier Rücksicht auf den Charakter der Leichenpredigt, gelegentlich auch auf den Beruf des Verstorbenen oder besondere Umstände des Todesfalles. Der konkrete Fall bietet dabei nur den Anlaß zu einer allgemeingültigen Belehrung. Z. B. lautet die Hauptlehre bei der Beerdigung eines hohen Beamten: „das das liebhaben Christi die vornehmste qualität eines Christlichen staats-

---

5. *Grünberg* II S. 38.

6. Z. B. II 78: „Nun es stehet uns eben dergleichen ein exempel diesesmahl vor augen/ wann Gott vorgestern … hinweggenommen hat: den …"; vgl. I 96; 295; IX 362 f; XI 277 u. ö.

7. V 219. Es handelt sich um Apc. 7, 14–17.

8. Z. B. III 103: „Wir haben einen sehr reichen text/ den wir zu erschöpffen nicht vermögen/ und daher über denselben etwas mehr zeit zu gewinnen/ schreiten wir sobald ohne fernerer eingang zu dessen betrachtung". Vgl. I 297; II 145; 214; 388 u. ö.

ministri seye" (VI 335). Gern weist der Prediger darauf hin, daß die Hauptlehre auf die Situation der Leichenpredigt Rücksicht nehmen soll[9]. Der mehrfach gegliederten Hauptlehre schließt sich regelmäßig eine Ermahnung an, welche die existentielle Bedeutung des Gesagten einschärft. Oft fordert der Prediger hier zu einer ernsten Selbstprüfung auf. Wer sie beherzigt, dem gilt der Trost, der samt Schlußgebet die Predigt beendet. Diese Placierung des Trostes zeigt, wie stark Spener an sein Schema gebunden ist. Zwar erklärt er hier und da, ein besonderes Herausarbeiten des Trostes sei nicht nötig, da die ganze Predigt trostreiche Gedanken enthielt. In der Regel zieht er diese richtige Konsequenz doch nicht, so daß der letzte Abschnitt oft wie ein angeklebtes Pflichtpensum wirkt. Speners Bindung an sein Schema erweist sich ferner darin, daß er gelegentliche Abweichungen notiert und motiviert[10]. Einmal faßt er die Hauptlehre besonders kurz, weil Zeit und Kälte dazu zwingen (V 288). Trotzdem hat die gesamte Leichenpredigt mindestens eine Stunde gedauert. Speners Selbstkritik angesichts der Länge seiner Predigten ist sehr berechtigt[11].

Fassen wir zusammen, so ergibt sich folgendes Gliederungsschema:
1. Allgemeines Exordium
   a) Eingangsgebet
   b) 1. Auslegung
   c) Applicatio auf die verstorbene Person
2. Spezielles Exordium
   a) Text
   b) Hinführung zur Exegese
3. Auslegung, gegliedert nach Text und Themen
4. Hauptlehre
   a) Gegliederte Lehre
   b) Mahnung
   c) Trost
5. Schlußgebet
Die Lebensläufe folgen in ihrem Aufbau dem in der Orthodoxie, etwa bei Carpzov, üblichen Schema.

2. Zum Ausdruck

Im Gegensatz zu seinem Antipoden Carpzov verzichtet Spener weitgehend auf das Prunken mit Gelehrsamkeit. Wo sein exegetisches

9. Vgl. VII 280: „Wir nehmen nun zur haupt-lehr/ um uns in die gelegenheit einer Leichenpredigt zu schicken/ was auch der grund eines seligen todes und die beste zubereitung darzu seye?"
10. IX 40: „Jedoch werde nach meiner sonst habenden ordentlichen gewohnheit dieses mahl den text nicht nach einander erklären/ sondern so bald meine hauptabsicht die materie selbst... richten/ und hingegen die textes-wort allein an ihren orten mit einfließen lassen".
11. Vgl. *Grünberg* II S. 43.

Interesse ihn verführt, homiletisch unfruchtbare Fragen zu erörtern, zahlt er seiner Ausbildung und seinem zur Pedanterie neigenden Charakter Tribut. Ansammlungen von Autorenzitaten finden sich bei ihm nicht. Ungewöhnlich häufig wird Luther zitiert, oft über Seiten hinweg[12]. Es wäre falsch, das nur als Demonstration der Rechtgläubigkeit hinzustellen. Spener besaß ein engeres Verhältnis zu Luther als mancher seiner „orthodoxen" Gegner. Neben den sehr zahlreichen Lutherzitaten finden sich vereinzelt Worte aus Augustin, Arndt und anderen christlichen Autoren, während heidnische fast nie zu Wort kommen.

Auch im Blick auf Schriftzitate vermeidet Spener die maßlose Häufung, die manche orthodoxe Predigt zur Konkordanz degradiert. Noch konsequenter meidet er die Sammlung von Beispielen und Geschichten. Letztere finden sich so gut wie gar nicht. Die Konzentration auf das Wesentliche ist der beherrschende Eindruck. Es läßt sich aber nicht leugnen, daß die Predigten dadurch langweilig werden. Das Gros der Hörer wurde durch sie überfordert. Die orthodoxen Prediger munterten ihre Hörer durch – freilich oft faule – Geschichten auf und sicherten sich wenigstens vorübergehend deren Aufmerksamkeit. Spener verzichtet auf solche Mittel und verlangt von der Gemeinde eine starke Bereitschaft zum Hören. Wer sie ihm entgegenbringt, wird freilich reich belohnt.

Der Stil trägt nicht dazu bei, das Hören und Lesen zu erleichtern. Er wirkt weithin schwerfällig, abstrakt und blaß[13]. Ein wenig wird diese Schwäche kompensiert durch den Gebrauch der dialogischen Methode, die schon Luther eindrucksvoll zu handhaben wußte.

3. Die Exegese

Speners Exegese zeichnet sich durch die gewissenhafte Bemühung um den Literalsinn aus. Der Ausleger weiß sich verpflichtet, „in jeden worten des H. Geistes den eigentlichsten und unmittelbaren verstand vornehmlich nach vermögen zu untersuchen"[14]. Spener beweist dabei eine Nüchternheit des exegetischen Urteils, die im späteren Pietismus oft fehlt.

In einer Auslegung von Hos. 2,19 f. weist er darauf hin, daß im Urtext dreimal steht: „ich will mich mit dir verloben". Die Auslegungsgeschichte bietet folgende allegorische Deutungen: Nach der ersten ist hier die Trinität gemeint; die zweite bezieht den Text auf den dreifachen Bund Gottes mit Abraham, Mose und Christus. Die dritte findet eine dreifache Verlobung Christi in seiner Menschwerdung, in seinem Leiden und im Pfingstgeschehen.

12. Vgl. z. B. II 171 ff, wo ein Teil eines ungedruckten Schriftkommentars vorliegt, den Spener aus Luthers Werken zusammengestellt hat.
13. So urteilt auch *Grünberg* aaO II S. 56.
14. V 220; vgl. XI 248; XII 293.

Spener nennt diese Deutungen, ohne sie zu kritisieren. Er selbst versteht die Wiederholung schlicht und richtig als Bekräftigung der Verheißung[15].

Mitunter beschäftigen den Prediger exegetische Detailfragen, die homiletisch unergiebig sind. So diskutiert er, ob die Hellenisten von Joh. 12 Heiden oder griechisch sprechende Juden waren. Er entscheidet sich für ersteres. Da nur die Verse 24 f. den Predigttext bilden, bleibt die Abhandlung unfruchtbar[16].

Speners exegetische Gründlichkeit und homiletische Umständlichkeit erweisen sich ferner in der Berücksichtigung des Kontextes, mit der in der Regel jede Auslegung beginnt. Immerhin wahrt Spener sich so viel Freiheit, daß er auf die Erörterung des Kontextes verzichten kann, wenn Zeitmangel oder Stoffülle dazu drängen:

„Wir haben eine solche reiche materie vor uns/ daß wir keine zeit anwenden können/ zu untersuchen/ wie der Prophet auff diese verheissung komme/ und wie sie an den vorigen/ oder die folgende wieder an diesen hangen/ sondern betrachten allein die worte dieser beyden versicul an sich selbs".[17]

Großen Wert legt Spener auf die Arbeit am Urtext. Fast immer kommen seine philologischen Bemerkungen der Predigt zugute. Gelehrte grammatische Abhandlungen, die für den Hörer uninteressant sind, finden sich nur selten.

Bei der Bemühung um den Literalsinn ist Spener gleichzeitig bestrebt, Luthers Übersetzung gerecht zu werden. Er bezeichnet diese als eine der größten Wohltaten, die Gott der Kirche erwiesen hat (VI 324). „Indessen bleibet doch noch ein allzugroßer unterschied unter dem grund text und den übersetzungen/ wie gut sie sind", denn nur auf ersteren erstreckt sich die Verbalinspiration (ebd.) Auch Luthers Übersetzung muß sich daher am Urtext messen lassen. Es wäre der Kirchenlehre und Luthers Geist zuwider, erklärt Spener, solche Korrekturen abzulehnen. Wer hier und da Luthers Übersetzung verbessert, gleicht dem kleinen Kind, das auf der Schulter des Riesen sitzt und ein wenig weiter sehen kann als dieser. Mancher kann an einem Kunststück einen geringen Fehler entdecken und verbessern, würde aber die Finger davon lassen, wenn er das Kunststück selbst verfertigen sollte (325).

Das Interesse am Urtext kommt schon darin zum Ausdruck, daß der Leichentext jeweils in der Lutherübersetzung und nach den Ursprachen geboten wird.

In der Berücksichtigung des Urtextes zollt Spener mitunter seiner Anlage zur Pedanterie Tribut. So erwähnt er in einer Predigt über Ps. 62,2 f, daß Luther in seiner Übersetzung das Wort אך übergangen hat. An anderer Stelle habe er es mit „ja" übersetzt, während jüdische Übersetzer „nur" sagen. Spener versteht es als „beteuerungswörtlein",

---

15. XI 370,3; vgl. 498; XII 146. Einmal bietet Spener aus der Auslegungsgeschichte zehn verschiedene Deutungen des hochzeitlichen Kleides von Mt. 22: X 437.

16. V 300 f; vgl. II 14.

17. XI 363; vgl. V 159; IX 365; X 667.

„daß also David damit die wichtigkeit und gewißheit dessen/ was er sagen will/ andeutet" (IX 122).

Erwägungen dieser Art, die der Predigt leicht einen langatmigen Charakter verleihen, resultieren bei Spener nicht aus dem Bedürfnis, Gelehrsamkeit zur Schau zu stellen, sondern aus dem Verlangen, der Gemeinde das inspirierte Gotteswort so vollständig und authentisch wie möglich mitzuteilen. Wie bei vielen orthodoxen Predigern führt das allzu oft dazu, daß die Predigt zum akademischen Kommentar wird. Beispiele erübrigen sich, da das Ergebnis dieses Verfahrens bei Spener ebenso aussieht wie bei Carpzov. Gern bezieht Spener auch die Verfasserfrage in die Auslegung ein. Umständlich erörtert er „zu besserem Verstand" des 42. Psalms, ob dieser von „den Kindern Korah" geschrieben sei, wie die Überschrift andeutet. Er verweist auf die Katastrophe der Sippe Korah nach Num. 16, bemerkt aber, daß es danach im Tempel noch Nachkommen Korahs gegeben habe. Wie Samuel könnten auch später Leute aus diesem Geschlecht mit prophetischem Geist erfüllt gewesen sein. Da aber hier keine Einzelperson genannt ist, hält Spener es für unwahrscheinlich, „daß der H. Geist zugleich auff ihrer mehrere gefallen wäre/ und ihnen diesen Psalmen eingegeben hätte" (V 65). Daher schreibt er die Verfasserschaft wiederum David zu und nimmt an, die Überschrift drücke nur aus, daß die „Kinder Korah" den Psalm zu singen hatten.

Beispiele dieser Art, die sich beliebig vermehren ließen, beweisen, daß Spener wie seine orthodoxen Vorgänger sich oft in Einzelfragen verliert, die in einer Predigt, geschweige denn in einer Leichenpredigt, fehl am Platze sind. Allerdings finden wir solche Abschweifungen viel seltener als etwa bei Carpzov. Außerdem sind sie bei Spener enger an den Skopus gebunden und tragen fast immer etwas zum Verständnis des Textes bei. Trotz aller Mängel sind somit die methodischen Vorzüge bei Spener gegenüber den Leipziger Predigern nicht zu übersehen. Die Stärke seiner Predigten liegt jedoch nicht im Formalen, sondern in der Betonung einiger biblischer Wahrheiten, die neu zur Geltung kommen.

III. Der Inhalt

1. Die Seligkeit

a) Seligkeit im gegenwärtigen Leben

Gelegentlich fand sich bei orthodoxen Predigern der Gedanke, daß der Christ im Glauben schon in diesem Leben die Seligkeit besitzt[18], natür-

---

18. Ungewöhnlich stark betont findet sich diese Erkenntnis schon bei *Stephan Praetorius* (1536–1603), den *Albrecht Ritschl* in seiner *Geschichte des Pietismus* Bd. 2

lich in unvollkommener Weise. Diese besonders im Johannesevange-
lium wurzelnde Erkenntnis tritt bei Spener in den Mittelpunkt der
Eschatologie.

Spener weiß, daß diese Anschauung Widerspruch findet. Es mag,
so meint er, „Unberichtete" befremden, daß wir in diesem Leben voller
Jammer schon selig werden können[19]. Dabei ist zu bedenken, daß Spener Seligkeit im Gegensatz zur Rechtfertigung nicht nur forensisch
versteht, sondern als das Gut, durch welches dem Menschen das vollkommene Wohl zuteil wird[20]. Angesichts irdischer Not und Sünde ist
es verständlich, daß Speners orthodoxe Gegner seine Lehre vom gegenwärtigen Besitz der Seligkeit verwarfen[21].

Freilich erlagen sie dabei – wie in so vielen anderen Fragen – einem
groben Mißverständnis. Natürlich weiß Spener, daß im kommenden
Äon alle irdische Seligkeit weit überboten wird (s. u. b). Dennoch hält
er daran fest, daß die Seligkeit, die wir hier empfangen, vollkommen
ist, „denn sie wäre keine Seligkeit, wenn sie nicht vollkommen wäre"
(I 181). Nur der Genuß dieser Seligkeit ist von unserer Seite noch unvollkommen (ebd). Uns fehlen dafür die Empfangsorgane. Vor einem
schwärmerischen Perfektionismus hat Spener sich, wie noch zu zeigen
ist, deutlich gesichert. Seine Theologie enthält ein kräftiges, optimisti-
sches Wirkelement. Sie richtet den Blick auf das Positive und aktiviert
die Willenskräfte, dieses Gutes teilhaftig zu werden. Damit ist die
Möglichkeit für eine positivere Stellung zur Welt gegeben als unter der
Herrschaft des orthodoxen Schemas „Irdisches Jammertal – himmlischer Freudensaal". Im Gegensatz zu Francke war Spener nicht der
Mann, aus diesem theologischen Neuansatz praktische Konsequenzen
zu ziehen, zumal er den Ansatz keineswegs klar durchhielt. Die aktive
Zuwendung zur Welt lag ihm nicht nahe. Sein Streben nach Seligkeit
gleicht dem Verlangen Augustins nach der fruitio dei.

Die Seligkeit der Christen besteht vor allen Dingen darin, daß sie
Gott haben und mit ihm vereinigt sind (I 50). Denn Gott ist das
höchste und unendliche Gut. Je enger der Glaube den Menschen mit
Gott verbindet, um so höher ist der Grad der Seligkeit[22]. Diese Ver-

---

als „Vertreter des correctesten Luthertums" deklariert (S. 12). Die Freude wird bei
Praetorius zum überragenden Wesenszug: „Unser ganzes Leben soll nunmehr nichts
anderes sein als ein ewiges Freudenfest ohne Dunkel und Trübsal" (S. 14). Zu Praetorius vgl. W. Zeller, Der Protestantismus des 17. Jahrhunderts, S. XX u. 1 ff.
  19. III 62; I 180. Vgl. Walch, Einleitung in die Religionsstreitigkeiten der Evan-
gelisch-lutherischen Kirche II cap. 5 § 37. Spener IX 413: „Darüber aber solte man
sich sonderlich wundern/ daß der liebste Heiland nicht saget/ wer da glaubet/ der
wird einmal das ewige Leben bekommen/ oder künfftig erst darein eingehen/ sondern
er sagt von gegenwärtigem/ in dem stand/ da er noch glaubet/ er hat das ewige
Leben".
  20. II 235; vgl. 222; VI 112.
  21. Vgl. Grünberg I S. 466 ff.
  22. Vgl. I 180: „Gott ist das höchste gut/ und also die höchste Seligkeit. Daher/
wer GOtt hat/ der hat die wahre seligkeit".

bindung – und damit die Seligkeit – beginnt mit der Taufe. Sie wird erhalten durch die Glaubensgemeinschaft mit Christus: „Was anlangt die Seligkeit der glaubigen in diesem Leben/ so bestehet sie darinnen/ daß sie in Christo sind und leben ... Es sind aber die glaubige in Christo eben durch den Glauben" (II 335). Es verdient Beachtung, daß Spener die Lehre von der gegenwärtigen Seligkeit ausgerechnet in der Leichenpredigt als Trostmotiv verwendet. Gewiß bedient er sich auch des traditionellen Hinweises auf die künftige Seligkeit, in der alles irdische Leid ausgelöscht ist. Doch er begnügt sich nicht mit einer „Vertröstung auf das Jenseits", die – pauschal geurteilt – den orthodoxen Predigern nahelag. Es ist „ein grosser trost/ d a ß d i e g l a u b i g e n i c h t e r s t e i n e h e r r l i c h k e i t k ü n f f t i g b e k o m m e n s o l l e n / sondern hier in dieser zeit bereits haben"[23], freilich mit der Einschränkung, daß sie „annoch ziemlich verborgen ist".

Worin besteht die gegenwärtige Seligkeit? Spener erörtert die Frage des öfteren[24]. Sie vollständig zu beantworten, würde nahezu bedeuten, Speners Theologie darzustellen[24a]. Gegenwärtige Seligkeit heißt, allgemein betrachtet, Anbruch des ewigen Lebens in dieser Zeit. Ewiges Leben im strengen Sinne ist zwar „diejenige herrlichkeit/ in welche die glaubige in jener welt zu völligem genuß ihrer seligkeit gesetzet werden" (X 512), doch versteht die Schrift darunter auch „das geistliche leben/ daß wir in dem gnaden-stand bereits allhier geniessen".[25] Dieses geistliche Leben aber ist Wirklichkeit, wie Spener einmal in fünffacher Variation unterstreicht:

„1. Wir sind schon w i r c k l i c h in die Herrlichkeit eingesetzt/ da wir dem andern Adam Christo einverleibet worden sind/ zu der ersten würde/ worinnen wir in dem ersten Adam erschaffen gewesen waren/ widerzukehren.
2. Wir stehen w i r c k l i c h ... in der göttlichen kindschafft ...
3. Es hat der himmlische Vater w i r c k l i c h wolgefallen an uns / an unserm thun/ bey aller unserer schwachheit/ mit bedeckung unserer gebrechen.
4. Es ist uns w i r c k l i c h das erb unsers Vaters zugesprochen.
5. Es ist die gerechtigkeit Jesu Christi uns w i r c k l i c h geschencket/ und unsere sünde auf ewig vergeben ... So ist bereits die neue natur in uns w i r c k l i c h geschaffen in der widergeburt/ wir haben eine göttliche natur/ das göttliche bild ist bereits angefangen/ und der Heilige Geist arbeitet immer dar an demselben/ es weiter

23. IX 451. Hervorhebung im Text durch Fettdruck. Überraschend nüchtern und modern wirkt der folgende Satz, der freilich durch den Kontext vor einer Fehlinterpretation gesichert ist: „Nun tröstet und freuet uns allezeit eine gabe mehr/ die wir bereits haben/ ob wir uns wol derselben noch nicht völlig gebrauchen können/ als die wir insgesamt erst künfftig erwarten müssen".
24. III 48; 62 ff; V 96; VI 101; 110 f; 359; VIII 599; IX 326; IX 413; 451; X 512 f; XI 406; X 259; XI 51 ff.
24a Hierzu und über die für Spener besonders wichtige Lehre von der Wiedergeburt vgl. *Helmut Obst*, Speners Lehre vom Heilsweg. Diss. Halle 1966 (Maschinenschrift).
25. Vgl. IX 413: „Das geistliche leben und die neue art und natur aus der wiedergeburt/ ist nicht weniger ein ewiges Leben". VII 241: „Hier in dieser zeit in dem reich der gnaden findet sich bey den glaubigen ohn ihr natürliches leben auch ein anders/ nemlich das geistliche leben/ welches an sich ein ewiges leben ist".

außzuziehren. Es sind bereits himmlische kräfften/ welche die glaubige haben/ auß denen sie das leben führen/ und ihr gutes verrichten" (IX 452).

Spener wird nicht müde, die Gegenwart der Heilswirklichkeit zu verkündigen. Freilich weiß er, daß diese den Ungläubigen fragwürdig erscheint. „Die fleischliche vernunfft und die welt hält allein vor selig diejenige/ denen es in ihren äusserlichen nach willen gehet/ daß sie ihr leben in reichthum/ ehre und wollust führen können" (XI 321). Dieses Fehlurteil beruht nach Spener auf dem Irrtum des Menschen, welcher meint, ihm sei wohl, wenn es ihm nach seinem eigenen Willen geht und er die Güter dieser Zeit frei und im Überfluß genießen kann. Dabei merkt er nicht, daß gerade in diesen Gelüsten seine Unseligkeit besteht, weil er dadurch in Sünden verstrickt, den göttlichen Gnadenwirkungen unzugänglich gemacht und schließlich dem ewigen Verderben preisgegeben wird. (322) Dieser Irrtum ist ebenso verhängnisvoll, „als wenn einer einen süssen anmuthigen aber vergiffteten trunck einem bittern aber heilsamen trunck vorziehen/ und den vor unglückselig halten wolte/ der diesen zu seiner gesundheit außtrünke/ den andern aber vor glückseligkeit/ der so einen süssen trunck thue/ der ihm doch den tod brächte" (Vgl. I 50). Damit nimmt Spener mittelalterliche Gedanken auf, die in der Orthodoxie beliebt waren.

Freilich weiß Spener, daß die Freude ein integrierendes Element des christlichen Lebens ist. „Ja wir mögen sagen/ es bestehe in dieser freude fast die höchste krafft des Christenthums" (VIII 337). Die Freude kann daher geradezu Gradmesser des Glaubens sein[26]. Damit wendet Spener sich gegen eine doppelte Front. Einmal lehnt er die Ansicht „unberichteter" Christen ab, die „sich einbilden/ das Christenthum bestehe in lauter traurigkeit/ melancholey und niedergeschlagen gemüth". Sie getrauen sich kaum jemals, einem freudigen Gedanken bei sich Platz zu lassen oder gleichsam den Kopf emporzuheben. Dazu verurteilen sie andere, die mit freudigem Herzen ihrem Gott dienen[27]. Als zweite Front hat Spener die „Weltkinder" vor Augen, denen das Christenleben so elend, melancholisch und unglückselig erscheint, daß ihnen da-

---

26. AaO: „je stärcker und beständiger solche freude bey einem gott seligen menschen ist/ so viel näher ist er deßwegen der vollkommenheit/ die hier in diesem leben zu erreichen steht". X 174: „Wo es an der freude mangelt/ ists eine anzeige/ daß der glaube und die liebe/ daraus die freude entstehen sollen/ ziemlich schwach seyn müssen". V 97: „Je stärcker der innere mensch und der glaube in demselben wird/ so viel stärcker ist auch gemeiniglich die Freude".
Die Gültigkeit dieser eindeutigen Urteile, denen sich weitere zur Seite stellen ließen, schränkt Spener jedoch durch eine psychologische Beobachtung ein: Manchen Leuten gibt Gott ein solches Temperament, „daß sie fast zur Freude insgesamt untüchtig sind/ und also auch natürliche weise sich über nichts freuen können/ daher sie auch im geistlichen von der freude nichts wissen" (V 98). Für Psychopathen kann das psychologische Phänomen Freude also kein Gradmesser des Glaubens sein. Da die Grenzen zur Psychopathie hin fließend sind, zeigt sich hier die Problematik der Messungen im Bereich des Glaubens.
27. Ebd. Vgl. V 96.

vor graut. Sie sollen erkennen, daß es vielmehr „wahrhafftig das seligste/ an sich freudigste/ und vergnügteste leben" ist[28].

In der Konsequenz dieser Gedanken müßte liegen, daß der freudige Charakter des Christentums den „Weltkindern" sichtbar wird. Andernfalls könnte er für sie keinerlei missionarische Kraft besitzen. Diese Konsequenz kommt bei Spener nur sehr gebrochen zur Geltung, da er unter Freude allein die geistliche Freude versteht. Im Gegensatz zu ihr steht die leibliche Freude, durch deren Genuß der Mensch unfähig wird, jene zu empfangen, „die in keine als bußfertige und der welt abgestorbene seelen ordentlich kommet" (V 98). Danach müßten z. B. erotische und geistliche Freude einander ausschließen. Hier zeigt sich der Einfluß mittelalterlicher Mönchsethik. Mönche mögen ihre erotischen Energien im Sinne der Jesusminne sublimiert haben – man denke nur an die Nachwirkungen der Hoheliedauslegung Bernhards von Clairvaux. Bei einem Vater von elf Kindern ist das mindestens nur teilweise denkbar. Speners Gegensatz von leiblicher und geistlicher Freude bleibt unbefriedigend. Die gegenwärtige Seligkeit der Christen krankt an einer Unterbewertung der Schöpfungsgaben. Carpzovs Genehmigung des sittsamen Tanzes und Sports zeugt in diesem Punkt von mehr seelsorgerlicher Weisheit.

Aus Erfahrung weiß Spener, daß die Seligkeit der Christen sich keineswegs immer in der spürbaren Freude äußert. Das begründet er nicht nur charakterologisch[29], sondern auch religionspsychologisch: „Es gehet in der bekehrung eben nicht mit lachen her/ sondern giebt bey vielen ängstliche geburt-schmertzen/ so etwa auch eine weile anhalten können".[30] In täglicher Buße demütigen sich die Christen vor Gott. Ihre Freude wird oft mit Wehmut vermischt, wenn sie ihr sündliches Fleisch betrachten und sich den Ausruf des Paulus aus Röm. 7,24 zu eigen machen: „Ich elender Mensch, wer erlöset mich aus dem Leibe dieses Todes?"[31] Sie werden bedrückt durch eigenes und fremdes Leid, sie seufzen über den trübseligen Zustand der Kirche (aaO).

Diese Traurigkeit ist gleichsam ein opus alienum, sie ist „nicht so wol ein stück selbs unsers Christenthums/ als fern wir glaubige kinder Gottes sind ... sonder sie ist theils ein stück des weges darzu/ daß man nemlich durch traurigkeit zu freude gelange/ theils ein mittel/ dadurch

---

28. VI 270; vgl. 112.
29. S. ob. Anm. 26.
30. VIII 337. Vgl. hierfür u. für das Folgende V 96 ff. Spener lehnte es ab, den Bußkampf als Bedingung für die Wiedergeburt vorzuschreiben: „Daß ein jeder zu seiner Wiedergeburt durch eine solche Verwesung gehen müsse, daß die Seele eine Weile ebenso wenig Labsal empfinde als Christus an dem Kreuz, saget mir die Schrift nirgends" (nach *Ritschl*, Geschichte des Pietismus II S. 113).
31. Man beachte 1., daß Spener Röm. 7 mit Luther auf die Bekehrten bezieht und 2., daß er das Futur ῥύσεται präsentisch übersetzt: Es geht um Erlösung *heute*, um die gegenwärtige Seligkeit!

uns Gott... vor vielem bösen/ sonderlich auch vor mißbrauch der freude... verwahret" (V 97).

Die Erfahrung psychologisch faß- und meßbarer Indizien für den Glaubensstand wird also aus theologischen und psychologischen Einsichten relativiert. „Es ist uns wol! Und solten wirs auch zuweilen nicht mehr fühlen: Dann GOttes w o r t   g e h e t   a u c h   ü b e r   u n s e r   f ü h - l e n ".[32] Dadurch wird jedoch die Bedeutung der Erfahrung nicht aufgehoben. Wer der geistlichen Freude nicht teilhaftig ist, wird aufgefordert, umso mehr in steter Buße zu leben, um darin ein Zeugnis des Glaubens zu haben, zugleich aber um diese Gabe zu beten (V 98). Das muß in Gelassenheit geschehen, d. h. in völliger Ergebung in Gottes Willen und in der Gewißheit, daß der Grund der Freude, nämlich der wahre Glaube, auch dann da ist, wenn die Empfindung fehlt (ebd.).

Wie alle göttlichen Wirkungen hat auch die Freude verschiedene Stufen. Sie kann den Menschen bis zur Ekstase hinreißen:

„So gar daß sich zuweilen etwas ungemeines und ausserordentliches dabey begiebet/ wann einige mit dergleichen freuden überschüttet werden/ darinnen sie eine weile ihrer kaum in dem jenigen mächtig sind/ was sie in derselben reden und thun; also gar/ daß sich die welt/ und unverständige als dann daran nicht wenig stossen: welches einige eine geistliche trunckenheit nennen... Da man dann wo sich dergleichen Fälle begeben/ in dem urtheilen sich nicht zu versündigen/ wol fürsehen muß" (VIII 338).

In dieser besonderen Erfahrung wird bereits die Grenze von der irdischen zur himmlischen Seligkeit überschritten[33]. Sie dient als Hinweis darauf, daß alle geistliche Freude nichts anderes ist „als gleichsam ein vorspiel und vorschmack der freude jener welt" (aaO).

b) Seligkeit nach dem Tod

Das sehr reichhaltige Material, welches Speners Leichenpredigten zum angegebenen Thema erhalten, kann kurz berührt werden, da es nur wenig Sondergut enthält. Hinsichtlich des Zwischenzustandes liegt Spener wie den orthodoxen Predigern vorwiegend daran, daß die überirdische Seligkeit der Gläubigen mit dem Zeitpunkt des Todes beginnt. Zur exegetischen Begründung dient u. a. das ἀπ'ἄρτι von Apc. 14,13 (I 180 ff). Der Zwischenzustand eröffnet einen höheren Zustand der Seligkeit, als er im „Stand der Gnaden", also im Erdenleben, gegeben war. Die Seele genießt alle Güter der Vollendung bis auf die Verklä-

32. I 50; vgl. 52.

33. „Der heilige Augustinus spricht davon: Ich befinde offt eine bewegung in mir/ wann dieselbe immer in mir bliebe/ so könnte es nichts anders seyn/ dann das ewige leben" (aaO). Dazu vgl. folgende Sätze aus der Autobiographie von J. P. *Astmann,* Speners Diakonus in Berlin: „Meinen glauben betreffend/ den ich in den letzten tagen meines lebens empfunden/ so bekenne ich/ daß ich einen recht verwegenen glauben empfunden habe/ dadurch ich schon *alles/ alles was der himmel haben kann/ frey genossen/* und nicht einmal daran gedacht habe/ ob vielleicht auch der himmlische Vatter etwan sauer darzu sehen möchte" (X 258 f.).

rung des Leibes, d. h. seine Auferstehung und Wiedervereinigung mit der unsterblichen Seele. Gerechtigkeit und Heiligkeit, im Erdenleben durch Sünden beeinträchtigt, werden der Seele jetzt vollkommen zuteil. Der Heilsbesitz ist nicht mehr gefährdet. Das vollkommene Ebenbild Gottes wird allen und an allen sichtbar. Die Fähigkeit zu guten Gedanken und Taten wird stärker, als die Macht zu bösen auf Erden war. Der Zwischenzustand ist demnach als Feld der Aktivität gedacht! Alle Aktivität der Seele ist freilich nur Reflex der göttlichen Herrlichkeit, die sich in unvorstellbarer Weise mit ihr vereinigt.

Immer wieder charakterisiert Spener den Zwischenzustand durch das Attribut „vollkommen": vollkommen wird die Erkenntnis Gottes, vollkommen der Genuß alles Guten in Gott usw. Es wird schwer einsichtig, inwiefern die Auferstehung des Fleisches in Anbetracht der Unterbewertung alles Leiblichen dieser Vollkommenheit etwas Wesentliches hinzuzufügen hat. Vielleicht entfliehen Speners Gedanken unbewußt der zeitlich durch Tod und Auferstehung begrenzten Spanne des Zwischenzustandes und richten sich auf das künftige Leben schlechthin.

Die Aporie, welche durch eine unangemessene Übertragung der Zeitkategorie auf die Ewigkeit entsteht[34], wird auch deutlich, wenn Spener versucht, die Vollkommenheit des Zwischenzustandes mit logischen Argumenten zu verteidigen. Verstünde man diesen als Schlaf, in dem der Seele zwar wohl ist, aber sie bis zum jüngsten Tage noch nicht der visio beata teilhaftig wird, so wäre die Seligkeit der Seelen geringer als im Erdenleben (192; vgl. VIII 82). Außerdem müßte Sünde bei ihnen vermutet werden, da sich Gott ihnen nicht einmal in dem Maße mitteilt, „so viel ihre natur/ darzu sie geschaffen sind/ mit sich bringet". Wenn Spener, wie oben dargelegt wurde, von vollkommener Seligkeit im Zwischenzustand spricht, meint er – ebenso wie bei der vollkommenen Seligkeit auf Erden – nicht, daß diese, absolut gesehen, keiner Steigerung fähig wäre. Die Vollkommenheit ist insofern relativ, als sie der Aufnahmefähigkeit der Seele entspricht[35]. Daher erlebt die Seele subjektiv ihre Seligkeit im jeweiligen Stadium als vollkommen, während sie objektiv im Fortschritt von der irdischen Seligkeit zu der des Zwischenzustandes und dann der himmlischen Herrlichkeit gewaltige Fortschritte erlebt, die ihr dann freilich auch subjektiv als Steigerung des Glücks bewußt werden. Während der Kontrast zwischen erstem und zweitem Stadium gewaltig ist, bleibt der zwischen zweitem und drittem blaß. Das meiste Pulver ist bereits bei der Schilderung der Seligkeit im Zwischenzustand verschossen. Spener erklärt lediglich, „daß die herr-

34. Vgl. dagegen *Luther:* „Hie muß man die Zeit aus dem Sinn tun und wissen, daß in jener Welt nicht Zeit noch Stund sind, sondern alles ein ewiger Augenblick" (nach P. Althaus, Die christliche Wahrheit, 3. Aufl. 1952, S. 687).
35. Vgl. I 192: „Aber darumb bleibet dieses doch stehen/ daß sie gleichwohl vorhin (scil. im Zwischenzustand) auch schon vollkommen selig bey GOtt gewesen seye/ so viel die abgesonderte seele von der seligkeit geniessen kan".

lichkeit der seeligen seelen/ da sie nunmehr mit den verklärten leibern vor dem richterstuel Christi zeugnüß empfangen/ und damit in den himmel eingehen werden/ sich dadurch vermehret" (I 192).

Was die Seligkeit der zukünftigen Welt konkret beinhaltet, drückt Spener mit der orthodoxen Tradition im Anschluß an Augustin aus. Die visio beata oder die selige Nähe Gottes steht daher im Mittelpunkt vieler Meditationen über dieses Thema[36]. Daneben nimmt die traditionelle via negationis einen bedeutenden Raum ein: Freiheit von der Sünde, vom Leid und dergleichen kennzeichnen den Zustand der himmlischen Seligkeit. Spener weiß aber, daß alle diese Versuche, Unaussprechliches auszusagen, inadäquat bleiben müssen: „Also was nachmal die seeligkeit in dem himmel selbst seye/ da wollen wir nichts davon gedencken. Dann da bleibets darbey/ was wir davon sagen/ das ist nichts als ein kinder-lallen: Ja sie wäre nicht unendlich und göttlich/ wie sie ist/ wo wir mit unserm verstand sie begreiffen könnten."[37]

Wenn wir dennoch „nach dem Maß jetziger unserer Schwachheit" diesen Dingen nachsinnen, so geschieht es, weil Gott in seinem Wort davon redet „und haben wil/ daß wir auch daran gedencken sollen/ damit wir in dem glauben gestärckt und auffgemundert werden mögen" (V 136). Dabei müssen wir uns jedoch allezeit darüber klar sein, daß weder unsere Vernunft noch unser Glaube die Sache angemessen erfassen können. „Sondern es gehe uns/ wie leuten/ die schwaches gesicht haben/ und von weitem ein herrliches liecht und viele schöne dinge sehen/ aber dieselbe noch nicht recht erkennen und unterscheiden können/ als nur allein/ daß alles unvergleichlich herrlich seye" (136 f).

c) Die Seligkeit im Tode

Das dialektische Verständnis des Todes als Übel und Erlösung wird bei Spener immer wieder in einer höheren Synthese aufgehoben, die sich durch den Begriff „Seligkeit" bezeichnen läßt. Alles ewige und damit selige Leben der Christen besteht, wie Spener sagt, in der göttlichen Liebe (VII 248). Von dieser Liebe ist der Christ auch im Tode nicht getrennt. Daher kann der Tod die Seligkeit der Christen nicht einmal vorübergehend unterbrechen. Angesichts der psychologischen Definition von „Seligkeit", die Spener vertritt[38], bedarf diese Behauptung einer Begründung.

Die Seligkeit der Christen im Tode besteht zunächst darin, daß sie

---

36. Vgl. z. B. II 241; III 61: „Sie heisset aber eine herrlichkeit GOttes/ weil sie so wol von GOtt herkommet/ ... als auch weil sie in dem anschauen GOttes und mittheilung seiner herrlichkeit bestehet"; V 138 f; 213 ff; V 78.

37. I 54; vgl. 166 u. ö.

38. Z. B. VI 112: „seligkeit (wo man worinnen dem menschen wol seye/ wahrhafftig verstehet) ..."

frei von Furcht sind (VI 112). Das böse Gewissen, „welches bey andern den todt erst recht schmertzlich macht"[39], plagt sie nicht. Die Christen haben sich ja auf den Tod vorbereitet[40] und freuen sich auf ihn als das Ende aller Unvollkommenheit. (I 53)

Kein schmerzlicher Todesverlauf kann der Seligkeit Abbruch tun, weil alles nach göttlichem Willen geschieht, in den der Christ sich ergibt (II 238). „Ihr todt ist selig/ es seyn nun die äußerliche ümbstände wie sie wollen/ weil sie gleichwol in Christo sterben/ in seiner gnade und glauben" (239). In jedem Alter und in jeder geistigen Verfassung können sie selig sterben. Das letztere ist angesichts der psychologischen Faktoren im Glaubensverständnis[41] sowie der theologischen Bedeutung, welche dem Sterbegeschehen beigemessen wurde, wichtig. Gläubige, die im Sterben das Bewußtsein oder den Verstand verlieren, sind keineswegs für unselig zu halten, denn „das reich GOttes/ darinnen ihre seligkeit bestehet/ ist viel tieffer in ihnen gegründet/ als daß die entziehung des gebrauchs der natürlichen kräfften des verstands und der sinnen etwas an demselben wegnehmen könte" (239).

Die Seligkeit im Tode besteht ferner darin, daß dem physiologischen Geschehen, in welchem der äußere Mensch vergeht, das pneumatische parallel läuft, durch das der innere Mensch erneuert wird:

„Wann endlich dann der äußerliche mensch bey ihnen verweset/ wann nunmehr die augen brechen/ die ohren nicht mehr hören/ und die lebens kräfften gantz dahin gehen/ so nimmet nach Pauli worten/ 2. Corinth. 4,16 der innerliche mensch in ihnen zu. Das ist/ je schwächer sie an dem leib werden/ je stärker wird mit seinem trost der Heilige Geist bey ihnen. Und da man von aussen etwa meynet/ sie hören/ sehen und verstehen nichts/ ist wol etwa bey ihnen/ und in dem hertzen die erleuchtung und der innerliche trost dessen/ der in den schwachen mächtig zu seyn/ seine größte ehre achtet/ am allerstärcksten".[42]

Je stärker diese göttliche Wirkung an der Seele ist, um so leichter werden die äußeren Schmerzen im Todeskampf überwunden.

Zu den Beschwerden äußerer Art, welche die Seligkeit beeinträchtigen können, gehören die Sorgen um die Angehörigen. Christen wissen alle diese Dinge in Gottes Hand:

„Lassen sie etwa witwen oder waisen nach sich/ mag doch solches ihnen die seligkeit ihres todts nicht nehmen/ noch den trost schlagen: Dann sie wissen/ sie verlassen nach sich einen GOtt/ der wie er sie erhalten/ also auch ohne sie die ihrige zu erhalten wisse" (I 53).

Gravierender als diese äußeren Sorgen sind die geistlichen Anfechtungen im Todeskampf[43]. Auch sie vermögen die Seligkeit nicht aufzuheben, da der Glaube stärker ist:

39. I 52; vgl. dazu Luthers Rede vom „Viehsterben" und „Kindersterben", ob. S. 35.
40. Für diese entscheidende Bedingung der Seligkeit im Tode vgl. unter 2 a.
41. Vgl. unter 2 b.
42. I 53; vgl. VII 246; X 48 f.
43. Seelsorgerlich wertvolle Hinweise bietet Spener des öfteren. Vgl. besonders IX 62 ff.; Pr. 14.

„ob der Satan zuweilen einigen glaubigen vor dem abschied so GOtt zur probe und übung ihres glaubens etwa pfleget/ die sünde noch zuletzt schwer vorstellet/ und sie ihnen im gewissen gleichsam wieder lebendig werden wolen/ so zwar offt ohne harten kampff nicht abgehet/ so muß er doch nicht überwinden/ sondern ihr glaube überwindet endlich alle solche sünde und dero anfechtung/ und lässet sie auff ewig zurücke" (VII 246).

Der Tod und seine Anfechtungen bewirken keine Trennung von Christus. Darin beruht die Seligkeit der Christen im Tode. Sie kann jedoch auch durch außergewöhnliche Gnadengaben angesichts der Ewigkeit gesteigert werden:

„Sie sind selig auch/ weil Gott zu weilen ein und andere sonderbare dinge mit ihnen vorgehen lässet/ die etwa zeigen/ es seye gleichsam ein strahl auß der ewigkeit/ dero sie so nahe sind/ in ihre Seele gekommen/ und erkennen sie einige dinge/ dazu sie vorhin ungeschickt gewesen/ ehe die Seele so zu reden angefangen von den banden des leibes auffgelöset zu werden; daher auch zu weilen einige ihrer letzten reden etwas mehr als menschliches in sich fassen/ und in den hertzen der jenigen die sie hören eine ungemeine krafft hinter sich lassen".[44]

Solche Erlebnisse sind natürlich nicht nötig als Indizien für ein seliges Sterben. Vielmehr ist alles Sterben der Gläubigen selig, „wir sehen darvon an was wir wollen/ weil sie nicht in sich sondern in Christo sind und sterben/ in dem der tod alle seine abscheuliche Gestalt verlieret" (II 240).

2. Die Heiligung

a) Heiligung als Vorbereitung auf den Tod

Großgebauer hatte in seiner „Wächterstimme" nachdrücklich vor der späten Bekehrung, der Hoffnung auf die Schächergnade, gewarnt. Er hatte dabei die Grenzen der orthodoxen Lehre überschritten, indem er der Bekehrung auf dem Sterbebett die Heilsgewißheit absprach[45]. Spener bleibt im Rahmen der orthodoxen Tradition, nimmt aber Großgebauers seelsorgerliches Anliegen, ähnlich wie H. Müller, energisch auf.

„Wir wissen/ daß an unserm abschied aus der zeit in die ewigkeit alles gelegen ist: Dann wie wir alsdann in göttlicher gnade oder zorn stehen/ so bleiben wir in ewigkeit. Damit wir aber an unserm letzten ende auch in der gnade GOttes mögen erfunden werden/ muß die sorge nicht erst auf solche stunde gesparhet werden ... Also muß die vorbereitung rechtswegen lang vorher/ ja in dem gantzen leben/ gemacht werden".[46]

„Ob auch schon derjenige/ der den letzten kampff ritterlich verrichtet/ einen guten kampff gekämpfet hat/ so ist doch nicht gewiß/ daß du in der letzten stunde werdest beruffen werden/ wo du vorhin dich nicht hast beruffen lassen: Und ist der letzte

44. II 240; vgl. X 48, wo Spener beweist, daß er nicht alle Sterbeberichte unkritisch akzeptierte. S. ferner X 487.
45. Vgl. dort cap. 12, wo Großgebauer sich auf Augustin beruft.
46. VI 301; sehr ähnlich X 349.

kampff selten gut/ wo man vorhin sich nicht auch eines guten kampffes beflissen" (I 7).

Ein Soldat, der erst nach seinen Waffen sieht, wenn der Kampf beginnt, läuft Gefahr, vom Feind übereilt zu werden. Ebenso töricht ist es zu meinen, in der letzten Stunde werde sich alles ergeben oder der Pfarrer werde es besorgen (I 285). Gott erhält im Tod den Glauben, der vorhanden war. Ob er neuen schaffen wird, ist sehr ungewiß. Der Seelsorger weiß aus Erfahrung, daß geistlicher Zuspruch in der Todesstunde oft wenig ausrichtet, zumal die Geisteskräfte geschwächt sind (ebd.). Es hängt daher alles daran, daß das Leben im lebendigen Glauben geführt wird[47]. Allein der Glaube rettet den Menschen, allein im Glauben wird ihm das Heil zuteil, wie Spener unermüdlich betont[48]. Die Echtheit des Glaubens aber erweist sich in der Heiligung.

b) Die Heiligung als Kennzeichen des Glaubens

Angesichts des Todes hat ein Selbstbetrug in Dingen des Glaubens unabsehbare Folgen. Spener fordert daher fast in jeder Leichenpredigt zur Selbstprüfung auf.

„Das glauben und vertrauen auf JEsum Christum anlangend/ hast du auch je an den unterscheid desselben von der fleischlichen sicherheit gedacht/ und bist versichert daß dasjenige/ was du vor glauben hältst/ nicht eine blosse sicherheit seye?".[49]

Der Christ muß sich fragen, ob er an Christus glaubt als den, der die Sünden durch Vergebung und Heiligung tilgt, oder ob er ihn zum Sündendiener macht, so daß die Vergebung eine Erlaubnis zum Sündigen wird. Erweist sich der Glaube als kämpfende und überwindende Kraft, oder bleibt er ein müßiger Gedanke? (ebd.). Unzählige, die sich für gläubig halten, erliegen einer „fleischlichen Einbildung", da sie „bey allem fortwährenden sündlichen und unbußfertigen wesen ihnen doch die seligkeit versprechen"[50].

Solcher Mißbrauch der Gnadenlehre wird verhütet, indem wir „unsern glauben und dessen wahrheit an auffrichtigen früchten prüffen" (ebd). Immer wieder läuft Spener Sturm gegen den falschen Schluß, die Heiligung sei nicht nötig, da allein der Glaube rette:

„damit wird die falsche einbildung/ darüber so viele ihr heyl verschlaffen/ widerlegt: Weil wir nicht auß dem gottseligen leben selig werden dörffen/ sondern solche ehre allein dem glauben gebühret/ so bedörffe es keines solchen fleisses oder gottseligkeit. Nein/ mein lieber freund/ die folge betreugt dich sehr. Jenes bleibt wahr/ daß der

---

47. VI 301: „Es bestehet aber dasjenige/ wodurch wir am letzten ende in die seelige ewigkeit übergehen/ in dem wahren lebendigen glauben ... So muß denn unsere einige sorge seyn in dem gantzen leben/ daß wir ja mögen in solchem lebendigen glauben stehen".
48. Speners forensische Rechtfertigungslehre weicht nicht von der lutherischen Orthodoxie ab.
49. XII 162; vgl. 268; XI 54; 382; 412; 458 f; 648; 683 u. ö.
50. XII 268; vgl. 185; 213.

glaube allein selig mache/ nicht aber das gottselige leben; Aber das gottselige leben bemühestu dich vergebens von dem glauben abzusondern. Daher ob dich wohl der glaube selig machet ohne das gottselige leben/ ... so kan er doch nicht seyn/ ohne solches leben/ und also in solchem verstand dich auch ohne dasselbige nicht selig machen"[51].

Gute Werke sind also insofern zur Seligkeit notwendig, als es keinen Glauben gibt, der ohne sie bleibt, abgesehen natürlich von der „Schächergnade", deren Möglichkeit aus seelsorgerlichen Gründen, wie oben dargelegt, mit Recht nicht betont wird.

Selbstverständlich fördert ein solches Verständnis der Heiligung die Selbstreflexion. Es war nicht nur Bosheit der orthodoxen Gegner Speners, daß sie hierin eine Gefahr erblickten. Seiner Intention und dem Wortlaut seiner Publikationen wurden sie jedoch in keiner Weise gerecht. Spener will ja genau das, was seine Gegner auf ihre Fahne schreiben: Reinerhaltung des Glaubens, der allein zur Seligkeit führt. Dabei hat er sich sehr darum gemüht, auch in dogmatischer Hinsicht allen Anforderungen gerecht zu werden. Die zahlreichen systematischen Definitionen und Distinktionen, welche seine Predigten belasten, legen davon Zeugnis ab. Stärker liegt ihm freilich am Herzen, den Glauben von Heuchelei und Selbstbetrug rein zu halten. Daher drängt er darauf, daß der Glaube in seinen Funktionen wahrnehmbar wird. Der Unterschied zwischen wahrem, lebendigmachendem und nur historischem und damit wahnhaftem Glauben, ist der zwischen Einbildung und Wissen einerseits und wirklichem, lebendigem Schmecken andererseits (V 130).

„Wo wir vom glauben reden/ so reden wir von keiner menschlichen/ und auß menschlichen kräfften gemachten einbildung/ die auch bey fortsetzendem bösen leben stehen kan/ sondern von demjenigen liecht/ das der H. Geist auß dem liecht des worts des Evangelii in den seelen antzündet/ das nicht ohne früchten bleibet".[52]

Die Reflexion über die Echtheit des Glaubens führt bei Spener nicht dazu, daß dieser als „actus reflexus" (II 85) zum Werk wird. Spener wehrt sich sogar dagegen, die psychologische Seite des Glaubens überzubewerten. Das Glaubensbewußtsein kann zeitweise fehlen, wie ein Ohnmächtiger sein Leben nicht fühlt, obwohl er lebendig ist (ebd). Daher ist es nicht richtig, wenn Menschen, die in einer Anfechtung ihren Glauben nicht fühlen, sich für ungläubig halten[53]. „Dann ob wol der glaube im verstand und willen ist, und sich darinnen/ und in deroselben wirckungen zeigt: So ist er doch auch noch tieffer in der seele/ als daß er nur in dero außflüssen hafften solte" (I 345). Auch ein Schlafender ist ja nicht ohne Glauben, während er sich dessen nicht bewußt ist.

---

51. XI 349. Zum Thema Rechtfertigung und Heiligung, das sehr oft verhandelt wird, vgl. II 433, 440 f; V 200; 224; VII 242 ff; 274; 279 ff; VIII 107; X 477; 682; XI 379 ff.
52. VII 249; vgl. VIII 405 f; XI 45; 400.
53. II 85; 95 f; 403; I 345; VI 273.

So kann einem Angefochtenen sein Glaube nicht erkennbar sein, denn er ist „viel tieffer verborgen/ viel höher gesetzet/ viel innerlicher/ als daß wir ihn in den bloßen wirckungen der seelen-kräfften suchen wolten/ da er sich erkennen lässet/ und wir daselbst seiner gewahr werden" (ebd.). Das Normale ist jedoch, daß der Mensch seinen Glauben bei sich fühlt und empfindet (II 95).

Psychologisch erfaßbare Faktoren des Glaubens spielen demnach eine ebensogroße Rolle wie seine empirisch konstatierbaren Früchte. Beides wird im Interesse der Glaubensechtheit, an der auch die Orthodoxie interessiert war, hervorgehoben[54]. Psychologismus ist Spener ebenso fremd wie Ethizismus. Ihm geht es um die Verwirklichung der Seligkeit im Leben, im Sterben und im zukünftigen Leben. Die allein im Glauben an Christus gegebene Heilsgewißheit wird dadurch niemals in Frage gestellt: „Der grund derselben ist nicht unsere heiligkeit ... sondern es ist solcher die liebe Gottes in Christo JEsu"[55].

c) Selbstverleugnung und Gelassenheit

Es wäre weder möglich noch sinnvoll, Speners materiale Ethik, soweit sie in den Leichenpredigten enthalten ist, zu entwickeln. Lediglich auf ein zentrales Thema sei hingewiesen. Immer wieder ruft Spener zur Selbstverleugnung oder, mit einem der Mystik entlehnten Begriff, zur Gelassenheit. Dabei geht es ihm um die Unterwerfung des Willens unter Gott. In ihr findet er die Spitze der christlichen Vollkommenheit (I 80 f).

Je mehr wir noch an den Kreaturen, besonders aber an uns selbst, hängen, umso mehr wird die Vereinigung mit Gott gehindert (VI 157). Darum ist es „eins der vornehmsten Stücke der Heiligung", daß Christen sich immer mehr von Kreaturliebe und Eigenliebe losreißen, sich ganz der göttlichen Führung überlassen, „um in Gott also einzugehen/ daß man allein in ihm seine ruhe und wahres heil finde und besitze: welches allein die gelassenheit genennet wird".[56] Spener, dessen mystische Ansätze im allgemeinen im Rahmen der orthodoxen Unio-Lehre bleiben, bedient sich in diesem Zusammenhang der mystischen „Vakuumstheorie", die auch in H. Müllers Leichenpredigten erschien:
„Je blosser der mensch von allem zeitlichen/ weltlichen/ ja eigenem trost ist/ je besser stehet es mit ihm. Diese leere gefässe mag die Göttliche gnade am liebsten füllen" (I 341).
„Der theure wein oder balsam des himmlischen trostes tringt nicht ein in ein von pfützigem mistwasser der welt-liebe gantz angefülltes gefäß/ sondern es müssen leere und gereinigte gefässe seyn/ darin er gefast werden kan. Also mustu dich und die welt verläugnen ..." (II 65).

54. Vgl. *H. E. Weber*, Reformation, Orthodoxie u. Rationalismus I S. 46.
55. II 401. Vgl. ferner die Belegstellen von S. 21 Anm. 3.
56. Ebd.; vgl. V 314; VI 230; 233; 244.

Will man die häufigen Aufforderungen zur Reinigung von der Welt-liebe[57] nicht mißverstehen, so muß man das zweischichtige Verständnis von „Welt" und „Kreaturen" berücksichtigen, das der johanneischen Bedeutung des Begriffes „Kosmos" vergleichbar ist. Die zeitlichen Dinge sind an sich nicht schlecht, sondern nur, insofern sie über oder neben Gott gestellt werden. „Soll man dann gar allem zeitlichen in keinem stück mehr nachfragen: sondern es allerdings verachten?" (I 337). Die Antwort lautet: Stellen wir Himmel und Erde unter Gott, so haben wir allen Grund, nach ihnen zu fragen, denn sie sind „das wunderbare theatrum unsers grossen GOTTES/ worauf Er uns täglich mit neuen proben seine majestät/ güte/ macht und weißheit zeiget".[58] Der Sinn des Menschenlebens besteht darin, daß der Mensch Augen und Ohren auftut, um die Schöpfung zu beobachten (ebd). Wer achtlos an den geschaffenen Dingen vorbeiginge, wäre ein undankbarer Tropf. Wenn aber die Wahl zwischen Gott oder Welt gestellt wird, gelten die Kreaturen nichts. Als Schöpfung Gottes sind die Kreaturen gut. „Wer also die kreaturen an sich selbst verachtet, beschimpft GOtt ihren Schöpffer" (X 167). Eitel können sie nur genannt werden, wenn man sie mit Gott vergleicht oder ihm entgegensetzt (ebd.). Die Schöpfung ist da, damit der Mensch in ihr Gottes Herrlichkeit erkenne und preise.

Gottes Verherrlichung ist auch das Ziel der Selbstverleugnung. Die mystische Vereinigung mit Gott[59], der die Selbstverleugnung den Weg bereitet, erstrebt nicht primär den Genuß der eigenen Seligkeit, son-dern die Ehre Gottes:

„Ferner müssen wir auch willig seyn/ ja verlangen/ uns selbst in uns gleichsam zu verlieren/ daß wir uns in GOTT wiederfinden/ in den wir uns gleichsam einsencken/ also/ daß wir auch gar unsere seligkeit nicht so wol umb unsertwillen/ und wie und was wir darinnen zu geniessen haben/ verlangen/ als umb der ehre GOttes willen/ welche an uns möge und solle gepriesen werden. Indem ja auch unsere seligkeit nicht/ sondern die ehre deß grossen GOttes/ unser letzter zweck seyn solle" (III 113).

d) Die christologische Fundierung der Heiligung

„Alle unsere so rechtfertigung als heiligung und wachsthum des innern menschen hat ihre krafft auß der aufferstehung Christi/ daß von ihm/ als dem lebendigen haupt/ auch lauter lebendige krafft in diejenige ab-fliesse/ die durch den glauben ihm zu gliedern einverleibt sind".[60] Andererseits ist die künftige Auferstehung „nur gleichsam eine folge/

---

57. Z. B. IX 324; II 65.
58. Ebd.; vgl. II 63; III 110; VI 167; VIII 400; X 175; IX 290.
59. Zur Mystik in Speners Leichenpredigten vgl. ferner VI 169; VIII 261; XI Pr. 5; X 177; XI 43; XII 235; 239; 290 f; VI 102.
60. VI 49; vgl. VII 182: „2. ist solche aufferstehung auch unser schatz/ weil sie nicht allein dasjenige ist/ so uns antreiben solle zu einem neuen geistlichen und heili-gen leben ... sondern weil sie auch die quelle und brunn ist/ darauß unser gantzes geistliches leben kommet".

und in einem stück eine vollstreckung/ unserer vorigen geistlichen aufferstehung ... die auß der aufferstehung Christi kommt" (aaO). Wie Ostern nicht vom Karfreitagsgeschehen zu trennen ist, gründet die Heiligung ebenso in der Auferstehung wie in der Kraft des Blutes Christi (VIII 324). Diese Heilskräfte sind konstitutiv für die Vereinigung der Gläubigen mit Christus, die ihrerseits „der grund unsers gantzen Christenthums/ aller unserer seligkeit/ dero wir geniessen/ und aller krafft unserer heiligung" ist[61].

Zwischen der unio mit Christus und der Heiligung besteht eine Wechselwirkung. Je enger die unio, desto kräftiger die Heiligung, und je mangelhafter die Heiligung, desto schwächer die unio. Ist Christus mit den Gläubigen vereinigt, lebt er in ihnen, so hilft er, den alten Menschen mehr und mehr auszuziehen und das Bild Gottes im neuen Menschen zu schaffen (VI 261). Das Leben der Gläubigen wird ein geistliches Leben, weil Christus als die Lebensquelle sich stetig in sie ergießt (IV 212).

3. Die Lebensläufe

a) Die Abfassung der Lebensläufe

In seiner Vorrede zum 3. Teil bemerkt Spener, er habe für das „Ehrengedächtnis" jeweils die ihm zugestellten Personalia verwandt, welche Methode er für sein Gewissen am sichersten achte. Damit schiebt er die Verantwortung für den Inhalt der Lebensläufe wenigstens zum Teil von sich. Es ist jedoch nicht anzunehmen, daß die Lebensläufe von den Angehörigen wörtlich ausgearbeitet und vom Prediger nur abgelesen wurden. Dafür sind sie, aufs Ganze gesehen, formal und inhaltlich zu einheitlich. Freilich muß man berücksichtigen, daß sich im Zeitalter der Hochorthodoxie ein festgeprägter Typus des Lebenslaufes ausgebildet hatte, der uns z. B. bei Müller, Geier und Carpzov begegnete. Die daraus resultierende Stereotypie macht literarkritische Untersuchungen problematisch.

Der normale Modus dürfte für Spener so ausgesehen haben, daß ihm durch die Hinterbliebenen die Daten zugestellt wurden, aus welchen er unter Benutzung des üblichen Schemas den Lebenslauf formte. Denkbar ist natürlich auch, daß gebildete Angehörige den Lebenslauf selbst ausarbeiteten oder einem Theologen – etwa einem Studenten, Kandidaten oder Lehrer, dem ein Zusatzverdienst willkommen war – in Auftrag gaben. Doch fehlen mir dafür Belege. Dagegen wird oft hervorgehoben, daß der Lebenslauf autobiographische Aufzeichnungen

---

61. VIII 282; vgl. VI 261.

benutzt[62]. Damit ist dem Prediger in doppelter Hinsicht geholfen: Die Autobiographie kann dazu dienen, den Predigtinhalt durch das persönliche Bekenntnis zu unterstreichen. Sie kann aber auch das Gewissen des Predigers hinsichtlich der Wahrheitsfrage entlasten[63]. Die Motive zur Ausbildung der Autobiographie im Lebenslauf sind schwer zu bestimmen[64]. Daß die Eigenaufzeichnungen im Vergleich zur Orthodoxie sprunghaft zunehmen, hängt mit der im Pietismus wachsenden Tendenz zur Selbstreflexion zusammen.

b) Das Ehrengedächtnis

Spener war Sohn des Barock wie seine orthodoxen Gegner. Seine nüchterne Art bewahrte ihn jedoch vor überschwenglichen Gefühlsausbrüchen und rhetorischem Pomp. Das wirkte sich positiv auf seine Gestaltung der „Ehrengedächtnisse" aus, die Spener der Tradition gemäß beibehielt. Daß Spener dabei nicht ganz frei von Skrupeln war, wurde bereits erwähnt. Wie die Vorrede zum ersten Teil zeigt, machte er sich die Bedenken von H. Müller und Großgebauer zu eigen. Dennoch hielt er die Leichenpredigt für eine gute Möglichkeit, das Gedächtnis der Gerechten in Segen zu erhalten[65]. Das Ehrengedächtnis gehört zu einem ehrlichen Begräbnis, welchem Spener mit der Tradition einen achtbaren Wert zuerkennt[66].

Eine persönliche Vorliebe Speners galt genealogischen und heraldischen Studien, denen er sich in jüngeren Jahren mit anerkanntem Erfolg widmete, was ihm die Kritik radikaler Pietisten zuzog[67]. Im Lebenslauf für Magdalena Sybille von Sachsen erklärt er zwar: „Es ist hie ort und

---

62. Vgl. I 258: „wie seine eignen wort lauten"; 260: „wie er schreibet"; II 25: „Es hat aber derselbige auß betrachtung seiner sterblichkeit bereits Anno 1671 denselben auffgesetzt/ und allerdings *mit seinen worten ungeändert abzulesen verordnet"*; ganz ähnlich II 1329. Vgl. ferner VI 279; VIII 87: „So hat dieselbige ihre Lebens-Beschreibung mit eigener Hand auffzusetzen angefangen. Und weil sie die gantze Zeit ihres Lebens von einer Art zu heicheln entfernet gewesen; so hat man um so viel weniger Bedencken getragen ihren Aufsatz und Christl. Gedancken in ihren eigenen Worten zu behalten. Es fänget sich aber die eigenhändige Beschreibung also an . . .";
X 135; 258; 556; XI 487 (Tagebuch des Verstorbenen).
63. Vgl. auch *Grünberg* II S. 49 Anm. 1: „Spener selbst muß es bei der Verlesung dieser Ehrengedächtnisse nicht immer ganz wohl gewesen sein". Grünberg verweist auf eine Passionspredigt, in der Spener erklärt, der Prediger könne nicht immer für die Richtigkeit der Personalien einstehen, denn er „liest der Gemeinde dasjenige auf guten Glauben vor, was ihm die Freunde darreichen, insofern er das Gegenteil nicht gewiß weiß".
64. Die erste gründliche Untersuchung dieser Frage findet sich bei *Rolf Hartmann,* Das Autobiographische in der Basler Leichenrede, Basel u. Stuttgart 1963.
65. „Zu jenem ersten/ nemlich die gedächtnüß der gerechten in dem segen zu erhalten/ ist under andern ein nicht undienliches mittel die gewohnheit der haltenden Leich-predigten bey gottseligen Personen".
66. Vgl. I 122; VIII 81; 305.
67. Vgl. *Grünberg* I 200; II 244 ff; III 262–264.

stätte nicht/ deß Durchleuchtigten Hauses Brandenburg/ darauß viele vornehme und theuer-verdiente Chur- und Fürsten/ von so langen jahren her/ entsprossen/ gantze herstammung zu erzehlen/ oder dessen ursprung umbständlich darzuthun" (III 76). Dennoch entfaltet er eine Genealogie, die acht Seiten umfaßt!

Das Problem der Verbindung von Wahrhaftigkeit und Pietät sucht Spener taktvoll zu lösen. Ab und zu deutet er Schwächen der Verstorbenen an. Das geschieht natürlich nur, indem diese gleichzeitig entschuldigt und die Bemühungen der Verstorbenen um Besserung gewürdigt werden:

„Seine an sich befindende menschliche gebrechen/ erkandte er gern/ und da er mit schnellem zorn etwa übereilet/ so fand er sich nicht nur erinnert/ sondern wo er sich erholen konte/ selbst wieder zu recht/ und liesse sich solches hertzlich leyd seyn" (I 233).

Sogar bei einem Manne wie Samuel v. Pufendorf zögert Spener nicht, an einen kritischen Punkt zu rühren, freilich wiederum in der Absicht, gerade dadurch die Qualität des Verstorbenen als Christen zu würdigen:

„Zu dem trachtete er auch immer in dem guten zuzunehmen/ und an sich zu bessern/ also daß er auch an seiner vor dem einige mal/ ob wol in gerechter sache/ und da er unschuldig angegriffen worden/ gebrauchten hefftigen schreibart selbst ein mißfallen bekam" (VI 224).

Johann Fritzsch, kurze Zeit Prediger an Speners Kirche St. Nikolai zu Berlin, hinterließ seine Personalia mit folgendem Wunsch:

„Umb Gottes Willen bitte ich/ die mich begraben/ daß sie nicht pralerey mit meinem madensack angeben. Man streiche GOttes Gnade herauß/ die mich greulichen sünder auß den banden der höllen/ darinnen ich sehr verstricket war/ erlöset. Mich/ an dem kein gut härlein und stäublein war/ verschone man mit loben" (X 135).

Spener selbst bat in seinen für die eigene Beerdigung verfaßten Personalien, „um Gottes willen … von allen Elogiis und Lobreden abzusehen".[68] Wenn er in vielen Leichenpredigten großzügig lobte, so zahlte er der Sitte einen Tribut, der ihm nicht leicht fiel·

c) Die exemplarische Bedeutung der Lebensläufe

Ein Beispiel möge die paränetische Bedeutung der Sterbeberichte veranschaulichen. Frau Magdalena Sibylla von Schweinitz rühmt Spener als musterhafte Christin (V 148ff). Neun Tage vor ihrem Tode erkrankte sie an der Dysenterie. Es fällt auf, daß die Kranke sogleich mit dem Tode rechnete und „keine Hoffnung/ als der freudigen Heimfahrt zu GOtt" hegte. Da die erst 41jährige glückliche Ehegattin und Mutter war, überraschte eine solche Todeserwartung, die sich als mangelnder

68. *Grünberg* I 365.

Lebenswille deuten ließe[69]. Die Intention des Predigers geht aber dahin, sie als Ausdruck besonderer Frömmigkeit zu werten. Trotz dieser Frömmigkeit blieben der Verstorbenen weder physische noch psychische Schmerzen erspart. Während der Heimsuchung wurde ihre Seele in Geduld gefestigt durch den Glauben an Jesus sowie durch das Gebet der Angehörigen und der bestellten Prediger. An Gebärden und Beifall war zu erkennen, daß sie sich am Gebet beteiligte. Das sichtbare Zeugnis der Sterbenden, welches hier zum Ausdruck kommt, spielt in den Sterbeberichten eine große Rolle. Vor den Augen und Ohren der Umstehenden ereignet sich das selige Sterben, das als Indiz für das selige Leben in der Ewigkeit gilt.

Obwohl die Frau mit dem Leben abgeschlossen hat – wenigstens nach der Darstellung des Lebenslaufes –, unterläßt man keine mögliche medizinische Bemühung. Doch Gott hat „eine bessere Art der Genesung und Hülffe zu gebrauchen beliebet". In der letzten Nacht nimmt die Kranke „in Andacht und Glauben" das Abendmahl, wodurch sie in der Vereinigung mit Christus gestärkt wird· Darauf liegt sie meist still und erwartet „mit auffgeschlagenen Augen/ vielmehr erhabenem Hertzen/ die Stunde ihrer Erlösung". Gegen Morgen begann sie wieder zu reden, „ließ ihren hertzgeliebten Eheherrn zu sich fordern/ und fing da an in grosser krafft und freude das Lob ihres GOttes zu preisen/ mit sehr nachdrücklichen und beweglichen Worten/ darüber die Anwesende in grosse Verwunderung und Hoffnung gesetzet wurden". Darauf bekannte sie ihre Sünden und bat auch Jesus um Vergebung. Schließlich ermahnte sie die Umstehenden einzeln und gemeinsam, „daß sie je samtlich solten GOtt fürchten/ fleissig in der heiligen Schrift forschen /die Welt-Liebe verlassen/ im Glauben und Liebe gegen Gott und Nechsten zunehmen/ und ermunterte sie/ sich in JESU zu freuen: Ach/ habt euch doch hertzlich lieb/ etc.". Es folgen Worte der freudigen Erwartung des Heimganges und der Ausdruck eines euphorischen Befindens. Mit „Hertzensvergnügen" läßt sie sich Freudengesänge (als solcher wird „Wachet auf, ruft uns die Stimme" genannt!) vorsingen. „Umb den Mittag kam nun der längst erwünschte Bräutigam/ und holete die nach ihm sich sehnende Braut/ ihre Seele/ sanfftiglich abe/ da sie unter dem Gebet und Anruffen der Ihren/ im Friede aller Angst und Schmertzen entrissen/ und in das Hochzeit-Haus des Vaters eingeführet".

Dieser Sterbebericht – einer von vielen – schließt mit dem Ausruf, der Paraklese und Paränese zugleich in sich birgt: „Wer so stirbt, der stirbt wohl". Ein solcher Tod dient nicht nur den Angehörigen als

---

69. Spener warnt vor einem Todesverlangen, das lediglich der Notlage entspringt und sich dabei gar noch als fromm vorkommt: V 261, VI 139. Dagegen ist es heilig und gut, wenn es dem Mißfallen an der Sünde entspringt oder dem Wunsch, vom Leiden befreit zu werden, sofern er sich ganz dem Willen Gottes unterwirft (V 261).

Trost, daß die Entschlafene der Seligkeit teilhaftig wurde, sondern ebenso „allen andern/ die so wohl angehöret und gesehen/ als davon vernehmen/ zur Ermunterung Ihrem Heiland auch frühe und bey gesunden tagen rechtschaffen im Glauben zu dienen ... daß zur Stunde ihrer Friedenfahrt der treue GOtt und Heiland einem jeden seiner Schäflein mit Trost Erquickung/ und seliger Freude beystehen/ überwinden und übergehen helffen werde/ wo sie nur beständig den Kampff kämpffen/ und den lauff vollenden".

d) Gemeindeprobleme im Spiegel der Lebensläufe

Franckes Mitstreiter aus Leipzig, Magister Johann Caspar Schade, war im Jahr 1691, dem antipietistischen Druck weichend, nach Berlin gegangen, wo er Diakonus an der Nikolaikirche wurde[70]. Seit 1623 plagten ihn in zunehmendem Maße Skrupel im Blick auf die Beichtpraxis. Sie führten ihn dazu, daß er den Beichtstuhl in einem Aufsatz 1696 als Satansstuhl oder Feuerpfuhl bezeichnete. Entsetzt wies Spener den Freund zurecht. Doch vergeblich. 1697 ersetzte Schade die private durch eine allgemeine Beichte. Dabei kam er, seiner Absicht völlig zuwiderlaufend, einer liberalen Tendenz nach Befreiung vom Beichtzwang entgegen. Schades Position wurde unhaltbar, nachdem er zwei vierzehnjährige Mädchen wegen Lügens auf den entblößten Leib mit Ruten geschlagen hatte[71]. Die durch den Kurfürsten verfügte Versetzung erübrigte sich, da Schade am 25. 7. 1698 starb.

In seiner Leichenpredigt sucht Spener, den Amtsbruder, der ihm viel Kummer bereitet hatte, nach Kräften zu entschuldigen[72]. Dazu benutzt er ausnahmsweise nicht nur den Lebenslauf, sondern auch die „Hauptlehre". Er bescheinigt dem Verstorbenen, dieser sei ein würdiger Diener Gottes gewesen, der sein Amt treu ausübte, die reine Lehre vertrat und ein unsträfliches Leben führte. Ausführlich schildert er die Motive, die Schade zum Beichtstreit trieben. Er stellt klar, daß Schade nicht den Beichtstuhl an sich, sondern den Mißbrauch verwarf, durch welchen Unbußfertige die Absolution erlangen. Spener erklärt, Schades Angriff auf den Beichtstuhl sei in seinem Wortlaut nicht zu halten. Er verweist jedoch (ohne Namensnennung) auf Heinrich Müllers Wort von den vier stummen Tempelgötzen, deswegen der Autor nicht verketzert worden sei.

70. Vgl. *Grünberg* I 330 ff.
71. *Grünberg* aaO 331. Zum ganzen Streit vgl. *K. Aland*, Spener-Studien, Berlin 1943, S. 71–73, und die Dokumente S. 131–146; *Georg Simon*, Der Berliner Beichtstuhlstreit 1697–1698, in: Jahrbuch für Berlin-Brandenburgische Kirchengeschichte 39, 1964, S. 42–88.
72. IX 480 ff.

Schwer fällt es dem Prediger, Schades Diffamierung der Kirche als Babel der Apokalypse zu entschuldigen. Er versichert, dieser Meinung oft mündlich und schriftlich widersprochen zu haben. Dennoch könne man einem im übrigen aufrichtigen Diener Gottes das verzeihen, da es auch andere Kirchenlehrer gäbe, die alles, was in der Welt nicht rechtschaffen und gut ist, zu Babel zählen. Außerdem habe Schade der evangelischen Kirche zugebilligt, „daß sie die reine lehre habe/ und auch noch in derselben eine heilige unsichtbare wahre kirche bleibe/ die zu Babel nicht gehöre" (487). Gemeint sei damit also der Haufen jener, welche nur äußerlich zur Kirche gehören, ohne wahren Glauben und dessen Früchte.

Im Blick auf die Konventikel bekennt Spener, daß er „nicht alle unordnungen und unvorsichtigkeit zu leugnen vermag"[73]. Die damit verbundenen Gerüchte seien allermeist falsch. Man könne nicht alles, was erfolgt sei, Schade zur Last legen. Christlicher sei es, auf die Ursache, die ihn trieb, zu sehen, nämlich die Zartheit seines Gewissens. Zur Entschuldigung des Verstorbenen verweist Spener ferner auf dessen Temperament, das zu Schwermut, Ängstlichkeit und unter Gewissensdruck zu Heftigkeit neigte (489). Außerdem habe er unter dem Einfluß gewisser Leute gestanden, die „das feur bey ihm mehr aufgeblasen" haben und ihn zu Entschlüssen veranlaßten, auf die er von sich aus nicht gekommen wäre. Hier ist an separatistische Pietisten zu denken.

Schades Beerdigung stand unter dem Schatten der Feindschaft, die ihn bis über den Tod hinaus verfolgte:

„Erinnert euch/ wie solcher haß noch in seiner kranckheit gedauret/ und sich mit so viel scheltworten und übeln wünschen heraus gelassen hat/ ja mit seinem tod nicht ersättiget worden ist; indem von ungezogenem und mit grimm erfülltem volck und gesind/ solcher lerm und wuth auff dem kirchhofe den tag vor seiner beerdigung/ und auch solchen abend nach derselben/ verübet worden/ daß sie einen treuen diener Gottes mit worten und der that noch in seinem grab geschmähet/ ihm seine ruhe nicht gegönnet/ und die seinige in dem hauß nicht ruhig gelassen/ ja ihr tumult obrigkeitlichen steurens nöthig gehabt hat" (491, vgl. 484).

Spener schreibt das dem Haß böser Leute zu. Es ist jedoch deutlich, daß die verwerfliche Reaktion der Bürger mit durch die Schuld des Verstorbenen veranlaßt wurde. Spener würde der Gemeinde einen schlechten Dienst erweisen, wenn er sie ausdrücklich durch den Hinweis darauf entlastete. Ihm geht es darum, einerseits die Ehrenrettung des Verstorbenen zu vollziehen, ohne seine Fehler zu verschweigen, andererseits dessen berechtigten seelsorgerlichen Intentionen zur Geltung zu verhelfen. Er ruft die Gemeinde auf, das Gute im Gedächtnis zu behalten, das Unordentliche aber, das Gott schon verziehen hat, zu ver-

---

73. Vgl. *Grünberg* I 333: „Seine Privatversammlungen mit Erwachsenen waren ihm vor dem 24. 9. 1697 verboten worden. Einige Frauen besuchte er so häufig, daß ihre Ehemänner darüber unwillig wurden. Spener war genötigt, ihm Vorhaltungen zu machen, die aber nichts fruchteten".

gessen (489). Dann aber geht er gleichsam zum Gegenangriff über, in den er sich selbst einbezieht:

„Sonderlich aber haben wir auch hertzlich und bußfertig zu erkennen/ worinnen wir uns bißher an ihm versündigt haben. Ich darff mich hie nicht aus nehmen/ denn ob mir wol mein gewissen zeugnus giebet/ daß ihn von hertzen biß daher geliebet/ und zwar manches/ darüber auch mit ihm leiden müssen/ mit mißfallen angesehen … so muß doch beklagen/ daß ich seinen scrupeln/ die er in seiner angst bey mir zuweilen anfangs ausgeschüttet hat/ nicht gnug zu thun/ und sein gewissen völlig überzeugen vermocht noch damahl zu rechter zeit/ weil ich mich dergleichen weitern ausbruchs nicht versehen/ mit gnugsamer vorsichtigkeit und sorgfalt ihm begegnet bin.“

Scharf geht er sodann mit Schades Anhängern ins Gericht. Er wirft ihnen Personenkult[74] und Verachtung der übrigen Prediger vor, wodurch die Gefahr der Spaltung heraufbeschworen wurde. Damit hätten sie dem seligen Mann Haß zugezogen, die Feinde gereizt und die Frommen betrübt. Spener beschuldigt die Radikalen, das Feuer bei Schade geschürt und ihn zu Entschlüssen getrieben zu haben, die er von sich aus nicht vollzogen hätte (s. o.). Er beruft sich auf Schades Klage, seine Anhänger ließen ihm keine Ruhe und brächten ihn noch aus der Stadt heraus. Diese Sünde sollen sie erkennen und über sich selbst statt über die Feinde des Verstorbenen murren.

Erst jetzt redet er letzteren ins Gewissen, die dem Verstorbenen seine ernsten Bußpredigten verübelten oder auf Verleumdung hin ihn haßten. Die ganze Gemeinde wird aufgerufen, deswegen Buße zu tun. Buße aber ist im Sinne des Verstorbenen nicht ein äußerlicher Akt, sondern sie greift das Herz und die Sünde in demselben an (493). Das konventionelle kirchliche Leben genügt nicht· Der Glaube ist eine kräftige Wirkung des heiligen Geistes, durch welchen man die Gnade und seinen Jesus ganz ergreift, der aber auch sobald das Herz ändert und das Leben mit seinen Früchten erfüllt, ohne die der wahre Glaube nicht sein kann. Indem der Prediger so das geistliche Testament des Verstorbenen übernimmt, wird die Ehrenrettung zur Bußpredigt, mit der die Leichenpredigt schließt.

Ein ähnliches Dokument liegt im Lebenslauf des Diakonus Johann Augustin Lietzheimer (1653–1684) vor. Speners Schwager Horb, ein Pietist mit radikaler Tendenz, hielt die Leichenpredigt. Da Spener sie im 2. Teil abdruckt[75], scheint er sie für wertvoll gehalten zu haben.

Im Alter von 22 Jahren wurde Lietzheimer Dorfpfarrer mit einer so erbärmlichen Besoldung, daß er „in theuren Jahren kaum das brod und leibes-decke kauffen können zur nothdurfft"[76]. Niemand hörte ihn deswegen murren.

---

74. AaO 490: „Euer anhang an demselben wurde je länger je unordentlicher … da ihr hättet wissen und erkennen sollen/ daß Gott dem HErrn selbs eine allzustarcke anhängigkeit an eine person/ wer sie auch wäre/ zuwider ist“.
75. S. 451–510.
76. II 497. Die schlechte Besoldung der Lehrer beklagt *Spener* IX 118.

„Doch wünschte er sich zuweilen nur die tröpfflein weins oder gutes bröcklein/ so von des Reichen tische gefallen/ oder offt so gar unnützlich verschwendet werden/ zur blossen erquickung seines schwachen leibs/ und stärckung des blöden magens."

Selbstkritisch äußerte Lietzheimer, er sei in den ersten Amtsjahren zu gesetzlich gewesen. Damit habe er Heuchler gemacht, aber wenig Leute bekehrt. Vielmehr nahm das gottlose Leben zu und dem Prediger erwuchs solche Feindschaft, „daß ihm einige den todt geschworen haben/ und ihm auch wircklich nach dem Leben gestanden"! Besonders erregte er dadurch Anstoß, daß er nicht jeden zum Abendmahl zuließ[77]. Weiterhin entbrannte der Kampf an der Entheiligung des Sonntags. Vorsichtig kritisiert der Prediger an diesem Punkt die Haltung des Verstorbenen. Er hätte, wenn er die Sonntagsheiligung nicht mit Hilfe der Obrigkeit durchsetzen konnte, sich an diejenigen wenden sollen, „bey welchen er noch einige lieb ihrer seelen und des wahren Christenthums gespüret" (499). Es sei besser, ihnen den geistlichen Sinn des Sonntags klarzumachen, als mit Gewalt vorzugehen· Die Erfahrung zeigte, daß die Leute, wenn sie gezwungen werden, sonntags nicht zu kaufen und zu verkaufen, spielen, saufen und tanzen, dann zu Hause umsomehr mit Fluchen und Schwören, Verdruß und Müßigang sündigen (500). „Ach der HERR gebe doch allen unseren Evangelischen Predigern die klugheit der gerechten, daß sie nichts mit unbescheidenem eyffer erzwingen/ sondern auff die innere erbauung hauptsächlich sehen/ daß die gemüther zu einem rechtschaffenen Christenthum gebracht werden/ und dann von sich selbst alle beklagende unordnung fallen lassen/ hingegen der obrigkeit oder den Consistoriis die verantwortung geduldig überlassen/ wann sie ihrer selbst/ dero authorität/ und der Kirchen erbauung nicht recht wahrnehmen."

Wie Spener sucht Horb die Schuld keineswegs nur bei der Gemeinde. Der Blick für das eigene Versagen, den man bei Carpzov vergeblich sucht, ist eine Stärke der pietistischen Prediger. Wiederholt erwähnt Horb, daß Lietzheimer durch Speners Schriften von der Gesetzes- zur Evangeliumspredigt geführt wurde. Im Sinne Speners hat Lietzheimer mehr Wert darauf gelegt, die bereits erlangten Güter als die künftige Herrlichkeit zu betonen (501). Von Speners Geist zeugt auch, daß der Verstorbene auf seinem Sterbebett befahl, man solle nicht sein Christentum rühmen, sondern allein melden, „daß er der fürnehmste sünder/ und ein wahrhafftiges exempel der Göttlichen geduld und langmuth gewesen/ dessen sich alle die getrösten sollen/ welchen der HERR die sünden ihrer jugend zu erkennen gibet" (502). Der letzte Wille des Verstorbenen wirkt damit als seelsorgerlicher Zuspruch. Horb nimmt

---

77. Man warf Lietzheimer vor, er habe damit „gleichsam einen Schultzen im dorff abgegeben" (498). Seine schriftliche Begründung der Kirchenzucht, die im Nachlaß gefunden wurde, trägt der Prediger ausführlich vor.

die Gelegenheit wahr, die pharisäischen Heuchelchristen der Gemeinde anzugreifen, die ihrem Pfarrer nicht folgen, indem sie „die Leichen-Predigten zu Lügen-predigten machen/ ihre und der ihrigen sünden wollen verschwiegen haben/ ja umbs geld oder ihres ansehens willen verlangen/ daß die/ so sich wie die schwein im unflath der sünden geweltzet/ und sich nicht von hertzen bekehret/ man auch an ihnen einiges gewisses zeugnüß einer wahren bekehrung nicht wahrgenommen/ nach dem todt soll selig preisen" (503).

Lietzheimer starb an einer Infektion, die er sich bei der Pflege kranker, aus dem Türkenkrieg heimgekehrter Soldaten zugezogen hatte. Der ausführliche und intime Sterbebericht enthält viele, z. T. lange Aussprüche des Sterbenden. Zwei Ausschnitte verdienen besondere Erwähnung. Lietzheimer bedauert einmal, nicht einen einzigen Menschen nennen zu können, den er von der Welt zu Gott bekehrt habe. Darauf sprach ihm eine Magd zu, er solle sich deswegen nicht bekümmern, Gott werde wissen, was er durch sein Wort ausgerichtet habe (507). Darauf lächelt der Sterbende und sagt: „Was hab ich erlebt/ daß mir eine arme Dienst-magd ein geistlicher Priester wird/ und mir zuspricht".

Beim Empfang des Abendmahls bittet Lietzheimer Gott um die Gabe, einen Vorschmack der himmlischen Freude zu genießen. Sie wurde ihm zeitlebens nicht zuteil, von einigen Andeutungen während mancher Predigten abgesehen. Horb schildert, wie diese Bitte kurz vor dem Ende erfüllt wurde:

„Als es nun fast zum ende ging/ gab ihm GOtt die grosse barmhertzigkeit/ daß er den Himmel offen sahe/ und die cron erblickte/ welche ihm GOtt bereitet hatte. O welch ein wechsel/ O HErr JESU/ welch ein herrlicher wechsel ist da/ schrye er überlaut: Cronen/ cronen/ herrlichkeit/ ehre schöne! Ich sehe die Herrlichkeit GOttes; wol denen/ die die erscheinung JESU liebhaben. Ich habe es mein lebtag nie gesehen/ jetzt aber zeigt mirs GOTT" (508).

Dieser Sterbebericht zeigt wie der ganze Lebenslauf, daß die „Personalia" im Dienst der Verkündigung stehen. Leben und Sterben des Entschlafenen werden Anspruch und Zuspruch an die Gemeinde, Ruf zur Buße und zur Nachfolge.

In Speners späteren Leichenpredigten finden sich gelegentlich Spuren der Wirksamkeit Schades. Eine junge Frau, die er 1701 beerdigte, hatte in Schades Predigt erkannt, „daß der natürliche mensch so fromm er auch äusserlich scheine, doch nicht geschickt sey in das reich Gottes einzugehen"[78]. Nachdem sie tage- und nächtelang um die Bekehrung gerungen hatte, wurde in ihr eine neue Natur gewirkt und sie mit solcher Freude erfüllt, daß sie in lauter Loben und Danken einherging und meinte, alle Leute müßten mit ihr den Herrn preisen. Da sie einen solchen Schatz nicht zu tragen vermochte (so deutete es ihr geistlicher

78. XI 298.

Vater, in dem sicher Schade zu erblicken ist), entzog Gott ihr die Freude bald wieder, so daß sie ein Vierteljahr mit der Verzweiflung kämpfte.

Bei einer anderen Beerdigung im gleichen Jahr erwähnt Spener, daß die Verstorbene lange an Zweifeln litt, bis sie „auff einmal aller Zweif- fels-knoten befreyet worden/ auff den unbetrieglichen weg der selig- keit Christum hurtig einhergegangen" (XI 417). Das verdankt sie, wie Spener diesmal ausdrücklich feststellt, „dem theuren werckzeuge GOt- tes/ dem sel. Herrn Magister Schaden".[79]

Auch die Verbindung nach Halle wird sichtbar. Der junge Theologe Samuel Elardus erfuhr in Halle, „daß in Christo JEsu nichts als eine neue creatur gelte/ wir durch die enge Pforte der busse eingehen/ und Christus durch den glauben in unsern hertzen wohnen müste" (XI 484). Der Theologiestudent, der offenbar vorher schon ein frommer Mann war, ließ es sich nun „ein ernst seyn von dem üppigen hoffärtigen freyen welt-wesen außzugehen/ hingegen in und zu GOtt einzudrin- gen".

Im Rahmen dieser Arbeit ist es nicht möglich, das für die Geschichte der Frömmigkeit interessante Material weiter auszubreiten. Erwähnt sei nur noch eine testamentarische Verfügung, in welcher ein Vater seine Kinder ermahnt, wöchentlich eine Leichenpredigt zu lesen:

„Dieweil die tägliche betrachtung des todes viel gutes schaffen kan/ und ein kräfftiges mittel ist/ sich vor sünden zu hüten/ und wann das stündlein kommt/ desto freudiger zu sterben/ und sich seinem GOtt zu ergeben: So kan euch darzu nützlich seyn/ wann ihr etwan wochentlich auff einen gewissen tag eine Leichpredigt/ darzu ihr dann in meiner Bibliothec gute gelegenheit findet/ lesen woltet. Ich habe dergleichen getan/ und viel trosts und muths darbey befunden: Wer stirbet/ ehe er stirbt/ der stirbt nicht/ wann er stirbt".[80]

Wir müssen darauf verzichten, die kulturgeschichtlich bemerkenswer- ten Notizen zu verarbeiten[81]. Das liegt im Sinne Speners, dem die Kon- zentration auf das seelsorgerliche Wesentliche am Herzen lag. Die Ein- blicke in seine Leichenpredigten mögen gezeigt haben, daß er sich darin als Seelsorger und Prediger von bedeutendem Rang erwiesen hat.

79. Spener fährt fort: „dessen namen zum öffteren zu gedencken wir uns in unserer gemeinde nicht zu schämen/ sondern vielmehr zum ruhm und preiß GOttes uns zu rühmen und im segen allezeit zu behalten haben/ wie dann auch bey allen denen/ die die wahrheit erkennen/ des seligen mannes gedächtnüß in ehren und im segen bleibet". Diese Apologie zeigt, daß Schades Gedächtnis vier Jahre nach seinem Tode noch recht umstritten war.

80. III 40; aus dem Testament des Lic. jur. Achilles Uffenbach in Frankfurt/Main, verfaßt 1671.

81. Als Kuriosität erscheint es dem heutigen Leser, daß 1650 ein Jüngling aus Berlin nach Halle geschickt wurde, um dort die reine deutsche Sprache zu lernen! (IX 144). Zweimal fand ich den Hinweis, daß evangelische Jugendliche bei Jesuiten die Schule besuchten: VIII 335; X 92. Von einem Sohn jüdischer Eltern wird berich- tet, daß man ihn im Alter von 9 Monaten gewaltsam seiner Mutter entriß, da sein Vater mit den Kindern konvertieren wollte. (II 227) Er studierte später Theologie und hielt als Student eine hebräische Rede über die Schöpfung (278). Von einem andern Theologiestudenten hören wir, daß er im Sterben Gewissenspein litt, weil er zu viel Zeit mit rabbinischen und philologischen Studien verbracht zu haben meinte (IX 78).

Speners Leichenpredigten weisen in formaler Hinsicht gegegenüber der orthodoxen Predigt Vorzüge auf. Die störende Häufung von Zitaten und Beispielen fehlt. Die Exegese bewegt sich auf beachtlichem Niveau und wird dem homiletischen Ziel besser als bei Carpzov untergeordnet.

Andererseits bleibt Spener gerade in der Form weitgehend dem Erbe der orthodoxen Homiletik verhaftet. Er behält das doppelte Exordium ebenso bei wie die Trennung von Explicatio und Applicatio. Letztere folgt als „Hauptlehre" der Auslegung. Auch die übermäßige Länge der Predigten überwindet Spener nicht·

Inhaltlich zeichnen Speners Leichenpredigten sich durch eine starke Konzentration auf das seelsorgerlich Relevante aus. Dabei stehen zwei Themenkreise im Mitelpunkt, die mit den Begriffen Seligkeit und Heiligung beschrieben werden können. Spener betont, daß der Christ im Glauben die Seligkeit schon in diesem Leben hat. Damit durchbricht er das Schema „Irdisches Jammertal – himmlischer Freudensaal". Das Heil ist im Glauben gegenwärtig und erfahrbar. Der Glaube aber führt zur Heiligung und wird durch sie als echt legitimiert. In ihr vollzieht sich die Vorbereitung auf das selige Sterben.

Die Lebensläufe behält Spener nach dem vorgegebenen Schema bei. Wie die orthodoxen Prediger legt er Wert auf ihren paränetischen Sinn, der sich aus dem beispielhaften Charakter christlichen Lebens und Sterbens ergibt.

Exkurs III: Kritik an der Leichenpredigt im 16. und 17. Jahrhundert

In den Kirchenordnungen sowie bei Heinrich Müller und Spener wurde bereits deutlich, daß verantwortliche Theologen die Gefahr der Leichenpredigten erkannten und ihr zu begegnen suchten. Männer mit offenem Blick für die Schäden ihrer Zeit konnten den Mißbrauch nicht übersehen, welchem die Predigt angesichts von Tod und Ewigkeit nicht selten ausgesetzt war. Man darf sagen, daß der kritische Sinn dafür im 16· und 17. Jahrhundert kaum geringer war als in unserer Zeit. Freilich war die Versuchung zum unwahrhaftigen Menschenruhm bedeutend größer als in der Gegenwart. Dabei fällt nicht nur die barocke Tendenz zur Übertreibung ins Gewicht, sondern vor allem die soziale Frage. Man bedenke, wie stark viele Prediger von den Angehörigen derer, die sie zu beerdigen hatten, materiell abhängig waren. Die finanzielle Notlage, in der viele von ihnen sich mit ihren Familien befanden, drängte sie oft zu Kompromissen. So überrascht es nicht, daß Angriffe auf den Mißbrauch der Leichenpredigten fast immer einen sozialkritischen Aspekt implizieren.

Aus dem 16. Jahrhundert wurden mir zwei Parodien auf die Leichenpredigt bekannt, denen jeweils die Geschichte vom reichen Mann und armen Lazarus zugrunde lag. W. Diehl berichtet über eine solche Schrift aus dem Jahre 1581.[1] Der Autor projiziert die Beerdigung des Lazarus in seine Zeit. Er schildert, wie man den Leib in einen herrlichen Sarg tat, ihn feierlich unter großem Geleit zu Grabe führte, wo man jämmerlich weinte und laut sang. „Da hat der Herr Süßmann und Leisetreter eine stattliche Leichenpredigt getan/ und im so viel guts nachgeredt/ das/ wenn er im Leben das zehende theil hette thun sollen/ sein Hertze im Leib im zu tausent stücken gesprungen were/ dennoch hat Gott/ der es viel anders gewust/ und die lieben heiligen Engel/ die es viel anders gesehen/ solche Lügen dulden und leiden müssen".[2] Der finanzielle Pferdefuß zeigt sich daran, daß der „Suppenprediger" ein stattliches Geschenk erhielt. Am Ende stand freilich Gottes Strafe für den untreuen Prediger.

Ein ähnliches Motiv findet sich in *Georg Rollenhagens* Satire aus dem Jahre 1591.[3] Der Autor, Rektor in Magdeburg, fügte diese Predigt seiner Komödie „Vom reichen Mann und armen Lazarus" ein, die eine Art Verkündigungsspiel darstellte. Rollenhagen legt die Predigt einem Leviten, der oft an der Tafel des Reichen gegessen hatte, in den Mund. Der Levit, ein Pharisäer, ist davon überzeugt, daß der Reiche, der hier Porphyrius heißt, weder fromm lebte noch selig starb. Als ein Bruder des Verstorbenen die Beerdigung bestellt, sagt er deshalb:

„Ein Leichenpredigt aber zu thun ist schwer,
ihr wißt, wie er starb, lieber Herr,
und wie wüst er sein Leben führt,
wie er mehr prangt, denn sichs gebührt,
wie in die Kirch er selten kam,
sich der Armen nicht annahm,
und was der Laster sind noch mehr."

Der Bruder widerspricht nicht, stellt aber eine gute Belohnung in Aussicht. Sofort lenkt der Levit ein:

„. . . ich will den Sachen denken nach,
daß ichs dem Geschlecht zu Ehren mach."

Nachdem der Bruder den Geistlichen ermahnt hat, vor allem den Toten nicht zu schelten, versichert dieser:

„Ich will alles wohl machen recht.
Ich hab viel Guts von eurem Geschlecht."

Der gewissenlose Opportunismus des Leviten, dem alles allein um die Bezahlung geht, wird also kräftig hervorgehoben. Die Predigt erfüllt,

---

1. W. *Diehl*, Michael Eichlers Kampf gegen die Leichenpredigten des Herrn „Süßmann und Leisetreter" (1581) in: Monatsschrift für Gottesdienst und kirchliche Kunst 1918, S. 33–37.
2. *Diehl* aaO S. 87.
3. In: Neue Kirchliche Zeitschrift 3, 1892, S. 989–1008.

was der Auftraggeber von ihr erwartete. Zunächst schwelgt der Prediger im Ausmalen der Trauer und des Verlustes, den der Tod des Reichen bedeute. Der geschwollene Ausdruck wirkt schon im Jahre 1591 barock:

„Nachdem ich aber das Elend, traurige klägliche Spectakel des herrlichen Begräbnisses, eure hochbetrübten niedergeschlagenen Angesichter und eines jeden ängstliches Seufzen seines Herzens von diesem Ort wahrgenommen und erkannt und darüber den unverhofften plötzlichen Todesfall des Edlen, Ehrnvesten, Hochgelobten seligen Herrn Porphyrii je mehr und mehr betrachtet und mir zu Gemüte gezogen, bin ich nicht unbillig als ein Mensch und als sein und seiner Bekannten Freund dermaßen betrübt und erschrocken, daß mir nicht allein meine Glieder zittern und meine vorigen Gedanken mir entlaufen, sondern zugleich all mein Gedächtnis und Mut so gar entfallen sind, daß ich meines aufquellenden Herzens sehnliches Seufzen nicht stillen, meiner Augen heißen Thränen nicht wehren, meine stammelnde schwere Zunge nicht zwingen und also meiner Predigt keinen wohlbedächtigen Anfang machen kann."

Der Tod des Reichen wird als ein zweiter Tod des weitberühmten, allweisen etc. Salomo beklagt. Der Prediger führt die Abstammung des Verstorbenen auf die Makkabäer zurück. Seine Eltern ließen ihm nicht den eigenen Willen („wie jetzt die Eltern mit ihren Kindern zu thun pflegen"), sondern bildeten ihn gründlich mit dem Resultat, daß er an Gottesfurcht, Weisheit, Tugend und Sprachkenntnissen so zunahm, daß seinesgleichen wenige gefunden werden. Als Erwachsener bewies Porphyrius seine Tugend darin, daß er „seine stattliche Erbschaft nicht allein erhalten, sondern auch reichlich vermehren konnte". Die bürgerliche Tüchtigkeit wird, wie es in so vielen Leichenpredigten tatsächlich geschah und geschieht, unter der Hand zur geistlichen Tugend. Das wird unterstrichen durch Seitenhiebe gegen „untaugliche Pflastertreter, verdorbene und am Glück verzweifelte Karten- und Weinjunker". Den Ertrag der Geschäftstüchtigkeit wertet der Prediger unbeschwert als göttlichen Segen. Er behauptet, der „selige Porphyrius" habe nicht an seinem Reichtum gehangen und weist auf die vielen reichen Opfer hin, die er dem Tempel stiftete. Die Gelehrten lud er oft zu Gast, versäumte aber auch seinen eigenen Leib nicht. Auch die Vorliebe für gutes Essen dient also dem Lob des Verstorbenen, da sie beweist, daß er kein Geizhals war.

Besonders scharf wird die Ironie, als der Prediger die Speisung der Armen rühmt. Die armen Leute waren gewöhnt, vor seiner Tür zu liegen. „So hat man auch neulich den bekannten, siechen, elenden Lazarum für tot von seiner Thür wegtragen müssen." Der Ruhm des barmherzigen Reichen gipfelt in einem Satz, den Rollenhagen mancher Leichenpredigt wörtlich entnehmen konnte:

„Also ist unser seliger Porphyrius nicht allein Mirabilia mundi und ein Wunderwerk Gottes in der Welt gewesen mit seiner Gottesfurcht, Weisheit und großem Gut, sondern deliciae generis humani, ein Trost, Freude und Wonne des Menschengeschlechts."

Im Sterbebericht parodiert Rollenhagen den Mißbrauch der letzten

Worte und des Abendmahls, indem er die „lieblichen Reden" schildert, welche der Reiche bei seinem letzten Abendmahl führte· Die Nörgelei des Reichen über Schule und Obrigkeit wird gelobt, besonders aber die Kritik hervorgehoben, daß letztere dem Bettelunwesen nicht Einhalt gebiete. Porphyrius erscheint als Hüter der moralischen Ordnung: „Insonderheit ist er mit den neuen Mustern der leichtfertigen Kleidung an Mannes- und Weibspersonen nicht friedlich gewesen." Persifliert Rollenhagen hier einen spießerhaften Konservatismus? Vielleicht will er nur die Heuchelei eines Mannes brandmarken, der sich selber „mit Purpur und köstlicher Leinwand" kleidete (Lk. 16, 19). Der Schilderung des „seligen Sterbens" folgt die Seligpreisung: „so ist, sag ich, kein Zweifel, daß er, unser seliger Porphyrius, von wegen seiner Gottesfurcht, Opfer, Tugend und Wohltat gegen die Menschen in Abrahams Schoß seine gewünschte Ruhe und ewige Freude haben wird."

Rollenhagen läßt sich die Gelegenheit nicht entgehen, schließlich noch einen Hieb gegen die Interpretation der letzten Gebärden zu führen. In vielen Leichenpredigten wurde irgendeine Geste als Beweis für das selige Sterben gedeutet. So erklärt der Levit, Porphyrius habe zuletzt das linke Auge geöffnet und damit gewinkt, als er ihm zurief, er sollte ein Zeichen von sich geben, wenn er wie ein Kind Abrahams sterben wollte. Daraus zieht er den Schluß: „Ist ihm demnach für seine Person kein Leid, sondern grosses unaussprechliches Glück und Herrlichkeit widerfahren, unterdessen aber ist uns, die wir noch überblieben und von ihm hinterlassen worden, allen sämtlich groß Unglück und Herzeleid zugestanden."

Dieser Parodie, der es an Deutlichkeit nicht fehlt, liegt weniger eine Leichenpredigt, als vielmehr ein Lebenslauf zugrunde. Da die Personalia aber, wie mehrfach betont wurde, eng mit der Predigt verbunden sind – zumal im 16. Jahrhundert – trifft Rollenhagens Parodie ins Schwarze, da sie die wundesten Punkte der Leichenpredigt beim Namen nennt.

Die Kombination der theologischen und sozialen Probleme, welche die Leichenpredigt belastet, findet auch im 17. Jahrhundert Beachtung. Zwei Vertreter der Reformorthodoxie mögen das belegen. Im 12. Kapitel seiner „Wächterstimme" geht *Großgebauer* scharf mit der sozialen Ungerechtigkeit ins Gericht, deren die Kirche sich bis in die Praxis der Beerdigung hinein schuldig macht. „Wenn ein Richter stirbt/ so muß er haben seine Leichenpredigt/ seine Lobschriften/ seinen Nachklang. Wenn aber der Arme stirbt/ ob er gleich ist ein guter Streiter Jesu Christi gewesen ... dessen ist vergessen/ dem ist genug/ daß er ein klein örtlein auff dem Kirchhoff finde/ da seine Gebeine liegen. Die Glocken klingen sachte/ die Leichenpredigt bleibet auß/ die Lobschrifft ist nirgend zu finden." *Großgebauer* wendet sich gegen das Rühmen

ehemaliger Offiziere und Generäle und beklagt, daß solchen „Blut-
stürzern" nachgepredigt wird: „Ich habe einen guten Kampff ge-
kämpft." Der Degen, mit dem sie die gleich ihnen getauften Brüder in
das Herz gestochen haben, wird noch halb blutend fein hoch über das
Grab genagelt. Eindrücklich beschreibt Großgebauer die verheerenden
Folgen der leichtfertigen Seligpreisung an den Gräbern. Da jeder das
Zeugnis erhält, er sei selig gestorben, wird die Predigt unglaubwürdig.
Einerseits predigt man, es gebe nichts Schwereres, als den guten Kampf
zu kämpfen, den schmalen Weg zu gehen etc. Andererseits „sterben
gleichwol die Leute alle selig/ sie sind alle selig entschlaffen/ wofern
sie nur etlicher massen ein erbar bürgerlich-heydnisches Leben geführet/
und in ihren letzten das Nachtmahl empfangen haben". Es ist danach
nicht einzusehen, weshalb der Mensch sich um ein heiliges Leben mühen
soll. Die Folge ist ein katastrophales Ausbreiten der Gottlosigkeit·

Ähnlich wie Rollenhagen verwirft Großgebauer die Überinterpreta-
tion der letzten Worte und Gebärden. „Wir können die waare Gottseligkeit abnehmen nicht an einigen absonderlichen Seufftzern/ oder
Worten oder dem Gebrauch deß Nachtmahls/ und dergleichen." Von
der Möglichkeit einer Bekehrung auf dem Totenbett hält er sehr wenig,
ja er betont ausdrücklich, daß die Kirchenväter einer solchen keine
Heilsgewißheit zubilligen. Daher muß der Prediger das dem Tod vor-
hergegangene Leben einbeziehen, wenn er Kriterien über Seligkeit oder
Verderben sucht. An einem „beständigen Gottseligen Leben und Wandel" ist die wahre Gottseligkeit zu erkennen. Großgebauer bleibt also
im Bereich des Empirischen, menschlicher Kontrolle Zugänglichen. Er
weitet lediglich die Basis zeitlich aus und gewinnt damit in juristischem
Sinne zuverlässigere Indizien. Zweifellos leiten ihn dabei brennende
seelsorgerliche Probleme. Die Gefährdung des christozentrisch verstan-
denen Rechtfertigungsglaubens, der die reformatorische Frömmigkeit
angesichts des Todes bestimmte, ist jedoch nicht zu übersehen. Der Blick
auf die Werke droht von Christus abzulenken. Natürlich ist das nicht
Großgebauers Absicht. Sein Fehler besteht darin, daß er den Ansatz
der von ihm kritisierten Praxis übernimmt, in welcher die Heilsgewißheit aus äußeren Kriterien abgeleitet wird.

Heinrich Müller[4] erhebt wie die vorher Genannten den Vorwurf,
Habgier führe dazu, daß in den Leichenpredigten die Wahrheit ver-
fälscht werde. Seine Kritik kreist um das Wortspiel: „Leichenpredig-
ten/ leichte Predigten." Er möchte es umkehren und sagen: „Leichenpredigten schwere Predigten", schwer nicht angesichts der damit gege-
benen Verantwortung, sondern da sie Hand und Beutel mit Gold und
Silber beschweren![5] Auf den rhetorischen Einwand, das seien liebliche

---

4. Geistliche Erquickstunden III c. 27, vgl. ob. S. 202.
5. Weiter unten schreibt er: „Dem Geld hältestu Leichenpredigten/ und nicht den
Menschen. Kupffern Geld/ kupffern seelmessen. Mit einem Wort: wären unter den

Beschwerden, läßt Müller seine Klage über den Leichtsinn folgen, durch den der Prediger zum Lügner und falschen Zeugen wird. Aus Finsternis macht er Licht, aus Lastern Tugenden. Damit setzt er den Teufel auf Gottes Stuhl. „Der Todte muß gerümet seyn/ wär er gleich ein Außzug aller Laster in seinem Leben gewesen; sein Geitz muß Sparsamkeit/ sein fleischlicher Zorn ein göttlicher Eyfer/ seyne Unfläterey Kurtzweil hei-ßen." Auch Müller prangert die Bevorzugung der Reichen an, indem er auf die Mahnung des Jakobus hinweist. Wie Großgebauer erinnert er daran, daß die Unwahrhaftigkeit der Leichenpredigt zur praktischen Gottlosigkeit führt:

„Wer wollte böses meiden/ wann es in gutes kan verwandelt wer-den/ und ruhm bringen nach dem todte?" Müller wünscht, es sollten nur diejenigen Leichenpredigten erhalten, die sie durch ein christliches Leben verdient haben und als Muster der Barmherzigkeit und Geduld dienen können. Damit bleibt Müller, ähnlich wie Großgebauer, im anthropozentrischen Ansatz befangen. Der reformatorischen Intention ist die Frage, ob jemand eine Leichenpredigt verdient hat, nicht gemäß. Es ist auch nicht danach zu urteilen, ob ein Leben exemplarischen Wert besaß. Abgesehen davon, daß die Maßstäbe dafür relativ sind, wider-spricht die Fragestellung dem Auftrag der Verkündigung, der unab-hängig von der Qualität der Verstorbenen gegeben ist.

Den Zeugnissen aus dem lutherischen Lager sei eins von katholischer Seite beigefügt. *Jean de la Bruyère*, ein katholischer Schriftsteller aus der zweiten Hälfte des 17. Jahrhunderts, der mit dem auch durch Lei-chenpredigten berühmten Bossuet bekannt war, schreibt in seiner Sit-tenkritik:[6]

„Sollte es wirklich genügen, daß man zu den Großen und Mächtigen dieser Welt gehört hat, um des Lobes würdig oder unwürdig zu sein und angesichts des heiligen Altars und auf der Kanzel der Wahrheit, bei seinem Leichenbegängnis gepriesen und gefeiert zu werden? Gibt es denn keine andere Größe als die des Ansehens oder der Geburt?... Was man Leichenrede nennt, wird heutzutage von den meisten Zuhö-rern nur dann günstig aufgenommen, wenn sie sich möglichst weit von der christlichen Predigt entfernt oder, wenn man lieber will, einer weltlichen Lobrede gleicht."

Verschiedene Länder und Konfessionen, aber gleiche Probleme! Ent-stellung der Wahrheit angesichts von Kanzel und Altar, Ansehen der Person, falsches Zeugnis, das zur Gottlosigkeit verführt – die Vor-würfe sind hart. Es wäre leicht, weitere Belege für solche Kritik anzu-

---

Geistlichen keine Geitzlinge/ würde man der Leich- und Lügenpredigten so viel nicht haben".

6. Die Charaktere oder die Sitten des Jahrhunderts, übertr. und hg. von *G. Hess*, Leipz. o. J., S. 379 f.

führen[7]. Sie beweisen, daß es nicht an Männern fehlte, die mit wachen Sinnen, scharfem Blick und mitunter auch spitzer Zunge die Schäden ihrer Zeit erkannten und bekämpften. Daß diese Urteile nicht verallgemeinert werden dürfen, haben unsere Ausschnitte aus der Geschichte der Leichenpredigt erwiesen.

Thesen

1. Die Gattung der Leichenpredigt stellt ein wenig erforschtes, aber in vieler Hinsicht interessantes Phänomen der Predigtgeschichte dar. Ihre Untersuchung gewährt Einblick in die Geschichte der homiletischen Methode wie der Theologie und Frömmigkeit, der diese Methoden entstammen und dienten.

2. Die Blütezeit der Leichenpredigt liegt im 17. Jahrhundert. Ihre Erforschung trägt daher Wesentliches zur Kenntnis der Predigt- und Frömmigkeitsgeschichte der lutherischen Orthodoxie bei.

3. Die vorreformatorische Leichenpredigt ist anthropozentrisch bestimmt. In der Alten Kirche tritt die Leichenrede das Erbe der antiken Laudatio funebris an, bei der die verstorbene Person im Mittelpunkt steht, wenn auch die paränetische Anrede der Gemeinde nicht fehlt. Im Mittelalter tritt die Laudatio zurück. Dafür rückt die cura pro mortuis in den Vordergrund.

4. Luthers Leichenpredigt ist christozentrisch geprägt. Er lenkt den Blick von Tod und Verwesung auf Christus. Die Verkündigung am Grabe unterscheidet sich formal und inhaltlich nicht von der sonstigen Predigt. Sie ersetzt die aus theologischen Gründen aufgegebene Totenmesse.

5. Die lutherische Leichenpredigt des 16. Jahrhunderts ist konzentriert biblische Verkündigung. Biographische Notizen fehlen fast völlig. Doch macht schon Mathesius sich den Satz „De mortuis nihil nisi bene" zu eigen und gibt ihm eine christologische Begründung.

6. Im Laufe des 17. Jahrhunderts wird der Lebenslauf zum integrie-

---

7. 1720 veröffentlichte der Jurist Georg Paul *Hönn* sein „Kurtzeingerichtetes Betrugslexikon, worinnen die meisten Betrügereyen in allen Ständen nebst denen darwider mehrentheils dienenden guten Mitteln entdecket werden" (gekürzt 1958 bei Rütten & Loening, Berlin, erschienen). Als Betrug der Leichenprediger rügt Hönn es, „wenn sie den Todten um und über die Gebühr loben, und die Laster an ihm zu Tugenden machen" (S. 102). Ähnliches wirft er den Verfassern der Lebensläufe vor. Die Anspielung auf die Gebühr zeigt wieder, welch unheilvolle Rolle das finanzielle Motiv spielte. Originell ist Hönns Mittel der Abhilfe: „Obrigkeitliches Verbot aller übermäßigen Lobes-Sprüche in Leichen-Predigten, mit dem angefügten und zu vielem Guten abzielenden Befehl, *daß man auch die Laster derer Verstorbenen* darinnen, zu genauerer Untersuchung der Wege GOttes in Bekehrung der Menschen, *nicht verschweige"*. Die Lebensläufe sollen einer scharfen Zensur unterliegen, als Autor wird jeweils der Beichtvater empfohlen. Der pietistische Einfluß auf Hönn – er wurde durch A. H. Francke angeregt – ist unverkennbar.

renden Bestandteil der Leichenpredigt. Seine Wurzel liegt in der Beschreibung des seligen Sterbens, das der Gemeinde als Beispiel vor Augen gestellt wird und als Indizium dafür gilt, daß die verstorbene Person des ewigen Lebens teilhaftig wurde. Es dominiert somit die seelsorgerliche Intention.

7. Die Verkündigung von den letzten Dingen und die Vorbereitung auf den Tod in Rechtfertigung und Heiligung waren seit der Reformation Hauptthemen der Leichenpredigt. Damit verband sich von Anfang an die Intention des „Ehrengedächtnisses", das im „ehrlichen Begräbnis" erfolgte. Die Leichenpredigt des 17. Jahrhunderts leidet in zunehmendem Maß darunter, daß das Ehrengedächtnis im Sinne einer Laudatio des bürgerlichen Lebens an Bedeutung gewinnt. Indem die Personalia als Applicatio der Auslegung auf die verstorbene Person verstanden werden, rückt diese auf eine Weise in den Mittelpunkt, die dem reformatorischen Ansatz fremd ist.

8. Die Gefahr unangebrachten Rühmens wird schon Ende des 16. Jahrhunderts erkannt. Kritische Stimmen weisen besonders auf den sozialen Aspekt des Problems hin. Sie beschuldigen viele Prediger, gegen Bezahlung das Lob gottloser Reicher zu singen. Die Perikope vom Reichen und Lazarus wird von den Kritikern wiederholt herangezogen. Angesichts der weithin verheerenden sozialen Lage des Predigerstandes ist der Vorwurf verständlich.

9. Aufs Ganze gesehen, dominiert in der lutherischen Leichenpredigt bis zum Zeitalter der Aufklärung hin die biblisch fundierte Predigt. Weil dabei Texte aus fast allen kanonischen und einigen apokryphen Büchern in breiter Vielfalt ausgelegt werden, bietet die Erforschung der Leichenpredigt auch einen Beitrag zur Geschichte der Exegese. Dabei zeigt sich, daß die allegorische Methode bis in die ersten Jahrzehnte des 17. Jahrhunderts in erstaunlichem Maß blüht. Das wissenschaftliche Niveau der Exegese steigt in der 2. Hälfte desselben Jahrhunderts beträchtlich. Weithin breiten die Prediger ihre akademische Gelehrsamkeit in sinnloser und homiletisch verhängnisvoller Weise vor der Gemeinde aus.

10. In formaler Hinsicht gleicht die Leichenpredigt der normalen gottesdienstlichen Predigt. Das Zeitalter der lutherischen Orthodoxie kennt fast nur die Themapredigt. Scholastische Züge finden sich in dem Drang nach Untergliederungen und Distinktionen sowie in der Aufnahme aristotelischer Elemente. Die Predigtdauer wird im 16. Jahrhundert weithin auf 15–30 Minuten eingeschränkt. Ein Jahrhundert später sprengt der Umfang fast durchweg jedes erträgliche Maß. Leichenpredigten von 2 Stunden Länge stellen weder einen Rekord noch eine Seltenheit dar.

11 a) Inhaltlich beschränken die Leichenpredigten sich nicht auf die durch den Kasus bedingte Thematik. Nahezu alle Gebiete des geistli-

chen und bürgerlichen Lebens werden sub specie aeternitatis ins Auge gefaßt. Leben und Tod, Zeit und Ewigkeit, Kirche und Welt, Einzelner und Gemeinschaft werden in enger Zusammenschau mit der biblischen Botschaft konfrontiert.

b) Der Sondercharakter einer Beerdigung wird dabei oft so wenig berücksichtigt, daß Leichenpredigten ohne diese Bezeichnung nicht als solche zu identifizieren wären. Das führt zu einem für heutiges Empfinden nicht selten taktlosen Gebrauch humoristischer Beispielgeschichten.

c) Die konfessionellen Kämpfe wirken namentlich im 16. Jahrhundert in die Leichenpredigt hinein und überfremden sie oft durch unfruchtbare Polemik.

12 a) Die Geschichte der Leichenpredigt im Luthertum ist ein Prüfstein für die Konsequenz, mit welcher die reformatorische Rechtfertigungslehre durchgehalten wird. Angesichts von Tod, Gericht und Ewigkeit kommt dem Sola gratia besondere seelsorgerliche Bedeutung zu. Es allein ermöglicht Trost und Heilsgewißheit. Ein Mißverstehen der Rechtfertigungslehre könnte jedoch zur ethischen Indifferenz führen und die Vorbereitung auf das selige Sterben gefährden.

b) Der Zusammenhang von Rechtfertigung und Heiligung ist daher ein zentrales Thema der Leichenpredigt. Im Interesse der Heiligung und der Heilsgewißheit wächst im 17. Jahrhundert das Verlangen nach empirischen Indizien für die Echtheit des Glaubens. Sie werden gefunden in den Werken der Liebe bei den Lebenden wie in frommen Reden und Gesten der Sterbenden. Die Gefahr der Unwahrhaftigkeit wird schon von kritischen Zeitgenossen erkannt.

13. Die Eschatologie der lutherischen Leichenpredigten zeichnet sich durch den Vorrang des Evangeliums vor dem Gesetz aus. Unter Wahrung der paränetischen Intention werden Auferstehungshoffnung und Verheißung des ewigen Lebens stärker betont als die Gerichtserwartung. Drastische Schilderungen der Höllenqualen finden sich nur selten. Dagegen bemühen sich viele Prediger, Auferstehung und ewiges Leben möglichst anschaulich zu schildern. Gern bedienen sie sich rationaler Argumente, speziell vermeintlich analoger Beobachtungen aus der Natur, um den Auferstehungsglauben gegen Zweifel zu sichern.

14. Der Tod wird überall als Trennung von Seele und Leib verstanden. Die Lehre von der Unsterblichkeit der Seele ist für alle einschlägigen Autoren hinsichtlich der Auferstehung conditio sine qua non. Mit dem Eintritt des Todes beginnt das ewige Schicksal der Seele. In der Auferstehung wird sie mit dem Leib vereinigt. Der Unterschied von Zwischenzustand und Status der Seligen oder Verlorenen wird als graduell beschrieben. Der Tod ist für den Einzelnen Antizipation des Jüngsten Tages. Verharmlosungen des Todes werden ebenso abgewehrt wie Resignation oder Gleichgültigkeit.

LITERATURVERZEICHNIS

Bauer, Johannes: Die Trostreden des Gregorius von Nyssa in ihrem Verhältnis zur antiken Rhetorik, Diss. Marburg 1892

Beste, Wilhelm: Die bedeutendsten Kanzelredner der älteren lutherischen Kirche von Luther bis Spener, Bd. 1–3, Dresden 1856, 1858, 1886

Clemen, Otto: Volksfrömmigkeit im Dreißigjährigen Krieg (Studien zur religiösen Volkskunde), Dresden/Leipzig 1937

Cruel, G.: Geschichte der deutschen Predigt im Mittelalter, Detmold 1879

Diehl, Wilhelm: Michael Eichlers Kampf gegen die Leichenpredigten des Herrn „Süßmann und Leisetreter" (1581); in: Monatsschrift für Gottesdienst und kirchliche Kunst 1918, S. 33–37

Döring-Hirsch, E.: Tod und Jenseits im Spätmittelalter, Berlin 1927

Dombart, Th.: Leichenpredigt-Lebenslauf als Fehlerquellenbeispiel, in: Blätter des Bayrischen Vereins für Familienkunde, Jg. 15 (1937) S. 77 f.

Freybe, A.: Georg Rollenhagens Leichenpredigt zum Begräbnis des reichen Mannes, in: Neue Kirchliche Zeitschrift 3 (1892) S. 989–1008

Frick, Robert: Luther als Prediger, dargestellt auf Grund der Predigten über 1. Kor. 15 (1532/33), Luther-Jahrbuch 21 (1939) S. 28–71

Grün, Hugo: Die Leichenrede im Rahmen der kirchlichen Beerdigung im 16. Jahrhundert, ThStKr 1925, S. 289–312

Grün, Hugo: Das kirchliche Begräbniswesen im ausgehenden Mittelalter, ThStKr 1930, S. 341–381

— Die kirchliche Beerdigung im 16. Jahrhundert, ThStKr 1933, S. 138–214

Grünberg, Paul: Philipp Jakob Spener, Bd. 1–3, Göttingen 1893–1906

Hartmann, Rolf: Das Autobiographische in der Basler Leichenrede, Basel 1963

Hirsch, Emanuel: Luthers Predigtweise, in: „Luther" 1954, S. 1–23

Jordahn, Bruno: Die Auferstehung Jesu Christi von den Toten in Luthers Osterpredigten, in: „Luther" 1955, S. 1–19

Klein, Luise: Die Bereitung zum Sterben. Studien zu den evangelischen Sterbebüchern des 16. Jahrhunderts, Diss. Göttingen 1958 (Maschinenschrift)

Linsenmayer, A.: Geschichte der Predigt in Deutschland von Karl dem Großen bis zum Ausgang des 14. Jahrhunderts, München 1886

Loesche, Georg: Johannes Mathesius, Bd. 1–2, Gotha 1885

— Mathesius als Prediger, ZprTh 12 (1890) S. 24–51; 121–146

Mohr, Rudolf: Protestantische Theologie und Frömmigkeit im Angesicht des Todes während des Barockzeitalters hauptsächlich auf Grund hessischer Leichenpredigten, Diss. Marburg 1964

Pohlmann, C.: Die theologische Konzeption der Barockpredigt, in: Theologie und Glaube, 49. Jg. (1959) S. 30–38

Reich, Wolfgang: Die deutschen gedruckten Leichenpredigten des 17. Jahrhunderts als musikalische Quelle, Diss. Leipzig 1962 (Maschinenschrift)

Rietschel, Georg – Graff, P.: Lehrbuch der Liturgik, Bd. II: Die Kasualien, 2. Aufl., Göttingen 1952

Roth, Fritz: Restlose Auswertung von Leichenpredigten und Personalschriften für genealogische Zwecke, Selbstverlag Boppard/Rhein 1959 ff.

— Literatur über Leichenpredigten und Personalschriften, in: Familie und Volk 8. Jg. 1959, Beilage: Schrifttumsberichte Bd. 1, S. 285–316

— Geschichte und Bedeutung der Fürstlich Stolberg-Stolbergischen Leichenpredigtsammlungen, in: Der Archivar 12. Jg., 1959, Sp. 217–225

Ruland, Ludwig: Geschichte der kirchlichen Leichenfeier, Regensburg 1901

Schian, Martin: Die lutherische Homiletik in der zweiten Hälfte des 16. Jahrhunderts, in: ThStKr 72 (1889) S. 62–94

— Orthodoxie und Pietismus im Kampf um die Predigt. Ein Beitrag zur Geschichte des endenden 17. und beginnenden 18. Jahrhunderts, Gießen 1912

Schleißing, Alfred: Die Glaubwürdigkeit der Leichenpredigten des 16. und 17. Jahrhunderts. Eine Untersuchung über den Quellenwert einer Literaturgattung, in: Mitteilungen des Roland Jg. 25 (1940) S. 49 ff.

— Griechische Buchstaben und Druckschriftsigel vornehmlich des 16. und 17. Jahrhunderts mit besonderen Berücksichtigung der Leichenpredigten, in: Mitteilungen des Roland, Jg. 25 (1940) S. 49 ff.

Schmidt, Clemens Gottlob: Geschichte der Predigt in der evangelischen Kirche Deutschlands von Luther auf Spener in einer Reihe von Biographien und Charakteristiken dargestellt, Gotha 1872

Weber, Hans Emil: Reformation, Orthodoxie und Rationalismus I, 1.2, Göttingen 1937, 1940

Wecken, Friedrich: Übersicht über Sammlungen von Leichenpredigten in Deutschland, in: Familiengeschichtliche Blätter 1919, Sp. 121 f.; 150 f.; 241 f.

Winkler, Dietrich: Grundzüge der Frömmigkeit bei Heinrich Müller, Diss. Rostock 1954 (Maschinenschrift)

Winkler, Eberhard: Scholastische Leichenpredigten. Die sermones funebres des Johannes von Sancto Geminiano, in: Kirche – Theologie – Frömmigkeit. Festgabe für Gottfried Holtz zum 65. Geburtstag, Berlin 1965, S. 177–186

Woltersdorf, Theodor: Zur Geschichte der Leichenpredigten im Mittelalter, in: ZprTh VI (1884) S. 359–365

Zahrnt, Heinz: Luthers Predigt am Grabe, dargestellt an seiner Leichenpredigt für Kurfürst Johann von Sachsen 1532, in: „Luther" 29, 1958, S. 106–114

Zeller, Winfried: Der Protestantismus des 17. Jahrhunderts (Klassiker des Protestantismus, hg. v. Ch. M. Schröder, Bd. V), Bremen 1962

QUELLENVERZEICHNIS

Ambrosius: Migne, Patrologia Latina (MPL) Bd. 16

Carpzov, Johann Benedict jr.: Außerlesene Trost- und Leichen-Sprüche/ bey unterschiedenen begräbnissen christselig entschlafener Personen/ in denen damahligen Leichenpredigten fleißig erkläret/ und einzeln herausgegeben/ hernach aber/ auf begehren/ zusammengesuchet/ und zu gemeiner erbawung überlassen ... Erster Theil, Leipzig In Verlegung Friedrich Lanckisches sel. Erben, gedruckt zum andern mahl/ Anno 1684

— Leich-Predigten 5. Teil (Titelblatt nicht vorhanden, Vorrede aus dem Jahre 1695)

Geier, Martin: Betrachtungen der Sterblichkeit/ Bey unterschiedenen Leichen-Begängnüssen/ nach Anleitung fürgegebener Sprüche hiebevor angestellt/ und nunmehr/ auff Begehren/ zusammen gesucht und hervor gegeben ... Dritter und vierdter Theil, Leipzig in Verlegung Christian Kirchners, 1670

Gregor von Nyssa und *Gregor von Nazianz:* Migne, Patrologia Graeca (MPG) Bd. 36

Heermann, Johann: Christianae Euthanasias Statutae. Lehr- und Erinnerungs-Seulen: Welche uns als geistlichen Pilgrams- und Wandersleuten/ auß diesem Threnen Thal/ ins Land der Lebendigen/ den rechten und richtigen Weg zeigen. In Trawr- und Trost Predigten/ bey frommen Christen Leichenbegängnüssen/ erbauet und aufgerichtet/ Durch Johannem Heermannum, Bey der Kirchen zu Köben an der Oder Pfarrern, Leipzig 1630 (2. Aufl.)

— Schola mortis: Todes-Schule: Das ist: Ander Theil Christlicher Leich-Predigten: Darinnen wir Sterbliche/ Selig zu sterben richtig unterwiesen wider Noth und Todt kräfftig getröstet und für Sicherheit trewliche gewarnet werden. Leipzig 1628

— Parma contra mortis arma. Geistlicher Schild: Womit wir die scharffen Pfeile des

Todes auffangen/ schwächen und zerbrechen können. Das ist: Dritter Theil Christlicher Leichenpredigten. Rostock 1650

— Dormitoria: Etlicher frommer Christen Schlaff-Häuslein. Das ist: Christlicher Leich-Predigten Vierdter Theil. Rostock 1650

Herberger, Valerius: Geistliche Trauerbinden, 6 Teile, Leipzig 1618. 1619

— Zwei und dreißig Leichenpredigten, genannt Trauerbinden, herausgegeben von Karl Friedrich Ledderhose, Halle 1854

Hoe von Hoenegg, Matthias: Viertzig Christliche Leich-Predigten/ Bey Begängniß und Begräbnissen hohes und niedriges Standes Personen/ zu Dreßden/ Prag ... gehalten. Leipzig 1617

Honorius Augustodunensis: MPL Bd. 172

Johannes de Sancto Geminiano: Sermones funebres, Lyon 1499

Luther, Martin: zitiert nach Weimarer Ausgabe (WA) und Clemen (Cl)

Mathesius, Johannes: Ausgewählte Werke, Erster Band: Leichenreden. Nach dem Urdruck (1599). Verkürzte Ausgabe mit Kommentar, nebst einem Lebensabriß des Verfassers von Prof. Dr. Georg Loesche, Prag 1908 (Bibliothek Deutscher Schriftsteller aus Böhmen, Bd. IV)

— Trostpredigten Auß Heiliger Göttlicher Schrifft Auß der schönen Historien vom Lazaro, Der Witwen Son, Und des Jairj Töchterlein. Samt vilen andern schönen tröstlichen Lehren für allerley anligen. Nürnberg 1579

Müller, Heinrich: Gräber der Heiligen/ Mit Christlichen Leich-Predigten bey Volckreicher Versammlung in öffentlichen Gottes-Häusern beehret und geschmücket Von Heinrich Müllern/ weyland der Heil. Schrifft Doctorn und Professorn der Theologischen Fakultät Seniorn und Superintendenten in Rostock; Nunmehro auff Anhalten vieler Gottliebenden Hertzen zum Druck befördert Von Johanne Casparo Heinisio, der Gemeine Gottes zu Bentwisch in Mecklenburg Pastore Drucks und Verlags Balthasar Christoph Wusts/ des älteren in Franckfurt am Mayn. Im Jahr Christi M DC XXCV

Richter, Aemilius Ludwig: Die evangelischen Kirchenordnungen des 16. Jahrhunderts, 2 Bde., Weimar 1846

Pancratius, Andreas: Christliche Leichenpredigten. Darinnen die fürnembsten Sprüche Altes und Newes Testament/ auff allerley Natürliche und Unnatürliche Todtsfäll/ nach Rhetorischer Disposition/ mit sonderbarem Fleiß erkläret werden. Sampt angehenckten sieben besondern Leichenpredigten/ darinnen sieben Anfechtunge/ welche die Eltern bey Absterben irer Kinder am meisten zu betrüben pflegen/ und wie denselben auß Gottes Wort zu begegnen. Teil 1, Frankfurt/ Main 1592, Teil 2 Frankfurt/M. 1588, Teil 3 Frankfurt/M. 1588 Teil 4: Christlicher Leichenpredigten vierdter und letzter Theil/ Darinnen die schreckliche Plag der Pestilentz/ was sie sey/ woher sie komme/ und wie sich allerseids die Menschen/ Lehrer unnd Zuhörer/ Obrigkeit unnd Unterthanen/ Herrschafften und Dienstbotten/ Ehegenossen/ Eltern/ Kinder/ Gesindt und andere/ darin schicken ... Hierzu sind noch etlicher andere Leichenpredigten auff sonderliche wunderliche Fäll/ deren in den ersten dreyen Theilen nicht Meldung geschehen/ gedruckt ... An Tag gegeben/ Durch Salomonem Codomanum, Prediger in der Churfürstlichen Pfaltz Statt Amberg bey S. Georgen, Franckfurt am Mayn/ durch Johann Spieß. 1597

Schönbach, A. E.: Altdeutsche Predigten I, Graz 1888

Sehling, Emil: Die evangelischen Kirchenordnungen der Reformationszeit, Bd. 1–5, Tübingen 1902–1913, Bd. 6 ff. 1955 ff.

Selnecker, Nikolaus: Christliche Leychenpredigten So vom Jar 1576 bis fast an das 1590. Jar zu Leipzig ... geschehen und aufgezeichnet worden sind/ nützlich und tröstlich zu diesen elenden zeiten/ und auff emsig anhalten vieler Christen/ die sie haben auff schreiben lassen/ zusammengebracht/ und in Druck verfertigt. Erster Theil: Von Anno 1576 bis auff das Jar 1584 Magdeburg 1591. Ander theil Christlicher Leychpredigten Zu Leipzig gehalten/ von Anno 1584 bis auff das 1589. Jar ... Magdeburg o. J. (Vorrede 1590)

Spangenberg, Johann: Fünffzehen Leichenpredigt/ So man bey dem Begrebnis der verstorbenen/ in Christlicher Gemein thun mag, Wittenberg 1560 (1. Ausg. 1545).

Spener, Philipp Jakob: Christlicher Leichenpredigten 12 Teile, Frankfurt/Main 1677–1703 (Weitere bibliographische Angaben s. bei *Grünberg* III S. 227 ff.)

Anhang:

Katholische Leichenpredigten aus *M. Georg Draudius*, Verzeichnuß aller und jeder
Bücher, so fast bey dencklichen Jaren biß auffs Jahr nach Christi Geburt 1625 in
Teutscher Sprache von allerhand Materien hin und wider in Truck außgangen
und noch den mehrerteil in Buchläden gefunden werden. Franckfurt am Mayn
1625. Teil 1 S. 260

Martini Eisengreins sechs Leichenpredigten/ wie man die verstorbenen Gläubigen
klagen soll/ und ob den verstorbenen mit Beten/ Vigilien/ Seelmessen und andern
Ceremonien etwas geholfen werde, Ingolstatt 1565

D. Jacob Feuchtii Catholische Leichenpredigten/ darinnen auch vom Fegfeuer/ auch
von Vorbitt der verstorbenen Heiligen gehandelt wird. Sampt einem Tractätlein
auß deß H. Augustini Büchern vom Fegfeuer und Fürbitt der verstorbenen.
Cölln durch Arnold Quentel/ 1601

Catholische Leichpredigten auß H. Biblischer Schrifft/ unnd Lehrreichen Büchern
Georgii Scherers/ Jacobi Greiseri/ Joan Osorii und anderen Geistreichen Scriben-
ten zusammengezogen/ durch Matthiam Tympum, Münster bey Lambert Raßfeld/
1609

Matth. Tympii S. T. L. Leich-Trost- und Bußpredigten/ auch anweisung wie dieselben in außlegung Son- und Feyertäg. Evangelien gebraucht werden können/ Münster in Westphalen bey Michel von Dalen/ 1619

INHALTSVERZEICHNIS

FORSCHUNGEN ZUR GESCHICHTE UND LEHRE DES PROTESTANTISMUS

CHR. KAISER VERLAG MÜNCHEN